21世纪普通高等院校系列规划教材

项目投资管理学

XIANGMU TOUZI GUANLIXUE

（第二版）

主　编　张旭辉　赵　萍

副主编　伍虹儒　邹钇煊

西南财经大学出版社

中国·成都

图书在版编目(CIP)数据

项目投资管理学/张旭辉,赵萍主编 .—2 版.—成都:西南财经大学出版社,2018. 9(2020. 7 重印)
ISBN 978-7-5504-3702-9

Ⅰ.①项… Ⅱ.①张…②赵… Ⅲ.①基本建设投资—投资管理—高等学校—教材 Ⅳ.①F283

中国版本图书馆 CIP 数据核字(2018)第 198544 号

项目投资管理学(第二版)

主　编　张旭辉　赵　萍
副主编　伍虹儒　邹钇煊

责任编辑:杨婧颖
助理编辑:金欣蕾　雷　静
封面设计:杨红鹰　张姗姗
责任印制:朱曼丽

出版发行	西南财经大学出版社(四川省成都市光华村街 55 号)
网　　址	http://www. bookcj. com
电子邮件	bookcj@ foxmail. com
邮政编码	610074
电　　话	028-87353785
照　　排	四川胜翔数码印务设计有限公司
印　　刷	郫县犀浦印刷厂
成品尺寸	185mm×260mm
印　　张	20. 75
字　　数	478 千字
版　　次	2018 年 9 月第 2 版
印　　次	2020 年 7 月第 2 次印刷
印　　数	2001— 3000 册
书　　号	ISBN 978-7-5504-3702-9
定　　价	39. 80 元

前 言

我国经济已由高速增长阶段转向高质量发展阶段，随着对内对外投资项目的不断增加、项目建设速度的加快，项目在全寿命周期中出现了种种供给质量不能很好满足需求的地方。因此，加强项目投资的管理，对于有序推进项目建设进度、控制项目过程的风险、切实提升项目建设质量具有十分重要的意义。

本书综合运用管理学、投资学、工程学、经济学的知识，并结合项目投资管理实际案例，对项目投资管理专业知识及其应用进行了阐述。主要内容包括项目建议书、项目可行性研究、项目投资评价与决策、项目组织管理、项目采购管理、项目进度管理、项目质量管理、项目成本管理、项目风险管理、项目竣工验收等内容。在内容编排上，我们尽量做到既注重理论的完整性和前沿性，又注重其可操作性和基础性。每章章首以案例分析导入学习，有助于读者加深对本章知识点的理解。每章章末附有类型多样的习题，便于读者检验学习。同时，每章附有二维码，有助于读者获取相关知识、拓展学习内容，增强学习的趣味性和可读性。

《项目投资管理学》（第二版）是在第一版的基础上，结合国家最新出台的政策、法规并且采用最新的评价方法进行修订的。第二版教材共分为 12 章，第 1 章介绍了项目投资管理的相关内容，包括项目的生命周期、投资发展周期与建设程序；第 2 章介绍了项目建议书相关内容与编制要求、项目建议书与可行性研究报告的区别；第 3 章介绍了项目可行性研究的相关内容，可行性研究的内容与工作程序、项目评估的相关内容；第 4 章介绍了项目财务评价、国民经济评价、不确定性分析以及环境影响评价的相关分析方法与编制要求；第 5 章介绍了项目利益相关主体之间的关系，项目组织、项目团队的概念、类型与建设发展，项目经理的相关要求；第 6 章介绍了项目采购管理的方法和技术、项目采购计划的制订与实施；第 7 章介绍了项目活动的界定、排序、工期估算，项目计划的制订与控制；第 8 章介绍了项目质量规划、保证、控制的确定因素、依据与控制流程；第 9 章介绍了项目资源计划，成本估算、预算、控制的概念与方法；第 10 章介绍了项目风险识别、度量、应对、控制的概念、方法、内容与应对措施；第 11 章介绍了项目竣工验收的相关内容与步骤；第 12 章介绍了项目后评价内容、方法与操作流程。最后，本书通过可行性研究报告的案例，帮助读者进行综合学习。

全书由攀枝花学院和大鹏工程管理有限公司组织编写，具体分工：张旭辉教授编写第 1 章和第 12 章；赵萍副教授编写第 2 章、第 3 章、第 4 章、第 5 章，伍虹儒副教授编写第 6 章、第 7 章、第 9 章、第 10 章，大鹏工程管理有限公司邹钇煊总经理编写

第 8 章和第 11 章，附录由张旭辉和赵萍整理。全书由张旭辉和赵萍统稿。

本书主要面向应用型本科和高职高专的工商管理专业和工程管理专业学生，同时也适用于企业项目投资管理人员参考使用，期望对有志于此者能有所裨益。在本书的修订过程中，编者既借鉴了国内外的一些专家学者的学术观点和最新研究成果，也引用了许多媒体网站的资料，案例采用了《×××区城市棚户区改造×××安置点可行性研究报告》《国家电网四川×××××县供电公司生产配套用房可行性研究报告》《×××市社区生活电子商务可行性研究报告》，在此向有关人士表示深深的谢意和敬意。

由于编者水平有限，书中不足之处在所难免，敬请各位读者和专家给予批评指正。

张旭辉

2018 年 8 月

目 录

1 项目投资管理学概论

【本章教学要点】

知识要点	掌握程度	相关知识
项目	掌握	定义、特性、分类、项目生命周期
投资	理解	定义、特性、分类
项目管理	掌握	定义、特性、发展历程，知识构成
项目投资发展周期	掌握	定义、阶段划分
项目投资建设程序	掌握	定义、阶段划分

【关键词】

项目　投资　项目管理　项目投资发展周期　项目投资建设程序

导入案例

北宋时期，皇帝命令大臣在汴京建立一个都城，工期非常紧张，如何在非常短的时间内把皇宫、相应的城市道路和相关设施建立起来呢？当时，指挥这个项目的大臣采用了一个非常绝妙的设计，即采用黄河故道修建水渠，把水直接引到汴京城中，并命令手下开沟修渠，然后取土就地烧砖，引水通航疏运建材，把从南北运来的木料、涂料等通过黄河和引水渠直接运输到工地上。当皇宫与房屋建筑物建好之后，又把沙土和土窑废砖瓦全部平整到水渠里，最后就修成了城市道路，也就是平渠筑路、废渣利用。这一非常绝妙的计划使建设皇宫城的工期大大缩短。

资料来源：卢锐. 项目管理［M］. 成都：西南交通大学出版社，2016.

项目投资是对特定项目进行的一种投资行为。完整的项目投资管理包括投资项目的论证、决策、实施以及竣工验收以后评价等全过程的一系列管理。

1.1 项目

“项目”一词已被越来越广泛地应用于社会经济和文化生活的各个方面。人们经常用“项目”来表示一类事物。项目是人类社会独有的一类经济、社会活动形式，是为创造特定的产品或服务而开展的一次性活动。

1.1.1 项目的定义

什么是项目？项目的概念比通常意义上的概念更广，如北京奥运会、上海世博会、三峡工程等大型的建设项目，还有很多在日常工作中的小型工作，如一个产品的开发、一个市场的运作活动、企业的并购、组织一次座谈会等，都被看作是项目。关于项目的定义很多，可以从不同的角度给出，其中比较具有代表性的有：

（1）美国项目管理协会（Project Management Institute，PMI）在《项目管理知识体系》（Project Management Body of Knowledge，PMBOK）中认为，项目是为创造特定产品或服务的一项有时限的任务。其中，“时限”是指每一个项目都有明确的起点和终点；“特定”是指一个项目所形成的产品或服务在关键特性上不同于其他的产品和服务。

（2）国际标准化组织（ISO）从项目过程的角度认为，项目是由一系列具有开始和结束日期、相互协调和控制的活动组成的，通过实施活动而达到满足时间、费用和资源等约束条件和实现项目目标的独特过程。ISO 认为：一个大项目中可以包括多个具体的单个项目；某些类型项目的目标和产出物的特性和规定必须随着项目的进展而逐步细化和明确；一个项目的成果可能是一个或几个项目的产出物；项目组织都是临时的并且在项目生命周期结束的时候会解散；项目活动之间的相互关系可能是简单的也可能是非常复杂的。

（3）德国国家标准 DIN69901 将项目定义为在总体上符合如下条件的具有唯一性的任务（计划）：具有预定的目标；具有时间、财务、人力和其他限制条件；具有专门的组织。

（4）此外，麦克·吉多的定义也很典型。他认为，项目就是以一套独特而又相互关联的任务为前提，有效利用资源，为实现一个特定的目标所做的努力。

从这些定义中可以看出，项目是组织的一项或多项任务所构成的一个整体，它们可以小到只涉及几个人，也可以大到涉及几千人。项目也可以是多个组织的共同努力，它们甚至可以大到涉及成千上万人。项目的时间长短也不同，有的很短时间内就能完成，有的则需要很长时间，甚至很多年才能完成。从项目涉及的领域来看，其实现代项目管理所定义的项目包括各种组织所开展的各式各样的一次性、独特性的任务和活动，也可以说凡是人类创造特定产品或服务的活动都属于项目的范畴。项目可以是一项新产品的开发、一项科研课题的研究、一种新药的试制，也可以是建造一栋大楼、开发一个油田，或者是建设一座水坝，还可以是一项特定的服务、一项特别的活动，或是一项特殊的工作。

项目的含义与特性

1.1.2 项目的特性

从内容上讲，各种不同专业领域内的项目千差万别，不同项目都有各自的特性，如建设项目往往具有固定性以及投资额巨大、建设周期长的特性。但从本质上看，项目是具有共同特性的，这些共同特性可以概括为：

(1) 目的性。

目的性是指任何一个项目都是为实现特定的组织目标服务的，因此项目目标的制定必须以组织目标为依据。项目目标包括两个方面的内容：一方面是针对项目工作本身的目标，就一栋建筑物的建设项目而言，项目工作的目标包括项目工期、造价、质量、安全等方面的目标；另一方面是有关项目产出物的目标，如作为建设项目，项目产出物的目标应包括建筑物的功能、特性、使用寿命和使用安全性等方面的目标。

(2) 独特性。

独特性是指项目所生成的产品或服务与其他产品或服务相比具有一定的独特之处。通常一个项目的产出物在一些关键方面与其他的产品和服务是不同的。如科研课题项目，每一个项目的产出都有很大差异，即使是项目中较为常规的建设项目，由于涉及不同的业主、地处不同的位置、气候环境的不同等，都导致每个建设项目都是独特的。

(3) 一次性。

一次性是项目与日常运营活动相区分的关键特性。每个项目都有自己明确的起点和终点。项目的起点是项目开始的时间，项目终点是项目目标得以实现，或者项目的目标已经无法实现，从而终止项目的时间。项目在其目标确立后开始，项目在达到目标或失败时终结，没有任何项目是不断地、周而复始地持续下去的。

(4) 约束性。

项目的约束性也是一个项目成败的关键特性之一。任何项目的实施都有一定的限制条件，除了时间上的限制外，还有资源的限制。首先是资金资源的限制，任何项目都不可能没有财力上的限制，通常表现在：必须按投资者（企业、国家、地方等）所具有的或能够提供的财力策划相应范围和规模的项目；必须按项目实施计划安排资金计划，并保障资金供应。此外还有其他资源的限制，如人力资源、物力资源、信息资源、技术资源等各个方面。通常情况下，一个项目的资源越宽裕，成功的可能性就越高；反之，则项目成功的可能性就会大大降低。

(5) 其他特性。

除了上述特性外，项目还具有一些其他特性，包括：项目的创新性和风险性、项目过程的渐进性、项目成果的不可挽回性、项目组织的临时性和开放性等。这些项目特性是相互关联和相互影响的。

1.1.3 项目的目标

项目是在规定的时间内，满足一定的限制条件下，利用有限的资源，为实现预期目标而进行的一次性活动。主要包括：

(1) 宏观目标。

宏观目标是指对国家、地区、部门或行业要达到的整体发展目标所产生的积极影响和作用。比如项目的实施能够促进就业，能够带来经济的增长、能够改善交通运输条件，提高人民生活质量，等等。

（2）具体目标。

具体目标是指项目投资建设要达到的直接效果。不同性质项目的具体目标也是不同的，主要有：效益目标、规模目标、功能目标和市场目标。

效益目标是指项目要实现的经济效益、社会效益和环境效益的目标值。比如：对于公共基础设施项目，其效益目标主要是指满足客户需求的程度或提供服务的范围；而对于环境治理项目，其效益目标主要是环境治理的效果。

规模目标是指对项目建设规模确定的目标值。如需要建设一个医院，我们需确定其占地面积，门诊大楼的建筑面积，住院部的建筑面积、楼层、床位数，等等。

功能目标是指对项目功能的定位。而企业在进行项目投资时，应根据企业的总体发展战略、主要经营方向以及国家经济社会发展规划、产业政策和技术政策、资源政策等要求，研究确定建设项目的功能目标。如进行技术改造，调整产品结构，开发适销对路产品、拓宽投资领域，分散经营风险等。

市场目标是指对项目产品（或服务）目标市场及市场占有份额的确定。比如某光缆生产企业扩建光纤拉丝生产线项目的市场目标是95%以上的产品留作企业自用。

1.1.4 项目的分类

以建设项目为例，建设项目按性质分为新建项目、扩建项目、改建项目、迁建项目和恢复项目。

（1）新建项目。

新建项目主要是指原来没有而重新开始建设的项目或者对于原来基础很小，经过扩建后，新增固定资产价值超过原有固定资产价值三倍以上的，我们也将它列入新建项目。

项目的目标、分类与生命周期

（2）扩建项目。

扩建项目是指原有企业或事业单位，为了提升原有产品的生产能力和扩大原有产品的效益或增加新的产品生产功能而新建的主要生产车间或其他固定资产。

（3）改建项目。

改建项目是指原有企业，为提高生产效率，增加科技含量，采用新技术，改进产品质量或对原有设备或工程进行改造的项目。而有的企业为了平衡生产能力，增建一些附属的、辅助车间或非生产性工程，我们也称其为改建项目。

（4）迁建项目。

迁建项目是指原有企业、事业单位，由于各种原因经上级批准搬迁到其他地方建设的项目。但是我们也要注意，在迁建项目中，凡是符合新建、扩建、改建条件的，我们应分别将其作为新建、扩建或改建项目。同时，我们在划分时还要注意，迁建项目不包括留在原址的部分。

（5）恢复项目。

恢复项目是指企业、事业单位因自然灾害、战争等原因使原有固定资产全部或部分报废，以后又投资，并且按原有规模重新恢复起来的项目。在恢复项目中，值得我们注意的是：在恢复的同时进行扩建的项目，我们应将其归为扩建项目。

另外，还有一些其他的分类，例如：

按用途分，可以分为生产性项目和非生产性项目；

按投资来源分，可分为政府投资、企业投资、利用外资及其他投资项目；

按经济特征分，分为竞争性项目、基础设施项目、公益性项目。

当然，根据不同的分类方法，还有许多的项目类别划分，在这里就不一一介绍了。

1.1.5　项目的生命周期与阶段划分

项目的一次性与唯一性，决定了任何项目都有属于自己的生命周期。在对项目生命周期的定义中，美国项目管理协会的定义最具代表性，其表述如下："项目是分阶段完成的一项独特的任务，一个组织在完成一个项目时会将项目划分成一系列的项目阶段，以便更好地管理和控制项目，更好地将组织的日常运作与项目管理结合在一起。项目的各个阶段连接在一起就构成了项目的生命周期。"这一定义从项目管理和控制的角度，强调了项目过程的阶段性和由项目阶段所构成的项目生命周期，这对于开展项目管理是非常有利的。因此，项目管理者必须根据项目生命周期及其各个阶段的特点、性质和关键点做好对项目的管理。

项目的生命周期有狭义和广义之分。广义的项目生命周期也称项目全生命周期，是指一个项目从建设、运营到拆除的全过程（如图 1-1 所示）。

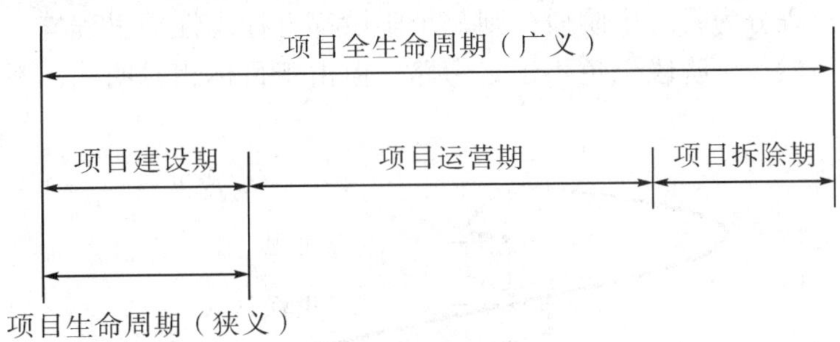

图 1-1　项目生命周期

狭义的项目生命周期是指一个项目从概念到完成所经过的所有阶段，而这些阶段，也就是广义生命周期中的项目建设阶段。我们知道，所有项目都可分成若干阶段，且所有项目无论大小，都有一个类似的生命周期结构。其最简单的形式主要由四个阶段构成：定义与决策阶段、计划与设计阶段、执行与控制阶段以及完工与交付阶段。

（1）项目的定义与决策阶段。该阶段的主要工作包括：投资机会研究、初步可行性研究、可行性研究、项目评估及决策等。这一阶段的主要任务是提出项目概念，进行项目的界定，成立项目基本组织，对工程项目投资的必要性、可能性、可行性以及何时投资、在何地建设、如何实施等重大问题进行科学论证和多方案比较，最后做出项目决策。

（2）计划与设计阶段。该阶段的主要工作包括：明确项目的限制条件，编制项目的计划，对项目进行初步设计、技术设计和施工图设计，确定货物采购、招标的相关事宜、最后签订合同等。这一阶段需根据前一阶段提出的项目概念做出具体研究和规划，制订项目的各项目标，是战略决策的具体化，这在很大程度上决定了项目实施的成败及能否高效率地达到预期目标。

（3）执行与控制阶段。也称为项目实施阶段。该阶段是将投入要素进行组合，通过施工、采购等活动，在规定范围、工期、费用、质量内，按设计要求高效地实现项目的目标。在此阶段，我们需要定期和不定期地进行度量，并与计划进行比较，发现差距，及时采取纠偏措施，在整个执行和控制阶段，需要不断地实施指挥、组织和协调工作，以保证项目的质量、成本和进度等。本阶段在项目周期中工作量最大、投入的人力、物力和财力最多，项目管理的难度也最大。

（4）完工与交付阶段。该阶段主要是对整个项目进行全面的验收，对验收合格的项目进行项目成果的交付，对项目存在的问题进行善后处理，并总结项目的经验和教训，解散项目组织机构。

在项目的生命周期的各个阶段中，我们需要不断地进行协调与控制，希望能够实现预期目标，但往往会有周期拖延或费用超支等情况出现。而造成周期拖延、费用超支的原因有很多，最为关键的，则是没有很好地进行阶段划分和里程碑划分。

如果项目从开始到成果完成，我们追求一步到位，而不进行阶段的划分，则会因为距离目标太远，难免走不少的弯路还不容易察觉偏差，当感觉偏离目标时再进行校正，便走了许多的弯路，校正后可能又偏离到另外一个方向，同样不易察觉。而如果把项目的实施过程分为若干个阶段，则每个阶段都有标志性的里程碑，每个阶段都有明确的目标，虽然每个阶段仍免不了走弯路，但由于目标相对明确，不至于绕很大的圈子。

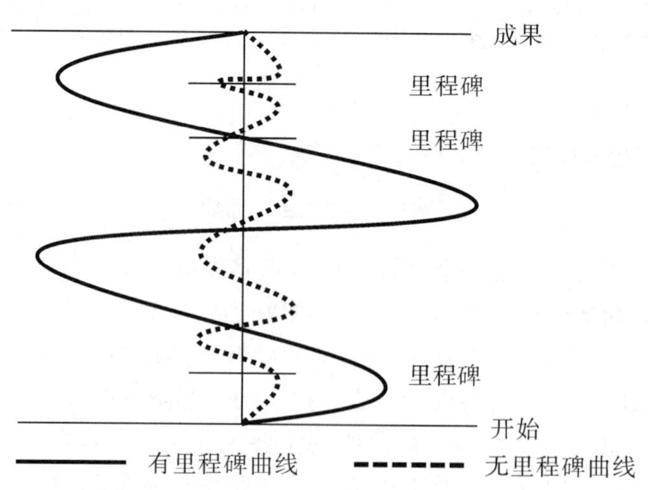

图 1-2　项目成果实现过程中的阶段划分

所以，需要了解项目生命周期中的三个重要概念：

（1）检查点。

检查点是指在规定的时间间隔内对项目进行检查，比较实际与计划之间的差异，并根据差异进行调整。我们可将检查点看作是一个固定的“采样”时点，而这个时间间隔应根据项目周期长短不同而不同，一般采用的是间隔一周一次。

（2）里程碑。

里程碑是完成阶段性工作的标志，里程碑产出的“交付物”也就是我们控制的对象。如果没有里程碑，想知道项目实施的情况，将会很困难。所以，里程碑的确定不仅可以对项目实施情况进行有效的控制，还能降低项目风险，使得实施人员合理分配工作，细化管理。比如按项目阶段进行划分时，其定义与决策阶段的里程碑事件是项目可行性研究报告的提交与获得批准；而计划与设计阶段的里程碑事件是全部设计完成，设计文件的交出；实施阶段的里程碑事件则是整个项目全部完工。

（3）基线。

基线是指一个配置在项目生命周期的不同时间点上，通过正式评审而进入正式受控的一种状态。我们说，基线也是一些重要的里程碑，但它的相关交付物要通过正式评审并作为后续工作的基准和出发点。

1.1.6　项目与运营的区别

人类的社会经济活动可分为两大类：一类是在相对封闭和确定的环境下所开展的重复性的、周而复始的、持续的活动或工作，通常人们将这种活动或工作称为日常“运营或运行”（Operation）。另一类活动是在相对开放和不确定的环境下开展的独特的、一次性的活动或工作，这就是“项目”。“项目”与“运营”的不同主要包括下述几个方面：

（1）工作性质与内容的不同。

一般在日常“运营”中存在着大量的常规性、不断重复的工作或活动，而在“项目”中则存在较多创新性、一次性的工作或活动。因为运营工作通常是不断重复、周而复始的，所以运营中的工作基本上是重复进行的常规作业，但是每个项目都是独具特色的，其中的许多工作是开创性的，所以二者的工作性质与内容是不同的。例如，企业日常生产经营一种产品或服务的工作内容多数时间是相同的，很少有创新的成分；而企业新产品的研究与开发项目的工作多数是不同的，基本上都是创新性的工作。因为没有创新就不会有这种项目，也就不会有新产品。

（2）工作环境与方式的不同。

一般日常“运营”工作的环境是相对封闭和相对确定的，而“项目”的环境是相对开放和相对不确定的。因为运营工作的很大一部分是在组织内部开展的，所以它的运营环境是相对封闭的，譬如企业的生产活动主要是在企业内部完成的。同时，运营中涉及的外部环境也是一种相对确定的外部环境，比如，企业一种产品的销售多数是在一个相对确定性的环境中开展的，虽然企业的外部环境会有一些变化和竞争，但是从相对的角度而言，还是比较确定的。由于工作环境的这种相对封闭性，加上运营工作的重复性，所以运营中的不确定性较低，而且在不断重复的作业过程中还可以使许多不确定性因素逐步得以消除。然而，项目工作基本上是在组织外部环境下开展的，所以它的工作环境是相对开放的，譬如工程建设项目只能在外部环境中完成，而新产品研制项目主要是针对外部市场新的需求开发的。由于项目所处环境的这种相对开放性，再加上项目工作的一次性和独特性，就使得项目的不确定性较高，因为人们很难全面预先认识和预测事物的未来发展。

（3）组织与管理上的不同。

由于“运营”工作是重复性的和相对确定的，所以一般运营工作的组织是相对不变的，运营的组织形式基本上是分部门成体系的。由于项目是一次性的和相对不确定的，所以一般项目的组织是相对变化的和临时性的，项目的组织形式多数是团队性的。同时，运营工作的组织管理模式以基于部门的职能性和直线指挥管理系统为主；而项目的组织管理模式主要是基于过程和活动的管理系统为主。例如，一项产品的生产经营管理基本上是按照供应、生产、销售部门的供产销计划、组织和领导与人、财、物、信息的控制展开的，而一个工程项目的管理基本上是按照项目建议书、可行性分析、工程设计、工程施工、完工交付的过程以及其中的各项具体活动展开的。

（4）项目与运营的结果不同。

项目的结果是获得创新性的成果，这种成果是一次性形成的，也可以供日后日常运营使用。例如，每个新产品的研发都能获得独一无二的成果，而对这一新产品进行大规模生产的成果都会是一样的。

1.2 投资

在市场经济环境下，人们的投资活动日益频繁，“投资”成为人们耳熟能详的概念。作为一个客观经济范畴，投资具有数量上的集合性，机遇上的选择性、空间上的流动性、时间上的延续性、产业上的转让性、收益上的风险性和资金的长期性。

1.2.1 投资的含义

投资形式的多样化使得人们对投资概念的理解多种多样，实际上，各类投资活动和投资本身蕴藏着一般的共同规律，这就是投资的本质特性。从已有的研究来看，目前对投资一词有着以下不同的表述：

（1）从投资和消费的关系来界定投资。投资的解释，一般是与投资者的消费动机相联系，投资者无非是通过投资使自己的财富保值增值，从而使自己的消费安排不受影响，使自己的消费效用得到提高。如威廉·夏普将投资定义为：“为了（可能不确定的）将来的消费（价值）而牺牲现在一定的消费（价值）。”

（2）从资本的形成过程来界定投资。萨缪尔森在《经济学》中认为：“对于经济学家而言，投资的意义总是实际的资本形成-增加存货的生产，或新工厂、房屋和工具的生产……只有当物质资本形成生产时，才有投资。”西方经济学家编写的《现代经济学辞典》对投资概念的解释为：“该术语最常用来指能增加或保持实际资本存量的支出流量。”

（3）将投资区分为广义投资和狭义投资。如唐尼和福勒（G. M. Dowrie 和 D. R. Fuller）在《投资学》中定义：“广义的投资是指以获利为目的的资本使用，包括购买股票和债券，也包括运用资金以建筑厂房，购置设备、原材料等从事扩大生产流通事业；狭义的投资指投资人购买各种证券，包括政府公债、公司股票、公司债券、金融债券等。”

投资是指经济主体（法人或自然人）为了获得预期收益而在现时投入生产要素（资金或资源），从而形成资产并实现其增值的经济活动的总称。预期收益主要是指经济收益，也包括社会效益。投入的资金（资源）可以是货币资本，也可以是实物资金或其他资源。

在对投资含义的理解中，需注意以下几点：

（1）投资总是一定主体的经济行为。

（2）投资的目的是为了获取一定的效益。

（3）投资所获取预期收益具有风险性。

（4）投资必须花费现期的一定收入。

1.2.2 投资的特点

投资具有以下方面的特点：

（1）投资资金使用的长期性。从资金的投入到最终效益的产出一般需要经历相当长的时间，投资存在明显的时滞。现时投入资金的活动要持续很长时间，而且投入的资金在一段时期内不能为社会提供有效的产出。因此，为了使投资能够发挥正常的扩大再生产能力，保证经济运行的连续性，需要合理安排每一个时期的投资活动。

（2）投资的风险性与收益性均衡。投资必定有风险，而投资者希望获取预期的收益。只有在效益和风险相统一的条件下，投资行为才能得到有效调节。

（3）投资影响的不可逆性。投资的过程是组合各种资源形成新的生产能力的过程，它主要是资金的物化过程。投入的资金一旦得到了物化，就被固化在某一场所，具有显著的固定性和不可分割性。投资产生的效果无论好坏都将对国民经济产生持续影响，如果某项投资行为被证明是错误的，在短期内将难以消除其不良影响；同时，扭转错误的投资行为，也需要付出巨大的代价。这意味着，在相当长的一段时期来说，投资影响通常是不可逆的。投资的这一特点要求人们在投资活动中应保持谨慎的态度，尽力提高投资的质量。

1.2.3 投资的分类

（1）按投资的方向划分，可分为实物投资和金融投资。

实物投资时指投资者将资金用于建造、购置固定资产和流动资产，直接用于生产经营，并以此获得未来收益的投资行为。

金融投资，也叫证券投资，是指投资者以获得未来收益为目的，预先垫付一定的资金并获得金融资产。

实物投资与金融投资的根本区别在于实物投资是社会积累的直接实现者，即通过实物投资最终完成和实现社会的积累；而金融投资是一种间接的过程，是投资者以最终获得金融资产为目的，而资金如何转化为实物形态则与证券投资者没有关系。

（2）按投资的地域划分，可分为国际投资和国内投资。

国际投资又称“对外投资”或“海外投资”。指一个国家向国外进行经营资本的输出。这种输出可以是私人资本也可以是国家资本但不包括政府及其所属机构对外的赠予、赔偿以及纯属接待资本输出范围的各种贷款活动。

国内投资，是指国家、企业单位、个人在本国境内所进行的国内投资的总量，代表一个国家经济发展水平的高低、积累能力的大小和经济实力的强弱。

（3）按是否参与投资企业的经营管理权划分，可分为直接投资和间接投资。

直接投资是投资者直接将资本用于购买生产资料、劳动力或其他企业一定比例的股份，通过一定的经营组织形式进行生产、管理、销售活动以实现预期收益。

间接投资是指投资者以购买他国或本国债券、股票等方式进行的投资。

（4）按资金周转方式的不同，分为固定资产投资和流动资产投资。

固定资产投资包括基本建设投资和更新改造投资两部分。基本建设投资是指以扩大生产能力或工程效益为主要目的的新建、扩建、改建工程及相关投资，其经济实质是进行固定资产的外延扩大再生产。更新改造投资是指以设备更新、企业技术改造为主要形式的固定资产投资，其经济实质是进行内含扩大再生产。

流动资产是对企业生产经营中所需劳动对象、工资和其他费用方面的货币的预先支付。

（5）按投资在扩大再生产中所起作用的方式不同，分为外延性投资和内含性投资。

外延性投资是指用于扩大生产经营场所，增加生产要素数量的投资，它代表投入生产的资本不断增长，其实质是从投资要素量的增加上来扩大投资规模以促进社会扩大再生产的进行。

内含性投资是指用于提高生产要素的质量，改善劳动经营组织的投资，其实质是从提高投资要素的使用效率、加强劳动过程的组织管理、提高劳动效率上来促进社会扩大再生产的进行。

（6）按经营目标不同，分为经营性投资和政策性投资。

经营性投资即为营利性投资，是为了获取盈利而进行的投资，项目建成后，以经营方式使用。

政策性投资又称非营利性投资，指用于保证社会发展和群众生活需要而不能或允许不能带来经济盈利的投资。

（7）按投资的经济用途，分为生产性投资和非生产性投资。

生产性投资是直接用于物质生产或直接为物质生产服务的投资。它能直接增加国民经济各部门的生产能力，加快商品流通速度，提高国民经济技术水平。

非生产性投资是指在一定时期内用于满足人民物质和文化生活需要以及其他非物质生产的投资。

（8）按是否纳入国家财政预算，可分为预算内投资和预算外投资。

预算内投资是指纳入国家预算安排的投资，包括预算内基本建设投资和预算内更新改造投资。

预算外投资是指各地区、各部门和企事业单位，运用自行支配的财力物力、各种专项资金和其他自由资金以及向国内外金融机构借款所安排的投资。

(9) 其他分类。

按投资主体可分为国家投资、企业单位投资、个人投资。

按资金来源可分为财政投资、银行信贷投资、企业自筹投资、证券投资。

按企业性质可分为全民所有制单位投资、集体所有制单位投资、乡镇企业投资、中外合资、外商独资。

按项目是否纳入国家计划可分为计划内投资、计划外投资，等等。

投资按不同所有制形式或经济类型，可分为包括国民经济投资、集体经济投资、私营经济投资、个体经济投资、联营经济投资、股份制经济投资、外商投资、港澳台投资以及其他经济投资。

1.2.4 项目投资发展周期

项目投资周期也称项目投资发展周期，是指一个投资项目从提出项目设想、立项、决策、开发、建设、施工直到竣工投产、进行生产活动和总结评价的全过程。虽然每个项目所处的社会、经济、技术、体制和政治等外部环境和内部结构各不相同，但大多数项目都必须经历一个由产生、发展和终结的循序发展的生命周期。

一个典型项目投资发展周期从项目着手规划到完成，一般需要经过项目设想、项目初选、项目准备、项目评估决策、项目实施与监督、项目投产与经营和项目评价与总结等七个工作阶段，如图 1-3 所示。这些阶段是相互联系并遵循一定的逻辑程序不断发展的渐进过程，每个阶段的工作又都是相互衔接、相互制约的，上一个阶段的工作是下一个阶段工作的先导和基础，下一个阶段的工作又是上一个阶段工作的延续、深入和发展，项目最后阶段工作的结束又导致产生新的项目设想和选定的开始，从而使项目周期的内容不断更新。

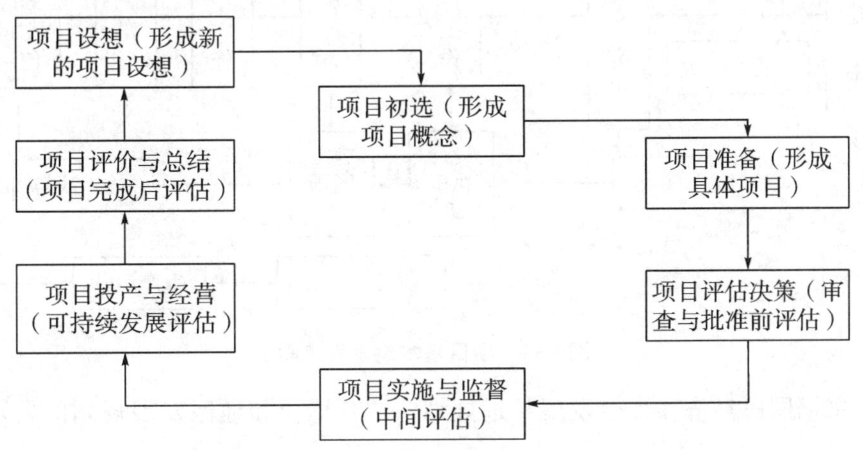

图 1-3 项目投资发展周期示意图

项目投资发展周期从投资的角度大致可以分为三个时期：投资前时期，投资执行时期和生产运营时期。每个时期又包括若干个工作活动，如投资前时期包括机会研究、初步可行性研究、可行性研究、项目评估、投资决策；投资执行时期就是项目实施阶段，包括合同谈判签约、工程设计、施工安装、试运行、竣工验收；生产运营时期包括项目生产经营和项目后评价。每个时期的工作活动，形成了一个循序渐进的工作过程，在这一过程中项目逐渐形成。

1.2.5 项目投资建设程序

项目投资建设程序，又称项目建设程序，是指国家按照项目建设的客观规律制定的项目从设想、选择、评估、决策、设计、施工、投入生产或交付使用整个建设过程中，各项工作必须遵循的先后次序。项目建设程序是项目建设过程客观规律的反映，是项目科学决策和顺利进行的重要保证。

尽管世界上各个国家和国际组织在项目建设程序上可能存在某些差异，如世界银行对任何一个国家的贷款项目，都要经过项目选定、项目准备、项目评估、项目谈判、项目实施和项目总结评价等阶段的项目周期，从而保证世界银行在各国的投资保持较高的成功率。但一般说来，按照项目发展的内在规律，投资建设任何一个项目都要经过投资决策、建设实施和交付使用三个发展时期，这三个发展时期又分为若干个阶段，它们之间存在着严格的先后次序，可以合理交叉，但不能任意颠倒次序。

按照我国规定，一般大中型及限额以上项目的基本建设程序可以分为以下几个阶段，如图 1-4 所示。

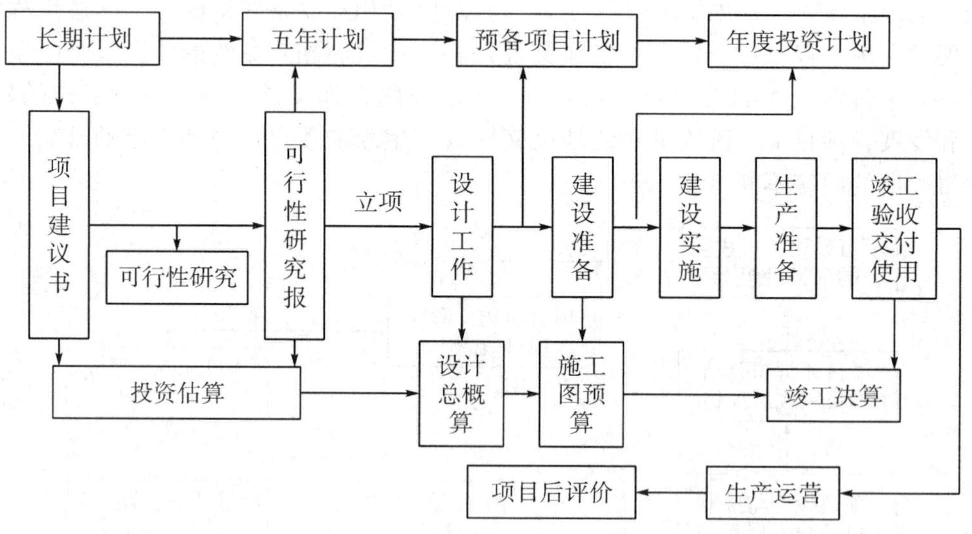

图 1-4 项目基本建设程序图

（1）根据国民经济和社会发展长远规划，结合行业和地区发展规划的要求，提出项目建议书；

（2）在勘察、试验、调查研究及详细技术经济论证的基础上编制可行性研究报告；

（3）根据咨询评估情况，对建设项目进行决策；

（4）根据可行性研究报告，编制设计文件；

（5）初步设计经批准后，做好施工前的各项准备工作；

（6）组织施工，并根据施工进度，做好生产或动工前的准备工作；

（7）项目按批准的设计内容建完，经投料试车验收合格后正式投产交付使用；

（8）生产运营一段时间（一般为1年）后，进行项目后评价。

1.3 项目管理

项目作为一项复杂的系统工程活动，往往需要耗费大量的人力、物力和财力。为了在预定的时间内实现特定的目标，必须推行项目的科学管理。

1.3.1 项目管理的定义

项目管理，从字面上理解应是对项目进行管理，即项目管理属于管理的大范畴，同时也指明了项目管理的对象应是项目。

然而，随着项目及其管理实践的发展，项目管理的内涵得到了充实和发展，当今的项目管理已是一种新的管理方式、一门新的管理学科。

可见，项目管理一词有两种不同的含义，其一是指一种管理活动，即有意识地按照项目的特点和规律，对项目进行组织管理的活动；其二是指一种管理学科，即以项目管理活动为研究对象的一门学科，它是探求项目活动科学组织管理的理论和方法。前者是一种客观实践活动，后者是前者的理论总结；前者以后者为指导，后者以前者为基础。

现代项目管理认为：项目管理是运用各种知识、技能、方法与工具，为超越项目有关各方对项目的要求与期望所开展的各种管理活动。在项目管理的定义中，包括两层含义。首先，项目管理的根本目的是满足或超越项目有关各方对项目的需求与期望。项目有关各方是指一个项目的所有相关利益者，包括项目的业主/客户、项目的承包商或实施者、项目的供应商、项目的设计者或研制者、项目所在的社区、项目的政府管辖部门，等等。这些项目的项目利益者对项目的要求与期望既有一致的方面，又有冲突的方面，可表述为：

①项目有关各方对项目的共同要求和期望；

②项目有关各方不同的需求和期望；

③项目已识别的需求和期望；

④项目尚未识别的要求和期望。

其次，项目管理的根本手段是运用各种知识、技能、方法和工具开展各种管理活动。为使项目能够最大限度地满足或超越项目所有相关利益者的要求和期望，就必须开展各种各样的管理活动。项目管理活动与一般的运营管理活动的原理和方法有所不同，因为二者管理的对象不同。前者管理的是具有一次性、独特性和相对不确定性的项目工作，后者管理的是重复性、常规性和相对确定性的日常运营工作。因此项目管理不仅需要运用各种知识、技能、方法和工具，还需要平衡项目范围、时间、成本、风险和质量等多种相互矛盾的要求，满足项目干系人的各种需要和期望，满足其他特定的要求。为此，需要采用科学的方法和有效的管理手段。

1.3.2　项目管理的特点

项目管理具有如下基本特性：

（1）普遍性。

项目作为一种创新活动普遍存在于社会、经济和生产活动之中。现有各种运营活动都是各种项目的延伸和延续，人们的各种创新的想法、建议或提案或迟或早都会转化成项目，并通过项目的方式得以验证或实现。由于项目的这种普遍性，使得项目管理也具有了普遍性。

（2）创新性。

项目管理的创新性包括两层含义，其一是指项目管理是对于创新（项目所包含的创新之处）的管理，其二是指任何一个项目的管理都没有一成不变的模式和方法，都需要通过管理创新去实现对于具体项目的有效管理。

（3）目的性。

一切项目管理活动都是为实现“满足或超越项目有关各方对项目的要求与期望”这一目的服务的。项目管理的目的性不但表现在要通过项目管理活动去保证满足或超越那些已经明确提出并清楚地规定出的项目目标，而且要通过项目管理去识别和满足、超越那些尚未识别和明确的潜在需要。

（4）独特性。

项目管理的独特性是指项目管理既不同于一般的生产、服务的运营管理，也不同于常规的行政管理，它有自己独特的管理对象、自己独特的管理活动和自己独特的管理方法与工具，是一种完全不同的管理活动。

（5）集成性。

项目管理的集成性是相对于一般运营管理的专门性而言的。在一般运营管理之中，分别有生产管理、质量管理、成本管理、供应管理、市场营销管理等各种各样的专业管理，这种专业管理是由于一般运营的重复性和相对确定性，运营管理的详细分工而形成的。项目管理要求的主要是管理的集成性，虽然也有一定的分工要求，但是项目管理要求充分强调管理的集成特性。

1.3.3　项目管理的发展历程

项目和项目管理的发展是工程和工程管理实践的结果。传统项目和项目管理的概念，主要起源于建筑业，这是由于传统的实践中建筑项目相对于其他项目来说，组织实施过程表现得更为复杂。随着社会进步和现代科技的发展，项目管理也不断得以完善，其应用领域也不断得以扩充，现代项目与项目管理的真正发展是大型国防工业发展的结果。

现代项目管理通常被认为是第二次世界大战的产物（如美国研制原子弹的曼哈顿计划），从整个项目管理的发展历程来看，大致可以分为以下阶段：

（1）潜意识的项目管理阶段。

这一阶段从远古到20世纪30年代以前，人们无意识地按照项目的形式运作。其代表作如我国的长城、埃及的金字塔、古罗马的供水渠这样不朽的伟大工程。西方人提出，人类最早的项目管理是埃及的金字塔和中国的长城。但是，这个阶段的项目管理还没有形成有效的计划和方法，没有科学的管理手段和明确的操作技术标准，因此对项目的管理凭借的仅仅是个人的经验、智慧和直觉，谈不上科学性。

（2）传统项目管理的形成阶段。

这一阶段从20世纪30年代初期到50年代初期，人们开始使用横道图进行项目的规划和控制。20世纪初期，人们就已经开始了对项目进行科学管理的探索。第二次世界大战前夕，横道图成为计划和控制军事工程与建设项目的重要工具。横道图又称为甘特图，于1900年左右由亨利·L·甘特发明。甘特图简单直观，便于监督和控制项目的进展状况。但是甘特图难以表现工作环节之间的逻辑关系，在大型项目中存在应用的局限性。1931年，卡洛尔·阿丹密基研制出协调图，但没有引起足够的重视。与此同时，里程碑系统开始在规模较大的工程项目和军事项目中得以广泛采用。在这一阶段，人们对如何管理项目开展了广泛的研究和实践，但还没有明确提出项目管理的概念，项目管理概念的提出是在第二次世界大战后期——实施曼哈顿计划时提出的。

（3）项目管理的传播和现代化。

这一阶段从20世纪50年代初期到70年代末期，其重要特征是网络计划技术的开发和应用，网络计划技术的开端是关键路线法和计划评审技术的产生和推广应用。

进入20世纪50年代，美国军界和各大企业的管理人员纷纷为管理各类项目寻求更为有效的计划和控制技术。20世纪50年代后期，美国出现了关键路线法和计划评审技术。1957年，美国的路易斯维化工厂，由于生产过程的要求，必须昼夜连续运行。因此，每年都不得不安排一定的时间，停下生产线进行全面检修。过去的检修时间一般为125小时。后来，他们把检修流程精细分解，竟然发现，在整个检修过程中所经过的不同路线上的总时间是不一样的。缩短最长路线上工序的工期，就能够缩短整个检修的时间。他们经过反复优化，最后只用了78个小时就完成了检修，节省时间达到38%，当年产生效益达100多万美元。这就是至今项目管理工作者还在应用的著名的时间管理技术“关键路径法”，简称CPM（Critical Path Method）。计划评审技术（Program Evaluation & Review Technique，PERT）出现于1958年，是美国海军研究开发北极星号潜水艇舰所采用的导弹F. B. M的项目中开发出来的。当时的项目组织者想出了一个方法：为每个任务估计一个悲观的、一个乐观的和一个最可能情况下的工期，在关键路径法技术的基础上，用“三值加权”方法进行计划编排，最后只用了6年的时间就完成了预定8年完成的项目，节省时间近25%。PERT的应用，使美国海军部门顺利解决了组织、协调问题，节约了投资，缩短了工期。此后，美国三军和航空航天局在各自的管辖范围内全面推广了这一技术。美国国防部甚至在1962年发文规定，凡承包有关工程的单位都要采用这种方法来安排计划。美国政府也明文规定，所有承包商若要获得政府合同，必须提交详尽的PERT网络计划以保证工程的进度和质量。随后这一技术很快就在世界范围内得到重视，成为管理项目的一种先进手段。20世纪60年代，耗资400亿美元、涉及两万多企业的阿波罗载人登月计划，也是采用PERT进行计划和管理的。

PERT考虑了项目各项工作在完成时间上的不确定性，但实际上还要明确其他不确定因素，如网络中是否每个活动都要完成，网络中是否应有回路等。1966年，出现了图示评审技术（Graphical Evaluation & Review Technique，GERT），增强了随机适应性。

随后，又出现了风险评审技术（Venture Evaluation & Review Technique，VERT）。

在这一阶段，项目管理有了科学的系统方法，但当时主要应用于国防和建筑业，项目管理的任务主要是强调项目的执行。

（4）现代项目管理的发展。

这一阶段是从20世纪80年代至今，这一阶段的特点表现为项目管理范围的扩大以及与其他学科专业的交叉渗透和相互促进。

1987年美国项目管理协会PMI推出了项目管理知识体系指南（Project Management Body of Knowledge），简称PMBOK。这是项目管理领域的又一个里程碑。因此，项目管理专家们把20世纪80年代以前称为“传统的项目管理”阶段，而之后称为“现代项目管理”阶段。这个知识体系把项目管理归纳为范围管理、时间管理、费用管理、质量管理、人力资源管理、风险管理、采购管理、沟通管理和集成管理九大知识领域。随后，PMBOK又进行了多次修订，使该体系更加成熟和完整。

在这一阶段，项目管理应用领域进一步扩大，尤其在新兴行业中得到迅速发展，如电讯、软件、信息、金融、医药等。现代项目管理的任务也不再仅仅是执行任务，而且还要开发项目、经营项目和项目完成后形成的其他设施或成果。

项目管理的理论来自管理项目的工作实践。时至今日，项目管理已经成为一门学科，但是当前大多数的项目管理人员拥有的项目管理专业知识不是通过系统教育培训得到的，而是在实践中逐步积累的。并且还有许多项目管理人员仍在不断地重新发现积累这些专业知识。通常，他们要在相当长的时间内（5~10年），付出昂贵的代价后，才能成为合格的项目管理专业人员。正因为如此，近年来，随着项目管理的重要性为越来越多的组织（包括各类企业，社会团体，甚至政府机关）所认识，组织的决策者开始认识到项目管理知识、工具和技术可以为他们提供帮助，以减少项目的盲目性。于是这些组织开始要求他们的雇员系统地学习项目管理知识，以减少项目过程的偶发性。在多种需求的促进下，项目管理迅速得到推广普及。在西方发达国家高等学院中陆续开设了项目管理硕士、博士学位教育，其毕业生常常比MBA毕业生更受到各大公司的欢迎。

项目管理是一种特别适用于那些责任重大、关系复杂、时间紧迫、资源有限的一次性任务的管理方法。近几年来，随着国际、国内形势的发展，这类任务越来越多，人们对项目管理的呼声越来越强烈，专业界的活动也日益频繁。国际项目管理发展的现状和特点是什么，我国应该如何发展项目管理，已成为政府部门和各行各业共同关注的问题。

目前，在欧美发达国家，项目管理不仅普遍应用于建筑、航天、国防等传统领域，而且已经在电子、通信、计算机、软件开发、制造业、金融业、保险业甚至政府机关和国际组织中成为其运作的中心模式，比如AT&T、Bell（贝尔）、US West、IBM、

EDS、ABB、NCR、Citybank、Morgan Stanley（摩根斯坦利）、美国白宫行政办公室、美国能源部、世界银行等在其运营的核心部门都采用项目管理。

1.3.4 项目管理与日常运营管理的不同

项目与日常运营存在很大的差异，因此项目管理与日常运营管理也有很大的不同，其不同主要表现如下：

（1）管理的对象不同。

项目管理的对象是一个或多个一次性、独特性的项目，针对有关项目的评估、决策、实施和控制过程；而日常运营管理的对象是周而复始经常性的日常运营作业。

（2）管理的方法不同。

项目管理是面向任务和过程的，因此其方法中有许多是针对具体任务的管理技术和方法；而日常运营中有更多的部门协调、指挥命令等针对日常运行的管理方法和工具。

（3）管理的周期不同。

项目管理的周期是一个项目的生命周期，从项目的定义和决策一直到项目的完工交付，相对比较短暂；而日常运营管理在计划管理周期上，可以是一年、三年、五年甚至更长，是整个企业的存续时间，因此日常运营管理周期相对较长。

虽然，由于项目和日常运营的差异性，在项目管理和日常运营管理上有很多不同之处，但是它们在管理原理上也有很多相同之处，如管理的科学性和艺术性，管理过程的经济性和效率等。

1.3.5 项目管理知识构成

项目管理所需的知识既包括了专门知识，也包括一般管理知识，如图 1-5 所示。具体内容可归纳如下：

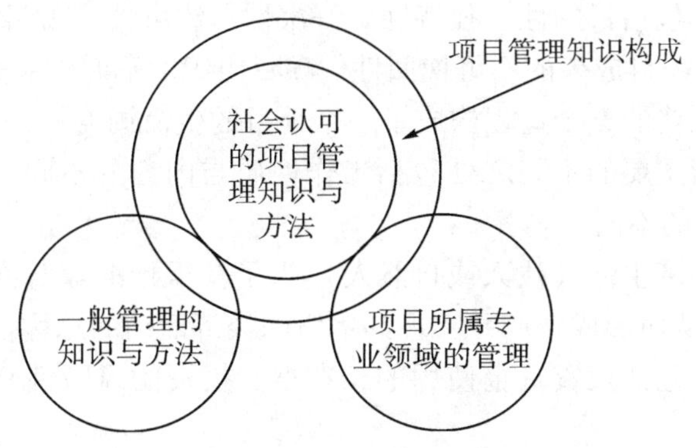

图 1-5 项目管理知识与其他知识的关系

（1）一般管理知识。

一般管理知识体系的主要内容包括：

①对于企业运营过程的管理知识。这包括：企业运营的计划管理、组织管理、决

策、领导和管理控制等方面的内容。

②对于企业资源的管理知识。这包括：企业人力资源管理、财务管理、设备与固定资产管理、信息资源管理、供应与存货管理等方面的内容。

③一般管理中的专业性管理知识。这包括：企业信息系统的管理、产品与服务质量的管理、企业物流管理、企业形象管理等方面的内容。

（2）项目所属专业领域的专业知识。

这是指与具体项目所涉及的专业领域有关的各种专业知识。项目所涉及的专业知识通常包括下列三个方面：

①专业技术知识。这是指项目所涉及的具体专业领域中的专业技术知识。例如，软件开发项目中的计算机编程技术、新药研制项目中的药物毒理和病理知识、建筑工程项目中的结构设计和施工技术知识等。

②专业管理知识。这是指项目所涉及的具体专业领域中的专业管理知识。例如，政府性项目中涉及的政府财政拨款等行政管理方面的知识、科技开发项目中的国家或企业的科技政策方面的知识等。

③专门行业知识。这是指项目所涉及的具体产业领域中的一些专门的知识。例如，汽车行业项目中的相关行业知识（相关的能源消耗、环境保护知识等）、化工行业项目中的相关行业知识（相关的流程工业和上、下游行业的知识等）、金融行业项目中的相关行业知识（相关的保险、信托、证券行业知识等）等。

【本章小结】

（1）项目投资是对特定项目进行的一种投资行为。完整的项目投资管理包括投资项目的论证、决策、实施以及竣工验收与后评价等全过程的一系列管理。

（2）项目的特性包括目的性、独特性、一次性、约束性、项目的创新性和风险性、项目过程的渐进性、项目成果的不可挽回性、项目组织的临时性和开放性等。

（3）项目由始到终的整个过程构成了一个项目的生命周期。

（4）项目与运营主要的不同之处包括工作性质与内容的不同、工作环境与方式的不同、组织与管理上的不同，等等。

（5）投资是指经济主体（法人或自然人）为了获得预期收益而在现时投入生产要素（资金或资源），从而形成资产并实现其增值的经济活动的总称。

（6）投资的特点包括投资资金使用的长期性、投资的风险性与收益性均衡、投资影响的不可逆性等。

（7）项目管理是运用各种知识、技能、方法与工具，为超越项目有关各方对项目的要求与期望所开展的各种管理活动。

（8）项目管理的基本特性包括普遍性、创新性、目的性、独特性、集成性等。

（9）项目管理与日常运营管理的不同主要表现为管理的对象不同、管理的方法不同、管理的周期不同，等等。

（10）项目管理所需的知识既包括了专门知识，也包括一般管理知识。

（11）项目投资周期也称项目投资发展周期，是指一个投资项目从提出项目设想、立项、决策、开发、建设、施工直到竣工投产、进行生产活动和总结评价的全过程。

（12）一个典型项目投资发展周期从项目着手规划到完成，一般需要经过项目设想、项目初选、项目准备、项目评估、项目实施、项目投产经营和项目评价总结等七个工作阶段。

（13）项目投资建设程序，又称项目建设程序，是指国家按照项目建设的客观规律制定的项目从设想、选择、评估、决策、设计、施工、投入生产或交付使用整个建设过程中，各项工作必须遵循的先后次序。

（14）我国规定一般大中型及限额以上项目的基本建设程序可以分为项目建议书阶段、可行性研究阶段、设计工作阶段、建设准备阶段、建设实施阶段以及竣工验收阶段。

【习题】

一、选择题

1. （　　）是项目最基本、最主要的特征。

A. 一次性　　B. 目标明确

C. 整体性　　D. 制约性

2. 不属于项目的选项（　　）

A. 一个酒店的建设　　B. 科研课题

C. 生产啤酒　　D. 写一篇论文

3. 计划、组织、指挥、协调、控制是项目管理的（　　）

A. 基本作用　　B. 基本性质

C. 基本职能　　D. 基本内容

4. 项目实施阶段的项目管理的主要任务是（　　）。

A. 确定项目的定义

B. 通过管理使项目的目标得以实现

C. 确定项目的范围

D. 通过经营使项目的目标得以实现

5. 各类项目管理中，（　　）项目管理是核心。

A. 业主方　　B. 设计方

C. 施工方　　D. 供货方

6. 建设程序，是指建设项目从设想、选择、评估、决策、设计、施工到竣工验收过程中，各项工作必须遵循的先后次序的（　　）

A. 原则　　B. 法则

C. 原理　　D. 规则

二、问答题

1. 什么是项目？项目的特性有哪些？
2. 根据不同的分类方式，可将项目分为哪些类别？
3. 项目与运营的区别是什么？项目管理与运营管理的区别是什么？
4. 什么是投资？投资的特点有哪些？可以如何分类？
5. 什么是项目管理？项目管理的特点有哪些？如何分类？
6. 项目管理的知识体系如何构成？
7. 什么是项目投资周期？
8. 项目投资周期可划分为哪几个阶段？
9. 什么是项目投资建设程序？
10. 我国规定一般大中型及限额以上项目的基本建设程序可以分为哪几个阶段？

第一章习题参考答案

2 项目建议书

【本章教学要点】

知识要点	掌握程度	相关知识
初步可行性研究	了解	目的、作用，与项目建议书的区别
项目建议书	掌握	内容、与可行性研究的关系、区别

【关键词】

项目建议书　可行性研究

导入案例

双东镇生态旅游养老项目建议书

一、总论

1. 项目名称：双东镇生态旅游养老项目

2. 项目单位概况：旌阳区双东镇，辖区面积79.53平方千米，人口2.66万人，是美丽的旌城后花园，城市的绿肺，天然的氧吧，其森林覆盖率47%以上，镇内青山绿水，鸟语花香，是个触手可及的乐活小镇。青山、绿水，沿山生态旅游带，八十平方千米天然氧吧任您驰骋；美丽的凯江河畔让您美不胜收；一年一度的民俗文化赏花节更是热闹非凡。

3. 项目拟建地点：旌阳区双东镇

4. 项目建设内容与规模：以双东的优良生态条件和区位优势以及政策规划打造一个旅游休闲区、文化古迹观光、城郊休闲养老的生态乐活小镇。

5. 项目年限：1~3年

二、项目建设的必要性和条件

(1) 双东镇地处德阳市旌阳区东北部深丘，东与中江县瓦店乡、南靠旌阳区新中镇，西邻旌阳区东湖乡，北同旌阳区黄许镇、罗江县蟠龙镇相连，是农村综合改革由原双东镇与通江镇整体合并而成的丘陵农业大镇。龙凤村8组约13.3公顷的杏花，龙凤村8组、翻身村4组、东美村5组约6.67公顷的李花，翻身村3、4、8、12、13组的约46.67公顷梨花，大柏村6、8、9组约13.3公顷的桃花，已初步形成了沿德

(阳）通（江）公路呈梯次的果林观光带，一到春天，百花争艳，与其他镇相比，双东镇具备了独特的生态资源。

（2）双东镇位于德阳城区东北面，这里是整个德阳森林覆盖率最高的区域，根据德阳市新一轮规划，东山沿线以及其东部地区，是城市生态居住的最佳地点，城市生态居住的旅游资源开发的要地。德阳市正在规划和待建的华强沟水库，拟投资10个亿，容量4 700平方米，引进人民渠的优质水源，不仅为经济高速发展和快速城市化扩张提供应用水源，也为德阳、特别是水库所在地双东镇提高了空气质量，优化了自然生态环境。双东作为距离德阳城区二十分钟车程的近郊生态小镇，镇内现有6.67公顷李花、46.67公顷梨花，13.3公顷的桃花，已初步形成了沿德（阳）通（江）公路呈梯次的果林观光带，一到春天，百花争艳，与其他镇相比，双东镇具备了独特的生态资源、具有丰富的生态景观资源，具有城区所不能比拟的宜居条件和休闲条件。

（3）双东镇虽然远离了108国道以及成绵高速公路，但与规划中的二环相邻，远期发展前景可观。现有交通线路十分通畅，随城市交通环线的不断扩张，双东就是德阳的后花园。

（4）双东有丰富的地文景观，有上百年历史的美女裸晒山（美女晒），有山体像乌龟的乌龟山，还有绵延300多米的蛮人洞；有川祖庙、神圣庵、美女庙、玉佛寺（经佛教协会批准的佛教圣地，规划占地10公顷）、东汉崖墓、古津渡、古驿道、古寺庙及张献忠屯兵遗址等历史遗址、遗迹。一年一度为期两周的民俗文化赏花节、民歌对唱吸引无数游客参观。

三、建设规模与产品方案

（1）在双东镇建设集种植生产、包装、交易于一体的现代生态农业产业化示范基地；集生态农业观光、自然养生休闲、生态游乐、旅游度假为一体的旅游度假基地；集生态居住、精致生活为一体的郊区化养老居家基地；集产业交易、商贸投资、商务活动为一体的和谐财富基地。

（2）旌阳区逍遥谷沿山旅游经济带基础设施：依靠沿山路、凯江河、交通干线“工”字形生态旅游产业带继续打造25千米生态长廊。引进天然水源，用于灌溉、养殖水源。

（3）社区氛围：分养老居住区、生活服务区、健康活动区和养老院四个部分，其中养老居住区分期田园型养老区、陪护型养老区、家居型养老区、自助型养老区和集中型养老区五种类型，户型分为60～150平方米不等，充分满足各类目标顾客群的需求。除此之外，生活服务区还设有生态种植基地、康乐中心、小型超市等商业设施满足老年人日常生活需求。

（4）打造凯江旅游生态园区：主要依山而建，修建农家乐10余个，附带休闲场所数个。能接待假日闲暇、友人相约、家人团聚；在休憩中，或品一杯绿茶，或小酌畅饮，体会着田园风光，蓦然回首，欣赏屏山绿障，其中妙处自然不可言喻。扩大鱼塘，设休闲垂钓区。完善景点建设和农家乐休闲娱乐区，为景点导入文化内涵，使项目区提档升级。

四、投资估算及资金筹措

（一）投资估算

（1）生态旅游观光区共计 1 830 万元。其中：山场整治、道路、开梯、护坡 1 000 万元；水上栈桥 2 座 10 万元；凉亭 5 个 20 万元；餐饮食宿用房 500 万元；餐饮食宿设施 100 万元；景观和建筑小品 100 万元；照明、绿化、给排水、停车场、消防等 100 万元。

（2）养老公寓 7 000 万元，周边配套 3 700 万元，共计 10 700 万元。其中：土地成本 4 000 万元；建安工程成本 2 000 万元；老年公寓建设 2 200 万元；生活服务区建设 1 800 万元；健康活动区建设 400 万元；辅助及公用工程项目 300 万元。

（3）项目总投资：12 530 万元。

（二）资金筹措

（1）自筹资金为主

（2）独资

（3）合资

五、效益分析

（一）经济效益

（1）本项目实现销售收入×万元。详见表下表：

项目	面积（平方米）	销售单价（元/平方米）	租用（元/月）
养老居住区	×××	3 000	600
田园养老区（100 户）	×××	4 000	1 000
陪护型养老区（220 户）	×××	4 000	1 000
家居型养老区（800 户）	×××	3 500	800
自助型养老区（660 户）	×××	4 200	1 100
集中型养老区（5 700 户）	×××	2 500	500

（2）生态旅游项目收入：

①固定收入：每年接待 5 万人，按人均消费 200 元计算，共计收入 100 万元。

②间接经济效益：通过项目建设，不仅优化了旅游产业结构，带动第三产业发展，而且使人们休闲、养老有了一个好去处，在促进人民身心健康等方面都发挥着积极的作用，由此而产生的间接经济效益更是难以估算。

（二）社会效益

（1）对国家产业的促进。发展生态旅游业的养老产业对促进经济发展和社会和谐有着十分重要的现实意义和深远的历史意义。通过政企联动对产业链进行强力整合，将会为我国老年产业带来一个全新的发展模式。

（2）对区域经济的利好。将会为地方政府创造高额税收，提升区域经济发展。多种业态的进驻，将会消化剩余劳动力，优化区域产业结构发展。加速区域特色产业的集聚，延长产业链条，推进区域整体建设和产业发展。

（3）项目的实施对当地老龄化社会福利事业的影响。围绕老龄事业与全面建设小康社会协调发展要求，切实加强老龄工作，不断完善老年人社会保障制度，发展老年服务业，建立健全社区管理和服务体系，增加老年福利设施，开展老年文化体育活动，维护老年人合法权益。

（4）对区域经济的影响。①直接影响。本项目建设所需的大部分建筑材料和设备将由本地区供应，这将给建筑业和设备制造业带来一定的发展机遇，这将直接促进地区经济的发展。②间接影响。项目建成后，将对德阳市乃至四川省老年人社会福利事业产生积极而又深远的影响，地方也可从与其相关的诸多产业中的潜在消费中获取一定的收入，以此增加地方财政收入。

六、结论

通过以上分析可以看出：

（1）该项目符合我市规划的要求，结合“25千米生态走廊，倾力打造城市后花园”的城镇建设方向，推广运动休闲绿色环保理念，提供一种全新的生活方式，是造福子孙后代的利好事业。

（2）可极大地满足老年人对社会福利设施的需要。在某种意义上使城市的社会化养老服务体系建设更加完善，能够在更高层次、更高水平上为广大市民提供全方位的服务，将极大地推动老年福利事业的发展。本项目的实施可以促进双东镇乃至整个德阳市内老年福利事业的长足发展，与所在地有较强的互适性，社会可行性良好。

资料来源：http：//doc. mbalib. com/view/3345b854ccc7d89f5c5465de83ca60d4. html.

项目建议书是项目投资发展周期中的最初阶段，是对投资项目的初步选择阶段，它要对拟建项目提出一个轮廓设想，主要是从宏观上考察项目建设的必要性、建设条件的可行性和获利的可能性，并做出项目的投资建议和初步设想，作为选择投资项目的初步决策依据和进行可行性研究的基础。因此，项目建议书是要求建设某一具体投资项目的建议性文件。对于政府投资项目，项目建议书是立项的必要程序。对于企业投资项目，在核准和备案过程中各级政府投资主管部门根据需要对项目建议书采取一些灵活要求；企业自主决策过程中，根据自身需要自主选择前期不同阶段的研究成果作为立项依据。

2.1 概述

项目建议书又称项目立项申请书或立项申请报告，是由项目投资方向其主管部门上报的文件，目前广泛应用于项目的国家立项审批工作中。项目建议书受项目所在细分行业、资金规模、建设地区、投资方式等不同影响，项目建议书均有不同侧重。为了保证项目顺利通过地区或者国家发改委批准完成立项备案，项目建议书的编制必须由专业有经验的咨询机构协助完成，一些大型项目立项所提交的项目建议书及可行性研究报告必须附带相应等级的咨询机构的公章。

政府投资项目按照程序和要求编制和报批项目建议书，企业投资项目可以根据需要自行决定是否编制项目建议书（初步可行性研究报告）。

2.1.1 项目建议书的作用

项目建议书，对于政府投资项目是决策程序上的要求。同时，对于投资者也是通过初步的研究，判断项目是否有生命力，是否值得投入更多的人力和资金进行可行性研究，避免造成浪费。

（1）在宏观上考察拟建项目是否符合国家（或地区或企业）长远规划、宏观经济政策和国民经济发展的要求，初步说明项目建设的必要性；初步分析人力、物力和财力投入等建设条件的可能性与具备程度。

（2）经审批后的项目建议书是编制可行性研究报告和作为拟建项目立项的依据。

（3）对于涉及利用外资的项目，项目建议书还应从宏观上论述合资、独资项目设立的必要性和可能性；在项目批准立项后，项目建设单位方可正式对外开展工作，编写可行性研究报告。

2.1.2 项目建议书的编制要求

（1）内容真实：项目建议书涉及的内容以及反映情况的数据，应该尽量真实可靠，减少偏差及失误。其中所运用的资料、数据，都要经过反复核实，以确保内容的真实性。

（2）预测准确：项目建议书是投资决策前的活动，具有预测性及前瞻性。它是在事件没有发生之前的研究，也是对事务未来发展的情况、可能遇到的问题和结果的估计。因此，必须进行深入的调查研究，充分的占有资料，运用切合实际的预测方法，科学预测未来前景。

（3）论证严密：论证性是项目建议书的一个显著特点。要使其有论证性，必须做到运用系统的分析方法，围绕影响项目的各种因素进行全面、系统的分析，包括宏观分析和微观分析两方面。

2.1.3 项目建议书与可行性研究报告的区别

我国项目前期工作中的项目建议书和可行性研究报告，在研究范围和内容结构上基本相同，但因二者所处工作阶段的作用和要求不同，研究的目的和工作条件也不同，因而在研究的重点、深度和计算精度上也有所不同。它们之间的主要区别主要有以下五点：

（1）研究任务不同。

项目建议书阶段的任务属于初步可行性研究，其目的只是初步选择项目以决定是否需要进行下一步工作，所以主要是论证项目的必要性、是否符合国家长远规划、地区和行业发展规划、产业政策和生产力布局的合理性，建设条件的可能性；而在可行性研究阶段，则必须进行全面深入的技术经济论证，做多方案比较，推荐最佳方案，或者提出充分理由否定该项目，为最终的项目决策提供可靠的依据。

（2）基础资料和依据不同。

在项目建议书阶段，由于缺乏详细的设计资料和论证材料作为研究工作的基础，其基本依据是国家的长远规划、行业及地区规划、产业政策，与拟建项目有关的自然资源条件和生产布局状况，项目主管部门的有关批准文件，以及初步的市场预测资料等；而在可行性研究阶段，除了已批准的项目建议书和初步可行性研究作为依据外，还具有详细的设计资料和经过深入调查研究后掌握的比较翔实确凿的数据与资料作为依据。

（3）内容繁简和深浅程度不同。

项目建议书阶段所做工作不要求也不可能做得很详细，只要求有大致的轮廓，因此其内容较为概略和简洁。如对项目的生产工艺技术方面的研究，在项目建议书阶段只做出初步设想方案和基本的规定；而在可行性研究阶段，则要求尽可能详细，从工艺流程到主要设备选型等都要涉及。在进行项目的经济评价时，项目建议书阶段只作一般的静态的初步分析，而在可行性研究阶段要做出详细的动态分析评价。

（4）投资估算精度要求不同。

在项目建议书阶段所做的项目总投资，一般都是根据国内外类似已建工程的相关数据和生产能力进行测算或对比推算得出的，因此与实际发生的投资额有较大的差距（允许误差控制在±20%以内）；而在可行性研究阶段，则必须对项目所需的各项投资费用，包括固定资产投资、流动资金、建设期贷款利息、物价因素影响的投资等分别进行详细的精确计算，其误差控制在±10%以内，资金筹措应有具体方案，项目效益测算以动态为主。

（5）研究成果内容不同。

项目建议书阶段的研究成果为项目建议书，并附上市场初步调查报告、建设地点初选报告、初步勘查报告等文件；而可行性研究阶段的成果应包括可行性研究报告，并附上市场调查报告、厂址选择报告、地质勘察报告、水资源及资源调查报告、环境影响评价报告和自然灾害预测资料等文件。

随着《国务院关于投资体制改革的决定》的出台和落实，我国投资体制改革深入，非政府投资类项目一律改为核准制和备案制，取消审批制。项目建议书和可行性研究报告可以合并。企业只需依法办理土地使用、城市规划、环境保护、安全生产、资源利用等许可手续和减免税确认手续，按照属地原则向当地发改委进行项目备案即可。

2.2 项目建议书的内容

投资项目建议书主要内容包括：

（1）总论。

总论包括项目名称、主办单位基本情况、项目概况、编制依据、主要结论和存在的主要问题和建议。

（2）投资项目建设的必要性和依据。

①项目背景。阐明拟建项目投资建设的理由，概述项目酝酿和策划的过程，说明

项目建设的主要目的和目标。对改扩建项目要说明现有企业概况；对于引进技术和设备的项目，还要说明国内外技术的差距和概况以及进口的理由、工艺流程和生产条件的概要等。

②宏观战略分析。从宏观层面上提出（或出具）与项目有关的长远规划或行业、地区规划资料，说明项目建设的必要性，阐述拟建项目对相关规划、产业政策、行业准入条件和政府投资项目相关规定的符合性。

③社会需求和市场需求分析。从社会需求角度，阐述对拟建项目的需求愿望和迫切程度。从社会、经济、技术条件等方面阐述拟建项目建设时机的适当性。对于经营性投资项目，需要阐述国内外同内服务（产品）的供需基本状况及市场发展前景。

④项目建设的作用及意义。阐述拟建项目对合理利用资源、保护生态环境、促进社会公平、推动技术进步等方面的必要性和意义。阐述拟建项目对促进经济社会协调发展和可持续性等方面的重要作用。

（3）项目建设内容与建设条件。

①建设目标与功能定位。阐述拟建项目的功能定位、建设目标和建成后满足需求的程度等。

②建设内容与规模。通过对国内外同类产品的生产能力、销售情况分析和预测、产品销售方向和销售价格的初步分析等，进行拟建项目的市场预测，根据需求分析的结果，确定建设内容，结合有关规范要求及内外部约束条件，综合确定项目的合理建设规模和服务（产品）方案。

③建设条件。阐述拟建项目所在区域的自然地理、水系概况、气候特征、地形地貌、地质构造以及拟建项目所在地和附近相关地区的生态、社会、人文环境等条件，初步确定拟建区域地震基本烈度，并对工程地质环境及主要工程地质问题，提出初步评价意见。

（4）场（厂）址选择。

①场（厂）址选择原则。按照土地管理、自然资源和环境保护等法律法规的规定，从区域规划、地区规划、节约用地、少占耕地、减少拆迁移民、保护自然环境和生态平衡、场（厂）区合理布置和安全运行灯方面出发，结合项目所处行业及项目自身特点，科学合理地提出项目选址原则。

②场（厂）址方案与场（厂）址选择。分析项目拟建地点的自然条件和社会经济条件，论证建设地点是否符合地区布局的要求。通过拟建项目所在位置及周边环境等，提出两个或两个以上备选方案，通过科学的比较，给出推荐方案和推荐理由。

③征地拆迁和移民安置。对涉及征地拆迁的项目，依法提出拆迁补偿的主要原则、标准、范围和方式，初步确定移民安置数量，拟定移民安置原则和初步设想。

④地质灾害危险性评估。对于不同性质和类型的项目，应充分考虑行业特点和项目具体情况，结合国家地质灾害防治要求等一系列法规，进行地质灾害危险性评估，避免和减轻地质灾害造成的损失。

（5）技术与配套方案。

①主要生产技术与工艺。如拟引进国外技术，要说明引进的国别以及国内技术与

之相比存在的差距，技术来源、技术鉴定及转让等概况。

②主要专用设备来源。如拟采用国外设备，要说明引进的理由以及拟引进国外厂商的概况。

③配套建设方案。分析为满足拟建项目主体建设目标与功能，除主体建设方案之外的必要配套工程建设方案和运营服务方式及方案。

（6）资源利用与节约。

①资源利用种类与数量。阐述拟建项目建设期和运营期需要消耗的能源、水、土地及其他资源的种类，初步估算实际用量。

②资源综合利用方案。按照发展循环经济、建设节约型社会的要求，从绿色、循环、清洁、低碳的角度，分析资源供应的可能性和可靠性，项目对当地资源承载能力影响等。

③节约措施。阐述拟建项目节能、节水、节地、节才等主要措施。

（7）环境和生态影响。

①环境和生态现状。阐述拟建项目建设地点及周边的自然条件、生态环境、环境质量和容量情况。

②主要污染物。阐述污染物种类，测算其排放量与强度，说明危害物的性质。

③影响分析和防治措施。分析拟建项目对自然、社会、生态可能造成的影响，并提出防治目标和相应措施。

（8）项目组织与管理。

①建设期及进度安排。根据拟建项目的内外部条件，结合项目特点，分析项目从决策到建成投产、交付使用所需时间，初步提出合理的建设工期和进度安排方案。建设前期工作的安排，应包括涉外项目的询价、考察、谈判、设计等。

②建设期管理组织方案。说明拟建项目管理模式，明确建设单位，提出必要的人员培训尤其是境外培训安排和设想等。对于代建制项目，应说明代建制方案。

③项目运营管理设想。分析拟建项目运营期的管理模式、组织机构、定员数量、人员构成和来源、必要的培训特别是境外培训安排、运营资金来源等。

（9）投资估算和资金筹措设想

①编制依据与说明。根据行业特点，确定投资估算的编制方法及依据，说明投资估算的范围及费用构成。

②投资估算。投资估算既可根据掌握数据的情况进行详细估算，也可按单位生产能力或类似企业情况进行估算。

③资金筹措。资金筹措计划中应说明资金来源，利用贷款的需要附上贷款意向书，分析贷款条件及利率，说明偿还方式，测算偿还能力。

④资金使用计划。初步提出资金分期使用计划。

（10）财务与经济影响和社会影响分析。

①财务与费用效果分析。计算项目全部投资的内部收益率、贷款偿还期等指标及其他必要的指标，进行盈利能力、清偿能力初步分析。对于运营期盈利不足或亏损的项目，应提出财务可持续性的措施和建议。

②经济影响和社会影响分析。分析拟建项目对地区或区域经济发展的影响，当地社会环境对拟建项目的适应性和可接受程度，明确可能出现的风险，估计风险可能导致的后果以及提出规避风险的建议。

（11）有关的初步结论和建议。

包括项目概论提出的相关结论，明确是否可以进行下一步工作。对于技术引进和设备进口项目建议书，还应具备邀请外国厂商来华进行技术交流的计划、出国考察计划以及可行性研究工作的计划（如聘请外国专家指导或委托咨询的计划）等附件。

【本章小结】

（1）我国投资项目决策可以分为投资机会研究阶段、项目建议书阶段、可行性研究阶段、项目评估阶段和项目决策审批阶段。

（2）项目建议书是项目发起人向权力部门提出的要求建设某一项目的建议文件，是对建设项目的轮廓设想，是从拟建项目建设的必要性及大方向的可能性加以考虑的。

（3）项目建议书是项目投资发展周期中的最初阶段，是对投资项目的初步选择阶段，它要对拟建项目提出一个轮廓设想，主要是从宏观上考察项目建设的必要性、建设条件的可行性和获利的可能性，并做出项目的投资建议和初步设想，作为选择投资项目的初步决策依据和进行可行性研究的基础。

（4）项目建议书和可行性研究报告，在研究范围和内容结构上基本相同，但因二者所处工作阶段的作用和要求不同，研究的目的和工作条件也不同，因而在研究的重点、深度和计算精度上也有所不同。

【习题】

一、选择题

1. 关于项目建议书的正确说法是（　　）。

A. 项目建议书被批准，则项目立项

B. 项目建议书被批准是可行性研究的前提

C. 项目建议书由建设主管部门批准

D. 各类项目的建议书内容必须相同

2. 我国投资项目决策程序中，提出项目后，应该（　　）。

A. 编制可行性研究报告　　B. 决策部门提出审批意见

C. 提出项目建议书　　D. 编制项目申请报告

3. 项目建议书是可行性研究的依据，（　　）一般不属于项目建议书的内容。

A. 设备选型　　B. 建设背景和必需的条件

C. 市场规模　　D. 产品方案

4. 项目建设的必要性论证中需注意的问题是（　　）。

A. 对项目区存在的问题要进行深入调查和分析，了解问题的症结所在，尽量采用翔实具体的数据资料，客观真实地反映问题和影响

B. 分析地区国民经济和社会发展规模及预测指标以及论证对水利建设的需求时，要有可靠充分的依据，避免预测指标扩大化、盲目化

C. 应尽可能量化计算拟建项目对促进经济社会发展、减少灾害损失等方面的作用和直接、间接效益、确实无法准确、可靠地计算量化效益时，应进行效果分析，并注意对问题、需求与作用三者关系的协调

D. 针对满足流域和区域治理、开发、保护要求而确定的水利水电工程兴利除害等方面的功能性任务

5. 项目建议书阶段，要基本选定和基本确定的主要内容包括（　　）。

A. 工程登记标准和总体布局　　B. 工程任务和工程规模

C. 施工导流方式和施工总布置　　D. 建设征地范围

E. 机电及金属结构主要设备选型

二、问答题：

第二章习题参考答案

1. 项目建议书的作用与编制要求是什么？
2. 项目建议书的内容包括什么？
3. 项目建议书与可行性研究报告的区别与联系是什么？

3 项目投资可行性研究

【本章教学要点】

知识要点	掌握程度	相关知识
可行性研究	掌握	概念、作用、工作阶段、工作程序、可行性研究报告
项目评估	理解	概念、作用、内容、工作程序、与可行性研究报告的关系

【关键词】

项目建议书　可行性研究　项目评估

导入案例

乡镇卫生院周转宿舍建设项目可行性研究报告（略）①

项目可行性研究是项目投资管理的一个主要环节，作为一种决策技术，是技术经济学的重要组成部分。在项目投资发展周期中，可行性研究处于项目决策前期工作的关键阶段，其结论是项目投资决策的重要依据。可行性研究主要采用动态和静态相结合、定量分析与定性分析相结合、宏观效益分析与微观效益分析相结合的方法，对项目建设的必要性和可行性进行全面的论证和评价。

3.1 项目投资可行性研究概论

可行性研究是项目前期工作的最重要内容，它是在项目投资决策前，对项目进行全面的技术经济分析论证的科学方法和工作阶段。

3.1.1 可行性研究的概念

可行性研究是在投资决策前，对与拟建项目有关的社会、经济、技术等各方面进

① https://wenku.baidu.com/view/ad4170a72e3f5727a4e96267.html.

行深入细致的调查研究，对各种可能拟定的技术方案和建设方案进行认真的技术经济分析和比较论证，对项目建成后的经济效益进行科学的预测和评价。在此基础上，对拟建项目的技术先进性和适用性、经济合理性和有效性以及建设必要性和可行性进行全面分析、系统论证、多方案比较和综合评价，由此得出该项目是否应该投资和如何投资等结论性意见，为项目投资决策提供可靠的科学依据。

可行性研究的任务主要是根据国民经济长期规划和地区规划、行业规划的要求，对拟建项目进行投资方案规划、工程技术论证、社会与经济效果预测和组织机构分析，经过多方面的计算、分析、论证和评价，为项目决策提供可靠的依据和建议。因此，项目可行性研究是保证建设项目以最少的投资耗费取得最佳经济效果的科学手段，也是实现建设项目在技术上先进、经济上合理和建设上可行的科学方法。

3.1.2 可行性研究的作用

作为建设项目决策期工作的核心和重点的可行性研究工作，在整个项目周期中，发挥着非常重要的作用。可行性研究的最终成果是可行性研究报告，它是投资者在前期准备工作阶段的纲领性文件，是进行其他各项投资准备工作的主要依据。对于投资者而言，可行性研究有如下作用：

（1）为投资者进行投资决策提供依据。进行可行性研究是投资者在投资前期的重要工作。项目的成功与否受到自然的、技术的、经济的、社会的诸多不确定因素的影响，投资者需要委托有资质、有信誉的投资咨询机构或通过多方论证，在充分调研和分析论证的基础上，提出可靠的或合理的建议，并编制可行性研究报告，其结论将作为投资决策的主要依据。

（2）为项目融资提供依据。金融机构在受理项目贷款申请时，首先要求申请者提供可行性研究报告，然后对其进行全面细致的审查和分析论证，在此基础上编制项目评估报告，评估报告的结论是银行确定贷款与否的重要依据。

（3）为与其他单位进行商务谈判和签订合同、协议提供依据。根据可行性研究报告的内容，可以与有关单位签订项目设备订货合同、原材料供应合同、销售合同，与供水、供电、供气、通信和原材料等单位或部门签订协作配套协议。

（4）为工程进行设计、实施提供依据。在可行性研究报告中，对项目的建设规模、场址选择、生产工艺、设备选型等都做了比较详细的说明。可行性研究报告在获得批准后，即可以作为项目编制设计和进行建设工作的依据。

（5）作为环保部门、规划部门审批项目的依据。

（6）作为施工组织、工程进度安排及竣工验收的依据。

（7）作为项目后评价的依据。

（8）作为企业组织管理、机构设置、劳动定员、职工培训等企业管理工作的依据。

3.1.3 可行性研究的依据

一个拟建项目的可行性研究，必须在国家有关的规划、政策、法规的指导下完成，同时，还必须要有相应的各种技术资料。进行可行性研究工作的主要依据包括：

（1）国家经济和社会发展的长期规划，部门与地区规划，经济建设的指导方针、任务、产业政策、投资政策和技术经济政策以及国家和地方法规等。

（2）经过批准的项目建议书和在项目建议书批准后签订的意向性协议等。

（3）由国家批准的资源报告，国土开发整治规划、区域规划和工业基地规划。对于交通运输项目建设要有有关的江河流域规划与路网规划等。

（4）国家进出口贸易政策和关税政策。

（5）当地的拟建厂址的自然、经济、社会等基础资料。

（6）有关国家、地区和行业的工程技术、经济方面的法令、法规、标准定额资料等。

（7）由国家颁布的建设项目可行性研究及经济评价的有关规定。

（8）包含各种市场信息的市场调研报告。

3.1.4 可行性研究的工作阶段

联合国工业发展组织编写的《工业项目可行性研究手册》把投资前期的可行性研究工作分为机会研究、初步可行性研究、可行性研究和项目评估决策四个阶段。由于基础资料的占有程度和研究深度与可靠程度各不相同，建设前期的各个工作阶段的研究性质、工作目标、工作要求及作用、工作时间与费用各不相同，如表 3-1 所示。一般说来，各阶段研究的内容由浅入深，项目投资和成本估算的精度要求由粗到细，研究工作量由小到大，研究的目标和作用逐步提高，因而研究工作时间和费用也逐渐增加。

表 3-1 可行性研究各阶段工作的区别

研究阶段	研究性质	研究目的和内容	研究要求	研究作用	估算精度	研究费用（%）	工作时间（月）
机会研究	项目设想	鉴别投资方向，寻找投资机会，选择项目，提出项目建议书	编制项目建议书	为初步选择投资项目提供依据	±30%	0.2~1.0	1~3
初步可行性研究	项目初选	对项目做初步评价，进行专题辅助研究，广泛分析、筛选方案，确定项目的初步可行性	编制初步可行性研究报告	判断是否有必要进行下一步详细可行性研究，进一步判明建设项目的生命力	±20%	0.25~1.25	4~6
可行性研究	项目准备	对项目进行深入的技术经济论证，重点针对项目的技术方案和经济效益进行分析评价，多方案比选，给出结论性意见	编制可行性研究报告	作为项目投资决策的基础和重要依据	±10%	0.8~1.0 1.0~3.0	8~12
项目评估	项目评估	综合分析各种效益，对可研报告进行全面审核和评估，分析判断可研报告的可靠性和真实性	提出项目评估报告	为投资决策者提供最后决策依据，决定项目取舍和选择最佳投资方案	±10%	—	—

（1）机会研究阶段。

机会研究阶段是可行性研究的起点。机会研究的目的是为建设项目的投资方向和设想提出建议。在我国，应根据国民经济发展的长远规划，行业、地区规划，经济建设方针，建设任务和技术经济政策，在一个确定的地区或部门内，结合自然资源、市场预测和建设布局等条件，通过调查、预测和分析研究，选择建设项目，寻找投资的有利机会。

机会研究可分为一般研究（如地区、行业或部门、资源的机会研究）和项目的机会研究。一般机会研究是指对某个指定的地区、行业或部门鉴别各种投资机会，或是识别利用以某种自然资源或工农业产品为基础的投资机会研究。这项研究一般是由国家机构或公共机构进行，作为制定经济发展计划的基础。在对这些投资机会做出最初鉴别之后，再进行项目的机会研究，将项目设想转变为概括的项目投资建议，以引起投资者的注意，使其做出投资响应，并从几个有投资机会的项目中迅速而经济地做出抉择。然后编制项目建议书，为初步选择投资项目提供依据。经批准后，列入项目建设前期工作计划，作为国家对投资项目的初步决策。

由于这一阶段的研究工作比较粗略，一般是根据相类似条件和背景的项目来估算投资额与生产成本，初步分析建设投资效果，提供一个或一个以上可能进行建设的投资项目和投资方案。这个阶段所估算的投资额和生产成本的精确程度控制在±30%，大中型项目的机会研究所需时间约在1~3个月，所需费用约占投资总额的0.2%~1.0%。如果投资者对这个项目感兴趣，则可再进行下一步的可行性研究工作。

机会研究要解决两个方面的问题：①机会是否需要；②有没有可以开展项目的基本条件。

（2）初步可行性研究阶段。

初步可行性研究也称预可行性研究，是正式的详细可行性研究前的预备性研究阶段。初步可行性研究是投资项目机会研究阶段和详细可行性研究的中间性或过渡性研究阶段。项目建议书经国家相关部门审定同意后，对于投资规模较大、工艺技术复杂的大中型骨干建设项目，仅靠机会研究还不能决定取舍，在开展全面研究工作之前，往往需要先进行初步可行性研究，进一步判明建设项目的生命力。这一阶段的主要工作目标是：

①分析机会研究的结论，并在占有详细资料的基础上做出初步投资估价。需要深入研究项目的规模、原材料资源、工艺技术、厂址、组织结构和建设进度等情况，进行经济效果评价，以判定是否有可能和必要进行下一步的详细可行性研究。

②对某些关键性问题进行专题的辅助研究。例如，市场需求预测和竞争能力研究，原料辅助材料和燃料动力等供应和价格预测研究，工厂中间试验、厂址选择、合理经济规模以及主要设备选型等研究。在广泛的方案分析比较论证后，对各类技术方案进行筛选，选择效益最佳方案，排除不利方案，缩小下一阶段的工作范围和工作量，尽量节省时间和费用。

③鉴定项目的选择依据和标准，确定项目的初步可行性。根据初步可行性研究结果编制初步可行性研究报告，判定是否有必要继续进行研究，如通过所获资料的研究

确定该项目设想不可行，则立即停止工作。本阶段是项目初选阶段，研究结果应做出是否投资的初步决定。

④初步可行性研究是介于机会研究和可行性研究的中间阶段，其研究内容和结构基本相同，主要区别是所获资料的详尽程度不同，研究的深度不同。对建设投资和生产成本的估算精度一般要求控制在±20%，研究所需时间为 4~6 个月，所需费用约占投资总额的 0.25%~1.25%。

（3）可行性研究阶段。

可行性研究也称详细可行性研究。这是建设项目投资的基础，它为项目决策提供技术、经济、社会和财务方面的评价依据，为项目的具体实施提供科学依据。因此，这个阶段是进行详细深入的技术经济分析的论证阶段，其主要目标有：

①必须深入研究有关产品方案、生产纲领、资源供应、厂址选择、工艺技术、设备选型、工程实施进度计划、投资筹措计划以及组织管理机构和定员等各种可能选择的技术方案，进行全面深入的技术经济分析和比选工作，并推荐一个可行的投资建设方案。

②着重对投资总体建设方案进行企业财务评价、国民经济效益和社会效益的分析与评价，对投资方案进行多方案比选，确定一个能使项目投资费用和生产成本降到最低限度并能取得显著经济效益和社会效益的最佳建设方案。

③确定项目投资的最终可行性和选择依据标准。对拟建项目提出结论性意见。可行性研究得结论，可以推荐一个认为最好的建设方案，也可以提出可供选择的方案，说明各自的利弊和可能采取的措施，或者也可提出不可行的结论。按照可行性研究结论编制出可行性研究报告，作为项目投资决策的基础和重要依据。

④可行性研究是项目的定性阶段，也是项目决策研究的关键环节，并为下一步工程设计提供基础资料和决策依据。因此，在此阶段，要求建设投资和生产成本计算精度控制在±10%以内，研究工作所花费的时间为 8~12 个月，所需费用对于中小型项目约占总投资的 1.0%~3.0%，对于大中型项目约占总投资的 0.8%~1.0%。

（4）项目评估阶段。

项目评估是由投资决策部门组织和授权国家开发银行、建设银行、投资银行、国防工程咨询公司或有关专家，代表国家对上报的建设项目可行性研究报告进行的全面审核和再评价。其主要任务是对拟建项目的可行性研究报告提出评价意见，最终决策该项目投资是否可行，确定最佳投资方案。项目评估是可行性研究报告的基础上进行的，其内容包括；

①全面审核可行性研究报告中反映的各项情况是否属实；

②分析项目可行性研究中各项指标计算是否都正确，包括各种参数、基础数据、定额费率的选择；

③从企业、国家、社会等方面综合分析和判断项目的经济效益和社会效益；

④分析和判断项目可行性研究的可靠性、真实性和客观性，对项目做出取舍的最终投资决策；

⑤写出项目评估报告。

3.2 项目投资可行性研究的工作程序与研究内容

项目可行性研究是一项涉及多学科、多领域的系统分析工作，其内容涵盖社会政治生活和社会经济生活的各个方面，具有极强的综合性、逻辑性与科学性。

3.2.1 可行性研究的工作程序

根据我国现行的项目建设程序和国家颁布有关可行性研究的管理办法，可行性研究的工作程序如下：

（1）建设单位提出项目建议书和初步可行性研究报告。

各部、省、自治区、市和全国性工业公司以及现有的企事业单位，根据国家经济发展的长远规划、经济建设的方针任务和技术经济政策、结合资源情况、建设布局等条件，在广泛调查研究、收集资料、踏勘建设地点、初步分析投资效果的基础上，提出需要进行可行性研究的项目建议书和策划部可行性研究报告。跨地区、跨行业的建设项目以及对国计民生有重大影响的大型项目，由有关部门和地区联合提出项目建议书和初步可行性研究报告。

（2）项目业主、承办单位委托有资格的单位进行可行性研究工作。

各级计划部门汇总和平衡项目建议书、当项目建议书经相关部门评估同意，并经审定批准后，该项目即可立项。项目业主或承办单位可委托经过资格审定的工程咨询公司（或设计单位）着手编制拟建项目的可行性研究报告。在委托合同中，应规定研究工作的依据、研究的范围和内容、前提条件、研究工作的质量和进度安排、费用支付办法以及合同双方的责任、协作方式和关于违约处理的办法等。

（3）咨询或设计单位进行可行性研究工作。

合同签订后，咨询或设计单位即可根据合同开展可行性研究工作，一般按照以下步骤展开工作：

①组织人员与制订计划。

承担可行性研究的单位在承接任务后，需获得项目建议书和有关项目背景与指示文件，摸清委托者的目标、意见和要求，明确研究内容，即可组成可行性研究工作小组或项目组，确定项目负责人和专业负责人。项目组根据书面任务书，研究工作范围和要求，制定项目工作计划和安排具体实施进度。

②调查研究与收集资料。

项目组在摸清了委托单位对项目建设的意图和要求后，即应组织收集和查阅与项目有关的自然环境、经济与社会等基础资料和文件资料，并拟定调研提纲，组织人员赴现场进行实地踏勘与抽样调查，收集整理所得的设计基础资料。必要时还需进行专题调查、试验和研究。

这个阶段主要是通过实际调查和技术经济研究，进一步明确拟建项目的必要性和现实性。调查研究主要从市场调查和资源调查两方面入手。市场调查要查明和预测社会对产品需求量、产品价格和市场竞争能力，以便确定项目产品方案和经济规模；资源调查包括原材料、能源、厂址、工艺技术、劳动力、建材、运输条件、外围基础设施、环境保护、组织管理和人员培训等自然、社会、经济的调查。为选定建设地点、生产工艺、技术方案、设备选型、组织机构和定员等提供确切的技术经济分析资料。通过论证分析，研究项目建设的必要性。

③方案设计和优选。

根据项目建议书要求，结合市场和资源调查，在收集到一定的基础资料和基准数据的基础上，建立几种可供选择的技术方案和建设方案，结合实际条件进行多次反复的方案论证比较，合同委托部门明确选择方案的重大原则问题和优选标准，从若干方案中选择或推荐最优或次优方案，研究论证项目在技术上的可行性。进一步确定产品方案、生产经济规模、工艺流程、设备选型、车间组成、组织机构和人员配备等总体建设方案，以备做进一步的综合经济评价。在方案设计和优选中，对重大问题或有争论的问题，要会同委托部门共同讨论确定。

④经济分析和评价。

项目经济分析人员根据调查资料和领导机关有关规定，选定与本项目有关的经济评价基础数据和定额指标参数，列表并指明数据来源。

应对所选择确定的最佳建设总体方案进行详细的财务预测、财务效益分析、国民经济评价和社会效益评价。从测算项目建设投资、生产成本和销售利润入手，进行项目盈利性分析、费用效益分析和社会效益与影响分析，研究论证项目在经济上和社会上的盈利性和合理性，进一步提出资金筹集建议和制定项目实施总进度计划。当项目的经济评价结论不能满足国家要求时，可对建设方案进行调整或重新设计。

⑤编写可行性研究报告。

对建设项目进行了认真的技术经济分析论证，证明了项目建设上的必要性、技术上的可行性和经济上与社会上的合理性后，即可编制详尽的可行性研究报告，推荐一个以上项目建设可行性方案和实施计划，提出结论性意见和重大措施建议，为决策部门的最终决策提供科学依据。也可提出项目不可行的结论意见或项目改进的建议。

3.2.2 可行性研究报告的内容

不同的项目，其具体研究内容也不相同。根据《投资项目可行性研究指南》，其内容包括：

（1）项目兴建理由与目标。

项目兴建理由与目标的研究，是根据已确定的初步可行性研究报告（或者项目建议书），从总体上进一步论证项目提出的依据、背景、理由和预期目标，即进行项目建设必要性分析；与此同时，分析论证项目建设和生产运营必备的基本条件及其获得的可能性，即进行项目建设可能性分析。对于确实必要又有可能建设的项目，继续进行可行性研究，开展技术、工程、经济、环境等方案的论证、比选和优化工作。

①项目兴建理由。

对项目兴建理由的分析，一般应从项目本身和国民经济两个层次上进行。

项目层次：项目业主或投资人兴建项目的理由，或者是为了向社会提供产品、服务的同时获取合法利润或投资回报，或者是为了促进国家、地区经济和社会发展。项目层次的分析，应侧重从项目产品和投资效益角度论证兴建理由是否充分合理。

国民经济层次：有些项目兴建的理由从项目层次看可能是合理的、可行的，但从国民经济全局看就不一定合理、可行。因此，对那些受宏观经济条件制约较大的项目，应进行国民经济层次分析。例如，分析拟建项目是否符合合理配置和有效利用资源的要求；是否符合区域规划、行业发展规划、城市规划、水利流域开发规划、交通路网规划的要求；是否符合国家技术政策和产业政策的要求；是否符合保护环境、可持续发展的要求等。

通过以上两个层次的分析，判别项目建设的理由是否充分、合理，以确定项目建设的必要性。

②项目预期目标。

根据项目兴建的理由，对初步可行性研究研究报告提出的拟建项目的轮廓和预期达到的目标进行总体分析论证。分析论证的内容主要有：项目建设内容和建设规模，技术装备水平，产品性能和档次，成本、收益等经济目标，项目建成后在国内外同行业中所处的位置或者在经济和社会发展中的作用等。

通过分析论证，判别项目预期目标与项目兴建理由是否吻合，预期目标是否具有合理性与现实性。

③项目建设基本条件。

对于确需建设且目标合理的项目，应分析论证其是否具备建设的基本条件。一般应分析市场条件、资源条件、技术条件、资金条件、环境条件、社会条件、施工条件、法律条件以及外部协作配套条件等对拟建项目支持和满足的程度，考察项目建设和运营的可能性。

（2）市场预测。

市场预测是对项目产出品和所需的主要投入品的市场容量、价格、竞争力以及市场风险进行分析预测。市场预测的结果为确定项目建设规模和产品方案提供依据。

①市场预测内容。

市场预测主要围绕与项目产品相关的市场条件展开。由于项目产品的多样性，既包括为特定使用人提供的有形产品、无形产品，还包括为社会公众提供使用或服务的公共产品，如铁路、公路、城市基础设施，因此市场预测的具体内容有很大差异，但就其基本内容和方法而言又是相通的。

市场预测的时间跨度应根据产品的生命周期、市场变化规律以及占有数据资料的时效性等情况综合确定。竞争性项目的产品，预测时段一般为 10 年左右；更新换代快、生命周期短的产品，预测时段可适当缩短；大型交通运输、水利水电等基础设施项目，预测时段可适当延长。市场预测范围应包括国内外两个市场，并应进行区域市场分析。市场预测深度应满足确定项目建设规模与产品方案的要求。

②市场现状调查。

主要是调查拟建项目同类产品的市场容量、价格以及市场竞争力现状。

市场容量现状调查主要是调查项目产品在近期和预测时段的市场供需总量及其地区分布情况，为项目产品供需预测提供条件。调查内容应包括国内外市场供应现状和项目产品的进出口现状。

价格现状调查主要是调查项目产品的国内外市场价格、价格变化过程及变化规律，分析价格形成机制。

市场竞争力现状调查主要是分析项目产品目前国内外市场竞争程度，市场竞争的主要对手的生产、营销及其竞争力情况等。

③产品供需预测。

产品供需预测是利用市场调查和所获得的信息资料，对项目产品未来市场供应和需求的数量、品种、质量、服务进行定性与定量分析。

产品供需预测应考虑以下因素：国民经济与社会发展对项目产品供需的影响；相关产业产品和上下游产品的情况及其变化，对项目产品供需的影响；产品结构变化，产品升级换代情况；项目产品在其生命周期中所处阶段对供需的影响；不同地区和不同消费群体的消费水平、消费习惯、消费方式及其变化，对项目产品供需的影响；涉及进出口的项目产品，应考虑国际政治经济条件及贸易政策变化对供需的影响。

④价格预测。

项目产品价格是测算项目投产后的销售收入、生产成本和经济效益的基础，也是考察项目产品竞争力的重要方面。预测价格时，应对影响价格形成与导致价格变化的各种因素进行分析，初步设定项目产品的销售价格和投入品的采购价格。进行价格预测时应考虑以下因素：项目产品国际市场的供需情况、价格水平和变化趋势；项目产品和主要投入品国内市场的供需情况，价格水平和变化趋势；项目产品和主要投入品的运输方式、运输距离、各种费用对价格的影响；新技术、新材料产品和新的替代品对价格的影响；国内外税费、利率、汇率等变化以及非贸易壁垒对价格的影响；项目产品的成本对价格的影响；价格政策变化对项目产品价格的影响。

进行价格预测时，不应低估投入品的价格和高估产出品的价格，避免预测的项目经济效益失真。

在价格预测方法上，一般可采用回归法和比较法。

⑤竞争力分析。

竞争力分析是研究拟建项目在国内外市场竞争中获胜的可能性和获胜能力。进行竞争能力分析，既要研究项目自身竞争能力，又要研究竞争对手的竞争力，并进行对比。在竞争力优势和劣势的分析中，应从以下几方面进行分析：自然资源占有的优势、劣势；工艺技术和装备的优势、劣势；规模效益的优势、劣势；新产品开发能力的优势、劣势；产品质量性能的优势、劣势；价格的优势、劣势；商标、品牌、商誉的优势、劣势；项目区位的优势、劣势；人力资源的优势、劣势。

选择项目目标市场范围内，占市场份额较大、实力较强的几家竞争对手，将项目自身条件与竞争对手条件的优势、劣势对比并排序，编制竞争力对比分析表。

对市场竞争比较激烈的项目产品，应进行营销策略分析，研究项目产品进入市场和扩大销售份额在营销方面应采取的策略。

⑥市场风险分析。

在可行性研究中，市场风险分析是在产品供需、价格变动趋势和竞争能力等常规分析已达到一定深度要求的情况下，对未来国内外市场某些重大不确定因素发生的可能性及其可能对项目造成的损失程度进行分析。市场风险分析可以定性描述，估计风险程度，也可定量计算风险发生的概率，分析对项目的影响程度。

（3）资源条件评价。

矿产资源、水利水能资源和森林资源等是资源开发项目的物质基础，直接关系到项目开发方案和建设规模的确定。资源开发项目包括：金属矿、煤矿、石油天然气矿、建材矿、化学矿、水利水电和森林采伐等项目。在可行性研究阶段，应对资源开发利用的可能性、合理性和资源的可靠性进行研究和评价，为确定项目的开发方案和建设规模提供依据。

（4）建设规模与产品方案。

建设规模与产品方案是在市场预测和资源评价（指资源开发项目）的基础上，论证比选拟建项目的建设规模和产品方案，作为确定项目技术方案、设备方案、工程方案、原材料供应方案及投资估算的依据。

①建设规模方案选择。

建设规模也称为生产规模，是指项目设定的正常生产运营年份可能达到的生产能力或者使用效率。不同类型项目建设规模的表述不同，工业项目通常以年产量、年加工量、装机容量等表示，农林水利项目以年产量、种植面积、灌溉面积、防洪防涝面积、水库容量、供水能力等表示，交通运输项目以运算能力、吞吐能力等表示，城市基础设施项目和服务行业项目以年处理量、建筑面积、服务能力等表示，生产多种产品的项目一般以主要产品的生产能力表示该项目的建设规模。

确定建设规模一般应考虑以下因素：合理经济规模；市场容量对项目规模的影响；环境容量对项目规模的影响；资金、原材料以及主要外部协作条件等对项目规模的满足程度。此外，不同行业、不同类型的项目还应考虑相关因素。

②产品方案选择。

产品方案是研究拟建项目生产的产品品种及其组合的方案。生产多种产品的拟建项目，应研究其主要产品、辅助产品、副产品的种类及其生产能力的合理组合。

确定产品方案一般应研究以下主要因素和内容：市场需求、产业政策、专业化协作、资源综合利用、环境条件、原材料燃料供应、技术设备条件、生产储运条件。

③建设规模与产品方案比选。

经过对建设规模与产品方案的论证，提出两个或两个以上的方案进行比选，分别说明各方案的优缺点，并提出推荐方案。比选内容主要有：单位产品生产能力（或者使用效益）投资、投资效益（即投入产出比、劳动生产率等）、多产品项目资源综合利用方案与效益等。

（5）场（厂）址选择。

可行性研究阶段的场（厂）址选择，是在初步可行性研究或项目建议书规划选择已确定的建设地区和地点范围内，进行具体坐落位置选择。

①场（厂）址选择的基本要求。

a. 节约用地，少占耕地。建设用地应因地制宜，优先考虑利用荒地、劣地、山地和空地，尽可能不占或少占耕地，并力求节约用地。

b. 减少拆迁移民。工程选址、选线应着眼于少拆迁、少移民，尽可能不靠近、不穿越人口密集的城镇或居民区。

c. 有利于场区合理布置和安全运行。场（厂）址选址应满足生产工艺要求，场区布置紧凑合理，有利于安全生产运行。

d. 有利于保护环境和生态，有利于保护风景区和文物古迹。

交通运输项目选线应有利于沿线地区的经济和社会发展，技术改造项目应充分利用原有场地。

②场（厂）址选择内容。

不同行业项目选址场址需要研究的具体内容、方法和遵循的规程规范不同，其称谓也不同，如工业项目称厂址选择，水利水电项目称场址选择，铁路、公路、城市轨道交通项目称线路选择，输油气管道、输电和通信线路项目称路径选择。场址选择应研究的主要内容包括：场址位置、占地面积、地形地貌气象条件、地震情况、工程地质水文地质条件、征地拆迁移民安置条件、交通运输条件、水电等供应条件、环境保护条件、法律支持条件、施工条件等。

③场（厂）址方案比选

通过上述研究，对多个场（厂）址方案进行工程条件和经济性条件的比较。其中，经济性条件比选的内容，一是建设投资比较，而是运营费用比较。通过工程条件和经济性条件比较，提出推荐场（厂）址方案，并绘制场（厂）址地理位置图。在地形图上，标明场（厂）址的四周界址、场（厂）址内生产区、办公区、场（厂）外工程、取水点、排污点、堆场、运输线等位置以及与周边建筑物、设施的相互位置。

（6）技术方案、设备方案和工程方案。

项目的建设规模与产品方案确定后，应进行技术方案、设备方案和工程方案的具体研究论证工作。技术、设备与工程方案构成项目的主体，体现项目的技术和工艺水平，也是决定项目是否经济合理的重要基础。

①技术方案选择。

技术方案，主要指生产方法、工艺流程等。

其中，生产方法选择的内容主要包括：

a. 研究与项目产品相关的国内外各种生产方法，分析其优缺点及发展趋势，采用先进适用的生产方法。

b. 研究拟采用的生产方法是否与采用的原材料相适应。

c. 研究拟采用生产方法的技术来源的可得性，若采用引进技术或专利，应比较购买技术或者专利所需的费用。

d. 研究拟采用生产方法是否符合节能和清洁生产要求，力求能耗低、物耗低、废物少。

工艺流程选择的内容主要包括：

a. 研究工艺流程对产品质量的保证程度。

b. 研究工艺流程各工序之间的合理衔接，工艺流程应通畅、简捷。

c. 研究选择先进合理的物料消耗定额。

d. 研究选择主要工艺参数，如压力、温度、真空度，等等。

e. 研究工艺流程的柔性安排，既能保证主要工序生产的稳定性，又能根据市场需要的变化，使生产的产品在品种规格上保持一定的灵活性。

在对技术方案的比选论证上，比选内容应包括：技术的先进程度，技术的可靠程度，技术对产品质量性能的保证程度，技术对原材料的适应性，工艺流程的合理性，自动化控制水平，技术获得的难易程度，对环境的影响程度以及购买技术或者专利费用等技术经济指标。

对于技术改造项目技术方案的比选论证，还要与企业原有技术方案进行比较。

②主要设备方案选择。

设备方案选择是在研究和初步确定技术方案的基础上，对所需主要设备的规格、型号、数量、来源、价格等进行研究比选。

在调查研究国内外设备制造、供应以及运行状况的基础上，对拟选的主要设备做多方案比选，提出推荐方案。比选内容主要是各设备方案对建设规模的满足程度，对产品质量和生产工艺要求的保证程度，设备使用寿命，物料消耗指标，备品备料保证程度，安装试车技术服务以及所需设备投资等。采用的比选方法主要以定性分析为主，辅之以定量分析方法。定性分析是将各设备方案的内容进行分析对比，定量分析一般包括计算运营成本、寿命周期费用和差额投资回收期等指标。

③工程方案选择。

工程方案是在已选定项目建设规模、技术方案和设备方案的基础上，研究论证主要建筑物、构筑物的建造方案。

在研究内容上，一般工业项目的厂房、工业窑炉、生产装置等建筑物、构筑物的工程方案，主要研究其建筑特征（面积、层数、高度、跨度），建筑物构筑物的结构形式以及特殊建筑要求，基础工程方案，抗震设防等。

矿产开采项目的工程方案主要研究开采方式。根据矿体分布、形态、产状、埋藏深度、地质构造等条件，结合矿产品位、可采资源量，确定井下开采或者露天开采的工程方案。这类工程方案将直接转化为生产方案。

铁路项目工程方案，主要包括线路、路基、轨道、桥涵、隧道、站场以及通信信号等方案。

水利水电项目工程方案，主要包括防洪、治涝、灌溉、供水、发电等工程方案。

④节能措施。

在研究技术方案时、设备方案和工程方案时，能源消耗量大的项目，应提出节约能源措施，并对能耗指标进行分析。

⑤节水措施。

在研究技术方案时、设备方案和工程方案时，水资源消耗量大的项目，应提出节水措施，并对水耗指标进行分析。

（7）原材料燃料供应。

在可行性研究中，应对项目所需的原材料、辅助材料和燃料的品种、规格、成分、数量、价格、来源和供应方式，进行研究论证，以确保项目建成后正常生产运营，并为计算生产运营成本提供依据。

①主要原材料供应方案。

主要原材料是项目建成后生产运营所需的主要投入物，该部分的主要研究内容应包括：

a. 研究确定所需各种物料的品种、质量和数量。为了保证正常生产，根据生产周期、生产批量、采购运输条件等计算物料的经常储备量，同时还要考虑保险储备量和季节储备量。为确保采购的原材料、辅助材料的质量符合生产工艺要求，应研究提出建立必要的检验、化验和试验设施。

b. 研究确定供应来源和供应方式。

c. 研究确定运输方式。

d. 研究选取原材料价格。

②燃料供应方案。

项目所需燃料包括生产工艺用燃料、公用和辅助设施用燃料、其他设施用燃料。主要研究内容包括：

a. 燃料品种、质量和数量。

b. 燃料运输方式和来源。

c. 燃料价格。

③主要原材料燃料供应方案比选。

主要原材料燃料供应方案应进行多方案比选。比选的主要内容包括：

a. 满足生产要求的程度。

b. 采购来源的可靠程度。

c. 价格和运输费用是否经济合理。

（8）总图运输与公用辅助工程。

总图运输与公用辅助工程是在已选定的场（厂）址范围内，研究生产系统、公用工程、辅助工程及运输设施的平面和竖向布置以及工程方案。

①总图布置方案。

项目总图布置应根据项目的生产工艺流程或者使用功能的需要及其相互关系，结合场地和外部环境条件，对项目各个组成部分的位置进行合成，使整个项目形成布置紧凑、流程顺畅、经济合理、使用方便的格局。

总图布置的研究内容主要有：

a. 研究项目的建设内容，确定各个单项工程建筑物、构筑物的平面尺寸和占地面积。

b. 研究功能区的合理划分。

c. 研究各功能区和各单项工程的总图布置。

d. 合理布置场内外运输、消防道路、火车专用线走向以及码头和堆场的位置。

e. 合理确定土地利用系数、建筑系数和绿化系数。

总图布置方案应从技术经济指标和功能方面来进行比选，择优确定推荐方案。技术经济指标比选主要包括场区占地面积、建筑物构筑物占地面积、道路和铁路占地面积、土地利用系数、建筑系数、绿化系数、土石方挖填工程量、地上和地下管线工程量、防洪治涝措施工程量、不良地质处理工程量以及总图布置费用等。功能比选主要是从生产流程的短捷、流畅、连续程度，内部运输的便捷程度以及满足安全生产程度等方面评判。

②场内外运输方案。

运输方案研究主要是计算运输量，选择运输方式，合理布置运输线路，选择运输设备和建设运输设施。

③公用工程与辅助工程方案。

公用工程与辅助工程是为项目主体工程正常运转服务的配套工程。公用工程主要有给水、排水、供电、通信、供热、通风等工程，辅助工程包括维修、化验、检测、仓储等工程。在可行性研究阶段，公用工程和辅助工程应同时进行研究。公用工程与辅助工程的设置应尽可能依托社会进行专业化协作。技术改造项目则应充分利用企业现有的公用和辅助设施。

给水：主要是确定用水量和水质要求，研究水源、取水、输水、净水、场内给水方案等。

排水：主要是确定排水量，研究排水方案，计算生产、生活污水和自然降水的年平均排水量和日最大排水量，分析排水污染物成分。

供电：主要是研究确定电源方案、用电负荷、负荷等级、供电方式以及是否需要建设自备电厂。

通信设施：主要是研究项目生产运营所需的各种通信设施，提出通信设施采用租用、建造或购置的方案。

供热设施：研究计算项目的热负荷，选择热源和供热方案。

空分空压制冷设施：研究计算项目生产所需的氧气、氮气、压缩空气用量以及制冷负荷，分别提出供应参数，并提出依托社会供应方案或自建方案。

维修设施：应立足于依托社会专业化设施，一般项目只应配备小修设备，需要自建大修、中修设施的，应提出建设方案。

仓储设施：根据生产需要和合理周转次数，计算主要原材料、燃料、中间产品和最终产品的仓储量和仓储面积。研究仓储设施方案时，应尽可能立足依托社会设施解决。

(9) 环境影响评价。

建设项目一般会引起项目所在地自然环境、社会环境和生态环境的变化，对环境状况、环境质量产生不同程度的影响。环境影响评价是指调查研究环境条件，识别和分析拟建项目影响环境的因素，研究提出治理和保护环境的措施，比选和优化环境保护方案。

对环境条件的调查主要是调查自然环境、生态环境和社会环境。

识别和分析拟建项目影响环境的因素主要是分析项目建设过程中破坏环境，生产运营过程中污染环境，导致环境恶化的主要因素。污染环境的因素一般包括以下方面：

废气：分析气体排放点，计算污染物产生量和排放量、有害成分和浓度，研究排放特征及其对环境危害的程度，编制废气排放一览表。

废水：分析工业废水（废液）和生活污水的排放点，计算污染物产生量和排放量、有害成分和浓度，研究排放特征、排放去向及其对环境危害程度，编制废水排放一览表。

固体废弃物：分析计算固体废弃物产生量和排放量、有害成分和浓度及其对环境危害程度，编制固体废弃物排放一览表。

噪声：分析噪声源位置，计算声压等级，研究噪声特征及其对环境造成的危害程度，编制噪声源一览表。

粉尘：分析粉尘排放点，计算产生量与排放量，研究成分与特征、排放方式及其对环境造成的危害程度，编制粉尘排放一览表。

其他污染物：分析生产过程中产生的电磁波、放射性物质等污染物发生的位置、特征、计算强度值及其对周围环境的危害程度。

分析项目建设施工和生产运营对环境可能造成的破坏因素，预期破坏程度，主要包括对地形、地貌等自然环境的破坏，对森林草地植被的破坏，对社会环境、文物古迹、风景名胜区、水源保护区的破坏等。

在分析环境影响因素及其影响程度的基础上，按照国家有关环境保护法律、法规的要求，研究提出治理方案，并从技术水平、治理效果、管理及监测方式、环境效益对比等方面进行多方案的比选，推荐最优方案，并编制环境保护治理设施和设备表。

（10）劳动安全卫生与消防。

主要是分析论证在项目建设和生产过程中存在对劳动者和财产可能产生的不安全因素，并提出相应的防范措施。

①劳动安全卫生。

主要从危害因素和危害程度分析以及安全措施方案两个方面进行研究。

a. 危害因素和危害程度分析。分析在生产或者作业过程中可能对劳动者身体健康和生产安全造成危害的物品、部位、场所以及危害范围和程度。

b. 安全措施方案。针对不同危害和危险性因素的场所、范围以及危害程度，研究提出相应的安全措施方案，主要有：在选择工艺技术方案时，应尽可能选用安全生产和无危害的生产工艺和设备；对危险部位和危险作业应提出安全防护措施方案；对危险场所，按劳动安全规范提出合理的生产工艺方案和设置安全间距；对易产生职业病的场所，应提出防护和卫生保健措施方案。

②消防设施。

消防设施研究，主要是分析项目在生产运营过程中可能存在的火灾隐患和重点消防部位，根据消防安全规范确定消防等级，并结合当地公安消防设施状况，提出消防监控报警系统和消防设施配置方案。

（11）组织机构与人力资源配置。

在可行性研究阶段，应对项目的组织机构设置、人力资源配置、员工培训等内容进行研究，比选和优化方案。

①组织机构设置及其适应性分析。

根据拟建项目的特点和生产运营的需要，应研究提出项目组织机构的设置方案，并对其适应性进行分析。根据拟建项目出资者特点，研究确定相适应的组织机构模式，根据拟建项目规模的大小，确定项目的管理层次，根据建设和生产运营特点和需要，设置相应的管理职能部门。

技术改造项目，应分析企业现有组织机构，管理层次、人员构成情况，结合改造项目的需要，制定组织机构设置方案。

经过比选提出推荐方案，并应进行适应性分析。

②人力资源配置。

其内容主要应包括：

a. 研究制定合理的工作制度与运转班次，根据行业类型和生产过程特点，提出工作时间、工作制度和工作班次方案。

b. 研究员工配置数量，根据精简、高效的原则和劳动定额，提出配备各职能部门、各工作岗位所需人员数量。技术改造项目，应根据改造后技术水平和自动化水平提高的情况，优化人员配置，所需人员首先从企业内部调剂解决。

c. 研究确定各类人员应具备的劳动技能和文化素质。

d. 研究测算职工工资和福利费用。

e. 研究测算劳动生产率。

f. 研究提出员工选聘方案，特别是高层次管理人员和技术人员的来源和选聘方案。

③员工培训。

可行性研究阶段应提出员工培训计划，包括培训岗位、人数、培训内容、目标、方法、地点和培训费用等。

（12）项目实施进度。

①建设工期。

项目建设工期可参考有关部门或专门机构制定的建设项目工期定额和单位工程工期定额，结合项目建设内容、工程量大小、建设难易程度以及施工条件等具体情况综合研究确定。

②实施进度安排。

项目工期确定后，应根据工程实施各阶段工作量和所需时间，对时序做出大体安排，编制项目实施进度表。

（13）投资估算。

估算项目投入总资金（包括建设投资和流动资金）并测算建设期内分年资金需要量。

①建设投资估算。

建设投资由建筑工程费、设备及工器具购置费、安装工程费、工程建设其他费、基本预备费、涨价预备费、建设期利息构成。

建设投资估算步骤为：分别估算各单项工程所需的建筑工程费、设备及工器具购置费、安装工程费；在汇总各单项工程费用基础上，估算工程建设其他费用和基本预备费；估算涨价预备费和建设期利息。

应编制建筑工程费用估算表，估算方法如下：

a. 建筑工程费估算。

建筑工程费是指为建造永久性建筑物和构筑物所需要的费用，如场地平整、厂房、仓库、电站、设备基础、工业窑炉、矿井开拓、露天剥离、桥梁、码头、堤坝、隧道、涵洞、铁路、公路、管线敷设、水库、灌区等工程的费用。建筑工程费投资估算一般采用以下方法：

单位建筑工程投资估算法：以单位建筑工程量投资乘以建筑工程总量。一般工业与民用建筑以单位建筑面积（平方米）的投资，工业窑炉砌筑以单位容积（立方米）的投资，水库以水坝单位长度（米）的投资，铁路路基以单位长度（千米）的投资，矿山掘进以单位长度（米）的投资，乘以相应的建筑工程总量计算建筑工程费。

单位实物工程量投资估算法：以单位实物工程量的投资乘以实物工程总量计算。土石方工程按每立方米投资，矿井巷道衬砌工程按每延米投资，路面铺设工程按每平方米投资，乘以相应的实物工程总量计算建筑工程费。

概算指标投资估算法：对于没有上述估算指标且建筑工程占总投资比例较大的项目，可采用概算指标估算法。

b. 设备及工器具购置费估算。

设备购置费估算应根据项目主要设备表及价格、费用资料编制，工器具购置费一般按设备费的一定比例计取。

设备及工器具购置费，包括设备的购置费、工器具费、现场制作非标准设备费、生产用家具购置费和相应的运杂费。对于价值高的设备应按单台（套）估算购置费，价值较小的设备可按类估算。国内设备和进口设备的设备购置费应分别估算。

国内设备购置费为设备出厂价加运杂费。设备运杂费主要包括运输费、装卸费和仓库保管费等，运杂费可按设备出厂价的一定百分比计算，应编制国内设备购置费估算表。

进口设备购置费由进口设备货价、进口从属费用及国内运杂费组成。进口设备货价按交货地点和方式不同，分为离岸价（FOB）与到岸价（CIF）两种价格。进口从属费用包括国外运费、国外运输保险费、进口关税、进口环节增值税、外贸手续费、银行财务费和海关监管手续费、国内运杂费包括运输费、装卸费、运输保险费等。

进口设备按离岸价计价时，应计算设备运抵我国口岸的国外运费和国外保险费，得出到岸价。计算公式为：

进口设备到岸价=离岸价+国外运费+国外运输保险费

其中：

国外运费=离岸价×运费率　或　国外运费=单位运价×运量

国外运输保险费=（离岸价+国外运费）×国外保险费率

进口设备的其他几项从属费用通常按以下公式估算：

进口关税=进口设备到岸价×人民币外汇牌价×进口关税率

$$消费税=(\frac{进口设备}{到岸价}\times\frac{人民币}{外汇牌价}+关税)\times消费税税率\div(1-消费税税率)$$

$$\frac{进口环节}{增值税}=(进口设备到岸价\times人民币外汇牌价+进口关税+消费税)\times增值税率$$

外贸手续费=进口设备到岸价×人民币外汇牌价×银行财务费率

银行财务费=进口设备货价×人民币外汇牌价×银行财务费率

海关监管手续费=进口设备到岸价×人民币外汇牌价×海关监管手续费率

国内运费按运输方式，根据运量或设备费金额估算。

c. 安装工程费估算。

需要安装设备的应估算安装工程费，包括各种机电设备装配和安装工程费用，与设备相连的工作台、梯子及其装设工程费用，附属于被安装设备的管线敷设工程费用；安装设备的绝缘、保温、防腐等工程费用；单体试运转和联动无负荷试运转费用等。

安装工程费通常按行业或专门机构发布的安装工程定额、取费标准和指标估算投资。具体计算可按安装费率、每吨设备安装费或者每单位安装实物工程量的费用估算，即：

安装工程费=设备原价×安装费率

安装工程费=设备吨位×每吨安装费

安装工程费=安装工程实物量×安装费用指标

编制出安装工程费估算表。

d. 工程建设其他费用估算。

按各项费用科目的费率或者取费标准估算，编制出工程建设其他费用估算表。

e. 基本预备费估算。

又称工程建设不可预见费，是指在项目实施中可能发生难以预料的支出，需要预先预留的费用，主要是指设计变更以及施工过程中可能增加的工程量的费用。

基本预备费以建筑工程费、设备及工器具购置费、安装工程费及工程建设其他费用之和为计算基数，乘以基本预备费率。

f. 涨价预备费估算。

涨价预备费是对建设工期较长的项目，由于在建设期内可能发生材料、设备、人工价格上涨引起投资增加，需要事先预留的费用，也称价格变动不可预见费。计算公式为：

$$PC=\sum_{t=1}^{n}I_t[(1+f)^t-1]$$

式中：

PC 是涨价预备费；

I_t 是第 t 年的建筑工程费、设备及工器具购置费、安装工程费之和；

f 是建设期价格上涨指数；

n 是建设期。

建设期价格上涨指数，政府有关部门有规定的按规定执行，没有规定的由可行性研究人员预测。

g. 建设期利息估算。

建设期利息是指项目借款在建设期内发生并计入固定资产的利息。计算建设期利息时，为了简化计算，通常假定借款均在每年的年中支用，借款第一年按半年计息，其余年份按全年计息，计算公式为：

各年应计利息=（年初借款本息累计+本年借款额/2）×年利率

②流动资金估算。

流动资金是指生产经营性项目投产后，为进行正常生产运营，用于购买原材料、燃料、支付工资及其他经营费用等所需的周转资金。流动资金估算一般采用分项详细估算法，个别情况或小型项目可采用扩大指标法。其中，扩大指标估算法是一种简化的流动资金估算方法，一般可参照同类企业流动资金占销售收入、经营成本的比例，或者单位产量占用流动资金的数额估算。

一般情况下，对构成流动资金的各项流动资产和流动负债应分别估算。在可行性研究中，为简化计算，仅对存货、现金、应收账款和应付账款四项内容进行估算。计算公式为：

流动资金=流动资产-流动负债

流动资产=应收账款+存货+现金

流动负债=应付账款

流动资金本年增加额=本年流动资金-上年流动资金

估算的具体步骤，首先应计算各类流动资产和流动负债的年周转次数，然后再分项估算占用资金额。

a. 周转次数计算：周转次数等于 360 天除以最低周转天数。存货、现金、应收账款和应付账款的最低周转天数，可参照同类企业的平均周转天数并结合项目特点确定。

b. 应收账款估算：应收账款是指企业已对外销售商品、提供劳务尚未收回的资金，包括若干科目，在可行性研究中，只计算应收销售款。计算公式为：

应收账款=年销售收入/应收账款周转次数

c. 存货估算：存货是企业为销售或生产耗用而储备的各种货物，主要有原材料、辅助材料、燃料、低值易耗品、维修备品、包装物、在产品、自制半成品和产成品等。为简化计算，仅考虑外购原材料、外购燃料、在产品和产成品，并分项进行计算。计算公式为：

存货=外购原材料+外购燃料+在产品+产成品

外购原材料=年外购原材料/按种类分项周转次数

外购燃料=年外购燃料/按种类分项周转次数

在产品=（年外购原材料+年外购燃料+年工资及福利费+年修理费+年其他制造费用）/在产品周转次数

产成品=年经营成本/产成品周转次数

d. 现金需要量估算：项目流动资金中的现金包括企业库存现金和银行存款。计算公式为：

现金需要量=（年工资及福利费+年其他费用）/现金周转次数

年其他费用=制造费用+管理费用+销售费用-（以上三项费用中所含的工资及福利费、折旧费、维简费、摊销费、修理费）

e. 流动负债估算：流动负债是指在一年或超过一年的一个营业周期内，需要偿还的各种债务。在可行性研究中，流动负债的估算只考虑应付账款一项。计算公式为：

应付账款=（年外购原材料+年外购燃料）/应付账款周转次数

根据流动资金各项估算的结果，编制流动资金估算表。

③项目投入总资金及分年投入计划

按投资估算内容和估算方法估算各项投资并汇总，分别编制项目投入总资金估算汇总表、主要单项工程投资估算表，并对项目投入总资金构成和各单项工程投资比例的合理性，单位生产能力（使用效益）投资指标的先进性分析。

估算出项目投入总资金后，应根据项目实施进度的安排，编制分年资金投入计划表。

（14）融资方案。

融资方案是在投资估算的基础上，研究拟建项目的资金渠道、融资形式、融资结构、融资成本、融资风险，比选推荐项目的融资方案，并以此研究资金筹措方案和进行财务评价。

（15）财务评价。

财务评价是在国家现行财税制度和市场价格体系下，分析预测项目的财务效益与费用，计算财务评价指标，考察拟建项目的盈利能力、偿债能力，据以判断项目的财务可行性。

（16）国民经济评价。

国民经济评价是按合理配置资源的原则，采用影子价格等国民经济评价参数，从国民经济的角度考察投资项目所耗费的社会资源和对社会的贡献，评价投资项目的经济合理性。

（17）社会评价。

社会评价是分析拟建项目对当地社会的影响和当地社会条件对项目的适应性和可接受程度，评价项目的社会可行性。对于由于征地拆迁等可能产生重要社会影响的项目以及扶贫、区域综合开发、文化教育、公共卫生等具有明显社会发展目标的项目，应从维护公共利益、构建和谐社会、落实以人为本的科学发展观等角度，进行社会评价，包括社会影响分析、互适性分析以及社会风险分析。

（18）风险分析。

项目风险分析是在市场预测、技术方案、工程方案、融资方案和社会评价论证中已进行的初步风险分析的基础上，进一步综合分析识别拟建项目在建设和运营中潜在的主要风险因素，揭示风险来源，判别风险程度，提出规避风险对策，降低风险损失。

（19）研究结论与建议。

通过对推荐方案的详细分析论证，说明所推荐方案的优点，指出可能存在的问题和可能遇到的风险，明确提出项目和方案是否可行的结论意见，并对下一步工作提出建议。建议主要包括两方面内容：

①对项目下一步工作的重要意见和建议。例如在技术谈判、初步设计、建设实施中需要引起重视的问题和工作安排的意见、建议。

②项目实施中需要协调解决的问题和相应的意见、建议。

3.3　可行性研究报告的附文、附表与附图

3.3.1　附文

（1）编制可行性研究报告依据的有关文件（包括：项目建议书及其批复文件；初步可行性研究报告及其批复文件或评估意见；编制单位与委托单位签订的协议书或合同；国内科研单位或技术开发单位开发的新技术鉴定书；联营及合营各方签署的合作协议书等）。

（2）建设单位与有关协作单位或有关部门签订的主要原材料、燃料、动力供应以及交通运输、土地使用、设备维修等合作配套协议书、意向性文件或意见。

（3）国土资源部正式批准的资源储量、品位、成分的审批意见（使用资源量较大的项目）。

（4）资金筹措意向性文件或有关证明文件。

（5）作为出资的资产的有关资产评估文件。

（6）投资项目环境影响报告书或环境影响报告表、批复的环境影响报告书或环境影响报告表的审批文件。

（7）其他有关文件。

3.3.2　附表

（1）主要设备一览表；

（2）投资估算表；

（3）财务分析报表；

（4）其他附表。

3.3.3　附图

（1）区域位置图；

（2）总平面布置图；

（3）工艺流程图；

（4）蒸汽平衡图；

（5）水平衡图；

（6）供电系统图；

（7）其他附图。

3.4 项目评估

项目评估是投资决策部门或贷款机构（主要是银行、非银行性金融机构）对上报的建设项目可行性研究报告进行再分析、再评价，即是对拟建项目的必要性、可行性、合理性及效益、费用进行的审核和评价。

3.4.1 项目评估的作用

项目评估的作用主要表现为：

（1）项目评估是实施项目管理的基础保证。

进行项目评估需要收集拟建项目所在地区的关于自然、社会、经济等方面的大量资料，这些资料是实施项目管理的基本依据和基础保证。在项目实施过程中，管理人员可以把实际发生的情况和数据与评估时所掌握的资料进行对比分析，及时发现设计施工、项目进展、资金使用、物资供应等方面的问题，以便采取措施，纠正偏差，促进项目顺利完成。

（2）项目评估可使项目的微观效益与宏观效益两者之间得到统一。

项目的微观效益和宏观效益之间常常会产生矛盾，其根源在于投资结构的不合理。项目评估工作既要评估企业效益，也要重视国民经济效益，而且两者都要满足才是合乎要求的项目。

（3）项目评估的结果是项目投资最终审批决策的重要依据。

项目评估的目的是审查和判断项目可行性研究报告的可靠性、真实性和客观性，对拟建项目投资是否可行以及最佳投资方案的确定是否合理提出评估意见，编写评估报告，作为项目投资最终审批决策的重要依据。

3.4.2 项目评估的内容

项目评估的内容是由评估的要求所决定的，不同的评估部门有不同的要求，其评估内容也就不尽相同，但是，一个完整的评估报告应包括如下几个方面的内容：

（1）项目的概况评估。

项目的概况评估着重研究项目提出的背景、项目设想、项目的进展概况以及项目评估文件审查。其中包括：评估项目是否符合国民经济平衡发展需要、国家的产业政策、技术政策和区域经济发展的需要；评估项目发起人单位状况和项目提出的理由、项目的投资环境；评估项目的建设地址、市场条件、生产建设条件；评估项目的生产能力和产销、总投资和资金来源；评估项目投产后的销售收入、销售税金、成本和利润；项目的进度和实施计划；项目方案选择和风险等。

（2）项目建设必要性评估。

项目建设必要性，受各种因素和条件的制约与影响，主要从宏观与微观两个方面对项目建设必要性进行评估。宏观必要性评估涉及项目建设是否符合国民经济发展与社会发展长远规划的需要、区域经济发展的需要和国家的产业政策。微观必要性评估涉及项目产品市场供求和竞争能力的评估；项目建设是否符合企业自身发展的需要；项目是否有利于科技进步的评估；对项目建设规模的评估；对项目经济效益、社会效益和环境效益的评估。

（3）市场的评估。

包括产品市场概况、产品需求方面的分析、产品供给方面的分析、产品市场供求的综合分析，其目的是明确项目产品市场是否能适应市场的需求，是否有竞争能力和足够的销售市场。

（4）技术、工艺与设备评估。

技术、工艺与设备评估包括技术的来源及水平分析，工艺流程的合理化程度及可行性分析，引进技术、工艺、设备是否合格以及是否与国内配套设备和操作技术水平相适应，新工艺、新技术、新设备是否已经过科学实验和鉴定等，从而确定拟建项目能否正常投产或交付使用。

（5）项目实施计划评估。

分析项目从提出、批准一直到竣工投产全过程的时间安排以及分段实施计划。分析可行性研究的承办单位、负责人、工作起止时间、项目实施计划安排的主要依据。具体说明项目前期准备工作、安装调试工作以及正式投产的时间安排，并对其进行科学分析，以考察其是否符合实际。

（6）组织及管理评估与人力资源分析。

分析组织结构与企业内部的人力资源管理定位是否相适应，项目的管理者及其工作人员的优劣情况。

（7）投资估算与资金筹措。

主要涉及项目总投资额的估算、资金筹措方式的选择、资金成本的分析以及资金流量的测算等。

（8）财务数据预测分析。

涉及产品成本的估算、销售收入和税金估算。

（9）财务数据的评估。

根据预测的财务报表计算相关经济指标，并就项目的盈利能力、偿债能力和外汇平衡能力做出说明。

（10）国民经济效益的评估。

从国民经济全局出发，分析比较国民经济为项目建设和经营付出的全部代价和项目为国民经济做出的全部贡献，以判断项目建设对国民经济的合理性。

（11）不确定性分析。

包括盈亏平衡分析、敏感性分析和概率分析。

（12）总评估。

归纳分析结果和评估意见，对拟建项目必要性以及技术上、财务上、经济上的可行性进行总的评价，并最终确定该项目的最优方案。

3.4.3 项目评估与可行性研究的关系

项目评估与可行性研究是投资决策过程中的两项重要的工作步骤，它们之间相辅相成，缺一不可，其联系主要表现在如下方面：

（1）两者同处于项目投资的前期阶段。可行性研究是继项目建议书批准后，对投资项目在技术、工程、外部协作配套条件和财务、经济和社会上的合理性及可行性所进行的全面、系统的分析和论证工作；而项目评估则是在项目决策之前对项目的可行性研究报告及其所选方案所进行的系统评估。它们都是项目前期工作的重要准备，都是对项目是否可行及投资决策的咨询论证工作。

（2）二者的出发点一致。项目评估与可行性研究都以市场研究为出发点，遵循市场配置资源的原则，按照国家有关的方针政策，将资源条件同产业政策与行业规划结合起来进行方案选择。

（3）考察的内容及方法基本一致。

（4）目的和要求基本相同。二者的目的均是要提高项目投资科学决策的水平，提高投资效益，避免决策失误，都要求进行深入、细致的调查研究、进行科学的预测与分析，实事求是地进行方案评价，力求资料来源可靠、数据准确、结论客观而公正。

（5）可行性研究是项目评估的对象和基础，没有项目的可行性研究，就没有项目评估。

（6）项目评估是使可行性研究的结果得以实现的前提，不经过项目评估，项目的可行性研究就不能最后成立。

（7）项目评估是可行性研究的延伸和再评价，是对可行性研究报告的各方面情况做出的进一步的论证和审核。

项目评估和可行性研究既有共性，又各有特点。它们的区别主要表现在以下方面：

（1）二者的承担主体不同。为了保证项目决策前的调查研究和审查评价活动相对独立，应由不同的机构分别承担这两项工作。在我国，可行性研究通常由项目的投资者或项目的主管部门来主持，投资者既可以独自承担该项工作，也可委托给专业设计或咨询机构进行，受托单位只对项目的投资者负责。项目评估一般由项目投资决策机构或项目贷款决策机构（如贷款银行）主持和负责。主持评估的机构既可自行组织评估，也可委托专门咨询机构进行。

（2）评价的角度不同。可行性研究一般要从企业（微观）角度去考察项目的盈利能力，决定项目的取舍，因此它着重于讲求投资项目的微观效益。而国家投资决策部门主持的项目评估，主要从宏观经济和社会的角度去评价项目的经济和社会效益，侧重于项目的宏观评价。贷款银行对项目进行的评估，则主要从项目还贷能力的角度，评价项目的融资主体（借款企业）的信用状况及还贷能力。

（3）二者在项目投资决策过程中的目的和任务不同。可行性研究除了对项目的合理性、可行性、必要性进行分析、论证外，还必须为建设项目规划多种方案，并从工程、技术经济方面对这些方案进行比较和选择，从中选出最佳方案作为投资决策方案。因此，它是一项较为复杂的工程咨询工作，需要较多人力进行较长时间的论证；而项目评估一般则可以借助于可行性研究的成果，并且不必为项目设计多个实施方案，其主要任务是对项目的可行性研究报告的全部内容，包括所选择的各种方案，进行系统的审查、核实，并提出评估结论和建议。

（4）二者在项目投资决策过程中所处的时序和作用不同。在项目建设程序中，可行性研究在先，评估在后，其作用也不相同。可行性研究是项目投资决策的基础，是项目评估的重要前提，但它不能为项目投资决策提供最终依据。项目评估则是投资决策的必备条件，是可行性研究的延续、深化和再研究，通过更为客观地对项目及其实施方案进行评估，独立地为决策者提供直接的、最终的依据，比可行性研究更具有权威性。

【本章小结】

（1）项目可行性研究是项目投资管理的一个主要环节，作为一种决策技术，是技术经济学的重要组成部分。在项目投资发展周期中，可行性研究处于项目决策前期工作的关键阶段，其结论是项目投资决策的重要依据。

（2）可行性研究是在投资决策前，对与拟建项目有关的社会、经济、技术等各方面进行深入细致的调查研究，对各种可能拟定的技术方案和建设方案进行认真的技术经济分析和比较论证，对项目建成后的经济效益进行科学的预测和评价。在此基础上，对拟建项目的技术先进性和适用性、经济合理性和有效性以及建设必要性和可行性进行全面分析、系统论证、多方案比较和综合评价，由此得出该项目是否应该投资和如何投资等结论性意见，为项目投资决策提供可靠的科学依据。

（3）可行性研究工作分为机会研究、初步可行性研究、可行性研究和项目评估决策四个阶段。

（4）项目评估是投资决策部门或贷款机构（主要是银行、非银行性金融机构）对上报的建设项目可行性研究报告进行再分析、再评价，即是对拟建项目的必要性、可行性、合理性及效益、费用进行的审核和评价。

【习题】

一、选择题

1. 如果初步设计提出的总概算超过总体投资估算的（　　）以上时，重新报批可行性研究报告。

A. 5%　　　　B. 10%

C. 20%　　　　D. 25%

2. 项目可行性研究是在工程项目（　　）时进行的。

A. 决策　　　　B. 设计

C. 施工　　　　D. 竣工验收

3. 可行性研究的第一个阶段是（　　）。

A. 初步可行性研究阶段　　B. 机会可行性研究阶段

C. 详细可行性研究阶段　　D. 项目评估与决策阶段

4. 下面哪项不是对可行性研究作用的描述（　　）。

A. 作为工程项目投资决策的依据

B. 作为编制设计文件的依据

C. 作为筹集资金和银行申请贷款的依据

D. 作为施工单位编制投标文件的依据

5. 可行性研究一般要回答的问题不包括（　　）。

A. 市场及资源情况如何　　B. 项目立项时间

C. 融资分析　　D. 建成后的经济效益=

6. 初步可行性研究的任务不包括（　　）。

A. 确定该项目是否需要进行详细可行性研究

B. 确定哪些关键性问题需要进行辅助性专题研究

C. 确定下一阶段研究的重点和难点，并排除一些明显不可行方案

D. 进行综合效益分析和全面技术经济论证

7. 在详细可行性研究阶段，投资估算的计算精度应控制在（　　）。

A. ±30%　　B. ±20%

C. ±10%　　D. ±5%

8. 下面哪项不是可行性研究报告的内容（　　）。

A. 市场需求预测　　B. 建设条件与选址

C. 施工进度计划　　D. 投资估算与资金规划

9. 下面不是作为可行性研究工作的依据性文件的是（　　）。

A. 项目建议书　　B. 初步设计文件

C. 各类批文　　D. 市场调查报告

10. 项目评估报告一般是由（　　）编制的。

A. 投资决策部门　　B. 设计单位

C. 施工单位　　D. 监理单位

11. （　　）是从社会整体角度出发，分析和考察投资项目对实现国家和地方各项社会发展目标所做的贡献与影响。

A. 财务评价　　B. 国民经济评价

C. 社会评价　　D. 环境评价

二、问答题

1. 可行性研究的概念及其作用是什么？

2. 可行性研究的依据和要求是什么？

3. 可行性研究可分为哪几个工作阶段？

4. 项目投资可行性研究的工作程序与研究内容是什么？

第三章习题参考答案

5. 可行性研究报告的内容应包括哪些方面？
6. 项目评估的概念及其作用是什么？
7. 项目评估与可行性研究有什么样的关系？

4 项目投资评价与决策

【本章教学要点】

知识要点	掌握程度	相关知识
财务评价	掌握	概念、内容、步骤、基础数据和参数选取、成本费用估算、指标、报表
国民经济评价	掌握	概念、费用与效益识别、估算、指标、报表、参数
不确定性分析	掌握	盈亏平衡分析、敏感性分析
环境影响评价	理解	工作程序、编制要点

【关键词】

财务评价　国民经济评价　不确定性分析　环境影响评价

导入案例

1891 年，可口可乐公司正式成立，并且在三年内让产品遍及整个美国。这种神奇的饮料以它不可抗拒的魅力征服了全世界数以亿计的消费者，成为“世界饮料之王”，甚至享有“饮料日不落帝国的赞誉”。但是，就在可口可乐如日中天之时，百事可乐以一则广告，向可口可乐发起了挑战，百事可乐的销量猛增，与可口可乐的差距缩小为 2∶3。面对百事可乐的调整，可口可乐董事会接受了奥斯丁和伍德拉夫的推荐，任命戈伊祖艾塔为总经理。戈伊祖艾塔认为，已经使用了 99 年的配方，已经满足不上消费者的口感要求，公司需要对可口可乐的原有口味进行改变。后来，可口可乐不惜血本协助瓶装商改造了生产线，为配合新可乐上市，可口可乐还进行了大量的广告宣传。1985 年 4 月，可口可乐在纽约举办了一次盛大的新闻发布会，邀请 200 多家新闻媒体参加，依靠传媒的巨大影响力，新可乐一举成名。但让可口可乐的决策者们始料未及的是，越来越多的老可口可乐的忠实消费者开始抵制新可乐。他们的愤怒情绪犹如火山爆发般难以控制。最终，迫于巨大的压力，决策者们不得不做出让步，在保留新可乐生产线的同时，再次启用近 100 年历史的传统配方，生产让美国人视为骄傲的老可口可乐。

思考：决策的正确性，对于企业意味着什么？

资料来源：https://wenku.baidu.com/view/2255313086c24028915f804d2b160b4e767f818a.html.

一个建设项目从投资意向开始到投资终结的全过程，大体分为四个阶段，即项目投资评价与决策阶段、项目实施前的准备工作阶段、项目实施阶段以及项目建成和总结阶段。项目投资评价与决策阶段要决定项目的具体建设规模、产品方案、建设地址，决定采取什么工艺技术、购置什么样的设备以及建设哪些主体工程和配套工程、建设进度安排、资金筹措等事项，其中任何一项决策的失误，都有可能导致投资项目的失败。因此，项目投资评价与决策阶段的工作是投资项目的首要环节和重要方面，对投资项目能否取得预期的经济、社会效益起着关键作用。

4.1 财务评价

财务评价是在国家现行财税制度和市场价格体系下，分析、预测项目的财务效益与费用，编制财务报表、计算评价指标，进行财务盈利能力分析和偿债能力分析，考察拟建项目的盈利能力、偿债能力和财务生存能力等，据以判别项目的财务可行性。财务评价应在初步确定的建设方案、投资估算和融资方案的基础上进行，其结果可以反馈到方案设计中，用于方案比选，优化方案设计。

4.1.1 财务评价的内容和步骤

进行财务评价，首先要在明确项目评价范围的基础上，根据项目性质和融资方式选择合适的方法，然后通过研究和预测选取必要的基础数据进行成本费用估算、销售（营业）收入和相关税费估算，同时编制相关辅助性报表，即财务评价基础数据与参数的确定、估算与分析。在此基础上才能进入财务评价的实质性工作阶段，即编制主要财务报表和计算财务评价指标进行财务分析。财务分析主要包括盈利能力分析和偿债能力分析。必要时，对既有项目法人项目还需要进行主体企业的盈利能力和财务状况进行分析。

财务评价的主要内容和步骤如下：

（1）选取财务评价基础数据与参数，包括主要投入品和产出物财务价格、税率、利率、汇率、计算期、固定资产折旧率、无形资产和递延资产摊销年限、生产负荷及基准收益率等基础数据和参数。

（2）计算销售（营业）收入、估算成本费用。

（3）编制财务评价报表，主要有：财务现金流量表、损益和利润分配表、资金来源与运用表、借款偿还计划表。

（4）计算财务评价指标，进行盈利能力分析和偿债能力分析。

（5）进行不确定性分析，包括敏感性分析和盈亏平衡分析。

（6）编写财务评价报告。

财务评价的具体内容以及各部分的关系如图 4-1。

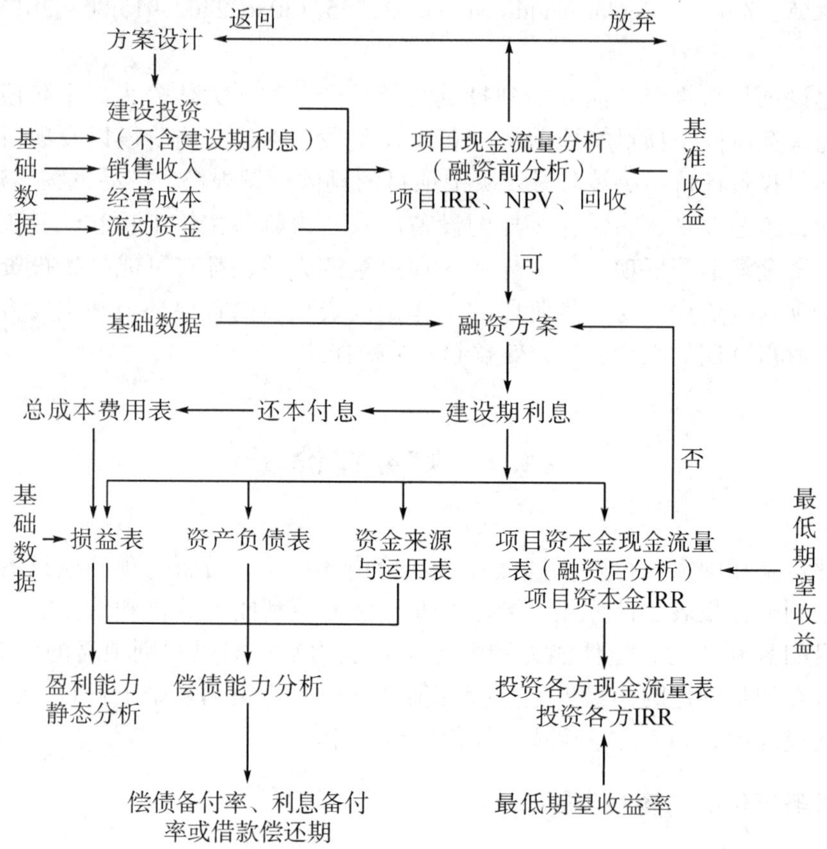

图 4-1　财务评价内容和操作程序图

4.1.2　财务评价的基本原则

财务评价应遵循以下基本原则：

（1）费用与效益计算范围的一致性原则。

为了正确评价项目的获利能力，必须遵循费用与效益计算范围的一致性原则。如果在投资估算中包括了某项工程，那么因建设该工程而增加的效益就应该考虑，否则就会低估项目的收益；反之，如果考虑了该工程对项目效益的贡献，但投资却未计算进去，那么项目的效益就会被高估。只有将投入和产出的估算限定在同一范围内，计算的净效益才是真是的投资回报。

（2）费用和效益识别的有无对比原则。

有无对比是国际上项目评价中通用的费用与效益识别的基本原则，项目评价的许多方面都需要遵循这条原则，财务评价也不例外。所谓“有”是指实施项目后的将来状况，“无”是指不实施项目时的将来状况。识别项目的效益和费用时，须注意只有“有无对比”的差额部分才是由于项目的建设增加的效益和费用，即增量效益和费用。有些项目即使不实施，现状效益也会由于各种原因发生变化。例如交通运输项目效益的基础-车流量，在无该项目时，也会由于地域经济的变化而改变。采用有无对比的方法，就是为了识别那些真正应该算作项目效益的部分，排除由于其他原因产生的效益，同时找出与增量效益相对应的增量费用，只有这样才能真正体现项目投资的净效益。

有无对比直接适用于改扩建与技术改造项目、停缓建后又恢复建设项目的增量效益分析。对于从无到有进行建设的新项目，也同样适用该原则，只是通常认为无项目与现状相同，其效益与费用均为零。

（3）动态分析与静态分析相结合，以动态分析为主的原则。

国际上通行的财务评价都是以动态分析方法为主，即根据资金时间价值原理，考虑项目整个计算期内各年的效益和费用，采用现金流量分析的方法，计算内部收益率和净现值等评价指标。

（4）基础数据确定中的稳健性原则。

财务数据结果的准确性取决于基础数据的可靠性。财务评价中需要大量基础数据都来自预测和估计，难免存在不确定性。为了使财务评价结果能够提供较为可靠的信息，避免人为的乐观估计所带来的风险，更好地满足投资决策的需要，在基础数据的确定和选取中遵循稳健性原则是十分必要的。

4.1.3 财务评价基础数据与参数选取

财务评价的基础数据与参数选取是否合理，直接影响到财务评价的结论，在进行财务分析计算之前，应做好这项基础工作。

（1）财务价格。

财务价格是对拟建项目未来的效益与费用进行分析，应采用预测价格。预测价格应考虑价格变动因素，即各种产品相对价格变动和价格总水平变动（通货膨胀或者通货紧缩）。由于建设期和生产运营期的投入产出情况不同，应区别对待。基于在投资估算时已经预留了建设期涨价预备费，因此建筑材料和设备等投入品，可采用一个固定的价格计算投资费用。生产运营期的投入品和产出品，应根据具体情况选用固定价格或变动价格进行财务评价。

①固定价格。指在项目生产运营期内不考虑价格相对变动和通货膨胀影响的不变价格，即在整个生产运营期内都采用预测的固定价格，计算产品销售收入和原材料、燃料动力费用。

②变动价格。这是指在项目生产运营期内考虑价格变动的预测价格。变动价格又分为两种情况，一是只考虑价格相对变动引起的变动价格；二是既考虑价格相对变动，又考虑通货膨胀引起的变动价格。采用变动价格预测在生产运营期内每年的价格都是变动的。为简化起见，有些年份也可采用同一价格。

进行盈利能力分析，一般只考虑相对价格变动因素的预测价格，计算不含通货膨胀因素的财务内部收益率等盈利性指标，不反映通货膨胀对营利能力的影响。

进行偿债能力分析，预测计算期内可能存在较为严重的通货膨胀时，应采用包括通货膨胀影响的变动价格计算偿债能力指标，反映通货膨胀因素对偿债能力的影响。

在财务评价中计算销售（营业）收入及生产成本所采用的价格，可以是含增值税的价格，也可以是不含增值税的价格，应在评价时说明采用何种计价方法。

（2）项目计算期。

项目计算期是财务评价的重要参数，是指对项目进行经济评价应延续的年限，包括建设期和生产运营期。评价用的建设期是指项目资金正式投入到项目建成投产所需时间。建设期的确定应综合考虑项目的建设规模、建设性质（新建、扩建和技术改造）、项目复杂程度、当地建设条件、管理水平与人员素质等因素，并与项目进度计划中的建设工期相协调。项目进度计划中的建设工期是指项目从现场破土动工起到项目建成投产所需要的时间，对于既有项目法人融资的项目，评价用建设期与建设工期一般相同，但新设项目法人项目需要先注册企业，因此需要投资者投入资金，项目再开工建设。

评价用生产期的确定应根据多种因素综合确定，包括行业特点、主要装置（或设备）的经济寿命等。当行业有规定时，从其规定。

对于中外合资项目还要考虑合资双方商定的合资年限，当按上述原则确定评价用生产期后，还要与该合资生产年限相比较，按两者孰短的原则确定。

（3）营销计划与运营负荷。

运营负荷是指项目运营过程中负荷达到设计能力的百分数，它的高低与项目复杂程度、技术成熟程度、市场开发程度、原材料供应、配套条件、管理因素等都有关系。在市场经济条件下，若其他方面没有大的问题，运营负荷的高低应主要取决于市场。

运营负荷的确定一般有两种方式：一是经验设定法，即根据以往项目的经验，结合该项目的实际情况，粗估各年的运营负荷，以设计能力的百分数表示，据此估算分年成本费用和销售（营业）收入；二是营销计划法，通过制定详细的分年营销计划，确定出各种产出物各年的生产量和商品量，再据此估算分年成本费用和销售（营业）收入。国内项目评价一般采用第一种方式。但有些项目产出物市场尚待开发，需逐步推广应用，或者某种产品只生产一段时间就改换更新品种，此时最好按实际的分年营销计划，确定各年的生产量和商品量。

（4）税费。

财务评价中涉及多种税费的计算，不同项目涉及的税费种类和税率可能各不相同。税费计取得当是正确计算项目效益的重要因素，要根据项目的具体情况选用适宜的税种和税率。

财务评价涉及的税费主要包括关税、增值税、资源税、消费税、所得税、城市维护建设税和教育费附加等，有些行业还涉及土地增值税。财务评价时应说明税种、征税方式、计税依据、税率等，如有减免税优惠，应说明依据及减免方式。在会计处理上，资源税、消费税、土地增值税、城市维护建设税和教育费附加包含在“税金及附加”中。

增值税：财务评价中应按税法规定计算增值税。应注意，当采用含增值税价格计算销售收入和原材料、燃料动力成本时，损益表中应单列增值税科目。应明确说明采用何种计价方式。

消费税：我国对部分货物征收消费税，项目评价中涉及适用消费税的产品或进口货物时，应按规定计算消费税。

土地增值税：按转让房地产取得的增值额征收的税种，房地产项目应按规定计算土地增值税。

资源税：国家对开采特定矿产品或者生产盐的单位或个人征收的税种，通常按矿产的产量计征。

企业所得税：针对企业应纳税所得额征收的税种，应注意按有关规定对所得税前扣除项目的要求正确计算应纳税所得额，并采用适宜的税率计算企业所得税，正确使用有关的所得税优惠政策。

城市维护建设税和教育费附加：以流转税额（增值税和消费税）为基数进行计算，属于地方税种，应注意当地的规定。

关税：对进出口的应税货物为纳税对象的税种，注意引进技术、设备材料的关税体现在投资估算中，进口原材料的关税则体现在成本中。

（5）基准参数。

财务评价中最重要的基准参数是判别内部收益率是否满足要求的基准参数，也可称财务基准收益率或最低可接受收益率，同时它也是计算净现值的折现率。采用财务基准收益率或最低可接受收益率作为折现率，用于计算财务净现值，可使财务净现值大于或等于零，与财务内部收益率大于财务基准收益率或最低可接受收益率两者对项目可行性的判断一致。

从不同角度进行的现金流量分析所选取的判别基准可能是不同的，在选取中应注意：

①判别基准的确定要与指标的内涵相对应。所谓判别基准，即是要设定一个投资的截至率，收益低于这个水平不予投资，这也是最低可接受投资率的概念。判别基准的设定应明确对象，不同的人或者从不同的角度去考虑，对投资收益会有不同的最低期望，因此，判别基准的设定应有针对性，项目的财务评价中不应该总是用同一个最低可接受收益率作为各种内部收益率的判别基准。《投资项目可行性研究指南》规定了三个层次的内部收益率指标，即项目财务内部收益率、项目资本金内部收益率以及投资各方内部收益率。这些指标从不同的角度考察项目的盈利能力，用于判别项目盈利能力可接受性的最低可接受收益率也可能有所不同。

②判别基准的确定要与所采用的价格体系相协调。即采用价格是否包含通货膨胀因素的问题。如果计算期内考虑通货膨胀，财务价格的确定也考虑了通货膨胀，则判别基准的设立也应考虑通货膨胀，反之亦然。

③项目财务内部收益率的判别基准。对于项目财务内部收益率，其判别基准可采用行业或专业（总）公司统一发布执行的财务基准收益率，或者由评价者自行设立。设立时常考虑以下因素：行业边际收益率、银行贷款利率、资本金的资金成本等。

④资本金内部收益率的判别标准。对于资本金内部收益率来说，其判别标准应为最低可接受收益率，它的确定主要取决于当时的资本收益水平以及资金所有者对权益资金收益的要求，涉及资金机会成本的概念，还与投资者对风险的态度有关。最低可接受收益率最好按该项目所有资本金投资者对权益资金的综合要求选取，没有明确要求的，可以采用社会平均（理论上为边际）或行业平均的权益资金收益水平。

⑤投资各方内部收益率的判别基准。投资各方内部收益率的判别基准为投资各方对投资收益水平的最低期望值，也可称为最低可接受收益率，它只能由各投资者自行确定。因为不同投资者的决策理念、资本实力和风险承受能力有很大差异，而且出于某些原因，可能会对不同项目有不同的收益水平要求。

（6）利率。

借款利率是项目财务评价的重要基础数据，用以计算借款利率。采用固定利率的借款项目，财务评价直接采用约定的利率计算利息。采用浮动利率的借款项目，财务评价时应对借款期内的平均利率进行预测，采用预测的平均利率计算利息。

（7）汇率。

财务评价汇率的取值，一般采用国家外汇管理部门公布的当期外汇牌价的卖出、买入的中间价。

4.1.4 销售收入与成本费用估算

（1）销售收入估算。

销售（营业）收入是指销售产品或者提供服务取得的收入。生产多种产品和提供多项服务的，应分别估算各种产品及服务的销售收入。对于不便按详细的品种分类计算销售收入的，可折算为标准产品的方法计算销售收入。要求编制销售收入、税金及附加估算表见表4-1。

表4-1　　销售（营业）收入、税金及附加估算表　　金额单位：万元

序号	项目	合计	计算期					
			1	2	3	4	…	n
1	销售收入							
1.1	产品A销售收入							
	单价							
	数量							
	销项税额							
1.2	产品B销售收入							
	单价							
	数量							
	销项税额							
	……							
2	税金及附加							
2.1	消费税							
2.2	消费税							
2.3	城市维护建设税							

表4-1(续)

序号	项目	合计	计算期					
			1	2	3	4	…	n
2.4	教育费附加							
3	增值税							
	销项税额							
	进项税额							

（2）成本费用估算。

成本费用是指项目生产运营支出的各项费用。按成本计算范围，分为单位产品成本和总成本费用；按成本与产量的关系，分为固定成本和可变成本；按财务评价的特定要求，分为总成本费用和经营成本。成本估算应与销售收入的计算口径一致，各项费用应划分清楚，防止重复计算或者低估费用支出。

①总成本费用估算。

总成本费用估算是指在一定时期内因生产和销售产品产生的全部费用。总成本费用的构成及估算通常采用以下两种方法：

a. 产品制造成本加企业期间费用估算法。

计算公式为：总成本费用=制造成本+销售费用+管理费用+财务费用

其中：制造成本=直接材料费+直接燃料和动力费+直接工资+其他直接支出+制造费用

b. 生产要素估算法。

是从估算各种生产要素的费用入手，汇总得到总成本费用。将生产和销售过程中消耗的外购原材料、辅助材料、燃料、动力、人员工资福利，外部提供的劳务或服务，当期应计提的折旧和摊销以及应付的财务费用相加，得出总成本费用。采用这种估算方法，不必计算内部各生产环节成本的转移，也较容易计算可变成本和固定成本，计算公式为：

总成本费用=外购原材料、辅助材料、燃料及动力+人员工资福利费+外部提供的劳务或服务+维修费+折旧费+矿山维简费（采掘、采伐项目计算此项费用）+摊销费+财务费用+其他费用

②经营成本估算。

经营成本估算是项目评价特有的概念，用于项目财务评价的现金流量分析。经营成本是指总成本费用扣除固定资产折旧费、矿山维简费、无形资产及递延资产摊销费和财务费用后的成本费用。计算公式为：

经营成本=总成本费用-折旧费-矿山维简费-无形资产及递延资产摊销费-财务费用

③固定成本与可变成本估算。

财务评价进行盈亏平衡分析时，需要将总成本费用分解为固定成本和可变成本。

固定成本是指不随产品产量及销售量的增减发生变化的各项成本费用，主要包括非生产人员工资、折旧费、无形资产及递延资产摊销费、修理费、办公费、管理费等。可变成本是指随产品产量及销售量增减而成正比例变化的各项费用，主要包括原材料、燃料、动力消耗、包装费和生产人员工资等。

长期借款利息应视为固定成本，短期借款如果用于购置流动资产，可能部分与产品产量、销售量相关，其利息可视为半可变半固定成本，为简化计算，也可视为固定成本。

④编制成本费用估算表

分项计算上述各种成本费用后，编制相应的成本费用估算表，包括总成本费用估算表和各分项成本估算表，见表 4-2 至表 4-8。

表 4-2　　总成本费用估算表（生产要素法）　　金额单位：万元

序号	项目	合计	计算期					
			1	2	3	4	…	n
1	外购原材料费							
2	外购燃料及动力费							
3	工资及福利费							
4	修理费							
5	其他费用							
6	经营成本（1+2+3+4+5）							
7	折旧费							
8	摊销费							
9	利息支出							
10	总成本费用合计（6+7+8+9）							
	其中：可变成本							
	固定成本							

表 4-3　　总成本费用估算表（生产成本加期间费用法）　　金额单位：万元

序号	项目	合计	计算期					
			1	2	3	4	…	n
1	生产成本							
1.1	直接材料费							
1.2	直接燃料及动力费							
1.3	直接工资及福利费							
1.4	制造费用							
1.4.1	折旧费							

表4-3(续)

序号	项目	合计	计算期					
			1	2	3	4	…	n
1.4.2	修理费							
1.4.3	其他制造费							
2	管理费用							
2.1	无形资产摊销							
2.2	其他资产摊销							
2.3	其他管理费用							
3	财务费用							
3.1	利息支出							
3.1.1	长期借款利息							
3.1.2	流动资金借款利息							
3.1.3	短期借款利息							
4	销售费用							
5	总成本费用合计（1+2+3+4）							
5.1	其中：可变成本							
5.2	固定成本							
6	经营成本（5-1.4.1-2.1-2.2-3.1）							

表4-4　　外购原材料费估算表　　金额单位：万元

序号	项目	合计	计算期					
			1	2	3	4	…	n
1	外购原材料费							
1.1	原材料 A							
	单价							
	数量							
	进项税额							
1.2	原材料 B							
	单价							
	数量							
	进项税额							
	……							
2	辅助材料费用							

表4-4(续)

序号	项目	合计	计算期					
			1	2	3	4	…	n
	进项税额							
3	其他							
	进项税额							
4	外购原材料费合计							
5	外购原材料进项税额合计							

表 4-5 **外购燃料和动力费估算表** 金额单位：万元

序号	项目	合计	计算期					
			1	2	3	4	…	n
1	燃料费							
1.1	燃料 A							
	单价							
	数量							
	进项税额							
	……							
2	动力费							
2.1	动力 A							
	单价							
	数量							
	进项税额							
	……							
3	外购燃料及动力费合计							
4	外购燃料及动力进项税额合计							

表 4-6 **固定资产折旧费估算表** 金额单位：万元

序号	项目	合计	计算期					
			1	2	3	4	…	n
1	房屋、建筑物							
	原值							
	当期折旧费							
	净值							

表4-6(续)

序号	项目	合计	计算期					
			1	2	3	4	…	n
2	机器设备							
	原值							
	当期折旧费							
	净值							
	……							
3	合计							
	原值							
	当期折旧费							
	净值							

表 4-7　　无形资产和其他资产摊销估算表　　金额单位：万元

序号	项目	合计	计算期					
			1	2	3	4	…	n
1	无形资产							
	原值							
	当期摊销费							
	净值							
2	其他资产							
	原值							
	当期摊销费							
	净值							
	……							
3	合计							
	原值							
	当期摊销费							
	净值							

表 4-8　　工资及福利费估算表　　金额单位：万元

序号	项目	合计	计算期					
			1	2	3	4	…	n
1	工人							
	人数							
	人均年工资							

表4-8(续)

序号	项目	合计	计算期					
			1	2	3	4	…	n
	工资额							
2	技术人员							
	人数							
	人均年工资							
	工资额							
3	管理人员							
	人数							
	人均年工资							
	工资额							
4	工资总额（1+2+3）							
5	福利费							
6	合计（4+5）							

4.1.5 新设项目法人项目财务评价

新设项目法人项目财务评价的主要内容，是在编制财务报表的基础上进行盈利能力分析、偿债能力分析和抗风险能力分析。

（1）编制财务报表。

财务评价报表主要有财务现金流量表、损益和利润分配表、资金来源与运用表、借款偿还计划表等。

①财务现金流量表，分为：

a. 项目财务现金流量表，用于计算项目财务内部收益率及财务净现值等评价指标，见表4-9；

b. 项目资本金财务现金流量表，用于计算资本金收益率指标，见表4-10；

c. 投资各方财务现金流量表，用于计算投资各方收益率，见表4-11。

表4-9 项目投资现金流量表 金额单位：万元

序号	项目	合计	计算期					
			1	2	3	4	…	n
1	现金流入							
1.1	销售收入							
1.2	补贴收入							
1.3	回收固定资产余值							
1.4	回收流动资金							

表4-9(续)

序号	项目	合计	计算期					
			1	2	3	4	…	n
2	现金流出							
2.1	建设投资							
2.2	流动资金							
2.3	经营成本							
2.4	税金及附加							
2.5	维持运营投资							
3	所得税前净现金流量（1-2）							
4	累计所得税前净现金流量							
5	调整所得税							
6	所得税后净现金流量（3-5）							
7	累计所得税后净现金流量							

计算指标：
项目投资财务内部收益率（%）（所得税前）
项目投资财务内部收益率（%）（所得税后）
项目投资财务净现值（所得税前）（i_c = %）
项目投资财务净现值（所得税后）（i_c = %）
项目投资回收期（年）（所得税前）
项目投资回收期（年）（所得税后）

表 4-10　　项目资本金现金流量表　　金额单位：万元

序号	项目	合计	计算期					
			1	2	3	4	…	n
1	现金流入							
1.1	销售收入							
1.2	补贴收入							
1.3	回收固定资产余值							
1.4	回收流动资金							
2	现金流出							
2.1	项目资本金							
2.2	借款本金偿还							
2.3	借款利息支付							
2.4	经营成本							
2.5	税金及附加							

表4-10(续)

序号	项目	合计	计算期					
			1	2	3	4	…	n
2.6	所得税							
2.7	维持运营投资							
3	净现金流量（1-2）							
计算指标： 资本金财务内部收益率（%）								

表 4-11　　投资各方现金流量表　　金额单位：万元

序号	项目	合计	计算期					
			1	2	3	4	…	n
1	现金流入							
1.1	实分利润							
1.2	资产处置收益分配							
1.3	租赁费收入							
1.4	技术转让或使用收入							
1.5	其他现金流入							
2	现金流出							
2.1	实缴资本							
2.2	租赁资产支出							
2.3	其他现金流出							
3	净现金流量（1-2）							
计算指标： 投资各方财务内部收益率（%）								

②利润和利润分配表，用于计算项目投资利润率，见表 4-12。

表 4-12　　利润与利润分配表　　金额单位：万元

序号	项目	合计	计算期					
			1	2	3	4	…	n
1	销售收入							
2	税金及附加							
3	总成本费用							
4	补贴收入							
5	利润总额（1-2-3+4）							

表4-12(续)

序号	项目	合计	计算期					
			1	2	3	4	…	n
6	弥补以前年度亏损							
7	应纳税所得额（5-6）							
8	所得税							
9	净利润（5-8）							
10	期初未分配利润							
11	可供分配的利润（9+10）							
12	提取法定盈余公积金							
13	可供投资者分配的利润（11-12）							
14	应付优先股股利							
15	提取任意盈余公积金							
16	应付普通股股利							
17	各投资方利润分配							
	其中：××方							
	××方							
18	未分配利润（13-14-15-17）							
19	息税前利润（利润总额+利息支出）							
20	息税前折旧摊销前利润（19+折旧+摊销）							

③项目总投资使用计划与资金筹措表，用于反映项目计算期各年的投资、融资及生产经营活动的资金流入、流出情况，考察资金平衡和余缺情况，见表4-13。

表4-13　项目总投资使用计划与资金筹措表　人民币单位：万元

序号	项目	合计			1			……		
		人民币	外币	小计	人民币	外币	小计	人民币	外币	小计
1	总投资									
1.1	建设投资									
1.2	建设期利息									
1.3	流动资金									
2	资金筹措									
2.1	项目资本金									
2.1.1	用于建设投资									
	××方									

表4-13(续)

序号	项目	合计			1			……		
		人民币	外币	小计	人民币	外币	小计	人民币	外币	小计
	……									
2.1.2	用于建设期利息									
	××方									
	……									
2.1.3	用于流动资金									
	××方									
	……									
2.2	债务资金									
2.2.1	用于建设投资									
	××借款									
	××债券									
	……									
2.2.2	用于建设期利息									
	××借款									
	××债券									
	……									
2.2.3	用于流动资金									
	××借款									
	××债券									
	……									
2.3	其他资金									
	×××									
	……									

④借款还本付息计划表，用于反映项目计算期内各年借款的使用、还本付息，以及偿债资金的来源，计算借款偿还期或者偿债备付率、利息备付率等指标，见表4-14。

表4-14 **借款还本付息计划表** 人民币单位：万元

序号	项目	合计	计算期					
			1	2	3	4	…	n
1	借款1							
1.1	期初借款余额							
1.2	当期还本付息							
	其中：还本							

表4-14(续)

序号	项目	合计	计算期					
			1	2	3	4	…	n
	付息							
1.3	期末借款余额							
2	借款 2							
2.1	期初借款余额							
2.2	当期还本付息							
	其中：还本							
	付息							
2.3	期末借款余额							
3	债券							
3.1	期初债务余额							
3.2	当期还本付息							
	其中：还本							
	付息							
3.3	期末债务余额							
4	借款和债券合计							
4.1	期初余额							
4.2	当期还本付息							
	其中：还本							
	付息							
4.3	期末余额							
计算指标	利息备付率（%）							
	偿债备付率（%）							

（2）盈利能力分析。

盈利能力分析是项目财务评价的主要内容之一，是在编制现金流量表的基础上，计算项目财务内部收益率、财务净现值、投资回收期等指标。其中财务内部收益率是项目的主要营利指标，其他指标可以根据项目特点及财务评价的目的、要求等选用。

①财务内部收益率（FIRR）。

财务内部收益率是指项目在整个计算期内各年净现金流流量现值累计等于零时的折现率，它是评价项目盈利能力的动态指标。其表达式为：

$$\sum_{t=1}^{n}(CI-CO)_t(1+FIRR)^{-t}=0$$

其中：

CI 是现金流入量；

CO 是现金流出量；

$(CI-CO)_t$ 是第 t 年的净现金流量；

n 是计算期年数。

②财务净现值（FNPV）。

财务净现值是指按设定的折现率 i_c 计算的项目计算期内各年净现金流量的现值之和。计算公式为：

$$FNPV=\sum_{t=1}^{n}(CI-CO)_t(1+i_c)^{-t}$$

其中：

i_c 是设定的折现率。

财务净现值是评价项目盈利能力的绝对指标，它反映项目在满足按设定折现率要求的盈利之外获得的超额盈利的现值。财务净现值等于或者大于零，表明项目的盈利能力达到或者超过按设定的折现率计算的盈利水平。

③投资回收期（P_t）。

投资回收期是指以项目的净收益偿还项目全部投资所需要的时间，一般以年为单位，并从项目建设起始年算起，若从项目投产年算起，应给予特别注明。其表达式为：

$$\sum_{t=1}^{P_t}(CI-CO)_t=0$$

P_t 是累计净现金流量开始出现正值的年份数-1+上年累计净现金流量的绝对值/当年净现金流量值。

投资回收期越短，表明项目的营利能力和抗风险能力越好。投资回收期的判别标准是基准投资回收期，其取值可根据行业水平或者投资者的要求设定。

④投资利润率。

投资利润率是指项目在计算期内正常生产年份的年利润总和（或年平均利润总额）与项目投入总资金的比例，它是考察单位投资营利能力的静态指标。将项目投资利润率与同行业平均投资利润率对比，判断项目的获利能力。

（3）偿债能力分析。

根据有关财务报表，计算借款偿还期、利息备付率、偿债备付率等指标，评价项目的借款偿还能力。如果采用借款偿还期指标，可不再计算备付率，二者选其一即可。

①借款偿还期。

借款偿还期是指以项目投产后获得的可用于还本付息的资金，还清借款本息所需的时间，一般以年为单位表示。这项指标可由借款偿还计划表推算，指标值应能满足贷款机构的要求。

借款偿还期指标旨在计算最大偿还能力，适用于尽快还款的项目，不适用于已约定借款偿还期的项目。对于已约定借款偿还期的项目，应采用利息备付率和偿债备付率指标分析项目的偿债能力。

②利息备付率

利息备付率是指项目在借款偿还期内，各年可用于支付利息的税息前利润与当期应付利息费用的比值，即：

利息备付率=税息前利润/当期应付利息费用

其中：

税息前利润=利润总额+计入总成本费用的利息费用

当期应付利息费用是指计入总成本费用的全部利息。

利息备付率可以按年计算，也可按整个借款期计算。利息备付率表示项目的利润偿付利息的保证倍率。对于正常运营的企业，利息备付率应大于2，否则，表示付息能力保障程度不足。

③偿债备付率。

偿债备付率是指项目在借款偿还期内，各年可用于还本付息资金与当期应还本付息金额的比值，即：

偿债备付率=可用于还本付息资金/当期应还本付息金额

可用与还本付息的资金，包括可用于还款的折旧和摊销，在成本中列支的利息费用，可用于还款的利润等。当期还本付息金额包括当期应还贷款本金及计入成本的利息。

偿债备付率可以按年计算，也可按整个借款期计算。偿债备付率表示可用于还本付息的资金偿还借款本息的保证倍率，偿债备付率在正常情况下应大于1，当指标小于1时，表示当年资金来源不足以偿付当期债务，需要通过短期借款偿付已到期债务。

4.1.6 既有项目法人项目财务评价

既有项目法人项目财务评价的盈利能力评价指标，是按“有项目”和“无项目”对比，采用增量分析方法计算。偿债能力评价指标，一般是按“有项目”后项目的偿债能力计算，必要时也可按“有项目”后既有法人整体的偿债能力计算。评价步骤与内容如下：

（1）确定财务评价范围。

对投资项目的评价，首先应将项目范围界定清楚。在所界定的范围内，按照费用与效益计算范围的一致性原则和费用与效益识别的有无对比原则，识别和估算项目的效益与费用。对于新设项目，项目范围比较明确，就是项目本身所涉及的范围。对于既有项目法人项目，应认真研究项目与原有企业的关系，合理界定项目范围。项目范围的界定应采取最小化原则，以能正确计算项目的投入和产出，说明项目给企业带来的效益为限。项目范围界定方法为：企业总体改造或虽局部改造但项目的效益和费用与企业的效益和费用难以分开的，应将项目范围界定为企业整体；企业局部改造且项目范围可以明确为企业的一个组成部分，可将项目直接有关的部分界定为项目范围。

（2）选取财务评价数据。

对既有项目法人项目的财务评价，采用“有无对比”进行增量分析，可能涉及以下五种数据：

①现状数据：反映项目实施前的效益和费用现状的数据。

②“无项目”数据：即不实施该项目时，在现状基础上考虑计算期内效益和费用的变化趋势，经合理预测得出的数值序列。

③“有项目”数据：是指实施该项目后计算期内的总量效益和费用数据，是数值序列。

④新增数据：是“有项目”相对于现状的变化额。

⑤增量数据：是“有项目”效益和费用数据与“无项目”效益和费用数据的差额，即有无对比得出的数据。

（3）编制财务报表。

既有项目法人项目财务评价，应按增量效益与增量费用的数据，编制项目增量财务现金流量表、资本金增量现金流量表。按“有项目”的效益与费用数据，编制项目损益和利润分配表、资金来源与运用表、借款偿还计划表。

（4）盈利能力分析。

盈利能力分析指标、表达式和判别依据与新设项目法人基本相同。

（5）偿债能力分析。

根据财务评价报表，计算借款偿还期或者利息备付率和偿债备付率，分析拟建项目自身偿还债务的能力。

4.2 国民经济评价

国民经济评价是按合理配置资源的原则，采用影子价格等国民经济评价参数，从国民经济的角度考察投资项目所耗费的社会资源和对社会的贡献，评价投资项目的经济合理性。国民经济评价与财务评价都是经济评价，都使用基本的经济评价理论，即费用与效益比较的理论方法。国民经济评价与财务评价的区别在于：其一，两种评价的角度和基本出发点不同，财务评价是站在项目的层次上，从项目的经营者、投资者、未来债权人的角度，分析项目在财务上能够生存的可能性，分析各方的实际收益或损失，分析投资或贷款的风险及收益。国民经济评价则是站在国家和地区的层次上，从全社会的角度分析评价项目对国民经济的效益和费用。其二，由于分析的角度不同，项目的费用和效益的含义和范围划分不同。财务评价只根据项目直接发生的财务收支，计算项目的直接费用和效益。国民经济评价则从全社会的角度考察项目的费用和效益，考察项目所消耗的有用社会资源和对社会提供的有用产品，不仅要考虑直接的费用和效益，还要考虑间接的费用和效益。其三，财务评价和国民经济评价所使用的价格体系不同，财务评价使用预测的财务收支价格，国民经济评价使用影子价格体系。其四，财务评价要从营利性和偿债能力两个方面分析，而国民经济评价只需要进行营利分析。

但国民经济评价和财务评价的关系也是非常密切的，很多情况下，国民经济评价是在财务评价的基础上进行的。国民经济评价利用财务评价中使用的数据，以财务评价为基础进行调整计算，得到国民经济评价的结论。当然，国民经济评价也可以在财务评价之前独立进行。

4.2.1 费用与效益的识别

识别和划分费用与效益的基本原则是：凡项目对国民经济所做的贡献，均计为项目的效益；凡国民经济为项目所付出的代价均计为项目的费用。也就是说，项目的国民经济效益是指项目对国民经济所做的贡献，包括项目的直接效益和间接效益；项目的国民经济费用是指国民经济为项目付出的代价，包括项目的直接费用和间接费用。判别项目的效益和费用，所使用的方法为“有无对比”法。

（1）直接效益与直接费用。

项目的直接效益是指由项目产出物产生并在项目计算范围内的经济效益，一般表现为项目为社会生产提供的物质产品、科技文化成果和各种各样的服务所产生的收益。例如工业项目生产的产品、副产品，矿产开采项目开采的矿产品，运输项目提供的运输服务，医院提供的医疗服务，等等。这种效益的表现有多种形式：

①项目产出物满足国内新增加的需求时，表现为国内新增需求的支付意愿；

②替代效益较差的其他厂商的产品或服务，使被替代厂商减产或停产，节约国家有用资源；

③项目产出物使得国家增加出口或减少进口，反映为外汇收入的增加或支出的减少。

项目的直接费用是指项目使用投入物所产生并在项目范围内计算的经济费用，一般表现为投入项目的各种物料、人工、资金、技术以及自然资源而带来的社会资源的消耗。这种资源消耗可能表现为社会扩大生产供给规模所耗用的资源费用，或者当社会不能增加供给时，导致其他人被迫放弃使用这些资源。当项目的投入物导致增加进口或减少出口时，这种资源消耗表现为国家外汇支出的增加或收入的减少。

直接效益和直接费用大多在财务评价中能够得以反映。

（2）间接效益与间接费用。

间接效益是指由项目引起而在项目的直接效益中没有得到反映的效益。如城市地下铁道的建设使得沿线房地产升值的效益，或者项目中使用劳动力使得劳动力熟练化等。

间接费用是指由项目引起而在项目的直接费用中没有得到反映的费用。如项目对自然环境造成的损害等。

间接效益和间接费用又称为项目的外部效果，一般在财务评价中不会得到反映。通常对项目的外部效果的考察主要从以下方面进行：

①环境影响。有些项目会对自然环境厂商污染，对生态环境造成破坏，如排放污水造成水污染，排放有毒气体和粉尘造成大气污染，噪声污染，临时或永久性的交通阻塞，等等。项目对环境影响一般难以定量计算，近似的可按同类企业所造成的损失估计，或按恢复环境质量所需的费用估计。有些项目含有环境治理工程，会对环境产生好的影响，评价中也要对相应的效益加以考虑。如果无法对环境影响定量计算，至少也应当作定性分析。

②技术扩散效果。一个技术先进项目的实施，由于技术人员的流动，技术在社会上扩散和推广，整个社会都将受益。但这类外部效果通常难以定量计算，一般只作定性分析。

③上下游企业相邻效果。项目的上游企业是指为该项目提供原材料或半成品的企业，项目的实施可能会刺激这些上游企业得到发展，增加新的生产能力或是使原有生产能力得到更充分的利用。项目的下游企业是指使用项目的产出物作为原材料或半成品的企业，项目的产品可能会对下游企业的经济效益产生影响，使其闲置的生产能力得到充分利用或使其在生产上节约成本。多数情况下，项目对上下游企业的相邻效果可以在项目的投入和产出物的影子价格中得到反映，不应再计算间接效果。也有些间接影响难以反映在影子价格中，需要作为项目的外部效果计算。

④乘数效果。这是指项目的实施使原来闲置的资源得到利用，从而产生一系列的连锁反应，刺激某一地区或全国的经济发展。在对经济落后地区的项目进行国民经济评价时可能会需要考虑这种乘数效果，特别应注意选择乘数效果大的项目作为扶贫项目。一般情况下，只计算一次相关效果，不连续扩展计算乘数效果。

⑤价格影响。有些项目大量出口，从而导致了我国此类产品出口价格的下降，减少了国家总体的创汇收益，成为项目的外部费用。如果项目产品增加了国内市场供应，导致产品市场价格下降，可以使用户和消费者得到产品降价的好处，但这种好处一般不应计入项目的间接效益，只是收益从生产厂商转移到了用户和消费者。

（3）转移支付。

国民经济评价中，项目的转移支付主要包括：项目向政府缴纳的税费、政府给予项目的补贴、项目向国内银行等金融机构支付的贷款利息和获得的存款利息。从全社会的角度看，企业向国家交付税金、向国内的银行或其他金融机构支付利息或从国家得到补贴，都只是国内全社会内部不同社会成员之间的相互支付，是社会再分配，并不构成社会资源的实际消耗或增加，因此不能视为项目的费用或效益。在财务评价基础上进行国民经济评价时，要注意从财务效益和费用中剔除转移支付部分。

4.2.2 费用与效益的估算

进行项目的国民经济评价时，项目的主要投入物和产出物，原则上都应采用影子价格。影子价格应当根据项目的投入物和产出物对国民经济的影响，从“有无对比”的角度确定。

（1）市场定价的外贸货物的影子价格。

外贸货物是指项目使用或生产某种货物将直接或间接影响国家对这种货物的进口或出口。包括：

①项目产出物中直接出口、间接出口和替代进口的；

②项目投入物中直接进口、间接进口和减少出口的。

原则上，对于影响进出口的不同，应当区分不同情况，采用不同的影子价格定价。但在实践中，为了简化工作，可以只对项目投入物中直接进口的产出物中直接出口的，采取进出口价格测定影子价格，对于间接进出口的仍按国内市场价格定价。

直接进口投入物的影子价格（到厂价）= 到岸价（CIF）×影子汇率+贸易费用+国内运杂费

直接出口产出物的影子价格（出厂价）= 离岸价（FOB）×影子汇率-贸易费用-国内运杂费

（2）市场定价的非外贸货物影子价格。

国内市场没有价格管制的产品或服务，项目投入物和产出物不直接进出口的，按照非外贸货物定价，以国内市场价格为基础测定影子价格。

投入物影子价格（到厂价）= 市场价格+国内运杂费

产出物影子价格（出厂价）= 市场价格-国内运杂费

（3）政府调控价格货物的影子价格。

政府调控价格包括：政府定价、指导价、最高限价、最低限价等。采取政府调控价格的产品或服务不能完全反映其真实的价值。在国民经济评价中，这些产品或服务要采取特殊的方式测定，测定方法主要有：成本分解法、消费者支付意愿和机会成本。

成本分解法是指计算某种货物的制造生产所需耗费的全部社会资源的价值，这种耗费包括各种物料投入以及人工、土地等投入，也包括资本投入所应分摊的机会成本费用。

支付意愿是指消费者为获得某种商品或服务所愿意付出的价格。

机会成本是指用于项目的某种资源若不用于本项目而用于其他替代机会，在所有其他替代机会中所能获得的最大效益。

（4）特殊投入物影子价格。

项目中的特殊投入物主要包括：劳动力、土地、自然资源。项目使用的这些特殊投入物，影子价格需要采用特定的计算方法。

①影子工资。

项目使用了劳动力这种资源，社会要为此付出代价，国民经济评价中用影子工资来表示这种代价。影子工资就是工资成本的影子价格，即劳动力的影子价格，它是指项目所雇用的人员在没有该项目的情况下，从事其他项目而对国民经济的贡献，影子工资有两种计算方法：

a. 机会成本法。劳动力的机会成本是指项目所用的劳动力如果不用于该项目而在其他生产经营活动中所能创造的最大收益，它与劳动力的技术熟练程度和供求状况有关。在计算影子工资时，一般把人工分为熟练劳动力和非熟练劳动力两种，一般认为非熟练劳动力是有剩余的，非熟练劳动力的影子工资定的比其实际工资低得多，其影子工资率一般为低于 1 的值。一般认为熟练劳动力是稀缺的，取其影子工资率为 1 或大于 1 的值。如果吸收的劳动力是从农村或其他产业转移过来的，其影子工资应该是劳动力对原有产业做出的边际贡献。

b. 净劳工国民经济费用法。人工成本可以包括三项内容：人工的社会消耗，人工个人消费水平，人工的边际生产力。人工的社会消耗用 C' 表示，指因人口增加，社会需要支付城市基础设施等建设费用。这些费用一般都是政府支付，因此构成国民经济费用的一部分。人工个人消费水平用 C 表示，指项目付给工人的工资和奖金。这些消费增加，是一种国民经济收益。净劳工国民经济费用的计算方式为：

净劳工国民经济费用= $C' - (C - m)$ = 成本（因人工增加，社会建设成本的增加）-收益（因人工增加，人工消费的增加）

②土地费用。

土地是一种特殊投入物，一个项目使用了某一块土地，就不能用作其他用途，对国家来说就造成了社会费用。

城镇的土地：城市的土地已经很大程度存在由市场形成的交易价格，市区内的土地、城市郊区的土地可以采用市场价格测定影子价格。

农村的土地按照机会成本的方法测定影子价格，由土地的机会成本和因土地用途转变而发生的新增资源消耗两部分构成，即：土地的影子价格=土地机会成本+新增资源消耗。

实际的项目评价中，可以从财务评价中土地的征地费用出发进行调整计算，可将土地的征地费用划分为三部分，分别按照不同的方法调整：

a. 属于机会成本性质的费用，如土地补偿费、青苗补偿费，按照机会成本计算方法调整计算；

b. 属于新增资源消耗的费用，如拆迁费、剩余劳动力安置费、养老保险费等，按影子价格调整计算；

c. 属于转移支付的，如粮食开发基金、耕地占用税等，应予以扣除。

③自然资源费用。

各种不可再生的自然资源也属于特殊投入物。矿产资源等不可再生资源的影子价格应当按资源的机会成本计算，水和森林等可再生资源的影子价格可以按资源再生费用计算。

4.2.3 国民经济评价指标与报表

（1）国民经济评价指标。

项目国民经济评价只进行国民经济盈利能力的分析，国民经济盈利能力的评价指标是经济内部收益率和经济净现值。

①经济内部收益率（EIRR）。

经济内部收益率是国民经济评价的主要指标，项目的国民经济评价必须要计算这一指标，并用其表示项目经济盈利能力的大小。经济内部收益率是项目在计算期内各年经济净效益流量的现值累计等于零时的折现率，用这样一个隐函数表达式来定义：

$$\sum_{t=1}^{n} (B - C)_t (1 + EIRR)^{-t} = 0$$

其中：

$EIRR$ 是经济内部收益率；

B 是效益流量；

C 是费用流量；

$(B - C)_t$ 在 是第 t 年的净效益流量；

n 是项目的计算期。

经济内部收益率是从国民经济评价角度反映项目经济效益的相对指标，表明项目占用的资金所能获得的动态收益率。项目的经济内部收益率等于或大于社会折现率时，表明项目对国民经济的净贡献达到或超过了预定要求。

②经济净现值（ENPV）。

经济净现值是指用社会折现率将项目计算期内各年净效益流量折算到项目建设期初的现值之和。其表达式为：

$$ENPV = \sum_{t=1}^{n} (B - C)_t (1 + i_s)^{-t}$$

式中，i_s 为社会折现率。

经济净现值是反映项目国民经济净贡献的绝对指标，项目的经济净现值等于或大于零表示国家为拟建项目付出代价后，可以得到符合社会折现率所要求的社会盈余的量值。

（2）国民经济评价报表。

编制国民经济评价报表是项目国民经济评价的基础性工作，项目的国民经济评价报表用于显示项目的国民经济效益和费用并用以计算国民经济评价指标。按照《投资项目可行性研究指南》，国民经济评价报表包括项目国民经济效益费用流量表和国内投资国民经济效益费用流量表。项目国民经济效益费用流量表用以综合反映项目计算期内各年的按全部投资口径计算的国民经济各项效益与费用流量及净效益流量，并用来计算项目经济内部收益率、经济净现值指标。国内投资国民经济效益费用流量表用以综合反映项目建设期内各年按国内口径计算的国民经济各项效益与费用流量及净效益流量，对于有从国外借款的项目，应编制此表，并计算国内投资经济内部收益率和经济净现值。

大多数情况下国民经济评价报表可以在项目财务评价的基础上进行编制调整，有些项目也可以直接编制。在财务评价基础上编制国民经济评价报表，主要工作包含费用效益范围、内容的调整或影子价格调整。具体的主要调整内容如下：

①调整转移支付。

财务评价中的各项税金、国内借款利息在国民经济评价中应当作为转移支付，不再作为项目的支出。

②计算外部效益和外部费用。

国民经济的评价需要将外部效益和外部费用计算入项目的效益和费用中。每个项目需要根据项目的具体情况，分析项目的主要外部效益和外部费用。通常情况下，只计算直接相关的效益和费用，间接相关的效益和费用通常不容易把握。

③调整建设投资。

对财务评价中项目建设投资需要调整，其中的税金、建设期利息、涨价预备金作为转移支付从支出中剔除，其余的费用需要用影子价格调整。劳动力按影子工资计算，土地费用调整为影子价格。

④调整流动资金。

如果财务评价中流动资金是采用扩大指标法估算的，国民经济评价中仍按扩大指标法估算，但需要将计算基数调整为以影子价格计算的销售收入和经营费用，再乘以相应的系数估算。如果财务评价中流动资金是按分项评估法估算的，要用影子价格分项估算。同时，财务评价中流动资产和流动负债中的现金、应收和应付款项并不实际消耗资源，国民经济评价中应当将其从流动资金中剔除。

⑤调整经营费用。

财务评价中的各项经营费用需要用影子价格调整，一般应当对主要原材料、燃料及动力费用进行调整，对工资及福利费以影子工资调整。经营费用的调整可以借助辅助报表进行，编制国民经济评价经营费用调整表。

⑥调整销售收入。

财务评价的销售收入需要用产出物影子价格调整，可编制出相应的国民经济评价销售收入调整表。

⑦调整外汇价值。

国民经济评价中涉及外汇收入和支出时，均需要用影子汇率计算外汇价值。从国外引入的资金和向国外支付的投资收益、贷款本息等也需要用影子汇率调整。

⑧编制国民经济效益费用流量表。

有些行业的项目可能需要直接进行国民经济评价，判断项目的合理性。可以按以下步骤直接编制国民经济效益费用流量表。

①确定国民经济效益、费用的计算范围，包括直接效益、直接费用和间接效益、间接费用。

②测算各种主要投入物的影子价格和产出物的影子价格（交通运输项目国民经济效益不按产出物影子价格计算，而是采用由于节约运输时间、费用等计算效益），并在此基础上对各项国民经济效益和费用进行估算。

③编制国民经济效益费用流量表，如表 4-15。

表 4-15　　国民经济效益费用流量表　　金额单位：万元

序号	项目	合计	计算期					
			1	2	3	4	…	n
1	效益流量							
1.1	项目直接效益							
1.2	资产余值回收							
1.3	项目间接效益							
2	费用流量							
2.1	建设投资							
2.2	维持运营投资							
2.3	流动资金							

表4-15(续)

序号	项目	合计	计算期					
			1	2	3	4	…	n
2.4	经营费用							
2.5	项目间接费用							
3	项目净效益流量（1-2）							
计算指标： 经济内部收益率（%） 经济净现值（ i_s = %）								

4.2.4　国民经济评价参数

国民经济评价参数是国民经济评价的重要基础。国民经济评价参数分为两类，一类是通用参数，包括社会折现率、影子汇率、影子工资等，这些通用参数由专门机构组织测算和发布；另一类是各种货物、服务、土地、自然资源等影子价格，需要由项目评价人员根据项目具体情况自行测算。

（1）社会折现率（ i_s ）。

社会折现率是用以衡量资金时间价值的重要参数，代表社会资金被占用应获得的最低收益率，并用作不同年份资金价值的折现率。社会折现率可根据国民经济发展多种因素综合测定。各类投资项目的国民经济评价都应采用有关专门机构统一发布的社会折现率作为计算经济净现值的折现率。社会折现率应根据国家的社会经济发展目标、发展战略、发展优先顺序、发展水平、宏观调控意图、社会成员的费用效益时间偏好、社会投资收益水平、资金供给状况、资金机会成本等因素综合测定。目前社会折现率测定为8%，对于受益期长的建设项目，如果远期效益较大，效益实现的风险较小，社会折现率可以适当降低，但不应低于6%。

（2）影子汇率。

影子汇率是指能正确反映国家外汇经济价值的汇率。影子汇率可通过影子汇率换算系数得出，影子汇率换算系数是指影子汇率与外汇牌价之间的比值，即：影子汇率=外汇牌价×影子汇率换算系数。

根据我国外汇收支、外汇供求、进出口结构、进出口关税、进出口增值税及出口退税补贴等情况，影子汇率换算系数为1.08。

（3）影子工资。

影子工资是指项目使用劳动力资源而使社会付出的代价，可通过影子工资换算系数得到。影子工资换算系数是指影子工资与项目财务分析中的劳动力工资之间的比值，即：影子工资=财务工资×影子工资换算系数

目前，技术劳动力的工资报酬一般可由市场供求决定，即影子工资换算系数为1。对于非技术劳动力，根据我国非技术劳动力就业状况，其影子工资换算系数一般取为0.25~0.8，具体可根据当地的非技术劳动力供求状况，非技术劳动力较为富余的地区

可取较低值，不太富余的地区可取较高值，中间状况可取 0.5。

4.3 不确定性分析

客观事物发展多变的特点以及人们对客观事物认识的局限性，使得对客观事物的预测结果可能偏离人们的预期，具有不确定性，项目投资也不例外。尽管在项目决策分析工作中已就项目市场、采用技术、设备、工程方案、环境保护、配套条件、投融资和投入产出等方面做了尽可能详尽的研究，但项目经营的未来状况仍然可能与设想状况偏离。在完成项目基本方案的财务评价和国民经济评价后，为了了解在不确定性情况下项目效益的可能变化，一般要对项目进行不确定性分析，不确定性分析的内容一般包括盈亏平衡分析和敏感性分析。

4.3.1 盈亏平衡分析

盈亏平衡分析是指在一定的生产能力下，研究分析项目成本费用与收益平衡关系的一种方法。随着某些因素的变化，企业的盈利与亏损会有个转折点，称为盈亏平衡点（BEP）。在这一点上，销售收入等于总成本费用，刚好盈亏平衡。盈亏平衡分析就是要找出盈亏平衡点，考察企业或项目对市场的适应能力和抗风险能力。

盈亏平衡分析可以分为线性盈亏平衡分析和非线性盈亏平衡分析，项目投资决策分析与评价中一般使用线性盈亏平衡分析。

盈亏平衡点的表达方式有多种，可以用产量、产品售价、单位可变成本和年总固定成本等绝对量表示，也可以用某些相对值表示，最常用的是以产量和生产能力利用率表示的盈亏平衡点，盈亏平衡点越低，表明企业适应市场变化的能力越大，抗风险能力越强。

（1）盈亏平衡分析的前提条件。

进行线性盈亏平衡分析有以下四个假设条件：

①产量等于销售量，即当年生产的产品在当年销售出去。

②产量变化，单位可变成本不变，从而总成本费用是产量的线性函数。

③产量变化，产品售价不变，从而销售收入是销售量的线性函数。

④只生产单一产品，或者生产多种产品，但可以换算为单一产品计算。

（2）盈亏平衡点的求取方法。

盈亏平衡点可以采用公式计算，也可采用图解法求取。

①公式计算法。

根据盈亏平衡的原理，在盈亏平衡点上产品的生产成本与销售收入相等，因而可以得到下面的数学公式。

设：生产成本函数为 $y_1 = f + vx$ 。

销售收入函数为 $y_2 = px$ 。

当 $y_1 = y_2$ 时，有 $f + vx = px$ 。

式中：

y_1 是正常生产年份内生产总成本；

y_2 是项目投产后正常年份销售收入；

v 是单位产品可变成本；

f 是总固定成本；

p 是单位产品价格；

x 是正常年份内产品产量。

基于以上公式，可得：

a. 用实际产量（或销售量）表示的盈亏平衡点（ BEP_x ）

$$BEP_x = \frac{f}{p - v}$$

b. 用销售收入表示的盈亏平衡点（ BEP_s ）

$$BEP_s = \frac{pf}{p - v}$$

c. 用生产能力利用率表示的盈亏平衡点（ BEP_R ）

$$BEP_R = \frac{f}{(p - v)R_X} \times 100\%$$

R_X 为正常年份的设计产量。

d. 以单位产品保本价格表示的盈亏平衡点（ BEP_P ）

$$BEP_P = \frac{f}{R_X} + v$$

②图解法。

如图 4-2，在以纵轴表示收入与支出、横轴表示产品产量或销售量的坐标上，按照正常年份的产量画出固定成本线 $y = f$ 和可变成本线 $y = vx$ ，再 $y = f + vx$ 按画出总生产成本线，然后按正常年份的生产量、销售量和产品单价画出销售收入线 $y = px$ ，总生产成本线和销售收入线的交点即为盈亏平衡点 BEP_x 。

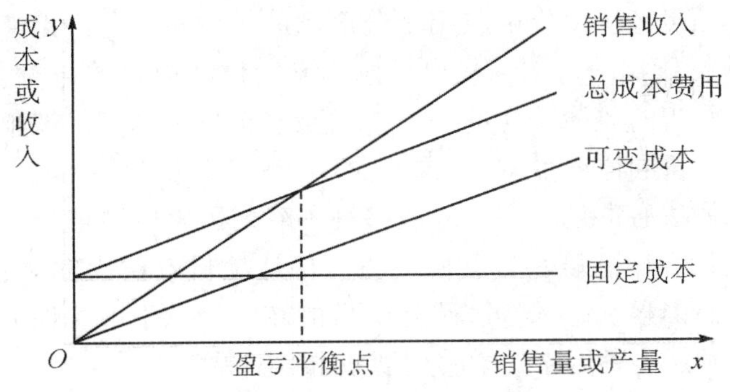

图 4-2 盈亏平衡图

例 4-1 某工业项目年设计生产能力为生产某种产品 3 万件，单位产品售价 3 000 元，总成本费用为 7 800 万元，其中固定成本 3 000 万元，总变动成本与产品产量成正比关系，求以产量、生产能力利用率、销售价格、单位产品变动成本表示的盈亏平衡点。

解：首先计算单位变动成本：

$$v = \frac{y_1 - f}{x} = \frac{(7\ 800 - 3\ 000) \times 10^4}{30\ 000} = 1\ 600（元/件）$$

盈亏平衡产量：

$$x_0 = \frac{3\ 000 \times 10^4}{3\ 000 - 1\ 600} = 21\ 400（件）$$

盈亏平衡生产能力利用率

$$BEP_R = \frac{21\ 400}{30\ 000} = 71.3\%$$

（3）盈亏平衡分析的要点。

①盈亏平衡点应按项目达产年份的数据计算，不能按计算期内的平均值计算。

由于盈亏平衡点表示的是相对于设计能力下，达到多少产量或负荷率才能盈亏平衡，因此必须按项目达产年份的销售收入和成本费用数据计算。

②当各年数值不同时，最好按还款期间和还完借款以后的年份分别计算。

项目达产后，由于固定成本中的利息各年不同，折旧费和摊销费也不是每年相同，所以成本费用数值可能因年而异，具体按哪一年的数值计算盈亏平衡点，可以根据项目情况进行选择。一般而言，最好选择还款期间的第一个达产年和还完借款以后的年份分别计算，以便给出最高的盈亏平衡点和最低的盈亏平衡点。

采用线性盈亏平衡分析法有助于检验变量因素（如价格、固定成本、可变成本等）的变化对项目收支平衡的影响，但盈亏平衡点的计算有相当多的假设前提条件，这些条件在一般情况下很难满足，这样又给盈亏平衡分析带来了不确定性。因此这种分析方法只能作为项目决策分析过程中的辅助手段。

4.3.2 敏感性分析

敏感性分析是项目经济评价中应用十分广泛的一种技术，用以考察项目涉及的各种不确定因素对项目效益的影响，找出敏感因素，估计项目效益对它们的敏感程度，粗略预测项目可能承担的风险，为进一步的风险分析打下基础。敏感性分析对项目财务评价和国民经济评价同样适用。

敏感性分析的做法通常是改变一种或多种不确定因素的数值，计算其对项目效益指标的影响，通过计算敏感度系数和临界点，估计项目效益指标对它们的敏感程度，进而确定关键的敏感因素。通常将敏感性分析的结果汇总于敏感性分析表，也可通过绘制敏感性分析图显示各种因素的敏感程度并求得临界点。

敏感性分析包括单因素敏感性分析和多因素敏感性分析。单因素敏感性分析是指每次只改变一个因素的数值来进行分析，估算单个因素的变化对项目效益产生的影响，多因素敏感性分析则是同时改变两个或两个以上因素进行分析，估算多因素同时发生变化的影响。为了找出关键的敏感性因素，通常多进行单因素敏感性分析。这里主要介绍单因素敏感性分析的步骤和方法如下：

（1）确定敏感性分析指标。

针对不同项目特点和要求、不同研究阶段和实际需要情况，选择合适的敏感性分析指标。由于敏感性分析建立在确定性分析的基础之上，故一般敏感性分析指标都应与确定性分析指标相一致。当项目确定性分析指标比较多时，分析可围绕其中一个或几个重要的指标进行。最基本的分析指标是内部收益率，根据项目的实际情况也可选择净现值或投资回收期评价指标，必要时可同时针对两个或两个以上的指标进行敏感性分析。

（2）选择需要分析的不确定性因素。

影响项目经济效果的不确定性因素有很多，其内容因项目的规模、类型不同而各异。在进行敏感性分析时，只需要分析那些在成本、收益构成中占比重最大、对项目经济效益指标有较大影响的，并且在整个计算期内最有可能发生变化的因素。经验表明，主要对产出物价格、建设投资、主要投入物价格或可变价格、生产负荷、建设工期及汇率等不确定因素进行敏感性分析。

（3）研究并设定不确定性因素的变动范围。

列出不确定性因素不同变化率或不同取值的几个点。一般选择不确定因素变化的百分率为±5%、±10%、±15%、±20%等，对于不便用百分数表示的因素，如建设工期，可采用延长一段时间表示，如延长一年。

（4）列出敏感性分析的计算指标。

分析各种不确定性因素在可能的变动范围内发生不同幅度的变化对方案经济效果指标产生的影响，给出敏感性分析的计算指标。

敏感性分析的计算指标主要有两种：敏感度系数和临界点。

①敏感度系数。

敏感度系数是指项目评价指标变化的百分率与不确定因素变化的百分率之比。敏感度系数高，表示项目效益对该不确定因素敏感程度高，计算公式为：

$$S_{AF} = \frac{\Delta A/A}{\Delta F/F}$$

式中：S_{AF} 是评价指标 A 对于不确定因素 F 的敏感系数；

$\Delta F/F$ 是不确定因素 F 的变化率；

$\Delta A/A$ 是不确定因素 F 发生 ΔF 变化率时，评价指标 A 的相应变化率。

$S_{AF} > 0$，表示评价指标与不确定因素同方向变化；$S_{AF} < 0$，表示评价指标与不确定因素反方向变化。$|S_{AF}|$ 较大者敏感度系数高。

②临界点。

临界点是指不确定因素的极限变化，即该不确定因素使项目内部收益率等于基准收益率或净现值变为零时的变化百分比，当该不确定因素为费用科目时，即为其增加的百分比；为效益科目时，即为降低的百分比。临界点也可用该百分比对应的具体数值表示。当不确定因素的变化超过了临界点所表示的不确定因素的极限变化时，项目内部收益率指标将转而低于基准收益率，表示项目将由可行变为不可行。

例 4-2　某投资项目投资额、年销售收入、年经营成本等数据如下表 4-16 所示。考虑到将来的某些不确定性，投资额、经营成本和产品价格有可能在±20%的范围内变化，设基准收益率为 10%，试分别就这三种不确定因素对净现值的影响作敏感性分析。

表 4-16　　某项目现金流量表　　单位：万元

年份	0	1-10	11
投资 K'	15 000		
流动资金 L	3 000		
销售收入 I		22 000	22 000
经营成本 C		15 000	15 000
销售税金 T		2 200	2 200
期末残值 K_S			2 000
期末流动资金 L'			3 000
净现金流量 I	-18 000	4 800	9 800

用净现值指标，根据公式应有：

$$NPV = -K + (I - C - T)(P/A,\ 10\%,\ 11) + K_S(P/F,\ 10\%,\ 11)$$

$$= -18\ 000 + 4\ 800 \times 6.495\ 1 + 5\ 000 \times 0.350\ 5 = 14\ 929(\text{万元})$$

现分别就投资额、产品价格和经营成本不确定因素的变化对净现值影响作敏感性分析。

设投资额变动 x，分析投资额变动对方案净现值影响的计算公式为：

$$NPV = -K(1 \pm x) + (I - C - T)(P/A,\ 10\%,\ 11) + K_S(1 \pm x)(P/F,\ 10\%,\ 11)$$

设经营成本变动 x，分析经营成本变动对方案净现值影响的计算公式为：

$$NPV = -K + [I - C(1 \pm x) - T](P/A,\ 10\%,\ 11) + K_S(P/F,\ 10\%,\ 11)$$

设产品价格变动 x，产品价格变动将导致销售收入和销售税金变动，分析产品价格变动对方案净现值影响的计算公式为：$NPV = -K + [(I - T)(1 \pm x) - C](P/A,\ 10\%,\ 11) + K_S(P/F,\ 10\%,\ 11)$

根据以上公式和已有数据，计算结果如下表 4-17，绘出敏感性分析图 4-3。

表 4-17　　不确定因素变动对净现值影响表　　单位：万元

变动率	-20%	-15%	-10%	-5%	0	+5%	+10%	+15%	+20%
投资额	14 400	15 300	16 200	17 100	18 000	18 900	19 800	20 700	21 600
净现值	18 178	17 366	16 554	15 742	14 929	14 118	13 305	12 493	11 681
经营成本	12 000	12 750	13 500	14 250	15 000	15 750	16 500	17 250	18 000
净现值	34 414	29 543	24 672	19 800	14 929	10 058	5 186	315	-4 556
产品价格	15 840	16 830	17 820	18 810	19 800	20 790	21 780	22 770	23 760
净现值	-10 792	-4 362	-2 069	8 499	14 929	21 359	27 790	34 220	40 650

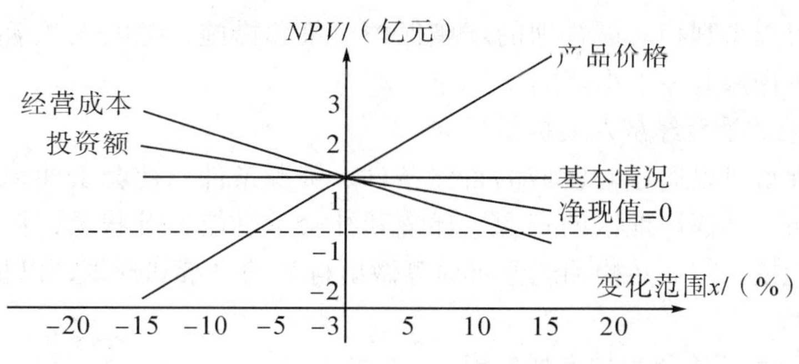

图 4-3 敏感性分析图

从表 4-17 和图 4-2 中可以看出，在同样的变化率下，产品价格的变动对项目净现值的影响最大，经营成本的影响次之，投资额变动的影响最小。

4.4 环境影响评价

环境影响评价简称环评（EIA ，Environmental Impact Assessment)，是指对项目实施后可能造成的环境影响进行分析、预测和评估，提出预防或者减轻不良环境影响的对策和措施，进行跟踪监测的方法与制度。环境影响评价的根本目的是鼓励在规划和决策中考虑环境因素，最终达到更具环境相容性的人类活动。

环境影响评价的主体依据各国环境影响评价制度而定。我国的环境影响评价主体可以是学术研究机构、工程、规划和环境咨询机构，但必须获得国家或地方环境保护行政机关认可的环境影响评价资格证书。一般说来，环境影响评价工作要生成环境影响报告书。我国《建设项目环境保护管理条例》规定，建设项目对环境可能造成重大影响的，应当编制环境影响报告书，对建设项目产生的污染和对环境的影响进行全面、详细的评价。

4.4.1 环境影响评价的重要性

环境影响评价是一项技术，是强化环境管理的有效手段，对确定经济发展方向和保护环境等一系列重大决策都有重要作用，具体表现在以下几个方面：

（1）保证建设项目选址和布局的合理性。

合理的经济布局是保证环境与经济持续发展的前提条件，而不合理的布局则是造成环境污染的重要原因。环境影响评价是从建设项目所在地区的整体出发，考察建设项目的不同选择和布局对区域整体的不同影响，并进行比较和取舍，选择最有利的方案，保证建设项目选择和布局的合理性。

（2）指导环境保护措施的设计，强化环境管理。

一般说来，开发建设和生产活动都要消耗一定的资源，给环境带来一定的污染与破坏，因此必须采取相应的环境保护措施。环境影响评价是针对具体的开发建设活动或生产活动，综合考虑开发活动特征和环境特征，通过对污染治理设施的技术、经济和环境论证，可以得到相对最合理的环境保护对策和措施，把因人类活动而产生的环境污染或生态平衡限制在最小范围。

（3）为区域的社会经济发展提供导向。

环境影响评价可以通过对区域的自然条件、资源条件、社会条件和经济发展状况等进行综合分析，掌握该地区的资源、环境和社会承受能力等状况，从而对该地区发展方向、发展规模、产业结构和产业布局等做出科学的决策和规划，以指导区域活动，实现可持续发展。

（4）促进相关环境科学技术的发展。

环境影响评价涉及自然科学和社会科学的广泛领域，包括基础理论研究和应用技术开发。环境影响评价中遇到的很多问题，必然是对相关环境科学技术的挑战，有利于推动相关环境科学技术的发展。

4.4.2 环境影响评价的工作程序

环境影响评价工作大致分为三个工作阶段，如图 4-4 所示。

（1）准备阶段。其主要工作为研究有关文件，进行初步的工程分析和环境现状调查，筛选重点评价项目，确定各单项环境影响评价的工作等级，编制评价工作大纲。

（2）正式工作阶段。这个阶段的主要工作为工程分析和环境现状调查，并进行环境影响预测和评价环境影响。

（3）报告书编制阶段。本阶段的主要工作为汇总、分析上一阶段工作所得到的各种资料、数据，得出结论，完成环境影响报告书的编制。

4.4.3 环境影响评价的编制要点

环境影响报告书是环境影响评价工作成果的集中体现，是环境影响评价承担单位向其委托单位提交的工作文件，要求满足全面、客观、公正的原则。建设项目的类型不同，对环境的影响差别很大，环境影响报告书的编制内容也就不同，但其基本内容差别不大，典型的环境影响报告书一般包括以下内容：

（1）总论。

主要涉及环境影响评价项目的由来、编制环境影响报告书的目的、编制依据、评价标准、评价范围、控制及保护目标等。

（2）建设项目概况。

应介绍建设项目规模、生产工艺水平、产品方案、原料、燃料及用水量、污染物排放量、环保措施，并进行工程影响环境因素分析等。

（3）环境现状调查。

包括自然环境调查，社会环境调查，评价区大气环境质量现状调查，地面水环境质量现状调查，地下水质现状调查，土壤及农作物现状调查，环境噪声现状调查，评价区内人体健康及地方病调查，其他社会、经济活动污染、破坏环境现状调查等。

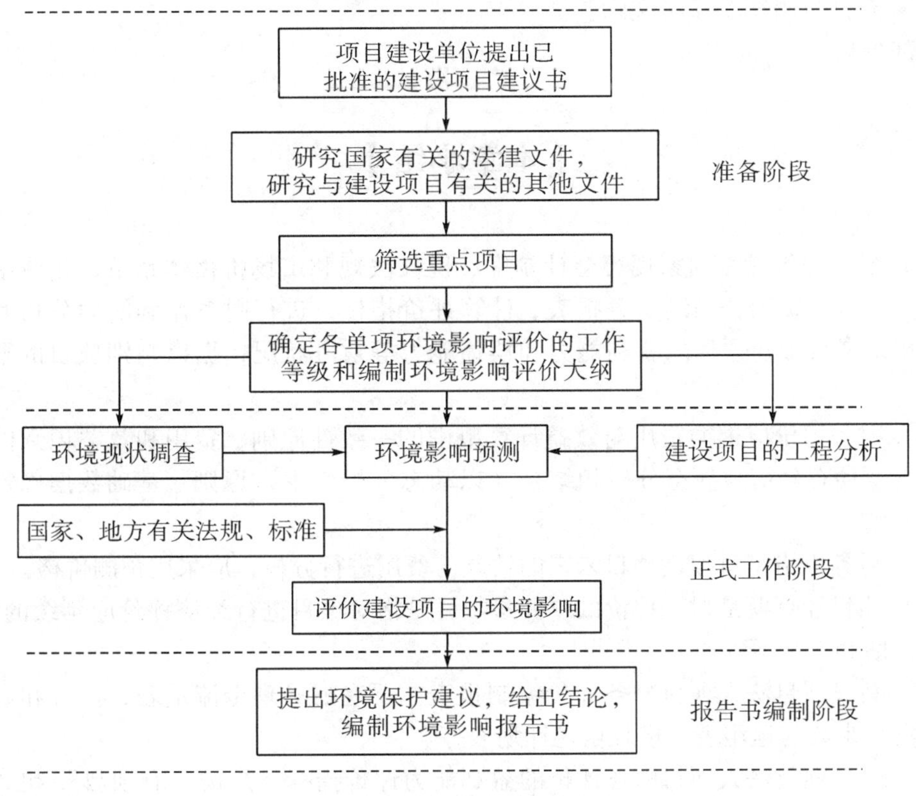

图 4-4　环境影响评价工作程序

（4）污染源调查与评价。

包括对建设项目污染源预估和评价区内污染源调查与评价。

（5）环境影响预测与评价。

包括大气环境影响预测与评价，水环境影响预测与评价，噪声环境影响预测与评价，土壤及农作物环境影响分析，对人群健康影响分析，振动及电磁波的环境影响分析，对周围地区的地质、水文、气象可能产生的影响等。

（6）环保措施的可行性分析及建议。

包括大气污染防治措施的可行性分析及建议，废水治理措施的可行性分析及建议，对废渣处理及处置的可行性分析，对噪声、振动等其他污染控制措施的可行性分析，对绿化措施的评价及建议，对环境监测制度的建议等。

（7）环境影响经济损益简要分析。

环境影响经济损益简要分析是从社会效益、经济效益、环境效益统一的角度论述建设项目的可行性。由于这三个效益的估算难度很大，特别是环境效益中的环境代价估算难度更大，目前还没有很好的方法，需要进一步的研究和探索。

（8）结论及建议。

主要包括评价区的环境质量现状，污染源评价的主要结论、主要污染源及主要污染物，建设项目对评价区环境的影响，环保措施可行性分析的主要结论及建议以及从三个效益统一的角度提出建设项目的选址、规模、布局等是否可行的结论。

(9) 附件、附图及参考文献。

此部分略。

【本章小结】

(1) 财务评价是在国家现行会计制度、税收法规和市场价格体系下，预测估计项目的财务效益与费用，编制财务报表、计算评价指标，进行财务盈利能力分析和偿债能力分析，考察拟建项目的获利能力和偿债能力等财务状况，据以判别项目的财务可行性。

(2) 财务评价应遵循费用与效益计算范围的一致性原则、费用和效益识别的有无对比原则、动态分析与静态分析相结合（以动态分析为主）原则、基础数据确定中的稳健性原则。

(3) 财务价格是对拟建项目未来的效益与费用进行分析，应采用预测价格。

(4) 项目计算期是财务评价的重要参数，是指对项目进行经济评价应延续的年限，包括建设期和生产运营期。

(5) 新设项目法人项目财务评价编制报表主要有财务现金流量表、损益和利润分配表、资金来源与运用表、借款偿还计划表等。

(6) 既有项目法人项目财务评价的盈利能力评价指标，是按“有项目”和“无项目”对比，采用增量分析方法计算。偿债能力评价指标，一般是按“有项目”后项目的偿债能力计算，必要时也可按“有项目”后既有法人整体的偿债能力计算。

(7) 国民经济评价是按合理配置资源的原则，采用影子价格等国民经济评价参数，从国民经济的角度考察投资项目所耗费的社会资源和对社会的贡献，评价投资项目的经济合理性。

(8) 识别和划分费用与效益的基本原则是：凡项目对国民经济所做的贡献，均计为项目的效益；凡国民经济为项目所付出的代价均计为项目的费用。

(9) 进行项目的国民经济评价时，项目的主要投入物和产出物，原则上都应采用影子价格。影子价格应当根据项目的投入物和产出物对国民经济的影响，从“有无对比”的角度确定。

(10) 项目国民经济评价只进行国民经济盈利能力的分析，国民经济盈利能力的评价指标是经济内部收益率和经济净现值。

(11) 大多数情况下国民经济评价报表可以在项目财务评价的基础上进行编制调整，有些项目也可以直接编制。在财务评价基础上编制国民经济评价报表，主要工作包含费用效益范围、内容的调整或影子价格调整。

(12) 盈亏平衡点的表达方式有多种，可以用产量、产品售价、单位可变成本和年总固定成本等绝对量表示，也可以用某些相对值表示，最常用的是以产量和生产能力利用率表示的盈亏平衡点。盈亏平衡点越低，表明企业适应市场变化的能力越大，抗风险能力越强。

(13) 敏感性分析是项目经济评价中应用十分广泛的一种技术，用以考察项目涉及的各种不确定因素对项目效益的影响，找出敏感因素，估计项目效益对它们的敏感程度，粗略预测项目可能承担的风险，为进一步的风险分析打下基础。敏感性分析对项目财务评价和国民经济评价同样适用。

(14) 环境影响评价是指对项目实施后可能造成的环境影响进行分析、预测和评估，提出预防或者减轻不良环境影响的对策和措施并进行跟踪监测的方法与制度。

【习题】

一、选择题

1. 若计息周期为季度，计息周期季度利率为3%，则年名义利率为（　　）。

A. 9%　　B. 12%

C. 3%　　D. 36%

2. 设名义利率为r，一年内计息次数为m，实际利率为i，则名义利率与实际利率的关系是（　　）。

A. $i=(1+\frac{r}{m})^{m}-1$　　B，$i=(1-\frac{r}{m})^{m}-1$

C. $i=(1-\frac{r}{m})^{m}+1$　　D. $i=(1+\frac{r}{m})^{m}+1$

3. （　　）是综合反映项目计算期各年年末资产，负债和所有者权益的增减变化及对应关系的一种报表。

A. 资金来源与运用表　　B. 现金流量表

C. 利润表　　D. 资产负债表

4. 项目财务现金流量表是以项目为一独立资产，从（　　）的角度进行设置的。

A. 项目实施过程　　B. 开始融资时期

C. 项目实施后　　D. 融资前

5. 某建设项目建设投资额为5 000万元，投产前项目贷款利息总和为300万元，建成投产后维持生产所占用的全部周转资金1 000万元，年平均净收益为500万元，该项目的投资收益率为（　　）。

A. 7.9%　　B. 10%

C. 8.3%　　D. 9.4%

5. 财务评价指标中，价值性指标是（　　）

A. 财务内部收益率　　B. 投资利润率

C. 借款偿还期　　D. 财务净现值

6. 下面不属于不确定行分析的基本方法是（　　）。

A. 盈亏平衡分析　　B. 机会成本分析

C. 敏感性分析　　D. 概率分析

7. 对于敏感性因素下面说法正确的是（　　）。

A. 一个项目一般只有一个敏感性因素

B. 某不确定性因素有较小变动，而导致项目经济评价指标有较大的波动，这个因素称为敏感性因素

C. 对敏感性因素的分析目的是判别项目在国民经济评价上的可行性

D. 净现值，内部收益率通常情况下都是项目的敏感性因素

8. 财务评价的内容包括（　　）

A. 财务盈利能力分析　　B. 清偿能力分析

C. 外汇平衡能力分析　　D. 不确定性分析

E. 盈亏平衡分析

9. 下面对要项目的评价说法不正确的是（　　）

A. 财务评价的结果是投资者作出决策的唯一依据

B. 因为没有定量的指标，国民经济评价一般只能做定性的描述

C. 因为社会评价对项目本身不重要，所以一般项目都不做社会评价

D. 环境评价因其特殊性，只能等到项目结束后才能进行

E. 财务评价与国民经济评价是有区别的

10. 下面哪些可作为经济参数来进行项目国民经济评价（　　）。

A. 期望值　　B. 净现值

C. 影子价格　　D. 社会折现率

E. 内部收益率

11. 用于分析项目财务盈利能力的指标是（　　）

A. 财务内部收益率　　B. 财务净现值

C. 投资回收期　　D. 流动比率

E. 负债比率

二、问答题

1. 什么是财务评价？财务评价的内容包括哪些？其步骤是如何实施的？
2. 财务评价应遵循哪些原则？
3. 如何进行财务评价基础数据和参数的选取？
4. 财务评价中如何进行相关成本和效益的估算？
5. 新设项目法人如何进行项目财务评价？
6. 既有项目法人如何进行项目财务评价？
7. 什么是国民经济评价？如何进行费用与效益的识别？如何估算？
8. 国民经济评价中涉及哪些主要指标和报表？
9. 国民经济评价参数如何测算？
10. 如何求取盈亏平衡点？
11. 如何进行项目的敏感性分析？
12. 环境影响报告书的编制应包括哪些主要内容？

13. 某项目设计生产能力3.5万吨/年，产品单价3 500元，税费占10%，年生产成本为8 500万元，其中固定成本3 200万元，可变成本与产量成正比例关系。求以产量、生产能力利用率、销售价格、单位产品可变成本表示的盈亏平衡点。

14. 某企业引进新的生产线，初始投资为1 200万元，当年完工，次年启用，使用期10年，每年可节省330万元。若基准收益率为8%，试分析：就初始投资和费用节省变动±5%、±10%、±15%、±20%及使用年限变动±10%、±20%，对该方案的净现值作敏感性分析，画出敏感性分析图，指出最敏感因素及各因素临界点。

第四章习题参考答案

5 项目组织管理

【本章教学要点】

知识要点	掌握程度	相关知识
项目利益相关主体	掌握	项目的业主、项目客户
项目组织	掌握	项目组织的类型、适应性及其设计原则
项目团队	掌握	项目团队的生命周期及其管理原则
项目经理	掌握	概念、职责

【关键词】

项目组织　项目业主　项目客户　项目团队　项目经理

导入案例

鲁布革水电站

装机容量60万kW，多年平均发电量28.49亿kW·h的鲁布革水电站是黄泥河梯级电站的最后一级，位于云南罗平县和贵州兴义市交界处黄泥河下游的深山峡谷中。这里河流密布，水流湍急，落差较大。在1977年，水电部着手进行鲁布革水电站的建设，水电十四局开始修路，但由于资金缺乏，工程一直未能正式开工，前后拖延7年之久。1983年，水电部决定利用世界银行的贷款，总额度为1.454亿美元。根据世界银行要求，鲁布革将引入项目管理进行国际竞争性招标，在招标过程中，标底为14 958万美元，工期1 579天，日本大成公司最终以投标价8 463万元、工期1 545天中标。承包方大成公司以30人组成的项目管理班子进行管理，施工人员是我国水电十四局的500名职工。1984年11月24日，引水系统工程正式开工；1985年11月，截流；1988年7月，大成公司承担的引水系统工程全部完工；1988年年底，第一台机组发电；1990年，水电站全部竣工。最终，日本大成公司以标的价的60%、工期1 423天，保质保量地完成了水电站建设。

资料来源：https：//baike. baidu. com/item/鲁布革水电站/10975307？fr=aladdin.

项目可以是一个公司、一个政府机构、一个国际组织或专业团体，以及其他一些组织的一次性和独特性的工作，也可以是涉及许多个组织的一项一次性与独特性的活动。项目组织管理是指为了实现项目目标而进行的组织系统的设计、建立和运行。它包括建成一个可以完成项目管理任务的组织机构，建立必要的规章制度，划分并明确岗位、层次、责任和权利，通过一定岗位人员的规范化行为和信息流通，实现管理目标。由于项目本身的特性使得项目组织管理对于项目的成功而言十分重要，而项目经理作为项目组织的领导者就变得更为重要。项目实施中，那些参与项目或者是其利益会受项目成败影响的个人或组织就是项目的相关利益主体。一个项目的不同利益相关者对项目有各种不同的需求，这就要求项目管理者对这些不同的需求加以协调，统筹兼顾，以取得某种平衡，最大限度地调动项目利益相关者的积极性，减少他们的阻力和消极的影响，确保项目的成功。

5.1 项目主要利益相关主体

项目利益相关者是指与组织有一定利益关系的个人或群体，他们受组织的影响或能影响组织，其意见将作为组织决策时需要考虑的因素，包括股东、债权人、业主、承包商、供应商、政府部门等。

5.1.1 项目利益相关方的分类

（1）按影响项目的方式，项目利益相关方可分为原生项目利益相关方和衍生项目利益相关方。

①原生项目利益相关方，是指最终会受到项目影响的人或组织，包括因项目目的而受益的人或组织，或者受到项目负面影响的人或组织。

②衍生项目利益相关方，是指为原生项目利益相关方提供帮助的银行、财政部门、政府部门、商业服务提供商等。

（2）按项目组织的关系，项目利益相关方可分为内部项目利益相关方和外部项目利益相关方。

①内部项目利益相关方，是指支持和推动项目实施的机构或组织中工作的项目利益相关方。

②外部项目利益相关方，是指除内部项目利益相关方以外的其他项目利益相关方。

5.1.2 项目的主要利益相关者及其权益要求

项目的主要利益相关者及其权益要求见表 5-1。

表 5-1　项目的主要利益相关者及其权益要求

权益人	权益
股东	参与利润、附加股提供、资产清偿的分配，股票表决，检查公司账目、股票转手、董事会的选举，一些附加权利
债权人	参与投资应付利息支付和本金回报的分配；在清偿中有相对优先权，如果公司内部出现某些情况分担一定的管理和所有特权

表5-1(续)

权益人	权益
员工	经济、社会和心理满足，对公司部分职业有专断性行动的自由；共享边际利润，自由加入工会和参与机体合约，通过劳工合同提供服务的个人自由；充分的工作环境
供应商	按照合同要求提供合格的产品和服务，提供产品使用技术参数，加强沟通和联系，及时结算贷款
政府	税收、公平竞争、坚持对待“公平和自由”竞争的公共政策的严谨性
工会	参与管理、维护员工的利益，提供经营信息
竞争者	由社会和行业确定竞争行为的准则、现代的商业治理才能
当地社区	在当地社区中雇用有用的和健康的人、对当地政府的支持、对文化和慈善项目的支持
一般群众	作为一个整体参与和促进社会的进步；在政府和商业部门间进行沟通，增加相互了解，承担政府和社会一定比例的负担；促进产品的公平价格的形成和技术的提高

5.1.3 项目关键利益相关方

在众多的项目利益相关方中，项目的发起人或投资人有权决定项目是否启动并持续进行，所以，在项目的全过程中，项目的发起人既是项目的主要决策方，也是项目目标的制定者，与项目之间利害关系的紧密程度也高于其他利益相关方。此外，在项目进行的全过程中，他们需要与项目各利益方就项目的进展保持必要的沟通，防止组织目标的变化与项目目标的冲突，同时还要检查和督促项目经理实现项目目标的情况，并帮助其解决自身无法克服的困难。

业主是项目投资的主体，除业主之外的勘察、设计、监理、承包商、供应商等项目利益相关方对其实施的项目相关部分或相关阶段的特定工作产生重要影响。其工作效率和成果质量也将直接影响整个项目的管理成效，因此，也是关键的利益相关方。一个项目成功与否，取决于这些关键的项目利益相关方各方的总体项目管理成效的高低。项目主要利益相关方如图 5-1 所示。

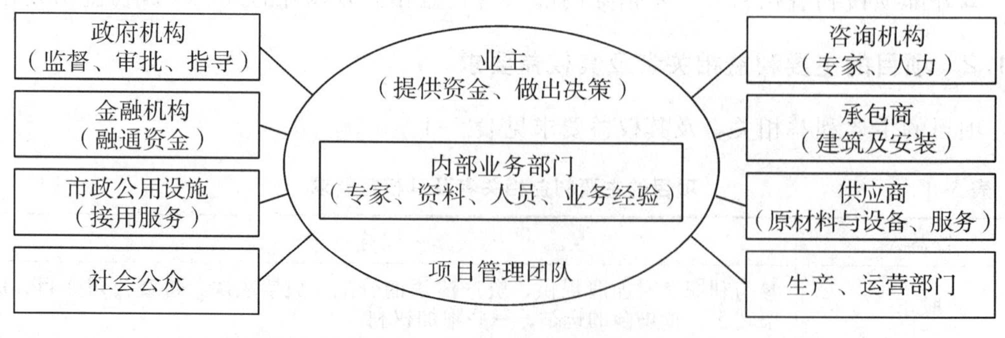

图 5-1　项目主要利益相关方

（1）项目的投资者。

项目的投资者是指通过直接投资、认购股票等各种方式向项目经营者提供资金的单位或个人。他们只关心项目能否成功、能否盈利、收回本利的时间等。所以，他们的主要责任在投资决策上，管理重点在项目的启动阶段。他们采取的主要手段是项目的评估，但投资者要真正取得预期的投资收益仍需要对项目的整个生命周期进行全过程的监控和管理。投资者可以是政府、社会组织、个人、银行财团等。

（2）项目的业主（项目法人）。

项目业主是指项目最终成果的接受者和经营者。项目的法人是指对建设项目策划、资金筹措、建设实施、生产经营、债务偿还和资产保值增值全过程负责的企事业单位或者其他经济组织。

（3）项目的客户。

项目的客户是项目交付成果的使用者，包括个人或组织。任何一个项目都是为项目客户服务的，而不同的客户有不同的利益，所以在项目管理中必须认真考虑项目客户的需要、期望和要求，准确理解客户的业务，区分不同客户的需求，并在不同需求之间求得平衡与折中。协调项目客户的需求是一项艰难的工作，但必须做好，因为实际上，项目的成功和失败就是用是否满足客户需求来定义的。项目经理有责任把自己与客户的关系转变成一种契约的形式，这将明确双方应各自履行的任务和职责。通常，这不是一个由各方签署的正式的契约，而是一个非正式的协议。

（4）项目经理。

项目经理是负责管理整个项目的人。项目经理既是一个项目的领导者、组织者、管理者和项目管理决策的制定者，也是项目重大决策的执行者。一个项目经理需要领导和组织好自己的项目团队，需要做好项目的计划、实施和控制等一系列的项目管理工作，而且还需要制定各种的决策。但是在有关项目工期、质量和成本等方面的重大决策上，项目经理就需要听命于项目业主或客户或项目最主要的相关利益者。项目经理对于一个项目的成败是至关重要的，所以他必须具有很高的管理技能和较高的素质，他必须能够积极与他人合作并能够激励和影响他人的行为，为实现项目的目标与要求服务。

（5）项目的咨询方。

项目咨询方包括设计公司、监理公司、项目管理公司以及其他为业主或者项目法人提供技术和管理服务的公司企业。设计公司与业主签订设计合同，并完成相应的设计任务，交付设计成果；监理公司与业主签订监理合同，为业主提供监理服务，最大限度地避免不当行为的发生，减少不良后果，实现投资效益的最大化；项目管理公司与业主签订的是项目管理合同，提供项目管理服务。

（6）政府机构。

项目所在地的地方政府机构主要是指政府的规划管理部门、计划管理部门、建设管理部门、环境管理部门等。这些部门分别对项目立项、项目质量、项目对环境造成的影响等进行监督和管理。政府注重的是项目所带来的社会效益、环境效益，希望通过项目促进地区经济的繁荣和社会的可持续发展、解决就业和其他社会问题、增加地方财力、改善社会形象等。

（7）项目其他相关利益主体。

除了上述各种项目相关利益主体之外，项目还会有像供应商、贷款银行、政府主管部门等相关利益主体。项目涉及市民、社区、公共社团等方面的相关利益主体。他们的需要、期望、要求和行为都会对项目的成败产生影响，都需要在项目管理中给予足够的重视。一些关键的利益共享者，可能会对项目施加非常大的影响。项目或项目中的某些活动影响到这些人的利益时，他们会采取积极、中立或消极的态度来对待项目。项目管理者应列出在项目实施中对项目的目标、工作内容或进展有影响的、除了项目小组成员之外的所有人，分析和了解他们的立场，并对他们加以管理。

5.1.4 项目相关利益主体之间的关系

项目相关利益主体之间的关系既有相互一致的一面，也有相互冲突的一面。项目相关利益主体的要求和期望有时是不统一的，这就造成了项目相关利益主体会有一些不同的目标，有时这些目标还会发生相互冲突。例如：委托开发管理信息系统的企业部门，作为项目的业主会要求在系统技术性能得到保障的基础上，系统的开发成本越低越好，但是承包系统开发的管理信息系统集成公司的要求和期望是在保证技术性能的基础上能够获得最大的业务利润，即项目的造价（开发费用）越高越好。一个房地产开发项目的业主看重的可能是项目的按时交工，而当地政府看重的是项目带来的税收和就业的增加，可是环保组织者期望的是最小的环境影响，而周围的住户可能希望干脆另找地点建造该项目，从而不使自己受到打扰。通常，项目相关利益主体之间的关系有下列几种：

（1）项目业主与项目实施组织之间的利益关系。

项目业主与项目实施组织之间利益关系的一致性是形成项目业主与实施组织之间的合作关系的基础。它最终使项目业主与项目实施组织形成了一种委托与受托，或者委托与代理的关系；而因为双方都有各自独立的利益、期望和目标，二者的利益关系必然具有冲突性。项目业主与项目实施组织之间的利益关系是否一致在很大程度上决定了一个项目的成败。项目业主与项目实施组织需要按照互惠、互利的原则，通过友好协商的方法，运用委托代理合同的方式进行管理，以保障双方的利益和调整双方的利益关系。

（2）项目业主与项目其他相关利益主体之间的利益关系。

项目业主与项目其他相关利益主体之间同样存在着利益一致的一面和利益冲突的一面。通常，项目业主与项目其他相关利益主体之间利益一致的一面使得项目得以成立，而利益冲突的一面使得项目出现问题或失败。因此，对于这些可能发生的项目业主与项目其他相关利益主体之间的利益冲突，项目的管理者必须在项目管理中予以充分的重视，设法做好事前的预测和控制，努力合理地协调这些利益关系和解决这些利益冲突，以保障项目的成功。

（3）项目实施组织与项目其他相关利益主体之间的利益关系。

项目实施组织与项目其他相关利益主体也会发生各种利益关系，也包括利益一致和利益冲突两个方面。虽然项目实施组织与项目其他相关利益主体的利益关系没有项目业主与项目其他相关利益主体之间的利益关系那么直接和紧密，但是同样也会有许多利益冲突的地方，也存在着利益冲突会导致项目失败的危险，同样也需要项目管理者采取各种方法进行合理的协调，努力地消除利益冲突，从而使项目获得成功。

现代项目管理的实践证明，不同项目相关利益主体之间的利益冲突和目标差异可以通过采用合作伙伴式管理和其他解决方案予以解决。

5.1.5 对项目主要利益主体的管理

对项目主要利益主体的管理，贯穿整个项目生命历程。从项目的定义阶段开始，项目经理就要充分了解项目相关利益主体各方面的要求和期望，就应该充分考虑项目全部相关利益主体的利益关系；而在项目的计划阶段，项目经理要合理安排和照顾好项目各方面利益相关主体的利益，协调好项目相关利益主体们在项目目标方面的冲突和差异；同时在项目的实施阶段，项目经理要努力维护好项目各相关利益主体的不同利益，设法达到甚至超过各方面的需要和期望，从而最终成功地完成整个项目。

对项目主要利益主体的管理，应重点关注关键利益主体。项目经理应收集项目利益共享者的信息，分清他们与项目的关系，确认哪些是对项目至关重要的关键利益共享者、哪些是提供资源或解决争议的决策者、哪些是直接影响者、哪些是间接影响者、哪些是观察者，理解他们的需要，才能有针对性地实施管理。

收集每位利益共享者的信息是不现实的，但对项目决策者和有直接影响的关键利益共享者，是必须给予特别关注的。项目经理和项目成员可初步确定项目重要干系人并设身处地地思考他们的兴趣、需要，他们对项目的影响力、组织权以及可为项目提供的经验、知识和特殊的技能，他们因项目可能遇到收益、损失、妨碍、影响以及任何你可以想到的与项目有关的其他问题；运用所得到的信息加以适度证实，确认最重要的利益共享者并与他们建立联系，持续在项目的过程中定期或不定期地告知利益共享者感兴趣的项目信息，向他们解释参与的重要性，以调动他们参与项目的积极性，把消极和中立的利益共享者转变为积极、热心的利益共享者，从而帮助项目的实施。

客户和项目业主是两个最重要的利益共享者，因此必须与他们建立良好的工作关系。一位能发挥作用的项目业主可以通过下列行为为项目提供重大帮助：

①对需要高层管理者决策的问题做出迅速反应；

②保持组织中项目经理执行层面决策的优先权；

③保持项目的方向，以避免项目范围扩大；

④保证项目在实施过程中始终集中考虑组织的战略需求；

⑤与客户建立协作关系；

⑥使项目组织按时为项目提供项目需要的资源和服务。

另外，实现客户的期望、让客户满意是项目的工作目标。但客户的满意有一部分是建立在对项目小组工作的了解之上的。并且也只有充分了解客户的需求才能开发出令客户满意的项目。这些只有通过双方良好的沟通与协作才能达到。

5.2 项目组织

组织是一切管理活动取得成功的基础，包括与它要做的事相关的人、资源及其相互关系。“组织”一词含义较广，它既是一个名词又是一个动词。当组织被用作名词时，组织是由人员、职位、职责、关系、信息等组织结构要素构成的一个实体概念。当组织被用作动词时，更为确切的表达就是“组织工作”。本节主要讨论作为名词的项目组织，即为了完成某个特定的项目任务而由不同部门、不同专业的人员组成的一个特别的工作组织。

项目组织与其他组织一样，要有好的领导、章程、沟通机制、人员配备、激励机制，以及好的组织文化等。同时，项目组织也有与其他组织不同的特点：为实现项目的目标，项目组织和项目一样有其生命周期，经历建立、发展和解散的过程；项目组织根据项目的任务不断地更替和变化，它因事设人，及时调整，甚至撤销；项目组织的利益相关者通过合同、协议、法规以及其他各种社会关系结合起来，他们之间的联系是有条件的，松散的；项目组织不像其他组织那样有明晰的组织边界，项目利益相关者及其个别成员在某些事务中属于某项目组织，在其他事务中可能又属于其他组织。总之，项目组织与传统的组织相比最大的特点是其有机动灵活的组织形式和用人机制，更强调项目负责人的作用，强调团队的协作精神，其组织形式具有更大的灵活性和柔性。

5.2.1 项目组织的类型

组织结构是组织内部结构要素相互作用的方式或形式，是组织内的构成部分所规定的关系的形式。任何一个组织都是在特定的组织结构中运行，受到该组织结构（项目实施组织结构、体制、政策、文化等）影响。组织结构对项目的影响主要表现在项目经理与职能部门经理之间的权力划分，以及资源的分配与获取，因此，项目管理的组织环境实质上决定了项目管理团队获取所需资源的可能方法与相应的权利。因此，存在许多不同的项目实施组织结构的类型。一般来说，项目的组织结构有三大类型：项目式管理组织结构、职能式管理组织结构以及矩阵式管理组织结构。

（1）项目式管理组织结构。

项目式管理组织结构又称线性组织结构。它适用于一种专门为开展一次性和独特性的项目任务而建立的组织。其形式是按任务来划归所有资源，即系统中的部门全部是按项目进行设置的，每一项目部门均有项目经理，负责整个项目的实施。系统中的成员或调用或招聘，以项目进行分配和组合，接受项目经理的领导。在这个组织中，项目经理是专职的，具有很高的权威性，对项目的总体负全责。在项目式管理组织结构中，每个项目组之间相对独立，为不同的项目提供支持服务。项目式管理组织结构如图 5-2 所示。

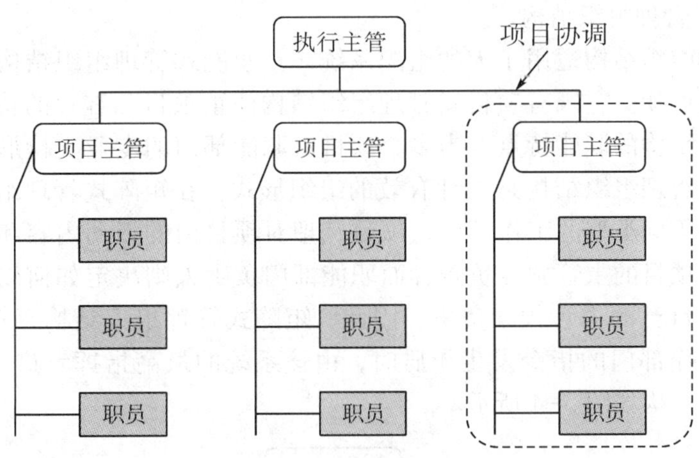

图 5-2 项目式管理组织结构示意图

项目式管理组织结构的设置避免了多头领导的现象，有利于项目的进度、成本、质量等方面的控制与协调，同时为项目组人员之间的相互交流学习创造了良好的环境。但是，因为项目的一次性特点，项目组织随着项目的产生而建立、结束而解体，也使得因项目需要而重复设立机构，造成资源的闲置。

（2）职能式管理组织结构。

职能式管理组织结构适用于日常运营型企业。它是按照专业职能以及工作的相似性来设定、划分内部职能部门。组织在进行项目管理工作时，由各职能部门根据需要分别承担本职能范围内的工作，必要时可从专业相近的职能部门内派遣人员参加项目管理工作。如供应部门负责原材料的采购与供应，销售部门负责产品或项目的营销，财务部门负责财务管理等。但是，这种组织结构界限并不明确，存在着多重领导，使得协调难度大、组织成员责任淡化。职能式管理组织结构如图 5-3 所示。

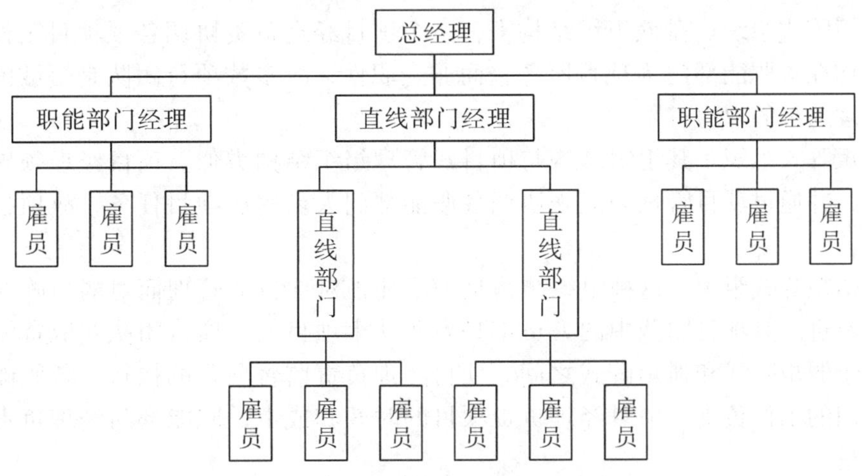

图 5-3 职能式管理组织结构示意图

（3）矩阵式管理组织结构。

矩阵式管理组织结构适用于大的组织系统，是职能式管理组织结构和项目式管理组织结构结合的产物。它既有项目式管理组织结构注重项目和客户的特点，也保留了职能式管理组织结构的职能特点。当多个项目对职能部门的专业支持形成广泛的共性需求时，矩阵式管理组织结构是一种有效的组织形式。在矩阵式管理组织结构中，设横向和纵向两种不同类型的工作部门，项目经理对项目内的活动内容和时间安排行使权力，并直接对项目的主管领导负责，而职能部门负责人则决定如何以专业资源支持各个项目，并对自己的主管领导负责，因此，矩阵式管理组织结构存在两个指令源。当纵向和横向工作部门的指令发生矛盾时，由该系统的最高指挥者进行协调和决策。矩阵型项目组织结构如图 5-4 所示。

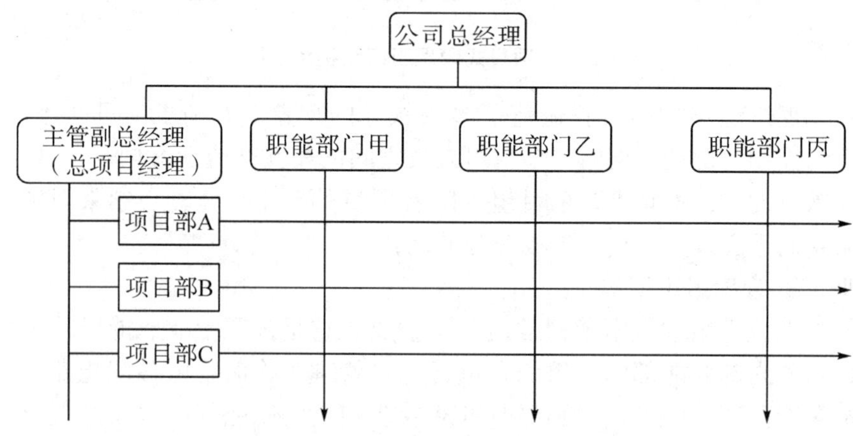

图 5-4　矩阵式管理组织结构示意图

矩阵式管理组织结构按照其中的职能式组织和项目式组织集成程度的不同，又可以分为弱矩阵式、均衡矩阵式和强矩阵式三种形式。

①弱矩阵式组织。在该组织结构下，一个项目经理负责协调各项项目工作，但因项目成员均在各职能部门为项目服务，而非全职性，故多数项目团队是松散的，项目经理和管理人员的权力有限。

②强矩阵式组织。其组织结构与项目式管理组织结构类似。项目经理领导项目内一切人员，并通过项目管理职能来协调各职能部门人员完成项目任务，故项目团队的权力较强。

③均衡矩阵式组织。这种组织结构是为了加强对项目的管理而对弱矩阵式项目组织形式的改进。其项目团队中的人员都是专职从事项目的，项目团队获取资源的权力的大小介于弱矩阵式和强矩阵式之间。项目经理负责监督项目的执行，各职能部门经理对本部门的工作负责。项目经理负责项目的时间和成本，职能部门经理负责项目的界定和质量。

与项目式管理组织结构和职能式管理组织结构相比，矩阵式管理组织结构能更好地利用组织资源，明确职责分工，进行项目部门与职能部门的沟通，提高资源利用的有效性，保证各个项目都能满足进度、费用、质量等要求；但存在两个指令源，易出现项目管理困难、双重指挥的混乱现象。

一般来说，职能式管理组织结构适用于规模较小、以技术为重点的项目，而不适用于时间限制性强或要求对变化做出快速响应的项目。对于规模大、工期要求紧、技术复杂、重要程度高的项目，一般采用项目式管理组织结构。如果一个组织中包括许多相似的项目，需要多个职能部门的资源但又不需要技术人员全职为项目工作，矩阵式管理组织结构是较好的选择。

5.2.2 三种组织结构的选择与比较

三种组织结构的比较见表 5-2。

表 5-2　　三种组织结构的对比

<table>
<tr><th colspan="2">结构形式 / 项目</th><th>职能式管理组织</th><th>矩阵式管理组织</th><th>项目式管理组织</th></tr>
<tr><td colspan="2">主要特征</td><td>项目工作分解并交各职能部门完成，项目管理团队没有专职人员和明确的组织界限</td><td>项目团队接受项目经理领导，同时接受各职能部门的专业指导</td><td>项目组织设置于职能部门外，项目团队独立负责实施项目主要工作</td></tr>
<tr><td colspan="2">优点</td><td>资源集中，专业化程度高，专业人员可同时参与多个项目的管理、资源占用与浪费少</td><td>资源利用率高，团队的工作目标与任务明确</td><td>管理层次简单，决策迅速，团队成员目标一致，内部沟通便捷</td></tr>
<tr><td colspan="2">缺点</td><td>跨部门沟通协调困难，不利于调动项目人员积极性</td><td>一定程度上接受多头领导，权力平衡有困难</td><td>资源重复配置，信息闭塞，管控水平取决于个人能力</td></tr>
<tr><td rowspan="3">团队人员情况</td><td>项目经理权限</td><td>很少甚至没有</td><td>有限</td><td>较大甚至全权</td></tr>
<tr><td>项目经理角色</td><td>兼职</td><td>兼职或全职</td><td>全职</td></tr>
<tr><td>其他人力资源独占性</td><td>很低</td><td>部分</td><td>绝大部分甚至全部</td></tr>
<tr><td colspan="2">主要适用项目</td><td>专业性强、项目规模小，实施期短，运行有规律</td><td>同期执行多个专业类似项目，项目规模中等，技术不复杂</td><td>项目规模大、周期长、技术复杂</td></tr>
</table>

在选择项目适用的组织形式时，需要考虑以下影响因素：

（1）项目的优先级。一些特定项目对于组织来说有着重要的战略意义，其优先级别比较高，需要较高的项目自由度，在组织结构选择上，更适用于项目式管理组织结构。

（2）项目的创新性。创新性项目在实施的过程中可能遇到的风险较大，需要更多的项目自主决策权。因而，其更倾向于采取项目式管理组织结构。

（3）项目的集成度。若项目需要组织内多个部门的共同努力才能完成，由于涉及的部门比较多，组织界面关系复杂，需要更多地采用集成管理的方式。对集成管理的强烈需求使项目更倾向于采用项目式管理组织结构。

（4）项目所处的环境。若项目面临着复杂的外部环境，需要更多地基于项目问题进行决策，在这种情况下，更倾向于采用项目式管理组织结构。

5.3 项目团队

为了完成某个项目，需要把各种技能的人组织起来，并要求大家关注同样的目标，密切配合、协同工作。这便形成了项目团队。现代项目管理十分强调项目团队的组织建设和按照团队作业的方式去开展项目工作，项目团队的优劣很大程度决定着项目的成败。因此，为项目组建一个优秀的团队，并在项目实施中不断建设、发展之，是项目成功的有力保障。

5.3.1 项目团队的定义

团队不同于一般的群体或组织，是为了达到某一确定目标，由分工与合作及不同层次的权力和责任构成的人群。团队是相对部门或小组而言的。部门和小组的一个共同特点是：存在明确内部分工的同时，缺乏成员之间的紧密协作。团队则不同，队员之间没有明确的分工，彼此之间的工作内容交叉程度高，相互间的协作性强。团队在组织中的出现，根本上是组织适应快速变化环境要求的结果，“团队是高效组织应付环境变化的最好方法之一”。

项目团队，就是为适应项目的实施及有效协作而建立的团队。项目团队的具体职责、组织结构、人员构成和人数配备等方面因项目性质、复杂程度、规模大小和持续时间长短而异。简单地把一组人员调集在一个项目中一起工作，并不一定能形成团队，就像公共汽车上的一群人不能称为团队一样。项目团队不仅仅是指被分配到某个项目中工作的一组人员，它更是指一组互相联系的人员同心协力地进行工作，以实现项目目标，满足客户需求。而要使人员发展成一个有效协作的团队，一方面需要项目经理做出努力，另一方面也需要项目团队中每位成员积极地投入团队中。一个有效率的团队不一定能决定项目的成功，而一个效率低下的团队，则注定要使项目失败。

5.3.2 项目团队的特性

一般认为，项目团队主要具有如下几个方面的特性：

（1）项目团队的目的性。

项目团队这种组织的使命就是完成某项特定的任务，实现某个特定项目的既定目标，因此这种组织具有很高的目的性。如项目管理团队为完成项目的目标，受到成本、质量、进度、安全等多个具体目标的约束。

（2）项目团队的临时性。

项目团队有着明确的项目生命周期，它随着项目的开始而产生，项目的完成而解散。如果项目中止，项目团队的使命也会中止，此时项目团队或是解散，或是暂停工作。如果中止的项目获得解冻或重新开始，项目团队也会重新开展工作。

(3) 项目经理是团队的领导。

项目团队是按照团队作业的模式开展项目工作的，团队性的作业是一种完全不同于一般运营组织中的部门、机构的特殊作业模式，这种作业模式强调团队精神与团队合作。项目经理是项目团队的组建者、领导、核心，决定了项目团队的气质。

(4) 团队成员组成的多样性。

项目管理是一个综合性非常强的项目，需要不同专业知识的专业人才共同来完成，所以项目团队由各个专业、各个年龄段、各种经历与文化素质的成员组成。

(5) 项目团队成员的渐进性和灵活性。

项目团队的渐进性是指项目团队在初期一般是由较少成员构成的，随着项目的进展和任务的展开，项目团队会不断地扩大。项目团队的灵活性是指项目团队人员的多少和具体人选也会随着项目的发展与变化而不断调整。这些特性也是与一般运营管理组织完全不同的。

5.3.3 项目团队的建设

要成功组建项目团队，项目经理首先必须拥有一定的人事管理权，能直接参与项目成员的选择，决定其去留，决定其在项目中的角色。所有项目成员的工作必须直接向其汇报等。项目经理拥有人事管理权，便可为项目选择最合适的成员，并为这些成员分配适宜的角色，使他们各得其所，发挥出较高工作水平。

在项目中，项目经理常会和一些不太了解的人一起工作。这些人性格特点、知识技能和兴趣偏好各不相同，在一起不一定能很好地合作。正如将全世界最出色的足球明星组合成一个足球队，并不一定就是全世界最棒的球队一样。一个优秀的足球队不仅要有能够与各关键位置匹配的球员，还要求球员能够配合默契。为了选择最合适的成员，项目经理必须努力去了解项目团队成员的技能、知识和兴趣，把个人的偏好与角色要求匹配，恰当地运用每个成员的才能，使其各得其所。如此，团队成员才能相互促进和协作，项目团队才能顺利开展工作。

找到了优秀的项目人员，并将他们组织起来后，项目经理需要不断地对项目成员构成的小组进行调适，建立起广泛的信任基础，并促进真正的合作，才能真正形成项目团队。项目团队的建设要以形成以下五种特点为目标：

(1) 明确而共同的目标。

每个组织都有自己的目标，项目团队更不例外。为使项目团队的工作有效，项目的经理不但要清楚项目目标，而且要通过各种途径向团队成员宣传项目目标。这是因为项目里的每个成员要扮演多种角色、做多种工作，还要完成多项任务，因此需要项目成员明确目标、成员之间建立良好的关系。共同的目标是项目团队存在的基石，它包容了个人憧憬与个人目标，体现了个人的意志与利益，并产生了足够的吸引力，引发并保持团队成员的激情。只有项目团队的每个成员都明确了项目目标并形成了共同目标，才能为项目目标的实现提供人员的保证。

（2）合理的分工与协作。

项目团队中每个人的行动都会影响到其他人的工作，因此团队成员都需要了解为实现项目目标而必须做的工作及其相互间的关系，以便在以后项目执行过程中减少各种误解。项目经理和管理人员在团队组建期初应使每位成员了解自己的角色与职责，明确成员之间的关系，使每个团队成员不仅知道自己的职责，还能了解其他成员的职责，以及如何有机地构成一个整体。

（3）有效的沟通。

高效的项目团队还需具有高效沟通的能力，拥有全方位的、各种各样的、正式的和非正式的信息沟通渠道，能保证沟通直接、高效、层次少，实现信息和情感上的沟通，形成开放、坦诚的沟通气氛。畅通的沟通渠道，能确保信息畅通，使整个活动始终处于有效的控制状态，保证项目人员能在最快的时间内做出正确的判断和决策。

（4）有效的激励与约束。

激励不足会使项目团队成员对项目目标的追求力度不够，对项目工作不够投入。要解决这一问题，项目经理和管理人员需要积极采取各种激励措施，包括目标激励、工作挑战性激励、薪酬激励、个人职业生涯激励等措施。项目经理和项目管理人员应该知道每个团队成员的激励因素，并创造出一个充分激励机制和环境。此外，项目经理应在项目开始时制定并向所有团队成员充分传达基本的管理规章制度，用以约束团队成员的不良与错误行为。例如，对不积极努力工作、效率低下、制造矛盾、挑起冲突、诽谤贬低别人等行为都需要采取措施进行约束和惩处。有效的激励与约束是项目团队的工作绩效能够不断提高的保证。

（5）高度的凝聚力与向心力。

凝聚力是指维持项目团队运转的所有成员之间的吸引力。它能使团队成员积极热情地为项目成功付出必要的时间和努力。团队成员的吸引力越强，成员遵循规范的可能性就越大。一个成功的团队需要有素质过硬的项目经理代表团队的方向与大局。当项目团队面临不同方案时，项目经理能够鼓励、支持项目成员，接受不同的见解，珍视和理解差异，进行开放性的沟通并积极地倾听，分析并确认最好的解决方案；

5.3.4 项目团队的发展

一个项目团队从开始到终止，是一个不断成长和变化的过程。每个团队都会经历团队建设的五个阶段。1965 年，布鲁斯·塔克曼（Bruce Tuckman）提出团队成长四阶段理论，即形成、震荡、规范、成熟。1977 年，塔克曼与玛丽·詹森（Mary Jensen）一起，将“解散”作为第五个阶段。不同的阶段，项目成员的工作任务及团队间的人际关系有很大的差别，项目经理应采用不同的领导策略加以适应。项目团队生命周期示意图如图 5-5 所示。

（1）形成阶段。

当团队成员第一次碰面，形成阶段就开始了。在初次会面中，大家相互相识，相互交流各自的背景、兴趣和经验，形成了对彼此的第一印象。团队成员从不太清楚项目是干什么的和自己应该做些什么，到开始了解团队即将着手的工作，讨论项目的目

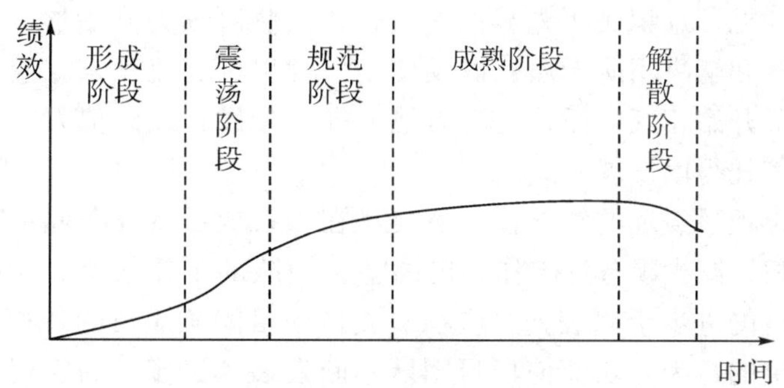

图 5-5 项目团队生命周期示意图

标并开始思考各自在项目中的角色。这一时期，他们未正式开始项目工作，正相互感知，寻找合作的方式。团队成员们既兴奋又焦虑。在这一阶段，团队成员有一种主人翁感，他们从项目经理处寻找或相互了解，谨慎地研究和学习适宜的举止行为，以期找到属于自己的角色。

在这一阶段，每个成员都试图了解项目目标和他们在团队中的合适角色。项目经理在这个阶段的领导任务是要让成员了解并认识团队有关的基本情况，明确每个人的任务，为自己找到一个有用的角色，培养成员对项目团队的归属感，激发其责任感，努力建立项目团队与项目组织外部的联系与协调关系。当团队成员感到他们已属于项目并且有了自己是团队不可缺少的一部分的意识时，他们就会承担起团队的任务，并确定自己在完成这一任务中的参与程度。当解决了定位问题后，团队成员就不会感到茫然而不知所措，从而有助于其他各种关系的建立。

（2）震荡阶段。

当团队开始一起工作，他们就进入了震荡阶段，即磨合阶段。震荡阶段是团队从形成到规范阶段的过渡过程。这一阶段包括成员与成员之间的磨合，成员与内外环境之间的磨合，团队与其所在组织、上级和客户之间的磨合三个方面。队员们开始执行分配到的任务，但现实可能与当初的期望发生了较大的偏离，主要表现在成员对具体任务的熟悉和专业技术的掌握与运用情况，成员对团队管理与工作制度的适应与接受程度等方面，团队的冲突和不和谐便成为该阶段的一个显著特点。在这个阶段，团队成员为了地位，为了让自己的意见得到采纳而互相竞争。成员之间由于立场、观念、方法、行为等方面的差异而产生各种冲突，人际关系陷入紧张局面。在震荡阶段，团队领导需要熟练地推动团队进步，确保团队成员在团队领导的带领下，学会倾听并尊重差异和不同的想法，学会如何共同解决问题，独立地与团队一起发挥作用，并在团队中找到自己的角色和应担负的责任。

（3）规范阶段。

经历了震荡阶段的考验，项目团队确立了成员之间、成员与项目经理之间、团队与外部环境之间的良好关系，团队成员大量地交流信息、观点和感情，团队成员有了明确的工作方法、规范的行为模式，开始作为整体高效地工作。在这一阶段，团队成员不再专注于个人目标，而是专注于建立一种合作的方式，队员的不满情绪不断减少，他们尊重彼此的意见，意识到了差异的重要性，团队凝聚力开始形成。他们在如何一起工作，分享信息和解决团队矛盾，以及使用何种工具和流程来完成工作方面都达成了一致。团队成员开始相互信任，主动为他人提供帮助，或向他人需求帮助，合作意识增强，团队的信任得以发展。

在这一阶段，项目经理的领导任务主要是在项目成员及任务间进行适当的资源配置，通过适当授权，减少事务性工作，提高整个团队的工作效率。项目经理应该对项目团队成员所取得的进步予以表扬，应积极支持项目团队成员的各种建议，努力地规范团队和团队成员的行为，从而使项目团队不断发展和进步，为实现项目的目标和完成项目团队的使命而努力工作。

（4）成熟阶段。

在成熟阶段，团队以高水准运行。其重心在于作为一个整体来实现目标，团队成员相互了解、相互信任、相互依靠。在该阶段，团队获得满足感，个体成员会意识到为项目工作的结果是他们正获得职业上的发展。相互的理解、高效的沟通、密切的配合、充分的授权，这些宽松的环境加上队员们的工作激情使得这一阶段容易取得较大成绩，实现项目的创新。团队精神和集体的合力在这一阶段得到了充分的体现，每位队员在这一阶段的工作和学习中都取得了长足的进步和巨大的发展，这是一个“1+1>2”的阶段。

在这一阶段，项目经理的领导任务包括两个方面：一是充分授权和分派工作，二是集中精力管理好项目的预算、控制好项目的进度计划和项目的各种变更。项目经理在这一阶段应该进一步积极放权，放手让成员自主完成项目任务，通过有效的监督控制、尊重和信任来激发成员，通过与团队一起庆祝里程碑的完成，持续培养团队的友情。

（5）解散阶段。

解散阶段，即项目走向终点，团队成员也开始转向不同的方向，团队成员开始躁动不安，团队开始涣散。在这一阶段，项目经理的主要任务是收拢人心，稳住队伍，适度调整工作方式，向团队成员明确还有哪些工作需要做完，否则项目就不能圆满完成，目标就不能成功实现。项目经理只有根据项目团队成员在这一阶段的具体情况不断调整领导艺术、工作方式，充分利用项目团队凝聚力和团队成员的集体感和荣誉感，团队才能完成最后的各项具体项目任务。

5.4 项目经理

项目的成功完成除了需要优良的设备、先进的技术之外，更重要的是人的因素。项目经理作为项目管理的基石，他的管理、组织、协调能力，他的知识素质、经验水平和领导艺术，甚至是个人性情都对项目管理的成败有着决定性的影响。

项目经理是项目承担单位的法定代表在该项目上的全权委托代理人，是负责项目组织、计划及实施过程，处理有关内外关系，保证项目目标实现的项目负责人，是项目的直接领导与组织者。项目经理不同于部门经理和公司总经理，项目经理是项目的直接管理者，对项目的计划、组织、实施负全责，对项目目标的实现负全责，其权限由公司最高层决定。部门经理仅对项目涉及部门的工作施加影响；公司总经理通过对项目经理的选拔、考核等来间接管理一个项目。

5.4.1 项目经理的职责

项目管理的主要责任由项目经理承担，项目经理的根本职责是确保项目的全部工作在项目预算的范围内，按时、优质地完成，从而使项目业主或客户满意。为此，项目经理需要履行以下工作职责：

(1) 计划。

项目经理接受任务后，首先要对项目进行工作结构分解，对分解出来的每一个工作单元或工作包要明确相关指标与内容，明确它们之间的相互逻辑关系，确定关键的项目成果与里程碑事件；然后对项目的投资者、运作者、客户、可能影响的群体与个体等进行分析，识别项目关键人员，确定项目团队成员，分配成员相应工作任务；最后通过与客户、团队成员进行充分沟通，共同制订实现项目目标的计划，并建立项目管理信息系统，以便将项目的实际进程与计划进行比较。

(2) 组织。

组织职能的履行主要是为项目获取适合的资源，将项目任务分解授权给项目内部成员或项目团队外部承包商，以在给定预算和时间进度计划下完成项目任务。组织职能还有一个更重要的内容是营造一种高绩效的工作环境。

(3) 控制

项目工作正式开始，管理的计划、执行、检查、调整与处理的过程要贯穿在每一项工作中。首先，项目经理应对项目团队中所有成员进行工作任务分工，提出具体的工作要求，并对团队成员的工作方法进行一定的指导。当团队成员出现工作分歧与矛盾时，或与合作方有了一定的利害关系时，项目经理应及时察觉，进行调整解决。其次，项目经理应进行合理的分工和适度的授权，并建立畅通有效的信息渠道，预测可能出现的问题，对出现的问题及时解决，提前采取防范措施。最后，项目经理为保证项目在进度、质量、费用三方面实现预期目标，需要对组织安排、项目进度、人员配置、经费投入等方面进行必要的调整。对项目实施全过程进行控制，是项目成功的有力保障。

5.4.2 项目经理的能力素质要求

项目的复杂性和多样性要求项目经理具备各方面的能力和较高综合素质。

(1) 项目经理的能力要求。

项目经理在项目实施过程中须能根据具体情况做出正确的判断，提出正确的解决方案，做出正确的决策，合理地安排与解决问题。项目经理的能力要求包括以下几个方面：

①号召力。项目经理需具备调动项目组成员以及客户、供应商、职能经理、公职

人员等的工作积极性的能力。人是社会上的人，每个人都有自己的个性，而一般情况下，项目成员来自企业内部各个部门，因此每个成员的素质、能力和思想境界均或多或少存在不同之处。每个成员到项目部上班也都带有不同的目的，因此，每个成员的工作积极性会有所不同。项目经理应具备足够的号召力，才能激发各种成员的工作积极性。

②影响力。项目经理除了要拥有一定的特殊知识，能正确地发布命令之外，还需要适当引导项目组成员的个人后期工作任务，授权他人自由使用资金，增加员工的工资等。

③交流能力。项目经理只有具备足够的交流能力才能与下属、上级进行平等的交流。特别是和下属的交流尤为重要。一个项目经理如果没有对下属职工的意见进行足够的分析、理解，那这种管理必然是强权管理，也必将引起下属职工的不满。

④分析问题的能力。项目经理面临着一个开放的、不确定的工作环境，领导着一批各种各样的、临时性项目组织的团队成员和十分有限的时间与资源，所以要实现项目目标，他就必须具备发现问题和分析问题的能力，能从复杂多变的情况中发现问题，分析和找出问题的实质与问题的原因。

⑤解决问题的能力。项目经理这一职务从根本上说就是为解决项目的各种问题而设立的。面对项目层出不穷的问题，项目经理必须具备解决问题的能力。

⑥制定决策的能力。项目经理必须具备在复杂的情况下迅速收集、加工、处理信息，根据各种信息制订可行方案，能够运用自己的经验和判断，在信息不完备的情况下做出正确决策，选择出最佳或满意的行动方案的能力。

⑦灵活应变的能力。面对项目无数的可变因素，项目经理必须具有灵活应变的能力，能灵活地运用各种方法去适应变化的环境。

（2）项目经理的管理技能。

管理技能要求项目经理把项目作为一个整体来看待，认识到项目各部分之间的相互联系和制约以及单个项目与母体组织之间的关系。只有对总体环境和整个项目有清楚的认识，项目经理才能制定出合理的计划。其具体包括以下几方面：

①计划。计划是为了实现项目的既定目标，对未来项目实施过程进行规划和安排的活动。计划作为项目管理的一项职能，贯穿于整个项目的全过程。项目经理要对整个项目进行统一管理，就必须制订出切实可行的计划或者对整个项目的计划做到心中有数，让各项工作方能有条不紊地进行。

②组织。项目经理必须具备一定的组织能力方能使整个项目达到既定的目标。在项目实施过程中，项目经理必须充分利用其组织能力对项目的各个环节进行统一的组织，即处理在实施过程中发生的人和人、人和事、人和物的各种关系，使项目按既定的计划进行。

③目标定位。项目经理必须具有定位目标的能力。项目经理只有对目标定位准确、合理，才能使整个项目的管理有一个总方向，才能使各项工作朝着目标进行。

④整体意识。项目是一个复杂的整体，它包含着许多分项工程、分部工程、单位工程。如果对整个项目没有整体意识，势必会顾此失彼。

⑤授权能力，即使项目部成员共同参与决策，以使决策更具有说服力、也更科学、全面。

（3）项目经理的技术技能。

技术技能是指项目经理在项目实施过程中所需的处理项目所属专业领域技术问题的能力。一个项目经理不但要有项目管理和一般运营管理方面的能力，还必须要有项目相关专业领域的知识和技能（像房地产项目经理的土建和安装专业知识与技能、化工企业建设项目经理的化学工艺流程专业知识与技能、管理咨询项目经理的企业管理的理论和实务等）。其具体包括以下几方面：

①使用项目管理工具和技巧的特殊知识。每个项目管理都有其特定的管理程序和管理步骤，现代的建设项目大多是综合工程，项目经理必须掌握现代管理方法和技术手段，比如决策技术、网络计划技术、系统工程、价值工程等。项目经理只有在项目管理过程中实施动态控制，才能使项目圆满完成，并最终达到既定的项目目标。

②相关的专业知识。项目经理只有掌握相关的专业知识，如建筑经济、技术经理、经济法、合同法等，在项目实施过程中，遇到相关专业有关的事件才能得心应手，在处理经济问题时才能立于不败之地。

③计算机应用能力。计算机技术的飞速发展为我国的经济建设起到了举足轻重的作用，计算机已成为办公必不可少的条件。因此，项目经理应掌握一定的计算机应用能力，才能与时代相适应。

④相关的项目知识。项目经理还应了解相关的项目知识，并理解项目的方法、过程和程序。只有具备了这些知识后，项目经理才能在项目的管理过程中灵活应用各种管理技术。

⑤丰富的实践经验。项目经理是第一线的指挥官，要随时处理项目运行中发生的各种问题，因此，项目经理要有丰富的项目实践经验，才能对施工现场出现的各种问题迅速做出处理决定。

【本章小结】

（1）项目会直接涉及或者间接涉及许多组织、群体或个人的利益。这些组织、群体或个人都是这一项目的相关利益主体，又称相关利益者。项目相关利益主体由项目的业主、项目的客户、项目经理、项目的实施组织、项目团队和其他相关利益主体构成。他们在项目中扮演不同的角色，从不同的角度对项目进行管理。项目相关利益主体之间的关系既有相互一致的一面，也有相互冲突的一面。对项目主要利益主体的管理，贯穿整个项目生命历程。项目成员应重点关注客户和项目业主等关键利益主体。

（2）项目组织是为完成某个特定的项目任务而由不同部门、不同专业的人员组成的一个特别的工作组织，有职能式、项目式、矩阵式三种类型。不同组织结构有其优缺点及其适应性，没有一种项目组织结构是十全十美的，关键在于其是否适应项目管理的需要。项目组织的设计必须在一般组织设计的基础上同时反映项目工作的特征，应坚持目标一致原则、有效的管理层次和管理幅度原则、责任与权力对等原则、合理分工与密切协作原则、集权与分权相结合的原则、环境适应性原则。

（3）项目团队是指为适应项目的实施及有效协作而建立的团队。它具有以下特性：目的性、临时性、项目经理是团队的领导、团队成员组成的多样性、渐进性和灵活性。项目团队的建设要以形成以下五种特点为目标：明确而共同的目标、合理的分工与协作、有效的沟通、有效的激励与约束、高度的凝聚力与向心力。项目团队的建设与发展必然要经历形成、震荡、规范、成熟、解散五个阶段。项目经理在各个阶段面临着不同的问题，有不同的管理任务和重心。

（4）项目经理就是项目的负责人，又称项目管理者或项目领导者。他们领导着项目组织的运转，其最主要的职能是保证组织的成功，在项目及项目管理过程中起着关键的作用，是决定项目成败的关键角色，需要履行项目管理的计划、组织、控制等工作职责。项目的复杂性和多样性要求项目经理具备各方面的能力和较高综合素质，包括号召力、影响力、交流能力、应变能力等能力要求；计划、组织、目标定位、整体意识、授权能力等管理技能；具备相关的专业知识、计算机应用能力、使用项目管理工具和技巧的特殊知识等技术技能。

【习题】

一、选择题

1. 监理单位所开展的项目管理属于（　　）项目管理。

A. 业主方　　B. 设计方

C. 施工方　　D. 总承包方

2. 业主方项目管理主要在项目的（　　）阶段进行。

A. 设计　　B. 施工

C. 招投标　　D. 实施

3. 各类项目管理中，（　　）项目管理是核心。

A. 业主方　　B. 设计方

C. 施工方　　D. 供货方

4. 供货方项目管理主要在项目（　　）阶段进行。

A. 决策　　B. 设计

C. 施工　　D. 实施

5. 建设项目总承包方管理，主要在项目的（　　）阶段进行。

A. 决策　　B. 设计

C. 施工　　D. 实施

6. 政府部门对工程项目建设过程中实施的管理形式主要是（　　）。

A. 服务　　B. 指导

C. 控制　　D. 监督

7. 关于承包商的正确说法是（　　）。
   A. 业主和承包商签订合同
   B. 承包商选定监理单位
   C. 总承包商必须自行完成全部的施工任务
   D. 总承包商与业主签订合同
8. 建设工程监理的前提是（　　）。
   A. 施工单位委托
   B. 建设单位委托
   C. 政府委托
   D. 设计单位委托

二、问答题

第五章习题参考答案

1. 项目的主要利益相关者有哪些？
2. 项目组织的类型有哪些，各有什么样的优缺点？
3. 项目组织的设计，一般应遵循哪些原则？
4. 什么是项目团队的生命历程？
5. 项目经理有哪些职责？有哪些能力、素质要求？

6 项目采购管理

【本章教学要点】

知识要点	掌握程度	相关知识
项目采购计划管理	掌握	项目采购、项目采购计划
项目招标	掌握	招标方式、方法，招投标的范围
项目招标投标基本程序	掌握	招标准备、资格审查、招标文件、评标

【关键词】

项目采购　项目招标投标

案例分析

复印机合同

科顿（Kirton）大学采购部门的资深采购员克伦·马斯特，正面临着一项困难的决策。复印机合同的竞争者只剩下 Excalibur 公司和 Quickserve 公司，Excalibur 公司给出了更为有利的报价。然而，克伦·马斯特对与 Excalibur 公司以前的合作并不满意，不知道这会给决策造成什么影响，但又必须在三天内做出决策。

科顿大学及其采购部门位于美国中西部，登记在册的学生人数超过 25 000 人，有 65 座建筑物、16 个系和学院。学校行政管理部门员工超过 2 000 人。采购部隶属于行政管理部门，负责接收、管理及供应维持学校正常运转所需要的物资。

克伦·马斯特在六年前加入采购部，当时她刚获得音乐和教育学位。自从加入采购部，克伦·马斯特已经从一个普通员工被提升到资深采购员的职位。在关于合同投标和如何确定中标方面，她累积了大量的经验。

（1）投标过程。

采购部门不断地招标，接收各种投标书，以最优利益为标准选择供应商。这个过程包括检查每份标书的细节，确保其符合最终使用者的需要，并确保学校能够用有限的资金获得最高的价值。要达到这些标准，责任主要落在采购部门主管和资深采购员肩上。

科顿大学校园中总共使用着 225 台复印机（这个数字不包括投币式机器或者绘图服务）。这 225 台复印机中，有近 100 台是根据一份四年期的合同从某复印机公司租借的。该合同包括每一次复印的服务和复印机的维修工作。

八年前，科顿大学与Excalibur公司签订了一份四年期的供应复印机的合同。Excalibur是一家大型跨国公司，在市场中占主导地位，它以每次复印大约3.3美分的投标价格获得了合同。但是，在合同执行期间，Excalibur公司的表现一般。它提供的复印机是没有适应性的、简单的复印机（例如没有放大功能等），并且不能保证及时维修。

四年后，合同期满，需要重新签订一份合同。这一次当地一家小公司Quickserve获得了合同。激烈的竞争和生产复印机成本的降低使Quickserve公司提供了复印机每次1.9美分的价格。另外，Quickserve公司提供了多种规格和适应性很强的机型，其中包括Kortex100s、4 000s和5 000s。克伦·马斯特认为与Quickserve公司四年的合作是非常令人满意的。除了性能优良的复印机，很强的适应性以及较低的成本，Quickserve公司的服务代表也提供了非常好的服务。实际上，与科顿的合同是由Quickserve公司的总经理亲自监督执行的，他不断给克伦·马斯特提供关于每一台复印机服务记录的报告。而且，Quickserve公司允许克伦·马斯特决定何时更换同类型的复印机（即更换掉经常出故障的复印机），这是Excalibur公司以前坚决要求科顿大学自行解决的。

在科顿大学与Quickserve公司履行合同期间，Excalibur公司不断地向其介绍该公司其他系列产品。克伦·马斯特对他们的做法很反感，这可由两个例子来说明。首先，在克伦·马斯特从事采购工作的六年里，Excalibur公司更换了13次销售代表。由于学校订立合同和开发票程序的特殊性，克伦·马斯特不得不"重新培训每一名销售代表"。其次，学校有一项严格的规定，所有采购要由采购部来完成。然而，Excalibur公司的代表有时直接与最终的使用者进行联系以影响其对于材料或者采购的需求，而Excalibur公司的代表知道这是违反学校规定的。

（2）当前的投标。

截至2017年1月7日，科顿大学总共收到了19份对于复印机合同的投标，并把范围缩小到五家公司：Tauras、Excalibur、Quickserve、Doolittle&Byers以及Plumper。科顿大学经过仔细考查，又淘汰了三家公司。淘汰Tauras公司是因为它缺乏历史记录（这家公司刚成立两个月），并且不能确定其是否能够应付业务量这么大的一份合同（这份合同的业务量是它目前的业务量的两倍多）。淘汰Doolittle&Byers公司是因为它提供的标准复印机每分钟只能够复印40张，很显然这是需要大量复印的使用者所不能接受的。另外，Doolittle&Byers公司没有计算机化的服务系统，并且也不准备安装这种系统。淘汰Plumper公司是因为它的设备技术含量太低（液态的），这将产生低质量的复印件。

保留下来的两份投标来自Excalibur公司和Quickserve公司。Excalibur公司的投标包括重新装备的复印机，提供与Quickserve公司相似的服务，价格比Quickserve公司的投标价低大约20%。

Quickserve公司的投标是现在合同的延续，包括现在所使用的设备。它的投标价格与上次合同价格相同。

（3）克伦·马斯特的决策。

显然，Excalibur公司提供了一个在价格方面很有吸引力的投标，但是其他方面如何呢？另外，很难仅根据过去的表现就确定Quickserve公司的投标合理。科顿大学作为一个有较高层次的机构，如果它所签订的合同是不公平的，很可能会造成一些附带的影响。因此，克伦·马斯特必须权衡许多因素，并在三天后向采购部提出建议。

资料来源：加恩德斯，费伦，弗林，等. 采购与共应管理（原书第 12 版）[M]. 赵树峰，译. 北京：机械工业出版社，2003：220-221.

6.1 项目采购管理概述

实施任何一个项目都需要有一定的资源投入。对项目组织（承包商或项目团队）而言，这些资源投入包括人员、材料、工具、设备、资金等。资源的投入贯穿于整个项目实施过程的各个阶段和各项活动，是项目得以顺利实施的重要保障。因此，在项目实施前，项目组织必须制订项目资源采购计划，并在以后的项目实施过程中认真管理、努力执行这一计划。大量的项目管理实践已经证明，有效的项目采购管理是项目成功的关键要素之一，所以任何项目都必须开展项目采购管理。项目采购管理（Project Procurement Management）是指在整个项目过程中项目组织从外部寻求和采购各种项目所需资源（商品和劳务）的管理过程。此处的项目组织既可以是项目业主/客户或项目承包商与项目团队，也可以是项目业主/客户组织内部的项目团队或者个人。项目所需的资源主要有两种：一种是有形的商品，一种是无形的劳务。对于一般项目而言，商品包括各种原材料、设备、工具、机器、仪器、能源等实物，而劳务则包括各种项目实施、项目管理、专家咨询、中介服务等。项目所需劳务的最主要构成是总承包商和分包商承担的项目实施任务。

6.1.1 项目采购管理中的关键角色

为了方便讨论，本章讲商品和劳务统一称作“产品”，由此，项目的采购管理便可以视为项目组织对采购项目所需产品中开展的管理活动。项目采购管理主要涉及四个方面的利益主体以及他们之间的角色互动。他们是项目业主/客户、项目组织（承包商或项目团队）、供应商和项目的分包商。其中，项目业主/客户是项目的发起方和出资方，他们既是项目最终成果的所有者或使用者，也是项目资源的最终购买者。承包商或项目团队是项目业主/客户的代理人和劳务提供者，他们为项目业主/客户完成项目商品和部分劳务的采购，然后从项目业主/客户那里获得补偿。供应商是为项目组织提供项目所需商品和部分劳务的工商企业组织，他们可以直接与项目业主/客户交易，也可以直接与承包商或项目团队交易，并提供项目所需的商品和劳务。项目分包商或专家是专门从事某个方面服务的工商企业或独立工作者。当项目组织缺少某种专长人才或资源去完成某些项目任务时，他们可以雇用各种分包商或专家来完成这些任务。分包商或专家可以直接对项目组织负责，也可以直接对项目业主/客户负责。上述角色在项目采购管理中的关系如图 6-1 所示。

图 6-1 中的实线箭线既表示“委托—代理”关系的方向，也表示项目资金的流向；而其中的虚线箭线则表示项目采购中的责任关系。项目采购的管理主要是对资源采购

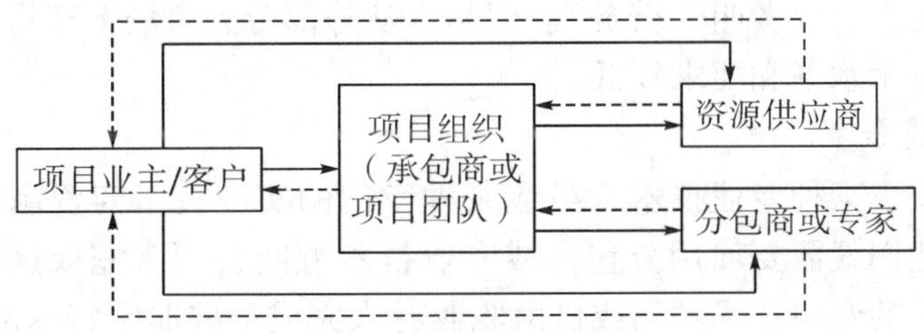

图 6-1 项目角色的关系如图

关系的管理。因为，在项目采购管理中，如果上述角色之间能够有效沟通和积极互动，就可以确保项目实施成功，反之就会因为资源短缺或不到位而项目进度受阻或项目失败。在项目采购管理中，计划、管理和实施工作主要是由项目组织开展和主导的，项目业主/客户直接进行项目采购的情况较少，因为项目组织是项目资源的直接需求者和使用者（也是提供者之一），他们最清楚项目各阶段的资源需求。另外，注意在本章中项目承包商/项目团队一般被称作“项目组织”，而项目的分包商不属于“项目组织”的范畴。

6.1.2 项目所需资源的来源

一个项目所需的资源是各种各样的，这些资源的来源也是各种各样的。除了项目组织内部可以提供一部分项目必需的商品和劳务外，还有许多资源需要从其他工商企业或组织那里采购获得。一个项目所需资源的主要来源包括：

（1）项目业主/客户。

一般在项目承发包合同中，项目业主/客户为了使项目取得满意的成果，通常会承诺向项目组织提供一些特殊设备、设施、信息和其他的资源。在现代项目合同管理中，这被称为“项目业主/客户的供应条款”。这些条款中写明了项目业主/客户在项目过程中将向项目组织提供哪些设备、设施、人员和信息资料以及提供的日期等细节。通常，这些资源的供应时间是与项目实施进度相配合的。严格而规范的项目业主/客户供应条款可以保护项目组织的利益，避免由于项目业主/客户在设备、设施、信息、系统零部件或其他资源供应上的耽搁而导致项目进度计划的推迟。在这种项目合同条款中，一般都需要约定，一旦出现耽搁的情况，责任由项目业主/客户负责。当然，项目组织也要对项目的最终成果负责，也需要努力促使项目业主/客户去实现他们的承诺。

（2）外部劳务市场。

确切地讲，项目所需的劳务是以项目实施人员为载体的，不同的项目需要各种不同类型的劳务，或者说不同类型的实施人员。承包商或项目团队为了以较低成本和较快的速度完成项目任务会从外部劳务市场获取自己所需的各种项目实施人员。例如，在软件开发项目中，项目组织可能需要临时招聘一些计算机程序员、资料处理人员等；而在工程建设项目中，项目组织需要招聘大量的施工人员、安装人员、管理人员等。甚至，在许多业主自我开发的项目中，也需要从外部劳务市场上临时招聘一些本企业没有的人员。在市场经济下，一个项目的成功在很大程度上依赖外部劳务市场为项目提供各种各样的人力，或者叫“劳务”。但是，从外部劳务市场上获得的人力资源或劳务都是常规的，技术水平和要求较低。

（3）分包商或专家。

当项目组织缺少某种专业技术人员或某种专门的实施技术与资源去完成某些特殊的项目任务时，他们就需要雇用分包商或专业技术顾问公司来完成这种项目任务。他们既可以雇用独立的专门技术顾问或自由职业者来完成一些非常特殊的专业技术作业，如聘请法律顾问指导项目合同文件的编制、洽谈和签署，或者聘请技术专家来处理项目实施过程中的特殊环保问题等。他们也可以雇用专门的分包商完成项目的某一部分独立的分步（工作步骤或工序）或分项（工作项目或子项目）作业，如将屋顶作业分包给专门的屋顶建设分包商，将油漆作业分包给专门的油漆分包商，而将计算机系统测试分包给专门的信息系统测试公司等。项目组织从这些分包商和专家获取的主要是各种特殊的服务。从另外一个角度讲，项目组织采用雇用分包商和专家的策略也是利用社会分工降低项目成本的一个有效措施。

（4）物料和设备供应商。

实施项目所需的物料和设备等有许多需要从外部供应商那里购买或租赁。项目所需的物料主要包括：原料、材料、燃料、工具和各种构件、配件等。例如，在一个民房装修项目中，需要木材、门窗、地毯、墙纸、灯具等装修材料，需要仪器、机器、工具、登高设备等设备和设施。在这一装修项目的实施过程中，项目组织可能还需要租用某些特殊的工具和购买许多特殊的物料。为了在项目实施过程中适时、适量地得到合乎质量要求的各种项目资源，任何一个项目组织都必须认真与物料和设备供应商合作，因为这是节约项目成本的关键因素之一，是项目收益的源泉之一。一般认为，节约是项目收益的第二源泉。

6.2 项目采购管理方法

在项目采购管理过程中，有几种必须使用的方法，其中主要包括以下两种：

6.2.1 “制造或购买”的决策分析

“制造或购买”的决策分析是最基本的项目采购管理决策分析技术方法，常用于分析和决定一种项目所需的特殊产品是应该由项目组织自行生产还是从外部采购获得。这一方法的原理是：如果项目组织能够以较低成本生产出所需的某种产品，那么就不应该从外部购买；如果项目组织自己制造某种所需产品的成本高于外部采购的成本，那么就应该从外部供应商或分包商采购获得该产品。对于任何项目组织而言，在制订项目采购计划之前，必须对项目所需各种商品进行“制造或购买”的决策分析和评价，这是决定采购计划中究竟“采购什么”的前提。

现有统计资料表明，在制造业产品的原材料成本中有2/3是外部采购成本；在工程建设项目中，原材料采购成本占项目总成本的60%~70%；只有软件开发项目和管理咨询项目的外部采购成本相对小一些，因为这两类项目是以劳务为主的，所以人工费占很大的比重。在进行“制造或购买”决策分析中，间接成本和直接成本都是必须考虑的两个成本构成要素。例如，对“购买”的分析应该既包括为了从外部购买某种产品而实际付出的采购直接成本和为管理整个采购过程而付出的间接成本（管理成本等）。“制造或购买”的决策分析还必须反映项目组织的愿望和项目的时间限制。如果在项目实施过程中急需某种产品，那么不论制造成本如何，只要外部能够提供就可以选择外购。

6.2.2 项目采购计划管理

项目采购计划管理与企业日常运营中的采购计划管理既有不同的地方又有许多相似的地方。企业日常运营中的一些采购计划管理方法和技术也可以应用于项目采购计划管理。当然，项目采购计划管理有很大的独特性，开展项目采购计划管理所需的采购计划管理方法和原理主要涉及六个方面的内容。它们被称作采购管理的六大因素。

（1）采购什么。

项目采购计划管理中的第一要素是“采购什么”，即首先要决定项目采购的对象及其品质。项目采购计划管理要求采购的产品质量应满足四个条件：其一是适用性（即项目外购的产品不一定要有最好的质量，但一定要符合项目实际的质量要求）；其二是通用性（即项目外购的产品最好能够通用，在项目采购中尽量不使用定制化的产品）；其三是可取获得性（即能够在需要的时间内，以适当的价格，及时得到要采购的产品）；其四是经济性（即在保证质量的前提下，从供应来源中选择成本最低的，以降低项目成本）。项目组织应首先将项目采购需求写成规范的书面文件，注明规格、质量和时间，然后将它们作为日后与供应商或分包商进行交易和开展采购合同管理的依据性文件。这种关于“采购什么”的规范性文件的主要内容应包括：产品名称、产品规格、产品化学或物理特性、产品所用材料、产品制造要求与方法、产品用途或使用说明、产品质量标准和要求等。

（2）何时采购。

“何时采购”是项目采购计划管理中的第二大要素。这是指项目组织需要计划和安排采购的时点和时期。因为采购过早会增加库存量和库存成本，而采购过迟又会因库存量不足而造成项目停工待料。由于从项目采购的订货、采购合同洽谈与签署到产品入库必须经过一段时间间隔，其中还要开展像产品生产、检验、包装、运输、入库验收等具体工作，这些都需要时间。所以在决定“何时采购”时需要从采购的产品投入项目使用之日算起倒推出合理的提前时间，从而确定出适当的采购订货时间和采购作业时间。对于项目采购计划管理而言，我们必须依据项目的工期进度计划和资源需求计划以及所需产品的生产和运送时间，合理地确定产品的采购订货时间。同时，为了项目进度需要，外购产品的交货时间也必须适时，而且只能有少许提前而不能有任何推迟，这是项目采购计划管理必须遵循的重要原则之一。

（3）如何采购。

“如何采购”主要是指在项目采购过程中采用何种工作方式以及项目采购的大政方

针和具体的交易条件。项目采购计划管理这方面的工作包括：是否采用分批交货的方式，采用何种产品供给运输方式，具体项目采购产品的交货方式和地点等。例如如果采用分期交货的采购方式，对每批产品的交货时间和数量必须科学地计划安排并在采购合同上明确予以规定；同时，一定要安排和约定项目所需产品的交货方式和地点，究竟是在项目现场交货还是在供应商或分包商所在地交货；另外，还必须安排和确定项目所需产品的包装和运输方式，究竟是由项目组织负责运输，还是由供应商或分包商负责运输，还是由第三方物流服务商负责运输；最后，还要计划安排和确定项目采购的付款方式与各种付款条款，像预付订金、违约罚款和各种保证措施等。另外还有一些其他方面的问题也必须予以安排和考虑，如项目采购合同的类型、格式、份数、违约条款等。这些都需要在采购计划管理的这一工作中确定。

（4）采购多少。

这是有关项目采购数量的管理，任何项目所需产品的采购数量一定要适当，所以都需要进行计划管理。项目所需产品的采购数量管理必须根据项目实际情况决定，如大型工厂建设项目所需的资源多且消耗快，所以“采购多少”可以通过经济订货模型等方法来决定；但是对于智力密集型的软件开发项目或科研项目，因为所需的资源多是办公设备及办公用品，它们的成本低，所以一般不需要使用经济订货模型去决定“采购多少”。另外，在计划安排和决定“采购多少”时还应该考虑批量采购的数量优惠等方面的因素以及项目存货的资金时间价值等方面的问题，所以实际上项目采购计划管理中有关“采购多少”的问题涉及数量和资金成本两个方面的变量。

（5）向谁采购。

这是有关如何选择可靠的供应商或分包商的采购计划管理问题，这也是项目采购管理中的一项重要工作。现在有许多一般运营企业和项目组织都在这一问题上存在问题而且拿不出很好的解决办法，因为很多项目采购中的“回扣”“侵吞”“收贿受贿”问题都是在项目采购管理这一环节上发生的，甚至古今中外，概莫能外。因此，一个项目组织应该建立合理的供应商或分包商评价标准和选择程序，并与较多的供应商或分包商建立关系和不断评定其业绩，以去劣存优。一般在决定向谁采购时应调查各供应商或分包商的设备规模、技术和供应能力、产品质量、质量管理情况、组织能力和财务信用状况等。在项目采购管理过程中，项目组织应经常与自己的供应商或分包商保持联系，对于那些关系项目成败关键的供应商或分包商，项目组织必须在一定程度上介入它们的生产监督和质量保障工作，从而保证产品供应的质量、数量和及时性。

（6）何种价格采购。

“何种价格采购”涉及的是项目采购管理中的定价管理问题，即如何确定以适当价格获得项目所需产品的管理问题。项目组织应当注意不能无条件地按照最低价格原则去采购和获得项目所需产品，必须同时考虑质量和交货期等要素。项目组织应在既定的项目所需产品质量、交货期限和其他交易条件下去寻找最低的采购合同价格。通常，项目采购合同价格的高低受多方面因素的影响，这包括项目所需产品的市场供求关系、产品提供一方的成本及其合同计价方法、项目所需产品的采购条件（如交货日期、付款方法、采购数量等）、供应商或分包商的成本控制水平、国家或地方政府政策的影响、物价波动和通货膨胀的影响、采购人员的价值判断和争价能力的影响等。项目成员在确定项目采购的价格时，必须同时考虑这些因素的综合影响。

项目成员在制订项目采购管理计划时，必须参照上述项目采购管理方法，从而保证项目采购计划和项目采购工作的科学性和可行性。

6.3 项目采购计划的制订

项目采购管理的首要任务是制订项目采购计划，然后按项目采购计划开展项目采购工作并实现项目采购的目标。一般地讲，项目采购计划的制订，是指从识别项目组织究竟需要从外部采购哪些产品或劳务开始，通过综合平衡安排，制订出能够满足项目需求的采购工作计划的一种项目管理过程。这一工作涉及许多问题，包括：是否需要对外采购、怎样采购、采购什么、采购多少、何时采购等。此外，项目采购计划中一般还应该考虑各种需要的分包合同，尤其是当项目组织希望对总承包商的下一步分包决策施加某种影响或控制的时候，更需要考虑项目分包合同的问题。因为如果总承包商或供应商在获得了项目采购的订单以后，有时会将自己不能完成的合同订单分包出去，此时，如果项目业主对分包合同无法控制或影响，就会给自己带来许多意想不到的问题和风险。

项目采购计划的编制过程如下：依据项目采购计划所需的信息，结合组织自身条件和项目其他各项计划的要求，对整个项目实现过程中的资源供应情况做出具体的计划安排，并按照有关规定的标准或规范，编写出项目采购计划文件的管理工作过程。项目采购计划编制的最终结果是生成各种各样的项目采购文件，主要包括项目采购计划、项目采购作业计划、项目采购标书，供应商评价标准等文件。这些项目采购计划工作文件将用于指导项目采购计划的实施和具体的采购作业。在编制项目采购计划时，需要开展的主要工作和活动如下：

（1）“制造或购买”的决策分析。

项目成员在编制采购计划时，首先要开展“制造或购买”的决策分析，以决定需要从外部组织采购哪些资源（产品和劳务）和自己生产或提供哪些资源。在制订项目采购计划的整个过程中，项目成员对于所有提出或需要外购的资源都应该开展这种决策分析。

（2）对各种信息进行加工处理。

项目成员在项目采购计划的编制中，需要对收集获得的各种相关信息进行必要的加工和处理，以找出制定决策所需的各种信息。有时，项目组织必须聘请各类顾问或专业技术人员对收集的信息进行必要的加工和处理。例如，工程建设项目关于工程造价信息的加工与处理就可以委托造价工程师咨询公司或者雇用造价工程师来完成。

（3）采购方式与合同类型的选择。

项目成员在制订项目采购计划的过程中，还必须确定以什么样的方式获得资源和需要与资源供应商或分包商签订什么类型的采购合同。项目资源的获得方式包括通过询价和议标选定供应商或分包商和采用公开招标或邀请招标的方式选定供应商或分包商。合同类型的选择一般需要在固定价格合同、成本补偿合同、单位价格合同中选择一个。这三种类型的合同对资源的买卖双方各有利弊，项目成员必须根据项目和所要采购资源的具体情况，反复权衡后做出选择。

（4）项目采购计划文件的编制和标准化处理。

在上述工作完成之后，项目成员就可以动手编制项目采购计划了。这种计划的编制可以采用专家分析法、经济期量订货法、综合平衡计划法等具体方法。项目采购计划编制工作将最终生成项目采购计划、项目采购工作计划、项目采购标书、供应商评价标准等文件。另外，最后需要开展的一项工作是，对项目采购计划的各种文件进行标准化处理，即将这些计划管理的文件按照一定的标准格式给出。在这方面，常见的标准格式文件包括标准采购合同、标准劳务合同、标准招标书和投标书、标准计划文件等。

6.4 项目采购计划的实施

当项目组织制订出项目采购计划及其相应的各种项目采购工作文件之后，项目采购管理就进入项目采购计划的实施阶段。一般而言，项目业主或项目团队是通过询价或招标的方式来选择供应商或分包商的。对于项目业主来说，选择资源供应商的过程是一个询价或招标的过程；而对于供应商来说，按照项目业主提出的要求，争取为项目提供所需资源的过程是一个报价和投标的过程。本节主要从项目组织的角度论述项目采购计划中的这些具体实施工作，其中最主要的是询价与报价、招标与投标等工作。

6.4.1 项目所需商品的采购计划实施

项目所需各类商品的采购计划实施工作与一般运营组织的商品采购工作是相同的，但是它与项目获得所需各种劳务的招投标方式有很大不同。只有在很少数的情况下，项目所需各种商品才会采用采购招标的方式。通常，项目所需商品的采购计划实施工作主要包括下面几项内容：

（1）开展询价工作。

开展询价工作是指相关人员根据项目采购计划和项目采购作业计划所规定的时间，以及相应的各种采购工作文件所开展的寻找供应商并向可能的供应商发出询价信，以及交流项目具体所需资源的信息的工作。此时，需要邀请可能的供应商给出报价，向可能的供应商发出邀请，请求他们发出发盘要约的工作。这是项目所需商品采购计划实施工作的第一步，项目所需任何一种商品的采购都必须首先进行询价，以便能够“货比三家”，最终以最优的条件与选定的供应商签约。

（2）获得报价的工作。

获得报价的工作是指项目业主从各个可能的供应商处获得报价的工作过程。在这一过程中，项目业主要与各个可能的供应商进行联系，要求对方追加报价信息，解释报价中的依据和理由，确认报价所包括的商品与售后服务的内容等。供应商的报价从法律上讲是一种要约，或叫发盘。项目业主或供应商在承诺接受对方的报价（或要约）以前，必须非常明确地知道对方报价的实际内涵，所以必须开展从各个可能的供应商之处获得报价和相关信息并对确认的工作。

(3) 供应商评审。

在获得和明确了供应商报价以后，项目组织就可以根据供应商报价和在项目采购计划过程中制定的采购评价标准对供应商及其报价进行评价。在这一评价过程中，首先必须审查供应商各方面资格的合法性和合格性，从而去掉从法律能力上存在缺陷的供应商。然后，将剩下的供应商进行比较和评价并给出优先序列，并选出最佳者和次佳者，以便随后分别进行还盘和讨价还价等供应合同的谈判工作。

(4) 还盘并讨价还价。

在对可能的供应商进行评审并选定主要供应商候选人以后，项目组织就可以开始进行还盘和进一步的讨价还价工作了。在这个过程中，项目组织要尽可能地为维护项目业主和自己的利益而展开价格条件等方面的反复讨论。当然，项目组织和供应商各有自己的争价能力，项目组织需要根据这些争价能力去决定讨价还价的策略和幅度，既要争取到最大利益，又要合理地给对方留下余地，否则无法实现一项供应交易。

(5) 谈判签约。

在讨价还价后，如果双方基本达成了价格方面的条件，那么就可以进入项目采购的合同细节谈判和签约工作了。在这项工作中，主要内容是与供应商谈判和商定采购合同的各项条款。这些条款包括价格条款、数量与质量条款、交货期与交货方式条款、支付条款、违约条款等。项目采购合同一旦签订，项目采购管理就进入本章第五节中讨论的合同管理阶段了。

6.4.2 项目招标工作的实施

招投标是社会经济发展到一定阶段的产物，是一种特殊的商品或劳务交易的方式。它是一种因招标人的邀约，引发投标者的承诺，经过招标人对投标者择优选定，最终形成协议或合同关系的这样一种平等经济主体之间的活动过程，是法人之间形成有偿、具有约束力合约的法律行为。招标方和投标方所交易的商品或劳务统称为“标的”。例如：工程建设项目的标的是指项目的工程设计、土建施工、成套设备、安装调试等内容的劳务（工作）；计算机信息系统开发项目的标的是指信息系统软件、硬件以及相关劳务的整体集成作业。

6.4.2.1 招投标的方式

项目组织或业主按照采购计划的安排，可以通过多种招标方式来选择供应商或承包商，常见方式包括以下几种：

(1) 公开招标。

作为买主的项目组织或业主可以在一般媒体上（如报纸、广播、电视、互联网），或者在专业媒体（如专业期刊和报纸）上发布公开招标广告。凡是对项目所需资源有提供意向，并且符合投标条件的供应商或承包商都可以在规定时间内提交投标书。由招标单位对其进行资格审查并经核准后，供应商或承包商就可以参加投标了。一般大型项目多数是通过公开招投标去获得供应商或承包商提供的商品与劳务。

（2）邀请招标。

有些项目组织或业主保留着以前交易过的，或经人推荐的供应商或承包商的信息、名单或文件。这些名单一般含有这些供应商或承包商的相关情况和信誉等其他方面的信息。为了减少寻找供应商或承包商的成本，项目组织可以只将采购工作文件或招标书发送给这些邀请投标的供应商或承包商。如果没有这种名单，项目组织或业主也可以向权威的商业咨询机构购买相关供应商或承包商的信息，或通过开发自己的供应商或承包商信息来源来获得邀请招标的供应商名单。例如，供应商或承包商信息可以从图书馆的目录、地方相关协会、贸易目录以及其他类似的来源得到。某些供应商或承包商的详细信息需要项目组织进行更为广泛深入的努力才能获得。例如，需要亲自访问供应商或承包商，或者联系这些供应商或承包商以前的项目业主/客户等，以了解供应商的各种情况。

（3）两段招标。

这是将公开招标和邀请招标结合起来的招标方式。技术复杂的大型项目多使用这种招投标方式。这种方法一般首先由项目组织或业主采用公开招标的方式广泛联系供应商或承包商，然后对投标的供应商或承包商进行资格预审，再从中邀请三家以上条件最好的供应商或承包商按照邀请招标的方式，开展后续的招标工作。

（4）协商议标。

对由于受客观条件限制或不易形成竞标的项目，一般可以采用协商议标的方式进行项目招标工作。例如某些专业性很强，只有少数单位有能力承担的项目工作；或者时间紧迫而来不及按照正规程序招标的项目等。此时，可以邀请几个供应商或承包商进行报价，经比较以后，由招投标双方通过协商确定价格等有关事宜。这种方式实质上是一种非竞争性招标，一般项目商品采购招标较少采用这种方式，主要是劳务或技术开发的承发包才采用这种方式。

以上各种招标方式由项目组织或业主根据实际情况和客观条件做出适当的选用。

6.4.2.2 招标程序

按照我国标准的招标程序，一般招标活动可分为几个阶段，这种分阶段的标准招标程序如图 6-2 所示。项目采购或承发包招标活动一般包括如下阶段：

（1）招标准备阶段。

在这一阶段中，项目组织或业主在其内部成立负责采购或承发包的管理小组，或者将招标工作外包出去由专业招投标咨询公司负责完成。项目组织或业主的采购与承发包招标活动有时还需经政府招投标管理机构的审批。例如大型的工程建设项目一般要由政府主管部门与项目组织或业主共同领导和实施招标工作。对于较小的项目就用不着经过上级组织审批和招标了，因为这种项目所需的产品和劳务直接可以从市场上采购或招募。

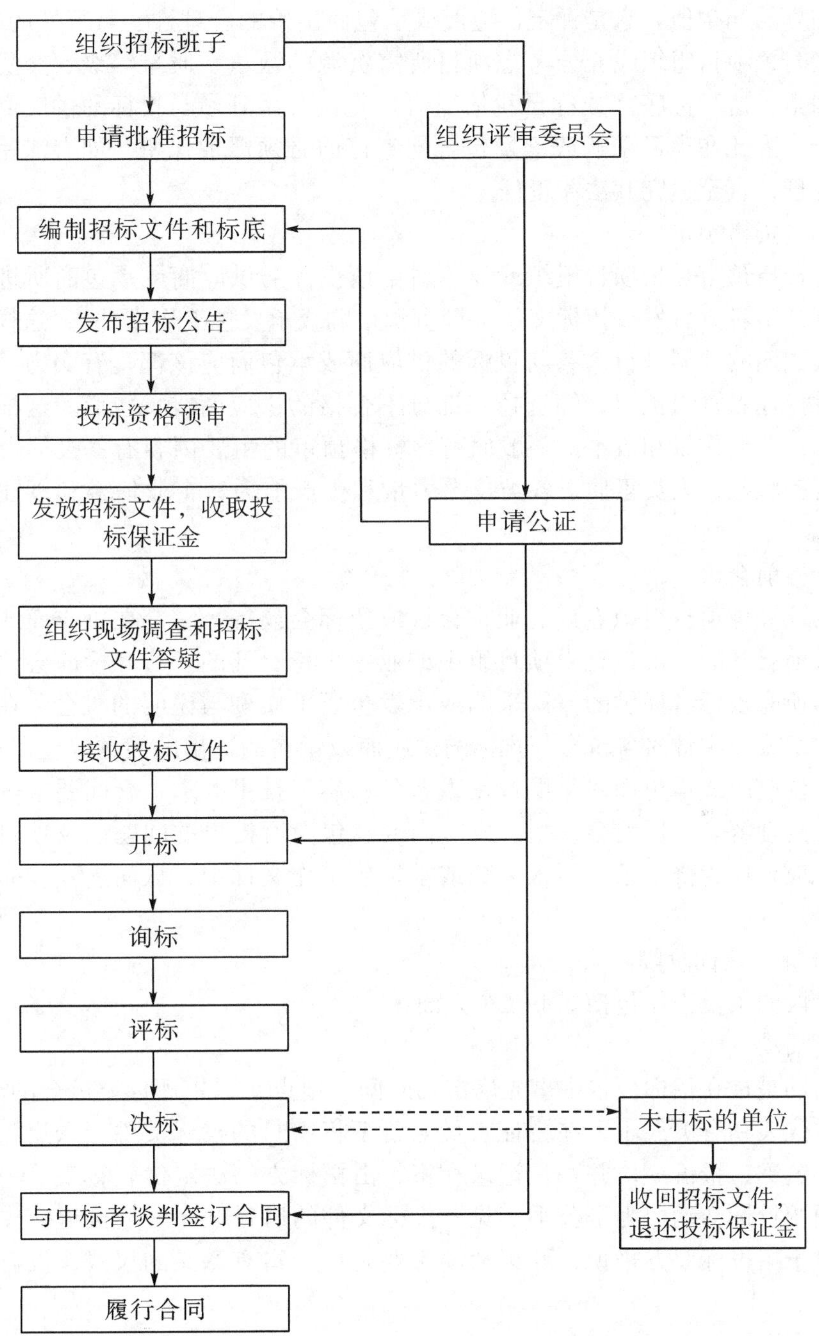

图 6-2 项目招投标程序示意图

项目采购计划的文件中应该包括用于采购或承发包招标的关键性书面文件。例如项目的采购说明书、采购评选标准以及要求供应商或承包商遵循的投标书标准格式等。招标前准备阶段还应做的工作包括以下几点：

①准备标底。

标底又称底价，它是项目组织或招标人对采购或承发包商品或劳务总费用的自我估算，或估算的期望值。它是评定供应商或承包商出价的合理性、可行性的重要依据。在编制标底时，项目组织应充分考虑项目所需资源的数量、质量等级、交货时期、运输费用等因素。这种标底（或称自我估算值）直接关系到参与投标的供应商或承包商的中标机会，因此在项目采购或承发包合同签订前必须严加保密。如有泄密，应对责任者严肃处理，直至追究其法律责任。

②投标者资格预审。

投标者资格预审是指项目组织或业主对申请投标的供应商或承包商所进行的资质审查。审查合格者方可发放招标文件（即资源采购或承发包工作文件），这样可以确保招标活动按预期的计划进行。参与投标的供应商或承包商应该都是有实力、有信誉的法人。通过投标者资格预审，筛选掉一部分不合格的供应商或承包商。这样也可以减少开标、评标的工作量和成本。一般而言，资格预审的主要内容有：投标者的法人地位，资产财务状况，人员素质、各类技术力量和生产能力，企业信誉和以往的交易业绩等。

③召开标前会议。

标前会议又称项目组织会议、业主会议或招标会议等。它是在供应商或承包商准备投标书之前召开的会议，是由项目组织或业主主持召开的。召开标前会议是项目组织或业主给所有投标者提供的一次采购或承发包要求质疑与说明的机会。在这种会议上，项目组织或业主针对各位参与投标的供应商或承包商提出的问题或建议进行答复，以确保所有供应商或承包商对采购或承发包的内容、技术要求、合同要求等有一个清楚的、统一的理解。在标前会议上，供应商或承包商所提出的问题以及项目组织或业主的解答，应该作为修正条款写入采购或承发包工作文件中，从而进一步完善招投标文件。

（2）开标、评标阶段。

这一阶段的主要工作包括如下几个方面：

①开标活动。

开标活动是指在招标公告中事先确定的时间、地点，召集评标委员会的全体成员、所有投标方代表和有关人士，在公证人员监督下将密封的投标文件当众启封，公开宣读投标单位名称、报价等，并一一记录在案，由招标方的法定代表签字等一系列程序组成的一项招投标活动。为了公平起见，投标文件的启封顺序一般按提交先后次序逐个进行。对于招投标双方来说，开标活动主要是一个富有意义的仪式，没有多少实质性内容。

②初审和询标。

开标结束后，招投标就进入了内部评审阶段，此时由招标工作小组和评标委员会对投标文件进行初步审阅和鉴别。初审的内容涉及投标文件是否符合招标文件的格式要求，所要求的技术资料和证明文件是否齐全，报价的计算是否合理，是否提出招标人无法接受的附加条件，以及其他需要询问质疑的问题等。经过初审后，那些不符合要求的投标文件应作为“废标”处理。对基本符合要求但尚需投标者给予澄清问题的投标书，招标工作人员应认真整理出来，并通知投标方进行书面回答或当面会谈。这种当面会谈相当于对投标文件进行答辩，所以国际上称其为“澄清会议”。在澄清过程中，招标人的质疑和投标人的澄清都应该有书面记录，并需经双方法人代表签字后成为招标文件的补充部分。

③评标。

评标是指评标委员会按照预先确定的评价原则，一视同仁地对每份合格的投标文件从技术方法、商业价格以及法律规范等方面分别做出评价。评标委员会在对每份投标文件评标后，都应写出书面分析和评价意见，并撰写出整个评标工作的评价对比表和分析报告，最后选出 2~3 家最好的投标书供下一步的决标使用。

（3）决标与签约。

这一阶段的主要工作包括如下几个方面：

①决标。

在公开招标中，国际上通用的决标办法是在符合要求的投标文件中，以报价最低者中标，因为价格是商品和劳务购买的主要决定因素。但是最低价格的投标方案不一定就是项目总成本最低的方案，如果供应商或承包商在非价格条件方面有问题的话，还会发生许多其他的成本，从而造成项目总成本过大的情况。基于这种思想，我国颁布的招标投标法中规定要选出报价低而又合理的投标者中标。评标一般必须在投标文件有效期内结束，一般法律规定从开标到确定中标单位的间隔时间不应该超过 30 天。

②授标与签约。

招标人向中标人发出书面“中标通知书”的行动被称为授标。按照相关法律规定，招标单位应该在评标委员会确定中标单位后 2 日内发出中标通知书，并在发出通知书之日起 15 日内，与中标单位签订合同。一般而言，项目的合同价基本上就等于中标价。中标人如逾期不签约或拒签合同，招标人有权没收其投标保证金，以补偿自己的损失。对于未中标的单位，由招标单位通知并收回招标文件及有关资料，退还他们预交的保证金。如果因招标单位的责任未能如期签约的，招标单位应双倍返还保证金并保留中标单位的中标权。招标项目的合同文件应包括招标文件、投标文件、双方签字的开标纪录、往来函电资料等。

至此，招标工作全部结束。项目组织或业主通过招标过程选出了合适的资源供应商或承包商。表 6-1 是一份招标书的通用格式及要求。

表 6-1　招标书的通用格式及要求

招标书由标题、正文、结尾三部分组成。 一、标题 标题有四种表达形式。一是完全性标题，由“招标单位+招标性质和内容+招标形式+文体”组成。二是不完全性标题，由“招标单位+招标形式+文体”组成。三是只写文件名称。四是广告性标题，非常灵活、醒目。 二、正文 这包括引言和主体两部分。 1. 引言 它说明招标目的、依据和招标项目名称。表述文字要准确、简洁、开门见山。 2. 主体 这是招标书的核心，一般要写明招标内容、要求及有关事项，主要有如下内容： （1）招标方式。 招标方式中要说明属于以下哪类招标：公开招标、内部招标、邀请招标等。

表6-1（续）

（2）招标范围。 招标范围指的是对招标对象的限制条件。 （3）招标程序。 招标程序应写明招标、评标、定标的方法和步骤，以及招标起止时间或地点。 （4）招标内容和具体要求。 招标的具体内容和要求应依据招标类型分条目写清楚，数字要准确，用词恰当。 （5）双方签订合同的原则。 这包括签订、变更、解除、终止合同的条件和法律程序及时间等。 （6）招标过程中的权利和义务。 这对招标方是关于审标、评标、定标等权利和义务的规定；对投标方是遵守投标书要求进行投标和中标后签约履约的要求。 （7）组织领导。 标书应注明招标领导机构或办事机构的情况和联系人。 （8）其他有关说明。 这是投标方应注意事项的说明。 3. 结尾 标书结尾要写清招标单位的地址、电传、电报、电话、邮政编码或者网站地址。如果是两个以上单位联合招标，要求分别写上这两个单位。落款单位可以是招标单位的专管部门或承办部门。 招标书的写作应规范化，内容真实可信，详细具体，条款周全；有法可依，表达准确，避免歧义。标书中项目获取的实物量和劳动量测算要科学、合理，应体现竞争意识。

6.4.3 采购计划实施工作的结果

项目组织进行采购或承发包招标的结果就是选出满意的供应商或承包商并与之签订合同。合同是项目组织与中标的供应商或承包商双方签订并应共同遵守的协议，其中规定了供应商或承包商提供特定的产品和项目组织为之支付货款的义务。按照所需采购的资源（产品和劳务）的规模、种类、数量、交货条件等因素的不同，这种协议可以是简单的也可以是复杂的。这种协议也有别的叫法，如契约、协定、分包合同，购货订单或者谅解备忘录等。尽管所有的项目文件都受限于某些评价和审批的格式与程序，但是项目合同具有法定的共同遵守特征。在任何情况下，评价和审批项目合同的过程主要着眼于确保合同中清楚地描述了能够满足项目需求的产品或劳务。一个标准的项目货物采购合同应包含如下内容：

①货物名称、商标、型号、厂家、数量、金额、供货进度；

②货物质量要求、技术标准、供方对质量负责的条件和权限；

③交（提）货地点、方式、运输方式及到达站港和费用负担；

④合理损耗及计算方法、包装标准、包装物的供应与回收；

⑤货物验收标准、方法及提出异议的期限；

⑥货物随机备品、配件工具数量及供应方法；

⑦供货的结算方式及期限、如需提供担保要另立合同担保书以作为合同附件；

⑧违约责任、解决合同纠纷的方式；

⑨其他约定事项和合同有效期限等。

【本章小结】

（1）项目所需的资源主要有两种：一种是有形的商品，一种是无形的劳务。

（2）“制造或购买”的决策分析是最常用的项目采购管理决策分析技术方法。

（3）项目采购管理的首要任务是制订项目采购计划，然后按项目采购计划开展项目采购工作并实现项目采购的目标。

（4）项目采购计划的编制过程包括：依据项目采购计划所需的信息，结合组织自身条件和项目其他各项计划的要求，对整个项目实现过程中的资源供应情况做出具体的计划安排，并按照有关规定的标准或规范，编写出项目采购计划文件的管理工作过程。

（5）项目业主或项目团队是通过询价或招标的方式来选择供应商或分包商。

（6）招投标是社会经济发展到一定阶段的产物，是一种特殊的商品或劳务交易的方式。

（7）投标者资格预审是项目组织或业主对申请投标的供应商或承包商进行的资质审查。

（8）评标是指评标委员会按照预先确定的评价原则，一视同仁地对每份合格的投标文件从技术方法、商业价格以及法律规范等方面分别做出评价。

本章思考题

一、填空题

1. 项目按承包的范围可以划分为（　　）和（　　）两种。

2. 常见的项目招标的方式有（　　）、（　　）、（　　）、（　　）。

3. 项目招标过程按照工作内容不同，可以划分为（　　）、（　　）、（　　）、（　　）四个阶段。

4. 项目招标签约阶段包括（　　）、（　　）、（　　）和（　　）四个部分。

5. 工程项目投标策略中的具体方法又可详细划分为（　　）、（　　）、（　　）、（　　）四种。

6. 项目组织进行采购或承发包招标的结果就是（　　）。

二、问答题

1. 项目采购管理中要确定哪些内容？

2. 项目招投标的方式有哪些？

3. 一个完整的招标程序有哪些步骤？

4. 采购计划实施工作的结果是什么？

5. 标准项目货物采购合同包含的内容有哪些？

第六章习题参考答案

7 项目进度管理

【本章教学要点】

知识要点	掌握程度	相关知识
项目活动的界定	掌握	项目工作分解结构、项目范围界定
项目活动的排序	掌握	顺序图法、箭线图法
项目活动工期估算	理解	专家评估法、类比法、模拟法
进度计划编制	掌握	甘特图法、项目管理软件法
进度计划控制	掌握	追加计划法、项目进度管理软件

【关键词】

进度管理　项目活动　进度计划编制　进度计划控制

案例分析

陈经理应该怎么办

某信息系统集成公司在某小型炼油企业有成功实施 MES 的经验，其针对炼油企业的 MES1.0 软件深受用户好评。

该公司去年承接了 A 公司的 MES 项目实施。A 公司是一家大型石化公司，有下属分厂十多家，包括炼油厂、橡胶厂、烯烃厂、塑料厂、腈纶厂和储运厂等，以炼油厂为石油炼制龙头，其他分厂提供半成品和生产原料，业务流程复杂。

陈经理为公司的项目经理，全面负责管理这个项目，这是他第一次管理大型项目。A 公司信息中心的夏经理作为甲方项目经理负责实施配合。由于涉及分厂较多，陈经理从各分厂抽调了生产调度人员、计划统计人员、计量人员、信息人员中的技术骨干，组成各分厂的项目小组，钱经理带领的乙方项目组成员均为 MES 业务顾问，资深顾问安排到了业务最复杂的炼油厂，其他顾问水平参差不齐，分别安排到了其他分厂。公司的软件开发部设在总部，项目实施顾问均在 A 公司提供的现场（某宾馆）集中办公，陈经理负责 A 公司与公司总部之间的沟通，从总体上管理项目。

项目在 8 月初启动，陈经理按原 MES1.0 版本时的实施经验制订了项目开发计划，收集各分厂用户需求，创建了 MES 测试服务器环境等。初期较为顺利，但后来发生了一系列的问题，由于原 MES1.0 版本软件仅适用于单纯的炼油业务，而现在的化工业务在软件系统中并没有合适的模型，A 公司规模很大，炼油厂的许多业务并不是直线式的，而是一种网状关系，所以 MES 软件的炼油装置模型也需要修改，而在陈经理的项目计划中，并没有炼油模型的修改计划。由于业务需求分析占用了很多时间，陈经理将这部分工作提交给软件开发部，而与此同时，甲方的部分业务人员，如统计和信息人员却无事可做，将许多时间消耗在上网或打游戏上，或通过远程桌面处理自己原单位的一些日常工作事务。

当软件开发部将软件开发完成后，已经进入 12 月，项目进度已经远远落后于陈经理当初的计划，陈经理要求各分厂小组由顾问牵头分别对自己负责的模块进行测试，同时安排各小组中信息人员进行报表开发。MES 系统试运行的原计划安排在 12 月底，拟 1 月中旬正式上线。信息人员认为，以现在的可用时间开发这么多报表，肯定完不成。统计人员发现 MES 系统根本不能满足业务的需要。

项目的进展进入混乱状态，各分厂的项目小组内也有不同的声音：有抱怨系统太烂的，运行一个查询页面居然要 3 分钟时间；也有反映在一些录入页面中找不到提交按钮，造成资料不能保存的。一些顾问迫于压力尝试修改系统，但竟然造成用户的数据丢失，引起很大不满，甚至一些成员开始嘲笑乙方顾问的水平，进而开始怀疑 MES 系统能否正常运转起来。根据实际情况，陈经理在用户同意的情况下，将系统的投用时间重新设在 1 月底。为了完成这个目标，陈经理要求各项目小组从 12 月中旬开始，每周六、周日和晚上必须加班。元旦期间，项目小组中的一些甲方成员并没有来加班。甚至在一个假日的中午，所在的宾馆居然没有提供足够的午餐，乙方项目小组中开始有人跳槽离去……

陈经理受到公司总部的批评。陈经理认为，即使他能准确估算出每个任务所需的时间，也无法确定项目的总工期，以项目现在的状态，到 1 月底根本完不成。具体什么时间完成，陈经理感觉遥遥无期。

资料来源：张友生，刘现军. 信息系统项目管理师案例分析指南［M］. 北京：清华大学出版社，2009：76-77.

7.1 项目活动的界定

项目进度管理又叫项目工期管理。项目进度管理是为确保项目按时完工所开展的一系列管理活动与过程。它包括：项目活动的界定和确认（即分析确定为达到项目目标所必须进行的各种作业活动），项目活动内容的排序（即分析确定工作之间的相互关联关系并形成项目活动排序的文件），估算项目活动工期（即对项目各项活动所需时间做出估算），估算整个项目的工期，制订项目工期计划，对作业顺序、活动工期和所需资源进行分析，制订项目工期进度计划；管理与控制项目工期进度等。这些项目进度管理的过程与活动既相互影响，又相互关联。它们在理论上是分阶段展开的，但在实际项目实施和管理中，却是相互交叉和重叠的。本章将分别讨论这些项目进度管理过程与活动的内容。

7.1.1 项目活动界定的概念及其所需信息

项目活动的界定是指识别实现项目目标所必须开展的项目活动。在项目进度管理中，项目活动界定的主要依据是项目的目标、范围和项目工作分解结构。同时，在项目活动界定过程中，还需要参考各种历史信息与数据，考虑项目的各种约束条件和假设前提条件等。项目活动界定的结果是给出一份项目活动清单，以及有关项目活动清单的支持细节和对项目工作分解结构的更新。正确地界定一个项目的全部活动必须依据下述信息和资料：

（1）项目工作分解结构。

项目工作分解结构是界定项目活动所依据的最基本和最主要的信息。项目工作分解结构是一个关于项目所需工作的一种层次性、树状的分解结构及描述。它给出了一个项目所需完成工作的整体表述。项目工作分解结构是界定项目所需活动的一项最重要的依据。下面的图 7-1 给出了一个软件开发项目的工作分解结构。由图 7-1 可以看出整个软件开发项目的工作被分解为两个层次。依据这一工作分解结构，我们就可以进一步细化并界定出这个项目的全部活动了。项目活动界定所依据的项目工作分解结构的详细程度和层次多少主要取决于两个因素：一个是项目组织中各个项目小组或个人的工作责任划分和他们的能力水平，另一个是项目管理与项目预算控制的要求和能力水平。一般情况下，项目组织的责任分工越细，管理和预算控制水平越高，工作分解结构就可以详细一些，并且层次多一些。反之，工作分解结构就可以粗略一些，层次少一些。因此，任何项目在不同的项目组织结构、管理水平和预算限制前提下，都可以找到许多种不同的项目工作分解结构。例如，不同项目团队可能为同一个管理咨询项目做出两种不同的工作分解结构。这两种工作分解结构都能够实现这一项目的目标，只是在项目组织管理与预算控制方面会采取不同的模式和方法。因此，在项目活动界定中，还必须充分考虑项目工作分解结构的详细程度和不同详细程度的方案对项目活动界定的影响。

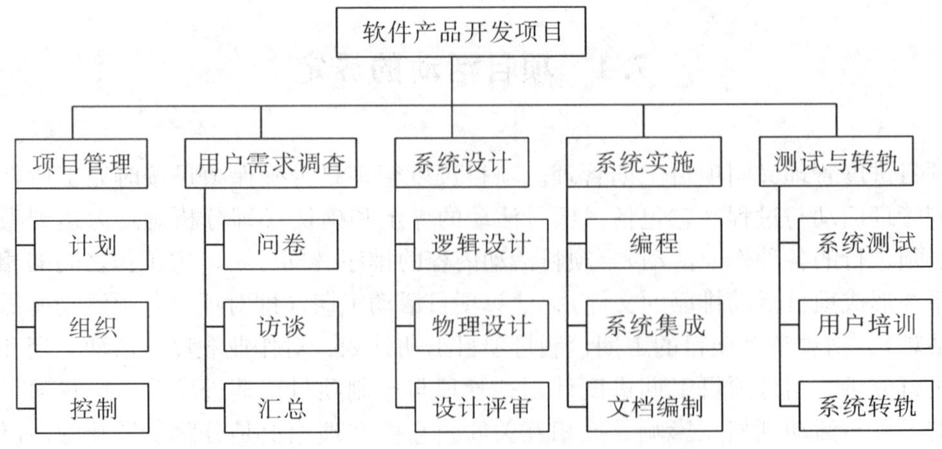

图 7-1　软件开发项目工作分解结构示意图

（2）确认的项目范围。

项目活动界定的另一个依据是既定的项目目标和项目范围，以及这方面的信息和资料。实际上，如果一个项目的目标不清楚，或者项目范围不确定，那么就可能在界定该项目活动的过程中漏掉一些项目必须开展的作业与活动；或者是将一些与实现项目目标无关的工作界定为项目的必要活动，从而出现超越项目范围的工作与活动。这些都会给项目进度管理和整个项目管理带来很大的麻烦。所以，在项目活动界定中必须以引进获得确认的项目范围为主要依据。

（3）历史信息。

在项目活动界定中，我们还需要使用各种相关的项目历史信息。这既包括在项目前期工作中收集和积累的各种信息，也包括项目组织或其他组织过去开展类似项目获得的各种历史信息。例如，在类似的历史项目中，项目组织究竟曾开展过哪些具体的项目活动，这些项目活动的内容与顺序如何，这些项目活动有什么经验与教训等。这些都属于项目的历史信息。

（4）项目的约束条件。

项目的约束条件是指项目所面临的各种限制条件和限制因素。任何一个项目都会有各种各样的限制条件和限制因素，任何一个项目活动也都会有一定的限制因素和限制条件。这些限制因素与条件也是界定项目活动的关键依据之一，也是界定项目活动所必须使用的重要信息。例如，一个高科技产品开发项目会受到高科技人才资源、资金、时间等各种因素和条件的限制。这些约束条件都是在界定这一项目的活动中必须考虑的重要因素。

（5）项目的假设前提条件。

项目的假设前提条件是指项目组织在开展项目活动界定的过程中，对那些不具有确定性的项目的前提条件做出的假设。这些假设的前提条件对于界定一个项目的活动来说是必需的，否则就会因为缺少条件而无法开展项目活动的界定。因为在项目活动界定时，项目的某些前提条件仍然无法确定，所以就需要根据分析、判断和经验，假定出这些具体的项目前提条件，以便作为项目活动界定的前提条件使用。需要注意的是，项目假设前提条件存在一定的不确定性，会给项目带来一定的风险。

上述这些都是在项目活动界定工作中所需的依据和信息。另外，在进行项目活动界定的同时，还要考虑进一步分析、修订和更新项目的范围、历史信息、各种项目约束条件和假设前提条件，以及各种可能发生的项目风险等要素。

7.1.2 项目活动界定的方法

如果要完成一个项目首先就要确定究竟该项目需要通过开展哪些活动才能够实现项目目标。项目活动界定的结果就是要给出这样一份包括所有项目活动的清单。准备这样一份项目活动清单可以采用很多不同的方法，一种方法是让项目团队成员利用“头脑风暴法”，通过集思广益去生成一份项目活动清单。这种方法主要适合于较小项目活动的界定。但是对大型和较复杂的项目，则需要使用项目工作分解结构，依据如下的方法去界定和给出项目活动的清单。

(1) 项目活动分解法。

项目活动分解法是指为了使项目便于管理而根据项目工作分解结构，通过进一步分解和细化项目工作任务，从而得到全部项目具体活动的一种结构化的、层次化的项目活动分解方法。这种方法将项目任务按照一定的层次结构，逐层分解成详细和容易管理控制的一系列具体项目活动，从而更好地进行项目的时间管理。这种项目活动分解法有助于完整地找出一个项目的所有活动。使用项目活动分解法最终得到的是关于项目活动的界定，而不是对项目产出物的描述。这种项目活动界定的结果是为项目进度管理服务的，而不是为项目质量管理服务的（项目产出物的描述主要是为项目质量管理服务的）。

(2) 项目活动界定的平台法。

项目活动界定的平台法也叫原型法，它将一个已完成项目的活动清单（或该活动清单中的一部分）作为新项目活动界定的一个平台，根据新项目的各种具体要求、限制条件和假设前提条件，通过在选定平台上增减项目活动的方法，定义出新项目的全部活动，得到新项目的活动清单。这种方法的优点是简单、快捷、明了，但是可供使用的平台或原型（已完成项目的活动清单）的缺陷和缺乏会对新的项目活动界定结果带来一定的影响，而且会由于既有平台的局限性而漏掉或额外增加一些不必要的项目活动。

7.2 项目活动的排序

项目活动排序与工期的估算

7.2.1 项目活动排序的概念

项目活动排序是通过识别项目活动清单中各项活动的相互关联与依赖关系，并据此对项目各项活动的先后顺序进行合理安排与确定的项目进度管理工作。为制订项目时间（工期）计划，就必须科学合理地安排一个项目各项活动的顺序关系。一般较小的项目或一个项目阶段的活动排序可以通过人工排序的方法完成，但是复杂项目的活动排序多数要借助于计算机信息系统完成。为了制订项目时间（工期或进度）计划，必须准确和合理地安排项目各项活动的顺序并依据这些活动顺序确定项目的各种活动路径，以及由这些项目活动路径构成的项目活动网络。这些都属于项目活动排序工作的范畴。

7.2.2 项目活动排序的方法

项目活动排序需要根据上述项目活动之间的各种关系、项目活动清单和项目产出物的描述以及项目的各种约束和假设条件，通过反复的试验和优化去编排出项目的活动顺序。通过项目活动排序确定出的项目活动关系，需要使用网络图或文字描述的方式给出。通常，安排和描述项目活动顺序关系的方法有下述几种：

（1）顺序图法。

顺序图法（Precedence Diagramming Method，PDM）也叫节点网络图法（Activity-on-node，AON）。这是一种通过编制项目网络图给出项目活动顺序安排的方法。它用节点表示一项活动，用节点之间的箭线表示项目活动之间的相互关系。图 7-2 是一份使用顺序图法给出的一个简单项目活动排序结果的节点网络图。这种项目活动排序和描述的方法是大多数项目管理中使用的方法。这种方法既可以用人工方法实现，也可以用计算机软件系统实现。

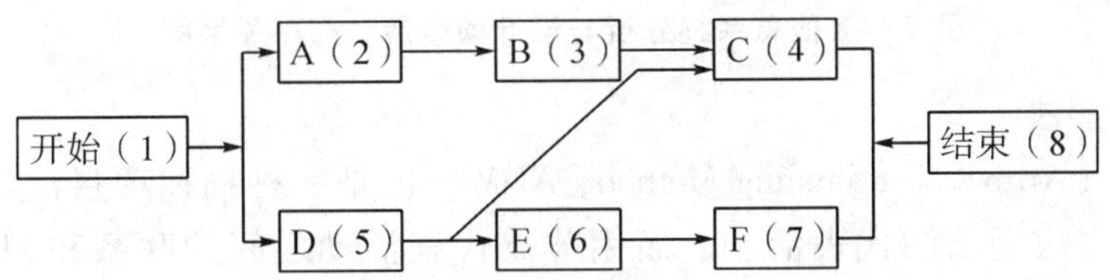

图 7-2 用顺序图法绘制的项目网络图

在这种网络图中，有四种项目活动的顺序关系：其一是“结束—开始”的关系，即前面的甲活动结束以后，后面的乙活动才能开始；其二是“结束—结束”的关系，即只有甲活动结束以后，乙活动才能够结束；其三是“开始—开始”的关系，即甲活动必须在乙活动开始之前就已经开始了；其四是“开始—结束”的关系，即甲活动必须在乙活动结束之前就开始了。在节点网络图中，最常用的逻辑关系是前后依存活动之间具有的“结束—开始”的相互关系，而“开始—结束”的关系很少用。在现有的项目管理软件中，多数使用的也是“结束—开始”的关系，甚至有些软件，只有这种“结束—开始”活动关系的描述方法。

在用节点表示活动的网络图中，每项活动由一个方框表示，对活动的描述（命名）一般直接写在框内。每项活动只能用一个框表示，如果采用项目活动编号则每个框只能指定一个唯一的活动号。项目活动之间的顺序关系则可以使用连接活动框的箭线表示。例如，对于“结束—开始”的关系，箭线箭头指向的活动是后续活动（后续开展的活动），箭头离开的活动是前序活动（前期开展的活动）。一项后续活动只有在与其联系的全部前序活动完成以后才能开始。这可以通过箭线连接前后两项活动的方法表示。例如，在信息系统开发项目中，只有完成了“用户调查”后，“系统分析”工作才能开始。这可以用图 7-3 示意。

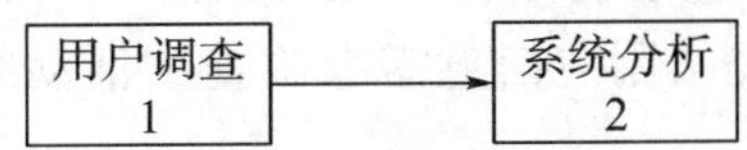

图 7-3 用节点和箭线表示的项目活动顺序图

另外，有些项目活动可以同时进行，虽然它们不一定同时结束，但是只有它们全部结束，下一项活动才能够开始。例如，在信息系统开发项目中，各方面用户（如企业计划部门、营销部门等信息用户）的信息需求调查可以同时开始，但是不一定同时结束，然而只有所有的用户需求调查完成以后才能够开展项目的系统分析工作。这些项目活动之间的关系可以由图 7-4 示意。

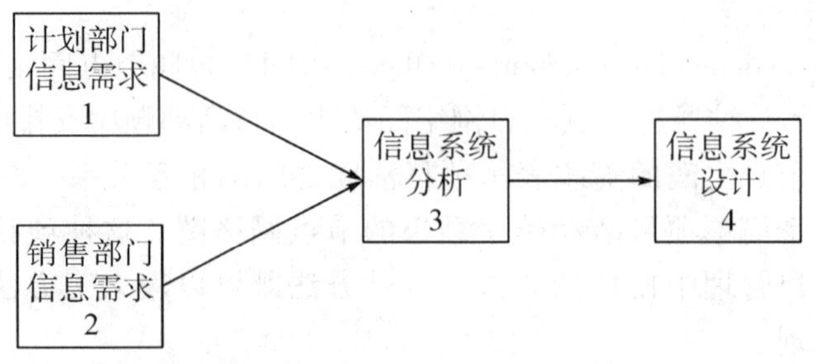

图 7-4　信息系统分析与设计项目活动顺序关系图

（2）箭线图法。

箭线图法（Arrow Diagramming Method，ADM）也是一种描述项目活动顺序的网络图方法。这一方法用箭线代表活动，而用节点代表活动之间的联系和相互依赖关系。图 7-5 是用箭线图法绘制的一个简单项目的网络图。这种方法虽然没有顺序图法流行，但是在一些应用领域中仍不失为一项可供选择的项目活动顺序关系描述方法。在箭线图法中，通常只描述项目活动间的“结束—开始”的关系。当需要给出项目活动的其他逻辑关系时，就需要借用“虚活动”（dummy activity）来描述了。箭线图法同样既可以由人工完成，也可以使用计算机专用软件系统完成。

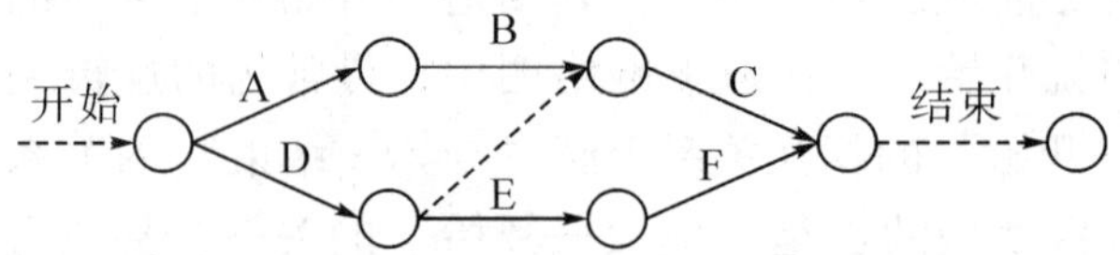

图 7-5　用箭线图法绘制的项目网络图

在箭线图中，一项活动由一条箭线表示，有关这一活动描述（命名）可以写在箭线上方。描述一项活动的箭线只能有一个箭头，箭线的箭尾代表活动的开始，箭线的箭头代表活动的结束。箭线的长度和斜度与项目活动的持续时间或重要性没有任何关系。在箭线图法中，代表项目活动的箭线通过圆圈连接起来，这些连接用的圆圈表示具体的事件。箭线图中的圆圈既可以代表项目的开始事件，也可以代表项目的结束事件；当箭线指向圆圈时，圆圈代表该活动的结束事件；当箭线离开圆圈时，圆圈代表活动的开始事件。在箭线图法中，需要给每个事件确定唯一的代号。例如，图 7-6 中，“用户信息需求调查”和“信息系统分析”之间就存在一种顺序关系，二者由“事件 2”联系起来。“事件 2”代表“用户信息需求调查”活动结束和“信息系统分析”活动开始这样一个事件。

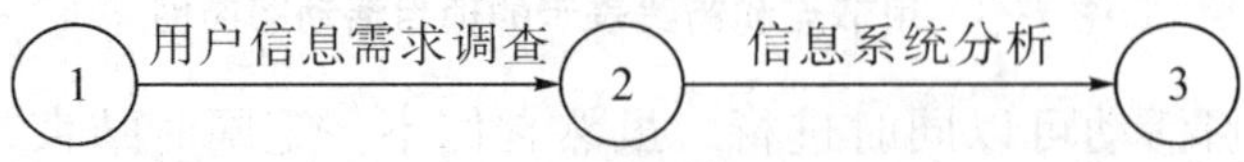

图 7-6　箭线图法中的“活动”与“事件”示意图

项目活动的开始事件（箭尾圆圈）也叫作该项活动的“紧前事件”，项目活动的结束事件（箭头圆圈）也叫作该活动的“紧随事件”。例如，对于图 7-6 中的项目活动“用户信息需求调查”而言，它的紧前事件是圆圈 1，而它的紧随事件是圆圈 2；但是对于项目活动“信息系统分析”而言，它的紧前事件是圆圈 2，它的紧随事件是圆圈 3。在箭线图法中，有两个基本规则用以描述项目活动之间的关系：①图中的每一个事件（圆圈）必须有唯一的事件号，图中不能出现重复的事件号；②图中的每项活动必须由唯一的紧前事件和唯一的紧随事件组合来予以描述。

下面图 7-7 中的项目活动 A 和 B 具有相同的紧前事件（圆圈 1）和紧随事件（圆圈 2）。这在箭线图法中是绝对不允许的，因为这种方法要求每项活动必须用唯一的紧前事件和紧随事件的组合来表示。

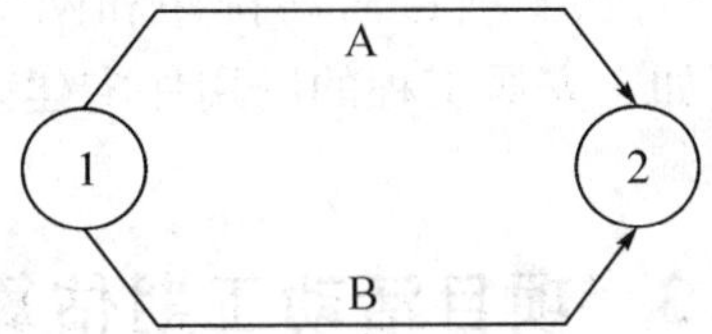

图 7-7　错误的项目活动描述示意图

为了解决图 7-7 中出现的问题，在箭线图法中规定有一种特殊的活动，被称为“虚活动”。这种活动并不消耗时间，所以它在网络图中用一个虚线构成的箭线来表示。这种“虚活动”用来描述项目活动之间的一种特殊的先后关系，以满足每项活动必须用唯一的紧前事件和紧随事件的组合来确定的要求。例如，为合理地描述图 7-7 中给出的活动 A 和活动 B，就需要插入一项“虚活动”（见下面的图 7-8），这样就可以使活动 A 和 B 由唯一的紧前事件和紧随事件组合来描述。在图 7-8 中有两种描述方法，其一是活动 A 由事件 1 和事件 3 的组合来描述，活动 B 由事件 1 和事件 2 的组合来表示（图 a）。其二是活动 A 由事件 1 和事件 2 的组合来表示，而活动 B 用事件 1 和事件 3 的组合来表示（图 b）。这两种方法都是可行的方法。

图 7-8　加入“虚活动”后的箭线图

根据项目活动清单等信息和上述网络图方法的原理就可以安排项目活动的顺序，绘制项目活动的网络了。这一项目进度管理工作的具体步骤是：首先，选择是使用顺序图法还使用箭线图法去描述项目活动的顺序安排；其次，按项目活动的客观逻辑顺序和人为确定的优先次序安排项目活动的顺序；最后，使用网络图法绘制出项目活动顺序的网络图。在决定以何种顺序安排项目活动时，需要对每一个项目活动明确回答以下三个方面的问题：

①在该活动可以开始之前，哪些活动必须已经完成？

②哪些活动可以与该活动同时开始？

③哪些活动只有在该活动完成后才能开始?

通过明确每项活动的这三个问题，就可以安排项目的活动顺序并绘制出项目网络图，从而全面描述项目所需各项活动之间的相互关系和顺序了。

(3) 网络模板法。

在某些情况下，一个项目组织可能给不同的客户做相似的项目。此时，新项目的许多活动可能包含与历史项目活动具有相同的逻辑关系安排。因此，人们有可能用过去完成项目的网络图作为新项目网络图的模板，并通过增删项目活动去修订这种模板，从而获得新项目的活动网络图。这种网络模板法有助于尽快生成项目网络图，它可以用于对整个项目或项目的某个局部的项目活动排序和网络图的编制。对于有些项目，网络模板法是非常有效的。例如，安居工程的民用住宅建设项目就是如此。

7.3 项目活动工期估算

7.3.1 项目活动工期估算的概念

项目活动工期估算是指对项目已确定的各种活动所做的工期（或时间）可能长度的估算工作。它包括对每一项完全独立的项目活动时间的估算和对整个项目的工期估算。这项工作通常应由项目团队中对项目各种活动的特点熟悉的人来完成；也可以由计算机进行模拟和估算，再由专家审查确认这种估算。对一项项目活动所需时间的估算，通常要考虑项目活动的作业时间和延误时间。例如，“混凝土浇铸”会因为下雨、公休而出现延误时间。通常，在输入各种依据参数之后，绝大多数项目计划管理软件都能够处理这类时间估算问题。

7.3.2 项目活动工期估算的方法

项目活动工期估算的方法主要包括下述几种：

(1) 专家评估法。

专家评价法是指由项目进度管理专家运用他们的经验和专业特长对项目活动工期做出估计和评价的方法。由于项目活动工期受许多因素的影响，所以使用其他方法计算和推理是很困难的，但专家评估法却十分有效。

(2) 类比法。

类比法是指以过去相似项目活动的实际活动工期为基础，通过类比的办法估算新项目活动工期的一种方法。当项目活动工期方面的信息有限时，可以使用这种方法来估算项目的工期，但是这种方法的结果比较粗，一般用于最初的项目活动工期估算。

(3) 模拟法。

模拟法是指以一定的假设条件为前提，进行项目活动工期估算的一种方法。常见的这类方法有蒙特卡罗模拟、三角模拟等。这种方法既可以用来确定每项项目活动工期的统计分布，也用来确定整个项目工期的统计分布。其中，三角模拟法相对比较简单，这种方法的具体做法如下：

①单项活动的工期估算。

对于活动持续时间存在高度不确定的项目活动，需要给出活动的三个估计的时间：乐观时间 t_0（这是在非常顺利的情况下完成某项活动所需的时间）、最可能时间 t_m（这是在正常情况下完成某项活动最经常出现的时间）、悲观时间 t_p（这是在最不利情况下完成某项活动的时间），以及这些项目活动时间所对应的发生概率。通常，还需假定这三个时间都服从 β 概率分布。然后，用每项活动的三个时间的估计时间就可确定每项活动的期望（平均数或折中值）工期了。这种项目活动工期期望值的计算公式如下：

$$t_e = \frac{t_0 + 4(t_m) + t_p}{6}$$

例如，假定一项活动的乐观时间为 1 周，最可能时间为 5 周，悲观时间为 15 周，则该项活动工期的期望值为：

$$t_e = \frac{1 + 4 \times 5 + 15}{6} = 6(\text{周})$$

②总工期期望值的计算方法。

在项目的实施过程中，一些项目活动花费的时间会比它们的期望工期少，另一些会比它们的期望工期多。对于整个项目而言，这些多于期望工期和少于期望工期的项目活动耗费的时间有很大一部分是可以相互抵消的。因此，所有期望工期与实际工期之间的净总差额值同样符合正态概率分布规律。这意味着，在项目活动排序给出的项目网络图中的关键路径（工期最长的活动路径）上的所有活动的总概率分布也是一种正态分布。其均值等于各项活动期望工期之和，方差等于各项活动的方差之和。我们依据这些就可以确定出项目总工期的期望值了。

③项目工期估算实例。

现有一个项目的活动排序及其工期估计数据如图 7-9 所示。假定项目的开始时间为 0 并且必须在第 40 天之前完成。

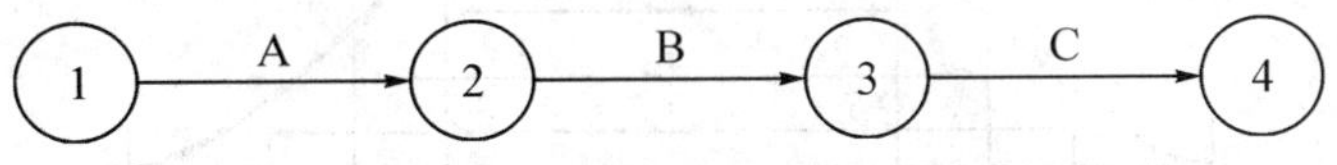

图 7-9　项目工期估计示意图

上图中每个活动工期的期望值计算如下：

A 活动　$t_e = \frac{2 + 4 \times 4 + 6}{6} = 4(\text{天})$

B 活动　$t_e = \frac{5 + 4 \times 13 + 15}{6} = 12(\text{天})$

C 活动　$t_e = \frac{13 + 4 \times 18 + 35}{6} = 20(\text{天})$

把这三个项目活动估算工期的期望值加总，可以得到一个总平均值，即项目整体的期望工期 t_e 。具体做法见表 7-1。

表 7-1　　项目活动工期估算汇总表　　单位：天

活 动	乐观时间 t_o	最可能时间 t_m	悲观时间 t_p	期望工期 t_e
A	5	4	6	4
B	5	13	15	12
C	13	18	35	20
项目整体	20	35	56	36

由上表可以看出，三项活动的乐观时间为 20 天，最可能时间为 35 天，而悲观时间为 56 天，据此计算出的项目整体期望工期与根据三项活动的期望值之和（4+12+20=36）的结果是相同的。这表明对整个项目而言，那些多于期望工期和少于期望工期的项目活动所耗时间是可以相互抵消的，因此项目整体工期估算的时间分布等于三项活动消耗时间平均值或期望值之和。另外，这一工期估算中的方差有如下关系：

活动 A　$\delta^2 = \left(\frac{6-2}{6}\right)^2 = 0.444$

活动 B　$\delta^2 = \left(\frac{15-5}{6}\right)^2 = 2.778$

活动 C　$\delta^2 = \left(\frac{35-13}{6}\right)^2 = 13.444$

由于总分布是一个正态概率分布，所以它的方差是三项活动的方差之和，即 16.666。总分布的标准差 δ 是：

标准差 $= \delta = \sqrt{\delta^2} = \sqrt{16.666} = 4.08$（天）

图 7-10 给出了总概率曲线与其标准差的图示。

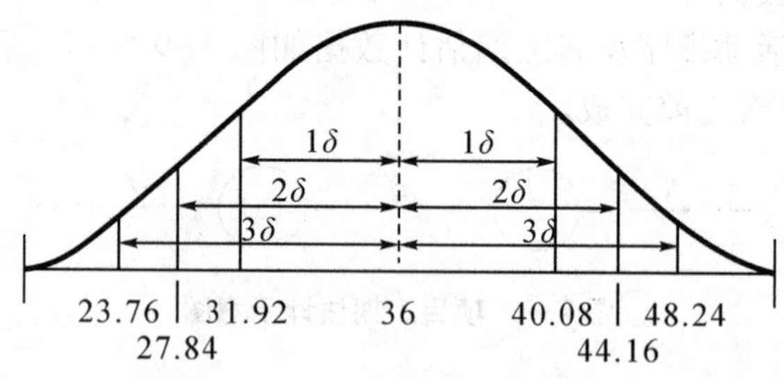

图 7-10　项目实例的正态概率分布

上图是一个正态曲线，其在±1δ 的范围内（即在 31.92 与 40.08 天之间）包含了总面积的 68%；在 27.84 天和 44.16 天之间包含了总面积的 95%；在 23.76 天与 48.24 天之间包含了总面积的 99%。对于这些概率分布可以解释如下：在 23.76 天到 48.24 天之间完成项目的可能性为 99%（概率为 0.99）；在 27.84 天到 44.16 天之间完成项目的可能性为 95%（概率为 0.95）；在 31.92 天到 40.08 天之间完成项目的可能性为 68%（概率为 0.68）。

7.4 项目工期计划制订

7.4.1 项目工期计划制订的概念

项目工期计划制订是根据项目活动界定、项目活动顺序安排、各项活动工期估算和所需资源所进行的分析和项目计划的编制与安排。制订项目工期计划要定义出项目的起止日期和具体的实施方案与措施。在制订出项目工期计划之前，必须同时考虑这一计划所涉及的其他方面问题和因素，尤其是对项目工期估算和成本预算的集成问题必须予以考虑。

7.4.2 制订项目工期计划的方法

项目工期计划是项目专项计划中最为重要的计划之一，这种计划的编制需要反复地试算和综合平衡，因为它涉及的影响因素很多，而且它的计划安排会直接影响到项目集成计划和其他专项计划。所以这种计划的编制方法比较复杂，使用的主要方法有如下几种：

（1）系统分析法。

系统分析法是通过计算所有项目活动的最早开始和结束时间、最晚开始和结束时间，统一安排项目活动，获得项目工期计划。这些时间的计算要反映出项目工期计划对资源限制和其他约束条件的考虑，以及对各种不确定因素的综合考虑。由于这种方法考虑了多种因素的影响，所以在项目工期计划编制中系统分析法运用的较多。这种方法包括的几个基本概念如下：

①项目的开始和结束时间。

为建立一个项目所有活动的工期计划安排的基准，就必须为整个项目选择一个预计的开始时间（estimated start time）和一个要求的完工时间（required completion time）。这两个时间的间隔规定了项目完成所需的时间周期（或叫项目的时间限制）。整个项目的预计开始时间和结束时间通常是项目的目标之一，需要在项目合同或项目说明书中明确规定。然而，在一些特殊情况下，可能会使用时间周期的形式来表示项目的开始和结束日期（如项目要在开始后90天内完成）。

②项目活动的最早开始和结束时间、最迟开始和结束时间。

为了使项目在要求的时间内完成，还必须根据项目活动的工期和先后顺序来确定出各项活动的时间。这需要给出每项活动的具体时间表，并在整个项目预计开始和结束的时间基础上确定出每项活动能够开始和完成的最早时间和最迟时间。其中，一项活动的最早开始时间是根据整个项目的预计开始时间和所有紧前活动的工期估计得来的；一项活动的最早结束时间是用该活动的最早开始时间加上该活动的工期估计得来的。项目活动的最迟完工时间是用项目的要求完工时间减去该项目活动所有紧随活动的工期估计计算出来的，而项目活动的最迟开始时间是用该活动最迟结束时间加上活动的工期估计计算出来的。

③关键路径法。

在项目的工期计划编制中，广为使用的系统分析法主要有：项目计划评审技术和关键路径法两种方法。其中，最重要的是关键路径法。关键路径法是一种运用特定的、有顺序的网络逻辑去估算项目活动工期，确定项目每项活动的最早与最晚开始和结束时间，并做出项目工期网络计划的方法。关键路径法关注的核心是项目活动网络中关键路径的确定和关键路径总工期的计算，其目的是使项目工期能够最短。关键路径法通过反复调整项目活动的计划安排和资源配置方案使项目活动网络中的关键路径逐步优化，最终确定出合理的项目工期计划。因为只有时间最长的项目活动路径完成之后，项目才能够完成，所以一个项目最长的活动路径被称为“关键路径”（critical path）。

在项目工期计划编制过程中，在找出项目的关键路径和关键路径上各项活动的估计工期后，就可以确定出整个项目的工期估算和项目工期计划了。在这一方法中，一个项目的最早结束时间等于项目计划开始时间加上项目关键路径上前期各项活动的期望工期之和。例如，图 7-11 中给出的是一个只有三项活动的项目案例，项目的最早结束时间是 36 天，项目最可能的结束时间是 39 天，而项目的最迟结束时间是 42 天。项目的最早、最迟完工时间是根据三项项目具体活动的工期估算求出的，它们的发生概率符合下图给出的正态分布。

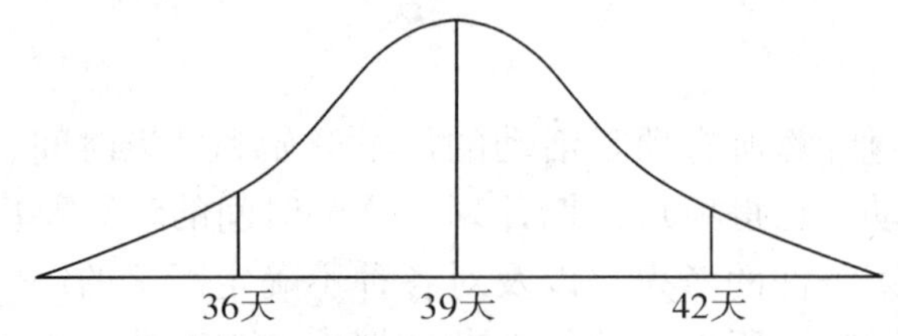

图 7-11　案例项目完工时间发生概率的正态分布示意图

（2）模拟法。

模拟法是根据一定的假设条件和这些条件发生的概率，运用像蒙特卡罗模拟、三角模拟等方法，确定每个项目活动可能工期的统计分布和整个项目可能工期的统计分布，然后使用这些统计数据去编制项目工期计划的一种方法。同样，由于三角模拟法相对比较简单，一般都使用这种方法去模拟估算项目单项活动的工期，然后再根据各个项目可能工期的统计分布做出整个项目的工期估算，最终编制出项目的工期计划。

（3）资源水平法。

使用系统分析法制订项目工期计划的前提是项目的资源充足，但是在实际中，多数项目都存在资源限制，因此有时需要使用资源水平法去编制项目的工期计划。这种方法的基本指导思想是“将稀缺资源优先分配给关键路线上的项目活动”。这种方法制订出的项目工期计划常常比使用系统分析法编制的项目工期计划的工期要长，但是更经济和实用。这种方法有时又叫作“基于资源的项目工期计划方法”。

（4）甘特图法。

这是由美国学者甘特发明的一种使用条形图编制项目工期计划的方法，是一种比较简便的工期计划和进度安排方法。这种方法是在 20 世纪早期发展起来的，但是因为它简单明了，所以到今天人们仍然广泛使用。甘特图把项目工期和实施进度安排两种职能组合在一起。项目活动纵向排列在图的左侧，横轴则表示活动与工期时间。每项活动预计的时间用线段或横棒的长短表示。另外，在图中也可以加入一些表明每项活动由谁负责等方面的信息。简单项目的甘特图如图 7-12 所示。

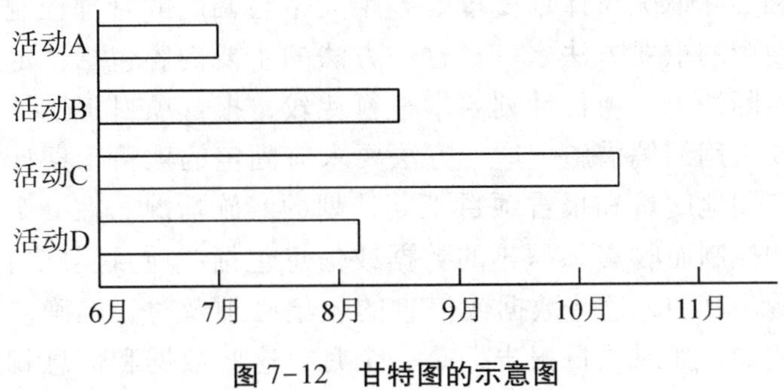

图 7-12 甘特图的示意图

(5) 项目管理软件法。

项目管理软件是广泛应用于项目工期计划编制的一种辅助方法。使用特定的项目管理软件就能够运用系统分析法的计算方法和对资源水平的考虑，快速地编制出多个可供选择的项目工期计划方案，最终决策和选定一个满意的方案。这对于优化项目工期计划是非常有用的。当然，尽管使用项目管理软件，最终决策还是需要由人来做出。

7.5 项目工期计划控制

7.5.1 项目工期计划控制的概念

项目工期计划控制是指对项目工期计划的实施与项目工期计划的变更所进行的管理控制工作。项目工期计划控制的主要内容包括：对项目工期计划影响因素的控制（事前控制），对项目工期计划完成情况的绩效度量，对项目实施中出现的偏差采取纠偏措施，以及对项目工期计划变更的管理控制等。项目开始实施以后，就必须严格控制项目的进程，以确保项目能够按项目工期计划进行和完成。在这一工作中，必须及时定期地将项目实施的情况与项目计划进度进行比较，并找出二者的差距。一旦发现这种差距超过了控制标准，就必须采取纠偏措施，以维持项目工期进度的正常发展。项目经理必需根据项目实际进度并结合其他发生的具体情况，定期地改进项目的实际工作或更新项目进度计划，最终实现对整个项目工期的全面和有效的控制。

7.5.2 项目工期计划控制的方法

项目工期计划控制的方法多种多样，但是最常用的有以下几种：

(1) 项目工期计划变更的控制方法。

项目工期计划变更的控制方法是针对项目工期计划变更的各种请求，按照一定的程序对项目工期计划变更进行全面控制的方法。它包括项目工期变更的申请程序、项目工期变更的批准程序和项目工期变更的实施程序等一系列的控制程序及相应的方法。

（2）项目工期计划实施情况的度量方法。

项目工期计划实施情况的度量方法是一种测定和评估项目实施情况，确定项目工期计划完成程度和实际情况与计划要求的差距大小与幅度的管理控制方法。它是项目工期计划控制中使用的重要方法之一。这一方法的主要内容包括：定期收集项目实施情况的数据，将实际情况与项目计划要求进行比较，报告项目工期计划实施情况存在的偏差和是否需要采用纠偏措施。这一方法要求有固定的项目工期计划实施情况报告期，并定期和不定期地度量和报告项目工期计划的实施情况。在一个报告期内，需要为项目工期计划的控制而收集和积累的数据或信息包括：项目实施情况的数据、项目各种变更的信息等。其中，这些数据或信息的收集必须及时、准确，以便为更新项目工期计划服务。例如，如果项目报告期是一个月，这些数据和信息就应该在月末之前收集完毕，这样才能保证信息的及时和有效。反之，如果信息已经过时或不准确就会引起项目工期计划和控制方面的决策失误。一般从对项目的控制角度来看，这种报告的报告期越短，越有利于及早发现问题并采取纠正措施。特别是当细密的不确定性因素较多，风险较大或项目出现问题时，一定要缩短报告期，增加报告的频率，直到项目计划进度恢复正常为止。例如，如果对于一个工期 5 年的项目而言，其报告期可以是一个月，但是当出现偏离项目工期进度计划或超出项目预算的情况时，就应该立即将这一项目的报告期缩减至一周，以便更好地控制项目工期计划的实施。

（3）追加计划法。

在整个项目的实施过程中，很少有项目能完全依照工期计划实施。一些项目活动会提前完成，而另一些项目活动则会延期完成。实际项目工期计划实施情况无论快还是慢都会对项目的最终完工时间产生影响。因此，项目工期计划控制方法中还有一种是追加计划法（或叫附加计划法）。这种方法可以根据可能出现的工期计划变化，去修订项目活动的工期估算、项目的活动排序和整个项目的工期计划。在整个项目实施的过程中，可能发生的各种变更也会对项目工期计划产生影响，这也要求对项目的范围、预算或工期计划进行修改。这些都需要使用项目工期计划控制的附加计划法。追加计划法包括四个步骤：一是分析项目实施进度并找出存在的问题；二是确定应采取哪些具体的纠偏措施；三是修改项目工期计划并将纠偏措施列入计划中；四是重新计划安排项目工期，估算和评价采取纠偏措施的效果并编制出项目工期的追加计划。这种方法需要重点分析两种活动：一是近期需要开展的项目活动，二是所需时间较长的项目活动。同时，如果能够减少所需工期较长的项目活动的工期，显然要比在所需工期较短的项目活动身上想办法有用得多。有多种方法可以用于缩短项目活动的时间，其中最显而易见的方法是投入更多的资源。例如，分派更多的人来完成同一项活动，或者要求工作人员增加每天的作业时间就可以缩短项目工期。另外，缩小项目的范围或降低项目的质量要求也是缩短项目工期的常用方法。在一些非常情况下，甚至可以取消一些项目活动来缩短项目工期。当然，改进项目工作方法或技术、提高劳动生产率才是缩短项目活动工期的最佳方法。

（4）项目工期管理软件法。

对项目工期计划的管理控制而言，运用项目管理软件也是很有用的方法之一。这种方法可以用来追踪和对比项目实际实施情况与工期计划要求的差距，预测项目工期计划的变化及其影响和调整、更新与追加项目工期计划。

【本章小结】

（1）项目进度计划的目的包括：保证按时获利，以补偿已经发生的费用支出；协调资源；使资源在需要时可以使用；预测在不同时间上所需的资金和资源的级别，以便赋予项目以不同的优先级；满足严格的完工时间约束。

（2）在计划执行过程中，采取相应措施来进行管理非常重要。在计划执行过程中，要随时掌握项目实施动态，检查计划的执行情况，更应随着情况的变化对计划进行调整。这对保证计划目标的顺利实现有决定性的意义。否则，就会使整个网络计划变得毫无意义。

（3）计划执行中的管理工作应抓住以下两个方面：①决定应该采取的相应措施或补救办法；②及时调整计划。

本章思考题

一、填空题

1. 项目进度计划按照主体不同可以划分为（　　）、（　　）、（　　）、（　　）四种。

2. 影响施工进度计划的因素主要包括（　　）、（　　）、（　　）、（　　）、（　　）等。

3. 项目进度计划的表示方法有（　　）、（　　）、（　　）三种。

4. 常见的项目网络计划有（　　）、（　　）、（　　）、（　　）。

5. 项目网络计划按包括的范围划分有（　　）、（　　）两种。

6. 项目进度控制横道图比较法包括（　　）、（　　）、（　　）三种。

二、问答题

1. 什么是项目进度管理，主要包含哪些工作步骤？

2. 项目工作分解结构在项目进度管理中的作用是什么？

3. 大型和较复杂的项目活动界定的方法主要有哪些？各自的特点是什么？

4. 项目工期计划控制的依据有哪些？各自起什么作用？

5. 项目工期计划控制的方法有哪些？

第七章习题参考答案

8 项目质量管理

【本章教学要点】

知识要点	掌握程度	相关知识
质量规划	掌握	质量策略、成本效益
质量控制	掌握	确定因素、工具、技术
质量保证	掌握	质量保证计划、控制流程

【关键词】

质量管理　质量计划　质量保证　质量控制

导入案例

海尔砸冰箱

1984 年，海尔集团创立于青岛，从一家资不抵债、濒临倒闭的集体小厂发展成为全球大型家电第一品牌。通过对互联网模式的探索，海尔集团实现了稳步增长 。1985 年，海尔创业刚起步时，生产的第一批冰箱不合格，张瑞敏就坚决把有问题的 76 台冰箱拿出去砸掉。通过这件事，海尔全员的质量意识大大地提高。海尔在 1988 年 12 月就成为全国同行业的第一块金牌。拿到金牌之后，张瑞敏又给他的员工说，我们拿到的是一块全运会的金牌，下一步我们就要拿奥运会金牌。所以海尔的员工就树立起严格的质量观。所有的员工都知道，“我们要拿奥运会金牌，我们要以质量使得我们的产品走向全球，质量创品牌”。

海尔在生产经营中，始终向职工反复强调这个基本观点：用户是企业的衣食父母，在生产制造过程中，始终要坚持“精细化、零缺陷”，让每个员工都明白“下道工序就是用户”。这些思想被职工自觉落实到行动上，每个员工将质量隐患消除在本岗位上，从而创造出了海尔产品的“零缺陷”。海尔空调从未发生过一起质量事故，产品开箱合格率始终保持在 100%。

资料来源：http：//www. docin. com/p-1465107679. html.

项目的质量管理贯穿项目投资建设的全过程，包括质量计划、质量保证和质量控制三个过程。质量计划是质量管理的第一过程，它主要结合各个公司的质量方针，产品描述以及质量标准和规则，通过收益成本分析和流程设计等制定出实施方略。其内容全面且反映用户的要求，为质量小组成员有效工作提供了指南，为项目小组成员以及项目相关人员了解在项目进行中如何保证和控制质量提供依据，为确保项目质量得到保障提供坚实的基础。质量保证则是贯穿整个项目全生命周期的有计划和有系统的活动，经常性地针对整个项目质量计划的执行情况进行评估、检查与改进等工作，向管理者、顾客或其他方提供信任，确保项目质量与计划保持一致。质量控制是通过监控项目的执行结果，确定其是否符合相关质量标准，并用适当方式消除令项目绩效不高的原因。

8.1 项目质量管理概述

8.1.1 质量

8.1.1.1 质量的概念

项目的时间、费用和质量构成了项目三要素。在项目三要素中，质量是最基本、最核心的要素，是指实体的一组固有特性满足要求的程度。它不仅指产品质量，也可以指过程和体系的质量，如产品、服务、个人、过程、体系、资源和工作等。

8.1.1.2 与质量有关的术语

（1）产品：活动或过程的结果。它包括服务、硬件、软件和流程性材料。

①服务：一种无形产品，是指为满足顾客需要，在供方和顾客接触之间的活动和供方内部活动所产生的结果。

②软件：由信息组成，通常是无形产品，并可以以方法、记录或程序的形势存在，如计算机程序、字典等。

③硬件：通常是有形产品，具有连续的特性，如开发一个产品等。

④流程性材料：通常是有形产品，具有连续的特性。

（2）过程：将输入转化为输出的一组相关的资源和活动。它包括人员、资金、设施、设备、技术和方法。

（3）顾客：产品或服务的接受者。它可以是最终的消费者、使用者、受益者或需求方等。项目质量管理的最终目标是在使产品符合各项标准规定的条件下，令顾客满意最大化。

（4）安全性：把伤害或损害的风险限制在可接受水平内的一种状态。安全性是质量的一个方面，其应符合质量标准。

（5）缺陷：不满足预期的使用要求或期望。缺陷是一种特定范围内的“不合格”。

8.1.1.3 与质量体系有关的术语

（1）质量方针：由组织的最高管理者正式颁布的组织的总的质量宗旨和质量方向。它是总方针的组成部分，由最高管理者批准。

（2）质量管理：确定质量方针、目标和职责并在质量体系中通过质量策划、质量控制、质量保证和质量改进，使其实施的全部管理职能的活动。

（3）质量策划：确定质量和质量体系要素的应用的目标和要求的活动。它包括产品策划、管理和作业策划、编制质量计划。

（4）质量控制：为达到质量要求而采取的作业技术和活动。其目的在于对过程进行监视并消除质量形成过程中所导致不满意结果的原因，以取得经济效益。

（5）质量保证：为使人们确信某实体能满足质量要求，在质量体系内实施并按需要进行证实的全部有计划的和系统的活动。

（6）质量改进：为向组织和顾客提供增加的效益，在整个组织范围内所采取的旨在提高其活动和过程的效益和效率的各种措施。

（7）全面质量管理：一个组织以质量为中心，以全员参与为基础的管理途径。其目的在于通过顾客满意和本组织成员及社会受益而达到长期的成功。

8.1.2 项目质量

8.1.2.1 项目质量的概念

项目质量是指项目产品或者服务满足规定要求的程度，即项目的固有特性满足项目相关方要求的程度。

（1）“规定要求”，通常是指项目的各相关利益方，满足各方要求的程度。

（2）“项目固有特性”主要是指项目的可交付成果，包括产品和服务的特性。

（3）“满足要求”是指应满足合同、规范、标准、文件等明确规定的内容，利益相关方所考虑的要求和期望以及法律、法规等规定的内容。

（4）“项目相关方”是指在组织的决策和活动中有重要利益的个人或团体。

8.1.2.2 项目质量的影响因素

项目投资建设的过程就是质量的形成过程，投资建设各个阶段对项目的质量都有着不同程度的影响。因此，影响项目质量的因素是多方面的，而且不同的项目影响的因素会有所不同，但无论何项目，也无论在何阶段，其影响因素主要包括“人、材料、机械、方法（或工艺）和环境”，简称为4M1E因素。其构成如图8-1所示。

（1）人对项目质量的影响。人是项目活动的主体，其决策者、管理者、实施者均为人。所以，人的工作质量是项目质量的基础，是提高工作质量的关键。人对项目质量的影响取决于人的素质和质量意识。

（2）材料对项目质量的影响。材料是指构成项目实体的各类原材料、构配件等，是形成项目的物质条件。材料选用的是否满足要求、符合标准，将极大地影响着项目质量的形成。

（3）机械对项目质量的影响。机械是指项目建设过程中所使用的仪器设备，对项目质量有着直接的影响。因此，项目人员在项目建设过程中，应针对经济上的合理性、技术上的先进性和使用操作及维护上的方便性等进行综合分析，从而确定机械设备对项目质量可能造成的影响。

（4）方法（或工艺）对项目质量的影响。方法（或工艺）是指项目实施过程中，为形成项目实体所采用的方法、方案、工艺等。在项目实施过程中，方法的合理性、先进性、可靠性、科学性都将对项目质量的形成产生重大影响。因此，项目人员在对方法或工艺进行选择时，应从技术、经济、组织、管理等方面进行全方位分析，从而提高项目质量。

(5) 环境对项目质量的影响。环境包含自然环境、技术环境、建设环境等。在项目形成过程中，应有针对性地采取措施，保证项目质量。

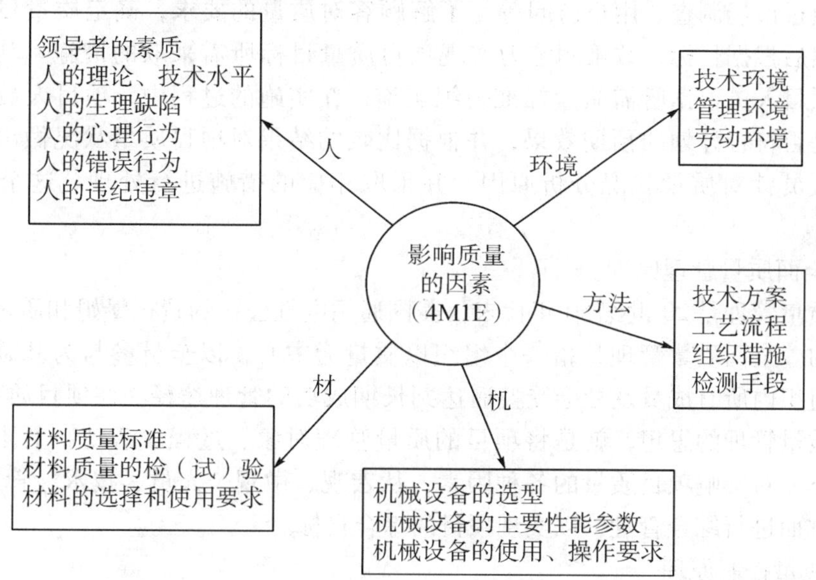

图 8-1 影响项目质量的因素

8.1.3 项目质量管理

8.1.3.1 项目质量管理的概念

项目质量管理是指项目人员在项目质量方面进行的指挥、控制和协调活动，是项目管理的重要内容，也是项目成功的关键因素。其内容包括项目质量策划、质量控制、质量保证和质量改进等。

8.1.3.2 项目质量管理的原理

项目质量管理有七个基本原理：系统原理、PDCA 循环原理、全面质量管理原理、质量控制原理、质量保证原理、合格控制原理和监督原理。

(1) 系统原理。

项目质量管理的对象是项目。项目是由不同的环节、不同的阶段、不同的要素组成，项目的各环节、各阶段、各要素之间存在着相互矛盾又相互统一的关系。项目既有总目标，又有分目标。总目标与分目标之间存在着相互矛盾又相互统一的关系。所以，项目是一个有机整体，是一个系统。

从项目质量管理的主体来看，项目的质量管理是由项目的相关各方共同进行的。项目的相关各方也存在着相互矛盾又相互统一的关系。因此，在项目质量管理的过程中，应运用系统原理进行系统分析，用统筹的观念和系统方法对项目质量进行系统管理，从而使项目总体达到最优。

（2）PDCA 循环原理。

在项目质量管理过程中，无论是对整个项目的质量管理，还是对项目的某一个质量问题所进行的管理，都需要经过从质量计划的制订到组织实施的完整过程。首先，项目人员通过市场调查、用户访问等，了解顾客对质量的要求，确定质量目标、质量政策等，然后根据目标、政策制定为实现项目质量目标所需采取的措施。其次，计划制订后，项目人员根据所需质量标准组织实施；在实施的过程中，项目人员需要不断检查，看是否符合计划的预期效果，并根据比较的结果对项目质量状况做出判断。最后，项目人员针对质量状况分析原因，并采取相应的措施进行处理。这个过程称为 PDCA 循环。

（3）全面质量管理原理。

全面质量管理是 20 世纪 50 年代末，美国通用电气公司的费根堡姆和质量管理专家朱兰提出的。全面质量管理是指一个组织以质量为中心，以全员参与为基础，通过顾客满意和组织内所有成员及社会受益而达到长期成功的管理途径。在项目质量管理中，运用全面质量管理的思想，就是将项目的质量管理对象、过程、活动、主体等看成一个有机整体，对影响项目质量的各种因素，从宏观、微观、人员、技术、管理、方法、环境等各方面进行综合管理，以实现项目的综合目标。

（4）质量控制原理。

质量控制的目标就是确保项目质量能满足顾客、法律法规等方面所提出的质量要求。质量控制的范围涉及项目形成全过程的各个环节。

项目质量控制包括了作业技术和活动，即包括专业技术和管理技术两方面。针对形成实体的各个阶段，应对 4M1E 因素进行控制，并对其活动成果进行检验，及时发现问题、查明原因，并针对性地采取纠偏措施，防止质量问题的再次发生，以减少经济损失。因此，质量控制应贯彻预防为主与检验把关相结合的原则。同时，为了保证每项质量活动的有效性，质量控制必须对干什么、为何干、怎样干、谁来干、何时干、何地干等做出规定，并对实际质量活动进行监控。

（5）质量保证原理。

质量保证是以保证质量为基础，是质量控制的任务。

要使用户能“信任”项目实施者，项目人员应加强质量管理、完善质量体系，有一套完善的质量控制方案、办法，并认真贯彻执行，对实施过程及成果应进行分阶段验证，以确保其有效性。所以，质量保证的主要工作是完善质量控制，以便准备好客观证据，并根据对方的要求有计划、有步骤地开展提供证据的活动。

可见，质量保证的作用是从外部向质量控制系统施加压力，促使其更有效地运行，并向对方提供信息，以便及时采取改进措施。

（6）合格控制原理。

在项目实施过程中，为保证项目或工序质量符合质量标准，及时判断项目或工序质量合格状况，防止将不合格品交付给用户或使不合格品进入下一道工序，就必须借助于某些方法和手段，检测项目或工序的质量特性，并将测得的结果与规定的质量标准相比较，从而对项目或工序做出合格、不合格或优良的判断（称为合格性判断）。如果项目或工序不合格，还应做出适用或不适用的判断。这一过程就称为合格控制。合格控制贯穿于项目进行的全过程。

因此，合格控制是确定项目阶段性成果及最终成果是否符合规定的要求。

（7）监督原理。

项目的承揽方作为独立的项目实施方，其质量行为始终受到实现最大利润这一目标的制约。这种最大利润是在保证和提高项目质量或服务质量的前提下，通过提高工作效率取得，还是通过偷工减料、降低质量获得，这显然是两种完全不同的利润获得方式，前者是正当的，后者是不正当的。为了减少出现不正当的获利行为，减少质量问题的发生，进行质量监督是必要的。质量监督包括政府监督、社会监督、第三方监督和自我监督。

8.1.3.3 项目质量管理的原则

（1）以顾客为关注焦点。

顾客是每一个生产、服务组织存在和发展的基础，必须把顾客的要求放在第一位。为此，组织应与顾客建立良好的沟通，全面地识别和理解顾客当前的和未来的需求和期望，要把顾客的需求和期望转化对产品的要求，并为实现其质量要求和质量目标采取有效措施，从而满足顾客的需求，并争取超越顾客的期望。

（2）领导作用。

领导作用，特别是最高管理者具有决策和领导一个组织的关键作用。要确保其关注顾客、所有者、员工、供方和社会等所有相关方的需求，根据有关方的需求建立组织的质量方针与质量目标，并建立和实施一个有效的能够持续改进的质量管理体系，确保提供所需的资源；协调好质量管理和其他管理的关系，将本组织的宗旨、方向和内部环境统一起来，创造使员工能够充分参与实现组织目标的环境，使质量管理体系能够在这种环境中有效运行。

（3）全员参与。

全体员工是组织的基础。组织的质量管理，不仅需要最高管理者的正确领导，还有赖于全员的充分参与。项目组织要使员工充分了解工作的重要性，充分发挥员工的知识才干，承担解决问题的责任；要积极寻找机会加强员工的技能、知识和经验；提供良好的工作条件和环境、激发员工的积极性和责任心，使员工渴望参与并为持续改进付出创造性的贡献。

（4）过程方法。

项目组织将资源输入转化为产品输出的活动作为过程进行管理。为使组织有效运行，项目人员必须识别和管理许多内部相互联系的过程，如市场调研、设计、供应商选择等。项目人员在系统识别和管理组织内所使用的过程时，需明确过程的相互作用。过程方法的原则不仅适用于某些较简单的过程，也适用于许多过程构成的过程网络。项目人员应过信息反馈测定顾客的满意程度，评价质量体系的绩效。

（5）管理的系统方法。

针对设定的目标，识别、理解并管理一个由相互关联的过程组成的体系，就是要通过质量管理体系的组织结构、程序、过程方法和资源的有机整体活动，让影响产品质量的全部因素都处于受控状态；明确体系内诸过程的内在依赖关系和相互之间的职责和运作程序，使组织内外各个活动之间能够协调一致，科学、有序地协同运作，以提高实现目标的有效性和效率，规范行为，实施测量、检查，确定纠正和预防措施，并实施改进措施，使其取得好的期望结果。

（6）持续改进。

持续改进应是一个组织永恒的目标。组织应将产品、过程和体系持续改进作为组织全体员工的目标。特别是随着信息技术的不断发展，质量要求、市场策略和社会要求、环境条件的不断变化，管理者必须坚持进行质量改进。管理者通过 PDCA 循环、过程重组、过程创新等方法，识别具有改进的潜力区域，不断地挖掘潜力，实现一个又一个质量管理目标，持续地满足不断发展的要求，从而不断地提高顾客需要和期望的质量，不断地提高顾客的满意度。

（7）基于事实的决策方法。

有效的决策是建立在对数据和信息进行合乎逻辑和直观的分析的基础上。管理者运用统计技术，掌握第一手材料，并对掌握的数据、信息、资料进行客观科学的分析、判断，从而有针对性地采取措施，取得切实可靠的实效。

（8）与供方的互利关系。

组织与供方（包括合作方）是互相依存的、互利的关系，可增强双方创造价值的能力，因此处理好与供方的关系，是组织持续稳定地提供顾客满意产品的一项重要工作。组织通过建立和管理与供方的关系，以确保供方能够按时提供可靠的、无缺陷的产品，能够创建一个有利的市场环境，拓展市场，产生更高的效益。

8.2 项目质量计划

项目质量计划是指为确定项目应该达到的质量标准和如何达到这些项目质量标准而做的项目质量的计划与安排。项目质量计划是质量策划的结果之一。它规定与项目相关的质量标准，明确为达到质量目标应采取的措施、提供的相关资源、明确项目参与方、部门或岗位的质量职责。项目质量计划工作的成果：项目质量计划、项目质量工作说明、质量核检清单、可用于其他管理的信息。

8.2.1 项目质量计划的依据

项目质量计划不能凭空编制，应符合项目特点、遵循相关标准与规范等。项目质量计划的依据主要包括以下几点：

（1）项目质量方针。

质量方针是由组织的最高管理者正式发布的该组织的质量宗旨和方向，是一个对项目的整个质量目标和方向进行指导的文件。项目质量方针为质量目标的制定提供了框架，是项目质量计划的依据之一。

项目建立统一的质量方针，可以使项目组织内的所有员工依据纲领指导项目管理工作，从而使质量观念深入人心，在保证工作质量的前提下，保证项目产品质量。质量方针体现了该组织的质量意识和质量追求，是组织内部的行为准则，也体现了顾客的期望和顾客做出的承诺。

（2）项目范围描述。

项目范围是项目质量计划的一项关键依据，它记载了项目的主要可交付成果，以及用于确定利害关系者主要要求的项目目标、限值和验收标准。项目范围明确地说明了为提交既定特性和功能的项目产出物而必须开展项目工作和对于这些项目工作的具体要求，一般包括以下四个方面的内容：

①项目的合理性说明。项目的合理性说明就是解释项目实施的目的是什么，为什么要实施这个项目。项目的合理性说明为将来提供了评估各种利弊关系的基础。

②项目目标。项目目标是所要达到的项目的期望产品或服务。只要确定了项目目标，也就确定了成功实现项目所必须满足的某些标准。项目目标至少应该包括费用目标、进度目标和质量目标。当项目成功地完成时，必须明示出项目事先设定的目标均已达到。

③项目可交付成果清单。项目预先设定的可交付成果全部按照规定完成，并成功交付给使用者，则表示该项目完成。

④产品说明。产品说明应能阐明项目工作完成后，其所生产出的产品或服务的特征。因产品特征是逐步显现出来的，产品说明通常在项目工作的早期阐述少、后期阐述多。产品说明也应记载已生产出的产品或服务同商家的需要或别的影响因素间的关系，它会对项目产生积极的影响。尽管产品说明的形式和内容是多种多样的，但是它们都应足够详细，为今后的项目计划提供详细的、充分的资料。

（3）项目产出物的描述。

项目产出物的描述是指对项目产出物的全面与详细的说明。它包含对范围说明书的进一步具体化，在产品说明书中包含了更加详细的产品的技术要求和性能参数要求，是项目质量计划编制的基础。

（4）相关标准和规定。

国际标准化组织对标准和规范的定义为：标准是一个“由公认的组织批准的文件，是为了能够普遍和重复使用而为产品、过程和服务提供的准则、指导政策或特征，它们不是强制执行的”。标准按照范围可以分为国家标准、行业标准和国际标准。规范是一种“规定产品、过程和服务特征的文件，包括使用的行政管理条例”，与标准所不同的是，规范具有强制性。

不同行业、不同领域，对其相关项目都有相应的质量要求，这些要求往往是通过标准、规范、规程等形式加以明确的，对质量策划将产生重要影响。项目组织在制订项目质量计划时须充分考虑所有与项目质量相关领域的国家、行业标准、各种规范以及政府规定等。

（5）其他信息。

其他信息是指除范围描述和产出物描述外，其他项目管理方面的要求，以及与项目质量计划制订有关的信息。

8.2.2 项目质量计划的主要工具和方法

（1）质量标杆法。

质量标杆法又称确定基准计划，就是以标杆项目的质量政策、质量标准与规范、质量管理计划、质量核检单、质量工作说明文件、质量改进记录和原始质量凭证等文件为基准，通过比较，从而制订出新项目质量管理计划的一种方法。

在项目质量计划中，实施质量标杆法的主要环节包括以下四项：

①了解信息、收集资料。为了树立学习的标杆，首先需要找到标杆，并对其有一个基本的认识。

②分析信息和资料。对了解的信息、收集的资料要进行分析、研究，以确定问题的关键点。

③找差距。将新项目与标杆项目进行比较，以明确其存在的差距。

④制定对策。根据存在的差距，制订相应的防范措施与应急计划。防范措施包括提高项目质量水平、改善项目特征、完善项目质量管理措施等。

（2）成本收益法。

成本收益法也叫经济质量法，是指以货币单位为基础对投入与产出进行估算和衡量的方法。这种方法要求在制订项目质量计划时必须同时考虑项目质量的经济性，以便对投入与产出关系做出尽可能科学的估计。

在市场经济条件下，任何项目的质量管理都需要开展两个方面的工作：一是质量保障工作，二是质量检验与恢复工作。前者产生项目质量保障成本，后者产生项目质量检验和纠偏成本。项目质量计划的成本收益法就是合理安排质量保障成本与质量检验纠偏成本，以使项目质量总成本相对最低（见图8-2）。

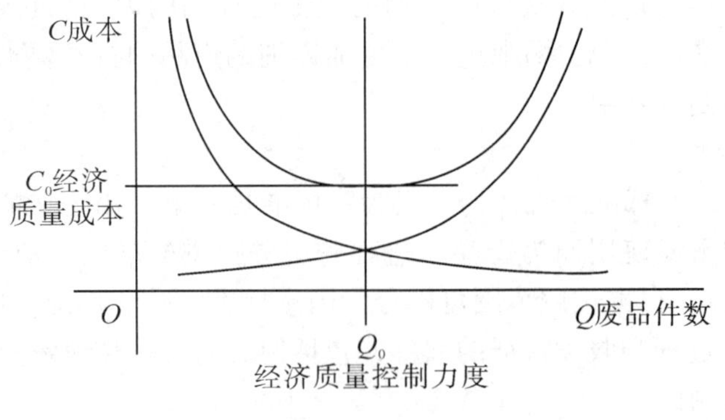

图8-2

（3）流程图法。

流程图法主要用于表达一个项目的工作过程和项目不同部分之间相互关系的示意图，是揭示和掌握封闭系统远动状况的有效方式。流程图是流经一个系统的信息流、观点流或部件流的图形代表。在企业中，流程图主要用来说明某一过程。这种过程既可以是生产线上的工艺流程，也可以是完成一项任务必需的管理过程。作为诊断工具，它能够辅助决策制定，让管理者清楚地知道，问题可能出在什么地方，从而确定出可供选择的行动方案。图 8-3 为某隐蔽工程验收流程图。

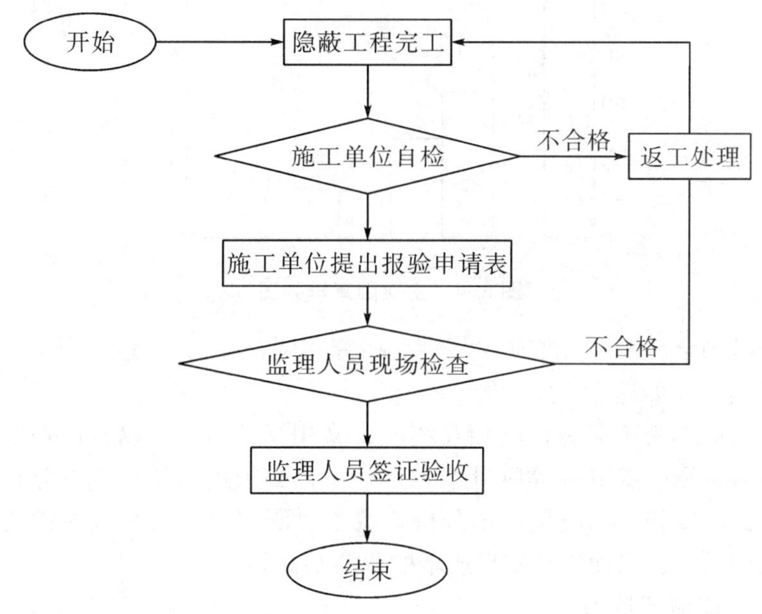

图 8-3 某隐蔽工程验收流程图

（4）实验设计法。

实验设计是一种统计方法，它帮助确定影响特定变量的因素。此项技术最常用于项目产品的分析，例如计算机芯片设计者可能想确定材料与设备如何组合，才能以合理的成本生产最可靠的芯片。

帕累托图法又叫排列图、主次图，是按照发生频率大小顺序绘制的直方图，是找出影响质量主要因素的一种简单而有效的方法之一。帕累托图法可以用来分析质量问题，确定产生质量问题的主要因素。它用直角坐标系表示，直边纵坐标表示频数，右边纵坐标表示频率，以百分数表示。横坐标表示影响质量的各项因素，按照影响大小从左向右排列。曲线表示各因素大小的累计百分数，通常把累计百分数分为：0~80%为 A 类因素，称为主因素；80%~90%为 B 因素，称为次要因素；90%~100%为 C 类因素，称为一般因素。找出主要因素后，就可以集中力量进行规划。图 8-4 就是一个主次因素排列图。

另外，实验设计也能用于诸如成本与进度权衡的项目管理问题。例如，高级程序员的成本要比初级程序员高得多，但可以预期他们在较短时间内完成指派的工作。恰当地设计“实验”（高级程序员与初级程序员的不同组合计算项目成本与历时）往往可以从为数有限的方案中确定最优的解决方案。

（5）质量成本分析技术。

质量成本是指为了保证和提高项目的质量要求所付出的总成本，既包括为确保符

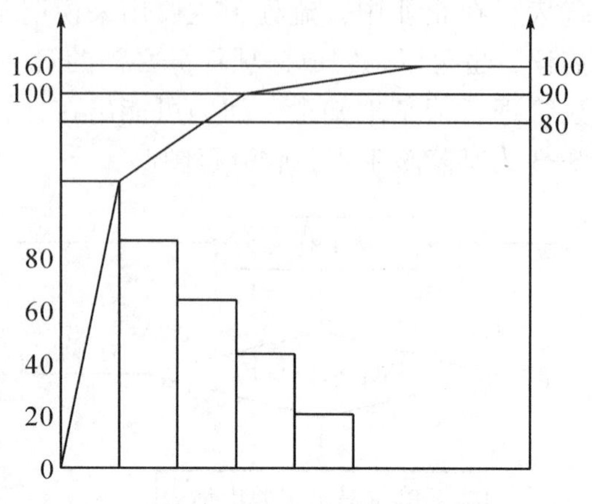

图 8-4　主次因素排列图

合质量要求所做的全部工作（如质量培训、研究和调查等），也包括因不符合质量要求所导致的全部损失（如返工、废物等）。

项目质量与成本密不可分，既相互统一，又相互矛盾。所以，在确定项目质量目标、质量管理流程和所需资源等质量策划过程中，必须进行质量成本分析，促使项目质量与成本达到高度统一。质量成本分析，就是要研究项目质量成本的构成和项目质量与成本之间的关系，以便进行质量成本的预测与计划。

（6）质量功能展开技术。

质量功能展开就是将项目的质量要求、客户意见转化成项目设计要求、工艺要求、生产要求等的专业方法。这种方法从客户对项目交付结果的质量要求出发，识别出客户在功能方面的要求，然后将功能要求与产品或服务的特性对应起来，根据功能要求与产品特性之间的相关关系，明确它们的技术参数，最后用比较清晰的图表将顾客需求与期望的复杂关系系统地表达出来，并进行综合权衡分析，以提供选定方案的决策依据。

①“客户要求”即客户意见或客户的需要和期望，往往涉及客户希望得到的产品或服务究竟是什么的问题。客户要求通常集中在功能方面，并且很笼统而抽象。在项目执行之前，项目小组可以采取访问客户、发放调查问卷以及其他市场调查的手段来获取。

②“产品或服务特性”是指为了满足客户要求，在产品设计、制造或服务提供等方面必须具备的特性。这些特性是由项目小组确定，通常与产品或服务的某些结构、性能有关。

③“相关关系”是指产品或服务的众多特性之间的相互影响关系。

④“技术参数”是指产品或服务的质量性能参数，通常用可以测量的客观标准来衡量。例如：产品的结构参数有长度、频率等，性能参数有可靠性、可操作性、灵活性等。按照这些技术参数来设计产品和提供服务，才能真正使客户的需求得到准确无误地满足。

8.2.3 项目质量计划的结果

（1）质量管理计划。

质量管理计划应说明项目管理小组如何具体执行质量策略。ISO9000中对质量体系的描述是："组织结构、责任、工序、工作过程及具体执行质量管理所需的资源。"质量管理计划为整个项目计划提供了输入资源。质量管理计划可以是正式的或非正式的，高度细节化的或框架概括型的。

（2）操作性定义。

操作性定义是用非常专业化的术语描述各项操作规程的含义，以及如何通过质量控制程序对它们进行检测。例如，仅仅把满足计划进度时间作为管理质量的检测标准是不够的，项目管理小组还应指出是否每项工作都应准时开始，抑或只要准时结束即可；是否要检测个人的工作，抑或仅仅对特定的子项目进行检测。在确定了标准后，项目管理小组明确哪些工作或工作报告需要检测。

（3）审验单。

审验单是一种组织管理手段，用以证明需要执行的一系列步骤是否已经得到贯彻实施。审验单可以很简单，也可以很复杂。常用的语句有命令式或询问式。许多组织提供标准化审验单，以确保对常规工作的要求保持前后一致。在某些应用领域中，审验单还会由专业协会或商业服务机构提供。

（4）可用于其他管理的信息。

可用于其他管理的信息主要是指质量计划可以在其他领域提出更长远的工作要求。

8.3 项目质量控制

质量控制是通过检查、测控和测试达到质量标准，即包括监控特定的项目成果，以判定它们是否符合有关的质量标准，并找出方法消除造成项目成果不令人满意的原因。

8.3.1 项目质量控制概述

（1）项目控制与质量控制。

对项目质量控制的理解，可以分为"项目控制"和"质量控制"两方面。项目控制是指对项目实施过程进行监控并及时调整观测值与计划值之间偏差的过程。项目开始到项目目标实现是一个动态的过程，该过程依据项目计划而执行。项目控制就是对过程进行检测，当发现与计划发生偏差时及时采取措施进行调整，使其回到预期的正常轨道上去。项目控制的目的在于确保项目的实际进展沿着项目计划的方向前行，因而实施项目控制有助于项目负责人了解项目的发展状况，有助于在项目的粗略规划基础上进行精确的管理，并为项目外的管理层提供项目的基本信息。

质量控制是质量管理的一部分，致力于满足质量要求。质量控制的目标就是确保项目质量能满足有关方面所提出的质量要求（如适用性、可靠性、安全性等）。质量控制的范围涉及项目质量形成全过程的各个环节。项目质量受到质量环各阶段质量活动的直接影响，任一环节的工作没有做好，都会使项目质量受到损害而不能满足质量要求。质量环的各阶段是由项目的特性决定的，根据项目形成的工作流程，由掌握了必需的技术和技能的人员进行一系列有计划、有组织的活动，使质量要求转化为满足质量要求的项目或产品，并完好地交付给用户，还应根据项目的具体情况进行项目成果交付后的服务，这是一个完整的质量循环。

质量控制的工作内容包括了作业技术和活动，即包括专业技术和管理技术两方面。在项目形成的每一个阶段和环节，即质量环的每一阶段，都应对影响其工作质量的人、机、料、法、环境（4M1E）因素进行控制，并对质量活动的成果进行分阶段验证，以便及时发现问题，查明原因，采取措施，防止类似问题重复发生，并使问题在早期得到解决，减少经济损失。为使每项质量活动都能有效，质量控制对干什么、为何干、如何干、由谁干、何时干、何地干等问题应做出规定，并对实际质量活动进行监控。项目的进行是一个动态过程，所以，围绕项目的质量控制也具有动态性。

（2）项目质量控制的定义。

项目质量控制兼具了项目控制与质量控制的核心内容，是应用质量控制的技术方法对项目的质量进行监控、管理的过程。简单地说，项目质量控制是通过认真规划，不断进行观测检查，以及采取必要的纠正措施来鉴定或维持预期的项目质量或工序质量水平的一种系统，是为了达到质量要求所采取的作业技术和活动。

项目质量控制活动涉及控制对象与实施主体两个方面。项目质量控制的对象是指项目需要的生产要素、工序、计划、验收、决策等一切与项目有关的要素；项目质量控制的实施主体一般是组织中的质量控制部门或质量控制团队或小组，他们专门负责项目质量控制的计划、实施等工作。

（3）项目质量控制的目标。

项目质量控制的最终目标是保证和提高项目质量。具体来讲，一个有效的项目质量控制系统应该能实现以下目标；

①评估并确认实际绩效；

②对比目标和实际绩效，找出绩效偏差；

③识别出严重的绩效偏差；

④提出适当的纠正措施建议；

⑤分配质量管理责任；

⑥监督纠正措施是否有效；

⑦生产适当的报告，控制最终结果。

（4）项目质量控制的特点。

项目质量控制具有自身的特点，主要包括：

①影响质量的因素多。由于项目本身具有的时间、空间、要素等方面的复杂性，项目过程面临的影响质量的因素较单一产品的要更多、更复杂，多方面的影响给质量控制带来了很大的挑战。如设计、材料、机械、地形地貌、地质条件、水文、气象、

施工工艺、操作方法、技术措施、管理制度、投资成本、建设周期等，均直接影响项目的质量。所以，加强对影响质量因素的管理和控制是项目质量控制的一项重要内容。

②质量控制的阶段性。每个项目都存在一个时间、逻辑上的生命周期，因此项目质量的控制，依据项目生命周期的不同阶段也具有阶段性的特征。项目的不同阶段、不同环节可能面临多种不同的质量问题，对质量控制的要求也会有所不同。

③易产生质量变异。质量变异就是项目质量数据的不一致性。产生这种变异的原因有两种，即偶然因素和系统因素。偶然因素是随机发生的、客观存在的是正常的。这种因素对项目质量的影响较小，是难以避免、难以识别、难以消除的。系统因素是人为的，是异常的。这种因素对项目质量的影响较大且易识别，项目人员通过采取措施可以避免，也可以将其消除。由于影响项目质量的偶然性因素和系统性因素比较多，其中任一因素发生变动，都会使项目质量产生波动。所以，在项目的质量控制中，应采取相应的方法和手段对质量变异加以识别和控制。

④易产生判断错误。判断错误是指质量控制中对质量问题的判断失误，如将稳定状态判定为不稳定状态、将不合格品判定为合格品等。造成判断错误的原因是项目的复杂性、不确定性。这些造成质量数据的采集、处理和判断的不准确、不恰当、不合理等。这就需要在项目的质量控制中，采用更加科学、更加可靠的方法，尽量减少判断错误。

⑤项目质量的制约性。项目质量控制的实施目的在于确保项目质量符合标准，而质量程度的高低受项目预算、项目工期的严重制约。由于一个完整项目的完成产生费用的方面很多，而且项目具有明确的交付日期，这些都将成为影响项目质量的阻碍。因此，在对项目进行质量控制的同时，必须考虑其对费用和工期的影响，同样应考虑费用和工期对质量的制约，使项目的质量、费用、工期都能实现预期目标。

8.3.2 项目质量控制的基本原理

质量控制的基本原理包括 PDCA 循环原理、三阶段控制原理、三全控制原理。

（1）PDCA 循环原理。

PDCA 循环，是人们在管理实践中形成的基本理论方法，是指在质量控制中涉及的计划、实施、检查和处置四个阶段。从实践论的角度看，管理就是确定任务目标，并按照 PDCA 循环原理来实现预期目标。

计划是指为明确质量目标及实现目标所制订的方案。计划必须做到可行、有效和合理。计划阶段的主要工作任务是确定质量目标、活动计划和管理项目的具体实施措施。项目人员通过分析质量问题的现状，找出产生质量问题的原因和影响因素，确定影响质量的主要因素，制订改善质量的措施及实施计划，并预计效果。项目人员在制订计划时，要反复分析思考，明确回答以下问题：

①为什么要提出该计划，采取这些措施？为什么应做如此改进？回答采取措施的原因。

②改进后要达到什么目的？有何效果？

③改进措施在何处（哪道工序、哪个环节、哪个过程）执行？

④计划措施在何时执行和完成？

⑤计划由谁执行？

⑥用什么方法完成？

实施是指计划行动方案的交底和按照行动方案具体展开活动。计划交底目的在于使具体的作业者和管理者，明确计划的意图和要求，掌握标准，从而规范行为，全面地执行计划的行动方案，步调一致地去努力实现预期的目标。

检查是指对实施过程进行各种检查，包括实施者的自检、互检还有管理者的专检。各类检查都包含两大方面：一是检查是否严格执行了计划的行动方案，实际条件是否发生了变化，不执行计划的原因；二是检查计划执行的结果，即产生的质量是否达到标准的要求。

处置是指对在质量检查中与目标比较所发现的问题和偏差，采取得当措施及时进行整改，使质量处于受控状态。处置分纠偏和预防两个步骤，前者是采取应急措施，解决当前的质量问题；后者是信息反馈管理部门，反思问题症结或计划时的不周，为今后类似问题的质量预防提供借鉴。

（2）三阶段控制原理。

在项目质量控制中，根据被控系统全过程的不同阶段，控制可分为三类：事前控制、事中控制和事后控制。

事前控制又称预先控制或事先控制，即在投入阶段进行的控制，实质上是一种预防性控制。其内涵包括两层意思：一是强调质量目标的计划预控，二是按质量计划进行质量活动前的准备工作状态的控制。事前控制在项目的实施阶段，制订质量计划、编制组织设计、实施项目规划，都必须建立在切实可行，有效实现预期质量目标的基础上，作为一种行动方案实施部署。

事中控制又称过程控制，即在转化阶段进行的控制。事中控制首先是对质量活动的行为进行约束；其次是对质量活动过程和结果、来自他人的监督控制。事中控制虽然包含自控和监控两大环节，但其关键还是增强质量意识，发挥操作者的自我约束、自我控制，即坚持质量标准是根本，监控或他人控制是必要的补充，没有前者，或用后者替代前者都是不正确的。因此在企业组织的质量活动中，通过监督机制和激励机制相结合的管理方法，来发挥操作者更好的自我控制能力，以达到质量控制的效果，是非常必要的。

事后控制即在输出阶段进行的控制，如项目交验阶段进行的质量控制。这种控制实质是一种合格控制，包括对质量活动结果的评价认定和对质量偏差的纠正。

以上三大环节，不是孤立和截然分开的。它们之间构成有机的系统过程，实质上是 PDCA 循环具体化，并在每一次滚动循环中不断提高，达到质量管理或质量控制的持续改进。

（3）三全控制原理。

三全控制原理是来自全面质量管理 TQC 的思想。它指质量管理应该全面、全过程和全员参与。

全面质量控制是指产品质量和工作质量的全面控制。工作质量是产品质量的保证，工作质量直接影响产品质量的形成。对于建设工程项目而言，全面质量控制还应该包括建设工程各参与主体的工程质量与工作质量的全面控制，如业主、监理、勘察、设计、施工总包、施工分包、材料设备供应商等。任何一方任何环节的怠慢疏忽或质量责任不到位都会造成建设工程质量的影响。

全过程质量控制是指根据质量的形成规律，从源头抓起，全过程推进。按照建设程序，建设工程从项目建议书或建设构想提出，历经项目鉴别、选择、策划、调研、决策、立项、勘察、设计、发包、施工、验收、使用等各个有机联系的环节。其中每个环节又由诸多相互关联的活动构成相应的具体过程，因此，必须掌握识别过程和应用“过程方法”进行全过程质量控制。

全员参与控制是指无论组织内部的管理者还是作业者，每个岗位都承担着相应的质量职能。一旦确定了质量方针目标，管理者就应组织和动员全体员工参与实施质量方针的系统活动中，发挥自己的角色作用。全员参与质量控制作为全面质量不可或缺的重要手段就是目标管理。目标管理理论认为，总目标必须逐级分解，直到最基层岗位，从而形成自下而上，自岗位个体到部门团队的层层控制和保证关系，使质量总目标分解落实到每个部门和岗位。

8.3.3 项目质量控制的步骤

就项目质量控制的过程而言，质量控制就是监控项目的实施状态，将实际状态与事先制定的质量标准做比较，分析存在的偏差及产生偏差的原因，并采取相应对策。这是一个循环往复的过程，对任一控制对象的控制一般都按这一过程进行。

该过程主要包括以下步骤：

①选择控制对象。项目进展的不同时期、不同阶段，质量控制的对象和重点也不相同，这需要在项目实施过程中加以识别和选择。质量控制的对象可以是某个因素，某个环节，某项工作或工序，某项阶段成果等一切与项目质量有关的要素。

②为控制对象确定标准和目标。

③制订实施计划，确定保证措施。

④按计划执行。

⑤跟踪观测、检查。

⑥将实际结果与质量标准进行对比，发现、分析偏差。

⑦根据偏差采取对策。

8.3.4 项目质量控制的工具与技术

质量控制活动的实施应用多种专门的工具技术与方法，这些方法主要包括因果图、控制图、趋势图、散点图、直方图、排列图、统计抽样、检验、流程图、缺陷补救审查等。

（1）因果图。

因果图也称石川图或鱼骨图、特性要因图，是一种用于分析质量特性与影响质量特性因素之间关系的图。其目的是用图形记录分析与一个问题或机会有关的因素。该方法常常结合头脑风暴法使用。

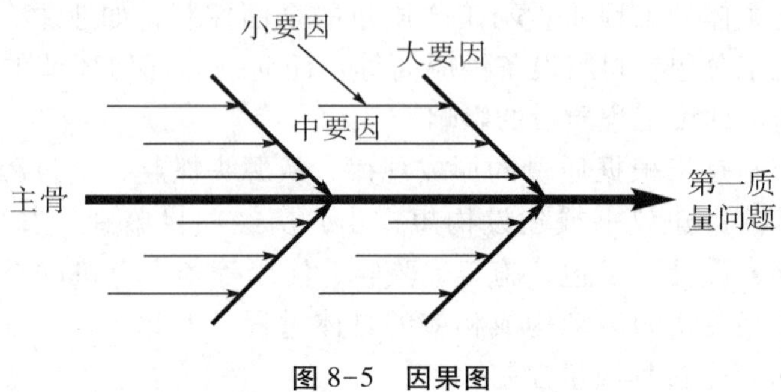

图 8-5　因果图

（2）控制图。

控制图是一张实时展示项目进展信息的图表。控制图可以判断某一过程处于控制之中还是处于失控状态。当一个过程处于控制之中时，这一过程产生的所有变量都由随机事件引发，此时的过程是不需要调整的。当一个过程处于失控状态，这一过程产生的变量由非随机事件引发，此时，需要确认这些非随机事件的原因，通过调整过程来修改或清除他们。查找并分析过程数据中的规律是质量控制的一个重要部分。我们可以使用质量控制图及七点运行定律寻找数据中的规律。七点运行定律是指如果在一个质量控制图中，一行上的 7 个数据点都低于平均值或高于平均值，或者都是上升的，或者都是下降的，那么这个过程就需要因为非随机问题而接受检查。虽然控制图最常用来跟踪批量生产中的重复性活动，但也可用来监测成本与进度偏差、产量、范围变更频率或其他管理工作成果，以便帮助确定项目管理过程是否受控。

控制图上一般有三条线，上面一条虚线称上控制线，用 UCL 表示；下面一条虚线称下控制线，用比 LCL 表示；中间一条实线称中心线，用 CL 表示，如图 8-6 所示。

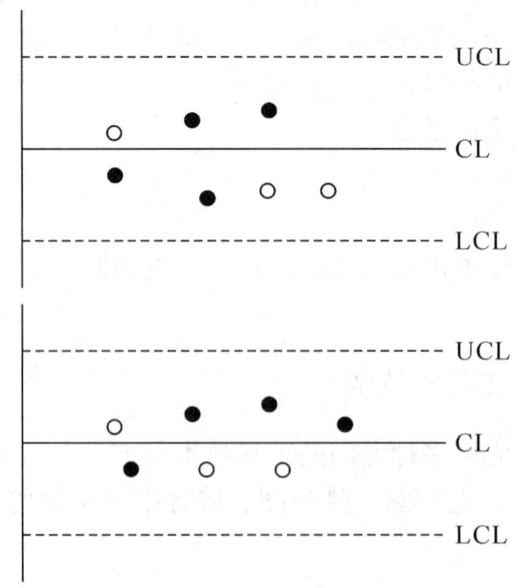

图 8-6　控制图

(3) 趋势图。

趋势图即趋势分析法，是指使用各种预测分析技术来预测项目质量未来发展趋势和结果的一种质量控制方法。它可反映一个过程在一定时间段的趋势，一定时间段的偏差情况，以及过程的改进或恶化。趋势分析是以统计图的呈现方式，如柱形图、饼图、点图、曲线图等，来呈现某信息或某信息数据的发展趋势的图形。趋势分析往往用于监测技术绩效（多少错误或缺陷已被确认，其中多少尚未纠正）和费用与进度绩效（每个时期有多少活动在活动完成时出现了明显偏差）。

(4) 散布图。

散布图又称散点图、相关图（见图 8-7）用以表征两个变量之间是否具有相关性。通过该工具，质量团队可以研究并确定两个变量的变更之间可能存在的潜在关系。将独立变量和非独立变量以圆点绘制成图形。一条斜线上的数据点距离越近，两者之间的相关性关系就越密切。

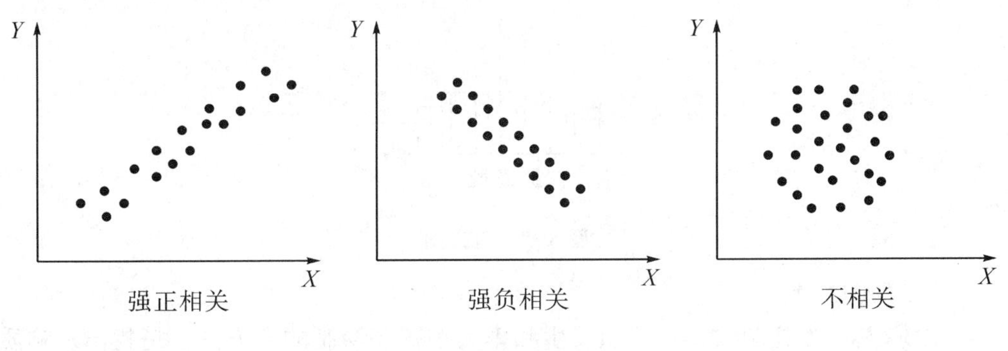

图 8-7　散布图

(5) 直方图。

直方图也叫质量分布图，用于描述集中趋势、分散程度和统计分布形状。每一栏代表一个问题或情况的一个特征或属性。每个栏的高度代表该种特征或属性出现的相对频率。这种工具通过各栏的形状和宽度来确定问题的根源。与控制图不同，直方图不考虑时间对分布内的变化的影响。各种类型的直方图如图 8-8 所示。

①标准型，说明生产过程正常，质量稳定，经济达到合理的受控状态。

②锯齿型，说明分组组数不当、组距确定不当或者测试时所用的方法和读数出现问题。

③偏峰型，说明由于技术、习惯原因产生的偏态分布，为异常生产情况。

④陡壁型，说明剔除不合格品等外品或超差返修后造成。

⑤平顶型，说明生产过程有缓慢变化的因素起主导作用。

⑥双峰型，是由于用两种不同方法或两台设备或两组工人进行生产，然后把两方面数据混在一起整理产生的。

⑦孤岛型，是原材料发生变化，或者临时他人顶班作业造成。

我们可通过直方图的分布形状和与公差界限的距离来观察质量分布规律，分析、判断整个过程是否正常，其质量分布是否符合标准的要求。但其缺点是不能反映动态变化，而且要求收集的数据较多。

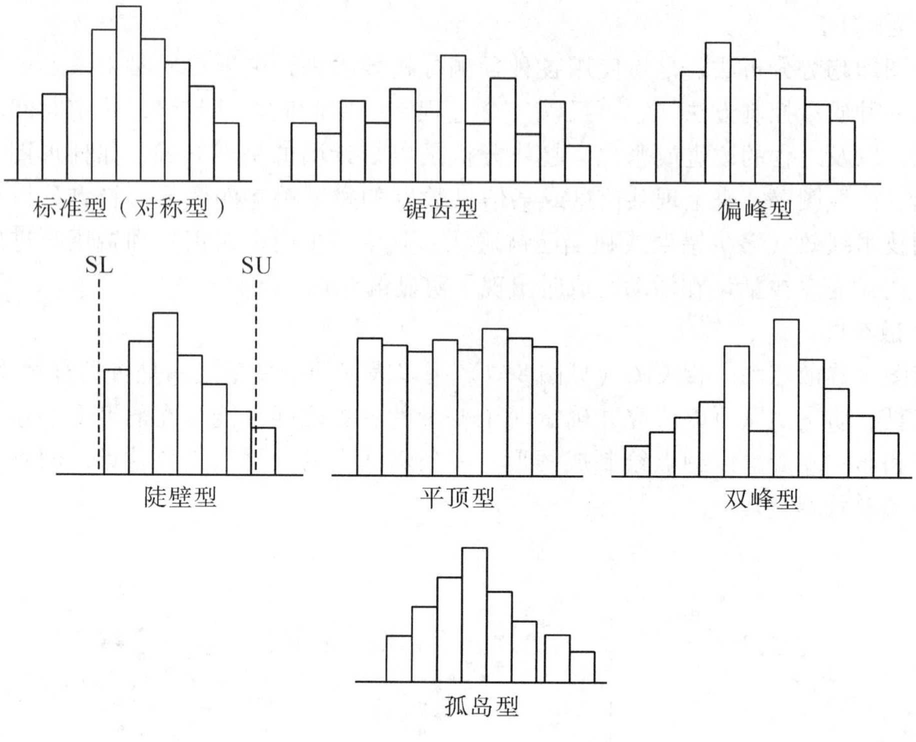

图 8-8　直方图

（6）排列图。

排列图又称帕累托图法，是按照发生频率大小顺序绘制的直方图，是找出影响质量主要因素的一种简单而有效的方法之一。帕累托图法可以用来分析质量问题，确定产生质量问题的主要因素。它用直角坐标系表示，直边纵坐标表示频数，右边纵坐标表示频率，以百分数表示。横坐标表示影响质量的各项因素，按照影响大小从左向右排列。曲线表示各因素大小的累计百分数，通常把累计百分数分为：0~80%为 A 类因素，称为主因素；80%~90%为 B 因素，称为次要因素；90%~100%为 C 类因素，称为一般因素。找出主要因素后，就可以集中力量进行规划。如图 8-9 就是一个主次因素排列图。

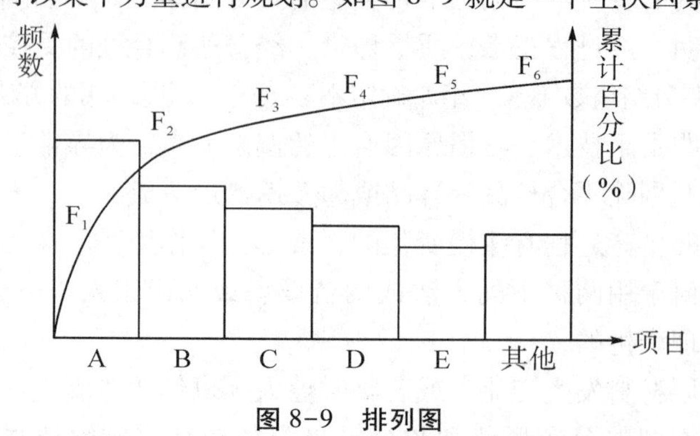

图 8-9　排列图

（7）统计抽样。

统计抽样是指从感兴趣的群体中选取一部分进行检查（例如从总数为 75 张的工程

图纸目录中随机选取 10 张），适当的抽样往往可以降低质量控制费用。统计抽样已经形成了规模可观的知识体系，项目管理团队有必要熟悉多种不同的抽样技术。

（8）检验。

检验是指检查产品，确定是否符合标准。检查有各种不同的名称，例如审查、产品审查、审计和实地查看等。在某些应用领域，这些术语的含义较窄、较具体。一般而言，一项检查的结果包括多种测量结果。检查可在任一层级上进行，既可检查单项活动的结果，也可检查项目的最终产品，也可通过检查技术验证缺陷补救情况。

8.4 项目质量保证

质量保证的内涵已不是单纯地为了保证质量。保证质量是质量控制的任务，而“质量保证”是以保证质量为基础，进一步引申到提供“信任”这一基本目的。要使用户能“信任”，项目实施者应加强质量管理。

8.4.1 质量保证概述

质量保证的主要工作是促进完善质量控制，以便准备好客观证据，并根据对方的要求有计划、有步骤地开展提供证据的活动。质量保证包括两方面：

（1）质量保证包括内部保证与外部保证。对内而言，是向项目实施单位的领导层、上下道工序、各职能部门负责人，以及项目的其他合作商等提供质量保证；对外是在合同规定或其他情况下向顾客或第三方提供质量保证。

（2）质量保证的任务是确保产品质量符合要求。这种要求是指以文件的形式固定下来的相关的技术标准、行业准则等，又包括顾客对质量的要求。

综上所述，质量保证是指为了满足顾客的质量要求，通过项目的质量计划，针对项目的特点而开展的一系列质量评估、质量检查与质量改进等工作，使顾客确信项目实施能符合项目的质量要求。

8.4.2 项目质量保证工作的基本内容

为实现项目的质量保证要求，项目实施者应有计划、有步骤地开展项目质量保证工作，项目质量保证工作的基本内容包括：

（1）制订质量保证计划与标准。

制订质量保证计划与标准是质量保证工作的第一步，也是所有质量保证工作的依据。要明确项目的质量目标和质量方针，制订各种定性、定量的指标、规则、方案等，力求在质量管理过程中达到或超过质量标准。

（2）制定质量控制流程。

对不同行业和不同种类的项目，或同一项目的不同组成部分或不同实施阶段，其质量保证可以采取不同的深度和力度。如医药、食品生产所需要的卫生环境及产品质量有较严格的标准和要求；对高新技术项目、新开发研究的项目，应该注意摸索一套新的质量管理办法和质量标准，要抓住一些新的问题和主要矛盾，不能一概照搬传统的方法和标准。另外，项目有关各方应各负其责，各有侧重地开展质量保证工作。

（3）对质量问题进行跟踪和改进。

对于质量检查过程中出现的问题，项目人员需要进行持续跟踪、分析并查明原因，并及时提出有效对策实施纠正和改进。

（4）建立质量保证体系并使之有效运行。

以大型产品研制生产企业质量保证系统为例来说明：它由质保管理、质保工程、质保材料、质量检验和质量审计五个部门组成。常见的项目管理质量保证体系由项目经理、生产经理、技术负责人、项目质检员及各专业责任工程师、经营组、材料组和施工班组组成，如图 8-10 所示。

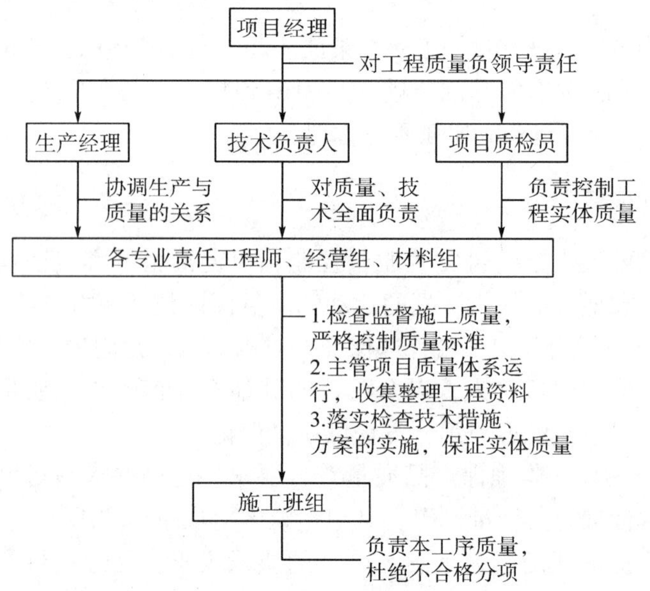

图 8-10　项目质量保证体系图

8.4.3　项目质量保证计划

项目质量保证计划依照公司《质量保证计划编制指导》由项目经理主持编写。

（1）项目质量保证计划的编制依据。

①工程概况；

②质量目标；

③组织机构；

④质量控制及管理组织协调的系统描述；

⑤必要的质量控制手段，施工过程、服务、检验和试验程序等；

⑥确定关键工序和特殊过程及作业的指导书；

⑦与施工阶段相适应的检验、试验、测量、验证要求；

⑧更改和完善质量计划的程序。

（2）项目质量计划的实施。

质量管理人员应按照分工控制质量计划的实施，并应按规定保存质量控制记录。当发生质量缺陷或事故时，质量管理人员必须分析原因、分清责任、进行整改。

（3）项目质量计划的验证。

①项目技术负责人应定期组织具有资格的质量检查人员和内部质量审核员验证质量计划的实施效果。当项目质量控制中存在问题或隐患时，他们应提出解决措施。

②重复出现的不合格和质量问题，责任人应按规定承担责任，并应依据验证评价的结果进行处罚。

8.4.4 项目质量保证的实施

项目质量保证的实施是指通过实施计划中的质量活动确保项目质量满足要求的所有过程。项目质量保证工作的实施需要有专门的质量管理技术和方法，项目质量管理与控制方法是可以用于保证项目质量活动，除此之外，还有以下“新七工具”：

（1）亲和图。亲和图是1953年日本学者川喜田二郎根据野外调查数据研究开发的。它通过把大量收集到的事实、意见或构思等资料，利用资料间的相互关系，不加取舍与选择地进行归类整理，使其问题明确起来，以利于问题解决的一种方法。该法有利于打破针对某个问题，产生出可联成有组织的想法模式的各种创意。

（2）关联图。关联图法是通过关联图，把现象与问题有关系的各种因素串联起来，从而抓住重点问题并寻求解决对策。

（3）PDPC法，又称过程决策图法。它是为达成某个目标，在制订行动计划或进行方案设计时，预测可能出现的障碍和结果，并相应地提出多种应变计划的一种方法。

（4）系统图法。系统图可帮助我们明确重点，寻求实现目的、目标的最佳措施与手段的方法。

（5）矩阵图法。它帮助我们从多维问题的事件中，找出成对的因素，排列成行和列，在其交点处表示其关系程度，排列成矩阵图，然后根据矩阵图来分析问题，确定关键点的方法。

（6）箭头图法。它帮助我们通过明确各项之间的连接关系和从属关系，找出关键线路后采取措施，不断修改和优化计划，达到缩短日程、节省费用的目的。

（7）矩阵数据分析法。矩阵数据分析法是唯一利用数据分析问题的方法，可用于各种因素复杂、由大量数据组成的质量问题。

【本章小结】

（1）项目的质量管理应建立并保持文件化的质量体系，在项目各阶段的策划中，应识别适当过程及其相互关系。

（2）项目质量管理必须兼顾项目规划和项目实施。任何一方面未满足质量要求都可能导致对部分或全部项目产生严重的负面效果。

（3）质量保证的内涵已不是单纯地为了保证质量。保证质量是质量控制的任务，而“质量保证”是以保证质量为基础，进一步引申到提供“信任”这一基本目的。要使用户能“信任”，项目实施者应加强质量管理。

（4）质量控制是质量管理的一部分，致力于满足质量要求。质量控制的目标就是确保项目质量能满足有关方面所提出的质量要求。

【习题】

一、选择题

1. 质量控制方法中，PDCA 循环工作方法是指（　　）。

A. 计划—检查—处理—实施　　B. 计划—实施—检查—处理

C. 检查—计划—实施—处理　　D. 实施—检查—处理—计划

2. 下列方法中，寻找影响质量主次因素的有效方法是（　　）。

A. 排列图法　　B. 分层法

C. 直方图法　　D. 控制图法

3. 运用排列图法分析影响质量的各个因素，按累计数据划分为三个区域，影响因素处在（0~80%）区域内的为（　　）。

A. 一般因素　　B. 次要因素

C. 主要因素　　D. 重要因素

4. 下列用以描述质量分布状态的一种分析方法是（　　）

A. 排列图法　　B. 因果分析图法

C. 控制图法　　D. 直方图法

5. 用直方图判断工序和生产过程质量是否存在问题，如果图形呈（　　）型，说明生产过程正常，质量在控制范围之内。

A. 孤岛型　　B. 正态分布

C. 双峰型　　D. 平顶型

6. 孤岛型直方图是（　　）造成的。

A. 组距确定不当　　B. 操作中对上限（或下限）控制太严

C. 临时他人顶班作业　　D. 在检测过程中存在某种人为因素

二、问答题

1. 项目质量管理的基本概念？
2. 项目质量计划的主要工具和方法是什么？
3. 质量控制的特点有哪些？
4. 质量保证计划的编制依据是什么？
5. 实现项目质量保证的“新七工具”有哪些？

第八章习题参考答案

9 项目成本管理

【本章教学要点】

知识要点	掌握程度	相关知识
项目资源计划	掌握	项目工作分解结构、特尔斐法
项目成本估算	掌握	类比估算法、参数估计法
项目成本预算	掌握	项目进度计划、甘特图
项目成本控制	掌握	项目成本绩效度量方法、附加计划法

【关键词】

成本管理 项目资源计划 项目成本估算 项目成本预算 项目成本控制

导入案例

陈先生在项目内部成本控制中的困惑

陈先生在一工程公司做销售部项目经理，对于公司投标的每个项目采用的是销售部项目经理负责制，而其结构属于强矩阵性结构。现公司所参与的每个项目都需要销售部、技术部、执行部等的强力支持，而每个部门的人都想使自己的利益最大化，所以作为销售项目经理总是很难把竞标价控制下来。

项目经理："因参与每个项目需要花费太多的时间，每年能参与投标的也就几个项目，所以我是尽量想取得该项目。"

技术部项目经理："因对于每个项目参与的时间并不算太多，因此每年经过我们手上的项目可能多达几十个，因此，我们根本不在乎该项目是否取得。我们希望将该项目的设计成本预算做高。原因有二：①若中标后，在该项目执行完毕时，实际设计费用比预算费用低，则说明我们在施工图设计中采用了许多优化设计（很多无法判断），这样我们便能得到更多的年终奖金。②若中标后，因该项目的预算费用较高，我们可以指定选用一些先进的设备（这种设备往往只有一家或两三家生产）并写进技术协议，这样我们便能从厂家得到大量的回扣，可谓一举两得。"

执行部项目经理："我们同技术部项目经理一样希望该项目的设备采购成本做高。原因有二：①若中标后，在该项目执行完毕时，实际执行费用比预算费用低，则说明我们在设备采购上很好地控制了成本，最终单位会给予我们奖励。②若中标后，该项目的预算费用较高，我们可以以较高的价格（当然肯定会低于该预算价）分包出去，这样我们也能从分包厂家处得到大量的回扣，同样是一举两得。”

陈先生应该如何使他自己在竞标中处于优势地位呢？

资料来源：李旭光．项目成本管理实训教程［M］．沈阳：辽宁大学出版社，2009：95-96.

9.1 项目成本管理

项目成本管理是为保障项目实际发生的成本不超过项目预算而开展的项目成本估算、项目预算编制和项目预算控制等方面的管理活动。项目成本管理也是为确保项目在既定预算内按时、按质、经济、高效地实现项目目标开展的一种项目管理过程。长期以来，我国在项目成本管理方面的认识基本上停留在对工程项目的成本确定和控制上。随着现代项目管理对项目本身内涵的拓宽，人们开始认识各种其他项目的成本管理规律和方法。这对不断深化和发展项目成本管理的内涵起到了很大的推动作用。这种在项目成本管理认识上的发展主要表现在两个方面：一是现代项目成本管理包括各种各样项目的成本管理（工程建设项目的成本管理只是一个组成部分），二是现代项目成本管理的方法与传统的工程项目成本管理方法有很大不同。

9.1.1 项目成本管理的内容

现代项目成本管理首先考虑的是以最低的成本完成项目的全部活动，但同时也必须考虑项目成本对项目成果和质量的影响。这是现代项目成本管理与传统项目成本管理的重要区别。例如，在决策项目成本时，为了降低项目成本而限制项目辅助管理或项目质量审核工作的要求和次数，就会给项目成果和质量带来影响，甚至最终可能会提高项目的成本或增加项目用户的使用成本。同时，项目成本管理不能只考虑项目成本的节约，还必须考虑项目带来的经济收益的提高。特别是对一些特殊项目，如资本投资项目、新产品开发项目、信息系统建设项目等，预测和分析项目产出物未来的经济价值与收益是项目成本管理重要的核心工作之一。在项目成本管理中，还需要运用像投资回收期分析、现金流量表分析、收益回报分析等方法去管理好项目的成本和收益。

现代项目成本管理的主要内容如下：

（1）项目资源计划。

项目资源计划是指通过分析、识别和确定项目所需资源种类（人力、设备、材料、资金等）的多少和投入时间的一种项目管理活动。在项目资源计划工作中，最为重要的是确定出能够充分保证项目实施所需各种资源的清单和资源投入的计划安排。

（2）项目成本估算。

项目成本估算是指根据项目资源需求和计划，以及各种资源的市场价格或预期价格等信息，估算和确定出项目各种活动的成本和整个项目全部成本这样一种项目成本管理工作。项目成本估算最主要的任务是确定用于项目所需人、机、料、费等成本和费用的概算。

（3）项目成本预算。

项目成本预算是一项制定项目成本控制基线或项目总成本控制基线的项目成本管理工作。这主要是根据项目的成本估算为项目各项具体活动进行工作分配和确定其费用预算，以及确定整个项目总预算。项目成本预算的关键是合理、科学地确定出项目的成本控制基准（项目总预算）。

（4）项目成本控制。

项目成本控制是指在项目的实施过程中，努力将项目的实际成本控制在项目成本预算范围之内的一项成本管理工作。这包括：依据项目成本的实施发生情况，不断分析项目实际成本与项目预算之间的差异，通过采用各种纠偏措施，修订原有项目预算的方法，使整个项目的实际成本能够控制在一个合理的水平。

（5）项目成本预测。

项目成本预测是指在项目的实施过程中，依据项目成本的实施发生情况和各种影响因素的发展与变化，不断地预测项目成本的发展和变化趋势与最终可能出现的结果，从而为项目的成本控制提供决策依据的工作。

事实上，上述这些项目成本管理工作相互之间并没有严格独立而清晰的界限，在实际工作中，它们常常相互重叠和相互影响。同时在每个项目阶段，上述项目成本管理的工作都需要积极开展，只有这样，项目团队才能够做好项目成本的管理工作。

9.1.2 项目成本管理的方法

项目成本管理有许多不同的方法，每种方法都有自己的优缺点，都有自己的适用情况和条件。但是在现代项目成本管理中，比较科学和客观地反映项目成本管理规律的理论和方法有三种：一是全过程项目成本管理的理论与方法，二是全生命周期项目成本管理的理论与方法，三是全面项目成本管理的理论与方法。对于项目成本管理者来说，这些项目成本管理的理论与方法都是非常有用的。

（1）全过程项目成本管理的理论与方法。

全过程成本管理理论与方法是自20世纪80年代中期开始，由我国项目成本管理领域的理论工作者和实际工作者提出的一种从项目全过程的角度来确定和管理项目成本的思想和方法。进入20世纪90年代以后，我国项目成本管理界的学者和实际工作者进一步地对全过程项目成本管理的思想与方法做了进一步的完善和验证。这使得我国的项目成本管理理论和实践正在从简单的造价定额管理逐步走上全过程项目成本管理的道路。应该说，在项目成本管理科学中的全过程项目成本管理的理论和方法，是我们中国项目管理工作者提出和发展的，这是我们对项目成本管理科学所做的重要贡献之一。

（2）全生命周期项目成本管理的理论与方法。

全生命周期项目成本管理理论（Life Cycle Costing，LCC）主要是由英美的一些学者和实际工作者于20世纪70年代末和80年代初提出的。进入20世纪80年代，以英国成本管理界的学者与实际工作者为主的一批人，在全生命周期项目成本理论方面做了大量的研究并取得了突破。全生命周期项目成本管理的方法既是一种项目投资决策工具，又是一种分析和评价项目备选方案的方法和项目成本控制的一种指导思想和技术方法。全生命周期项目成本管理要求对一个项目的建设期和运营期的所有成本进行全面的分析和管理，以实现项目全生命周期（包括项目前期、建设期和使用期）总成本最小化的目标。

（3）全面项目成本管理的理论与方法。

根据国际全面成本管理促进会（原美国造价工程师协会）前主席维斯特尼（R. E. Westney）先生的说法①，全面项目成本管理的思想是他于 1991 年 5 月在美国休斯敦海湾海岸召开的春季研讨会上所发表的论文《90 年代项目管理的发展趋势》一文中提出的。这套方法借用“全面质量管理”的思想，提出了一套“全面成本管理”的理论和方法，以实现对所有的尚未发生的成本进行全面管理的目标。根据 R. E. Westney 的定义：“全面成本管理就是通过有效地使用专业知识和专门技术去计划和控制项目资源、成本、盈利和风险。”当然，全面项目成本管理发展到今天在理论和具体技术方法上仍然还有许多地方需要进一步研究和开发，但是它将是 21 世纪项目成本管理新技术和方法。

不同项目在不同的时间、不同的场合，由不同的项目组织实施就可能会采用不同的项目成本管理方法，所以上述现代项目成本管理的方法都是需要学习和掌握项目成本管理理论和方法。项目成本管理工作者可以根据不同项目的需要而选用不同的项目成本管理理论与方法。

9.2 项目资源计划

任何一个项目目标的实现都需要消耗一定的资源，而在实际社会中，资源永远是短缺的，是不可能无限制得到和使用的，实际上几乎所有的项目要受到资源的限制。所以在项目管理活动中，项目资源能够满足需求的程度以及它们与项目实施进度的匹配都是项目成本管理必须计划和安排的。如果一个项目的资源配置不合理或使用不当，就会使项目工期拖延或使项目实际成本比预算成本有大幅度增加。例如，项目的设备成本可能会因提前租赁或在急需时租赁不到而使项目成本出现额外的增加。所以在项目成本管理过程中，必须科学、经济、合理地做好项目的资源计划，以保证项目的顺利实施和项目成本目标的实现。

9.2.1 项目资源计划的概念

项目资源计划是指通过分析和识别项目的资源需求，从而确定出项目所需投入资源的种类（如人力、设备、材料、资金等）、资源的数量和资源投入的时间，从而制订

① WESTNEY R E. Total Cost Management：AACE-I Vision for Growth［J］. Cost Engineering，1992（10）：56.

出项目资源计划的项目成本管理活动。这项计划工作必须同项目成本的估算与评价等项目成本管理活动紧密结合进行，这样才能够制订出合理、科学、可行的项目资源计划。

9.2.2 项目资源计划编制的方法

项目资源计划的编制同样有许多种方法，其中最主要的是：

（1）专家判断法。专家判断法是指由项目成本管理专家根据经验和判断去确定和编制项目资源计划的方法。这种方法通常又有两种具体的形式：

①专家小组法。专家小组法是指组织一组有关专家在调查研究的基础上，通过召开专家小组座谈会的方式，通过共同探讨，提出项目资源计划方案，然后制订出项目资源计划的方法。

②特尔斐法。特尔斐法是由一名协调者通过组织专家进行资源需求估算，然后汇集专家意见，整理并编制项目资源计划的方法。为了消除不必要的迷信权威和相互影响，一般协调者只起联系、协调、分析和归纳结果的作用，专家们互不见面，互不通气，只与协调者发生联系，并做出自己的判断。

专家判断法的优点是：主要依靠专家判断，基本不需要历史信息资料，适合于全新的项目。它的缺点是：如果专家的水平不一，专家对项目的理解不准，就会造成项目资源计划出现问题。

（2）统一定额法。

统一定额法是指使用统一标准定额和工程量计算规则去制定项目资源计划的方法。所谓“统一标准定额”是指由权威部门所制定的，在一定的技术装备和组织条件下为完成一定量的工作，所需消耗和占用的资源质量和数量限定标准或额度。这些统一标准定额是一种衡量项目经济效果的尺度，套用这些统一标准定额去编制项目资源需求是一种很简便的方法。但是由于统一标准定额相对比较固定，无法适应技术装备、工艺和劳动生产率的快速变化，所以近年来发达国家正在逐步放弃使用这种编制项目资源计划的方法。

（3）资料统计法。

资料统计法是指使用历史项目的统计数据资料，计算和确定项目资源计划的方法。这种方法中使用的历史统计资料必须有足够的样本量，而且有具体的数量指标以反映项目资源的规模、质量、消耗速度等。通常，这些指标又可以分为实物量指标、劳动量指标和价值量指标。实物量指标多数用来表明物质资源的需求数量，这类指标一般表现为绝对数指标。劳动量指标主要用于表明人力的使用，这类指标可以是绝对量，也可以是相对量指标。价值量指标主要用于表示资源的货币价值，一般使用本国货币币值表示活劳动或物化劳动的价值。利用资料统计法计算和确定项目资源计划能够得出比较准确合理和切实可行的项目资源计划。但是这种方法要求有详细的历史数据，并且要求这些历史数据具有可比性，所以这种方法的推广和使用有一定难度。

9.3 项目成本估算

项目成本估算是项目成本管理的一项核心工作，其实质是通过分析去估计和确定项目成本的工作。这项工作是确定项目成本预算和开展项目成本控制的基础和依据。

9.3.1 项目成本估算的概念

项目成本估算是指根据项目的资源需求和计划，以及各种资源的价格信息，估算和确定项目各种活动的成本和整个项目总成本的项目管理工作。当项目有承发包合同时，应仔细区分项目造价与项目成本这两个概念，因为项目造价中不仅包括项目的成本，还包括承包商的盈利部分。

项目成本估算根据估算精度的不同可分为多种项目估算：初步项目成本估算、技术设计后的成本估算和详细设计后的项目成本估算等。因为在项目初始阶段许多项目的细节尚未确定，所以只能粗略地估计项目的成本；但是在项目完成了技术设计（属于一种较为详细的设计）之后，就可以进行更详细的项目成本估算；而等到项目各种细节已经确定之后，就可以进行详细的项目成本估算了。因此，项目成本估算在一些大型项目的成本管理中都是分阶段做出不同精度的成本估算，而且这些成本估算是逐步细化和精确的。

项目成本估算既包括识别各种项目成本的构成科目，也包括估计和确定各种成本的数额大小。例如，在大多数项目应用领域中，人工费、设备费、管理费、物料费、开办费等都属于构成项目成本的科目（其下面可以进一步细分出二级科目）。项目成本估算也包括综合分析和考虑各种可选择项目成本方案与估算的协调问题。例如，在许多项目应用领域中，如果在设计阶段增加一些工作会提高项目设计成本，但是设计质量的提高可能会大大减少项目实施的成本。因此在项目成本估算过程中，必须考虑项目设计成本与项目实施成本的这种关系，努力使项目预期的收益最大。

9.3.2 项目成本构成与其影响因素

项目成本的构成是指项目总成本的构成成分，项目成本影响因素是指能够对项目成本的变化造成影响的因素。二者的具体说明与描述如下：

（1）项目成本的构成。

项目成本是指项目形成全过程所耗用的各种费用的总和。项目成本是由一系列的项目成本细目构成的。主要的项目成本细目包括以下内容：

①项目定义与决策成本。

项目定义与决策是每个项目都必须要经历的第一个阶段，项目定义与决策对项目实施和项目建成后的经济效益与社会效益会产生重要影响。为了对项目进行科学的定义和决策，在这一阶段要进行翔实的各种调查研究，收集和掌握第一手信息资料、进行项目的可行性研究，最终做出抉择。要完成这些工作需要耗用许多人力、物力资源，需要花费许多的资金，这些资金构成了项目成本中的项目定义与决策成本。

②项目设计成本。

根据项目的可行性研究报告，在分析、研究和试验等环节后，项目就可以进入设计阶段了。任何一个项目都要开展项目设计工作，不管是工程建设项目（它的设计包括初步设计、技术设计和施工图设计），还是新产品开发项目（它的设计就是对新产品的设计），还是科学研究项目（它的设计是对整个项目的技术路线和试验方案等方面的设计）。这些设计工作同样要发生费用，同样是项目成本的一个重要组成部分，这一部分通常被称为项目设计成本。

③项目采购成本。

所谓项目采购成本是指为获得项目所需的各种资源（包括物料、设备和劳务等），项目组织就必须开展询价、选择供应商、广告、承发包、招投标等一系列的工作。对项目所需商品购买的询价、供应商选择、合同谈判与合同履约的管理需要发生费用，对项目所需劳务的承发包、发标、广告、开标、评标、定标、谈判、签约和履约同样也需要发生费用。这些就是项目为采购各种外部资源所需的成本，即项目的采购成本。

④项目实施成本。

在项目实施过程中，为生成项目产出物所耗用的各项资源构成的费用统一被称为“项目实施成本”。这既包括在项目实施过程中所耗费物质资料的成本（这些成本以转移价值的形式转到了项目产出物中），也包括项目实施中所消耗活劳动的成本（这些以工资、奖金和津贴的形式分配给了项目团队成员）。项目实施成本的具体科目包括：

a. 项目人工成本。它是指给各类项目实施工作人员的报酬。它包括项目施工、监督管理和其他方面人员（但不包括项目业主/客户）的工资、津贴、奖金等全部发生在活劳动上的成本。

b. 项目物料成本。它是指项目组织或项目团队为项目实施需要所购买的各种原料、材料的成本。比如油漆、木料、墙纸、灌木、毛毯、纸、艺术品、食品、计算机或软件等。

c. 项目顾问费用。当项目组织或团队因缺少某项专门技术或完成某个项目任务的人力资源时，他们可以雇用分包商或专业顾问去完成这些任务。为此，项目就要付出相应的顾问费用。

d. 项目设备费用。项目组织为实施项目会使用到某种专用仪器、工具，不管是购买这些仪器或设备，还是租用这种仪器和设备，所发生的成本都属于设备费用的范畴。

e. 项目其他费用。不属于上述科目的其他费用。例如，项目期间有关人员出差所需的差旅费、住宿费、必要的出差补贴，各种项目所需的临时设施费等。

f. 项目不可预见费。项目组织还必须准备一定数量的不可预见费（意外开支的准备金或储备），以便在项目发生意外事件或风险时使用。例如，由于项目成本估算遗漏的费用、由于出现质量问题需要返工的费用、发生意外事故的赔偿金、因需要赶工加班而增加的成本等。

项目实施成本是项目总成本的主要组成部分，在没有项目决策或设计错误的情况下，项目实施成本会占项目总成本的90%左右。因此，项目成本管理的主要工作是对项目实施成本的管理与控制。

（2）影响项目成本的因素。

影响项目成本的因素有许多，而且不同应用领域中的项目，其影响项目成本的因素也会不同。但是最为重要的项目成本影响因素包括如下几个方面：

①耗用资源的数量和价格。

项目成本自身（或叫狭义的项目成本）受两个因素的影响：一是项目各项活动所消耗和占用的资源数量，二是项目各项活动所消耗与占用资源的价格。这表明项目成本管理必须要管理好项目消耗和占用资源的数量和价格这两个要素，通过降低项目消耗和占用资源的数量和价格去直接降低项目的成本。在这两个要素中，资源消耗与占用数量是第一位的，资源价格是第二位的。因为资源消耗与占用数量是一个相对可控的内部要素；而资源价格是一个相对不可控的外部要素，主要是由外部市场条件决定的。

②项目工期。

项目的工期是整个项目或项目某个阶段或某项具体活动所需要或实际花费的工作时间周期。从这层意义上说，项目工期与时间是等价的。在项目实现过程中，各项活动消耗或占用的资源都是在一定的时点或时期中发生的。所以，项目的成本与工期是直接相关并随着工期的变化而变化。这种相关与变化的根本原因是因为项目所消耗的资金、设备、人力等资源都具有自己的时间价值，这表现为：等额价值量的资源在不同时间消耗或占用，其价值之间的差额。实际上，项目消耗或占用的各种资源都可以看成对货币资金的一种占用。这种资金的占用，不管是自有资金还是银行贷款，都有其时间价值。这种资金的时间价值的根本表现形式就是资金占用所应付的利息。这种资金的时间价值既是构成项目成本的主要科目之一，又是造成项目成本变动的重要影响因素之一。

③项目质量。

项目质量是指项目能够满足业主或客户需求的特性与效用。一个项目的实现过程就是项目质量的形成过程。在这一过程中为达到质量要求需要开展两个方面的工作：一是质量的检验与保障工作，二是质量失败的补救工作。这两项工作都要消耗资源，从而会产生项目的质量成本。其中，如果项目质量要求越高，项目质量检验与保障成本就会越高，项目的成本也就会越高。因此，项目质量也是项目成本最直接的影响因素之一。

④项目范围。

任何一个项目的成本取决于项目的范围，即项目究竟需要做些什么事情和做到什么程度。从广度上说，项目范围越大，项目的成本就会越高，而项目范围越小，项目的成本就会越低；从深度上说，如果项目所需完成的任务越复杂，项目的成本就会越高，而项目的任务越简单，项目的成本就会越低。因此，项目范围更是一个项目成本的直接影响因素。

根据上述分析可以看出，要实现对项目成本的科学管理，还必须对项目资源耗用和价格，项目工期和质量以及项目范围等要素进行集成的管理与控制。如果只对项目资源耗用量和价格要素进行管理和控制，无论如何也无法实现项目成本管理的目标。然而，这仍然是我们当今项目成本管理中经常存在的一种通病。

9.4 项目成本预算

9.4.1 项目成本预算的概念

项目成本预算是一项制定项目成本控制标准的管理工作，它涉及根据项目成本估算为项目各项具体工作分配和确定预算和定额，以及确定整个项目总预算的一系列管理工作。项目的成本预算工作内容包括：根据项目成本估算向项目各项具体工作与活动的分配预算定额和确定项目成本控制的基线（项目总预算），制定项目成本控制标准和规定项目不可预见费的划分与使用规则等。

9.4.2 项目成本预算计划的编制

项目成本预算计划是按照时间分阶段给出的项目成本预算的计划安排，是项目成本控制的基线。一般这种分阶段的成本预算基线是呈“S”曲线分布的，具体见图 9-1。由图 9-1 可以看出，项目的成本预算包括两个因素：一个是项目成本预算，另一个是项目成本的投入时间。图 9-1 中的 Tc1、Tc2、Tc3 给出了三种不同的项目成本预算方案。在实际应用中，项目成本预算并不是越低越好，因为这样会由于成本预算过低而出现项目实施资源供给不足，从而使项目的质量或效率下降。当然，项目的成本预算也不是越高越好，因为虽然项目的资源供给会比较充裕，但却会造成各种各样的浪费。因此，项目成本预算编制实际上主要是三件事：

（1）确定项目总的预算；

（2）确定项目各项活动的预算；

（3）确定项目各项活动预算的投入时间。

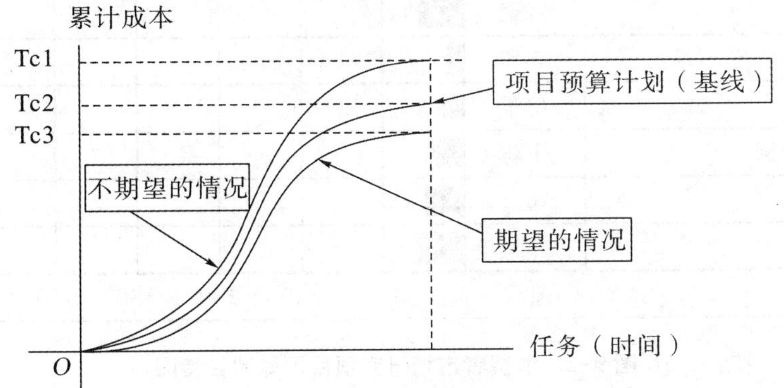

图 9-1 项目成本预算及其不同情况示意图

9.4.3 项目成本预算计划的编制方法

由于影响项目成本预算的因素很多，所以编制项目成本预算必须考虑各种影响因素。因此在项目成本管理中，有很多编制项目成本预算计划的方法可供选择。

（1）项目预算计划的编制方法。

项目预算计划的编制方法包括各种常规的预算确定方法、预算分配和安排的方法以及用于项目成本估算的方法。项目成本预算的这些方法各自适用于不同的项目和项目情况。这里只介绍一种利用甘特图进行项目预算计划编制的方法（具体如图 9-2 所示）。甘特图也叫作横道图，它是以横线来表示每项活动起止时间的一种项目工期进度计划方法，但是也可以用来分配一个项目的预算。甘特图的优点是简单明了、直观和易于编制，因此是小型项目中常用的计划编制工具，即使在大型项目管理中它也是高级管理层了解全局、为基层安排各种计划进度的有力工具。项目的管理者可以使用甘特图去安排各项活动的开始和终结时间，从而估算和安排各个阶段的成本和预算，合理地把项目总预算分配到各个项目阶段和项目具体活动中。图 9-2 是一个带有项目预算的甘特图，图中最上面一行是项目的时间坐标，中间是项目的时间进度计划安排，最下面的一行是项目在不同时间上的预算分配累计。如果希望项目成本预算更详尽，还可以在项目各项工作旁边标上它们的预算额度。

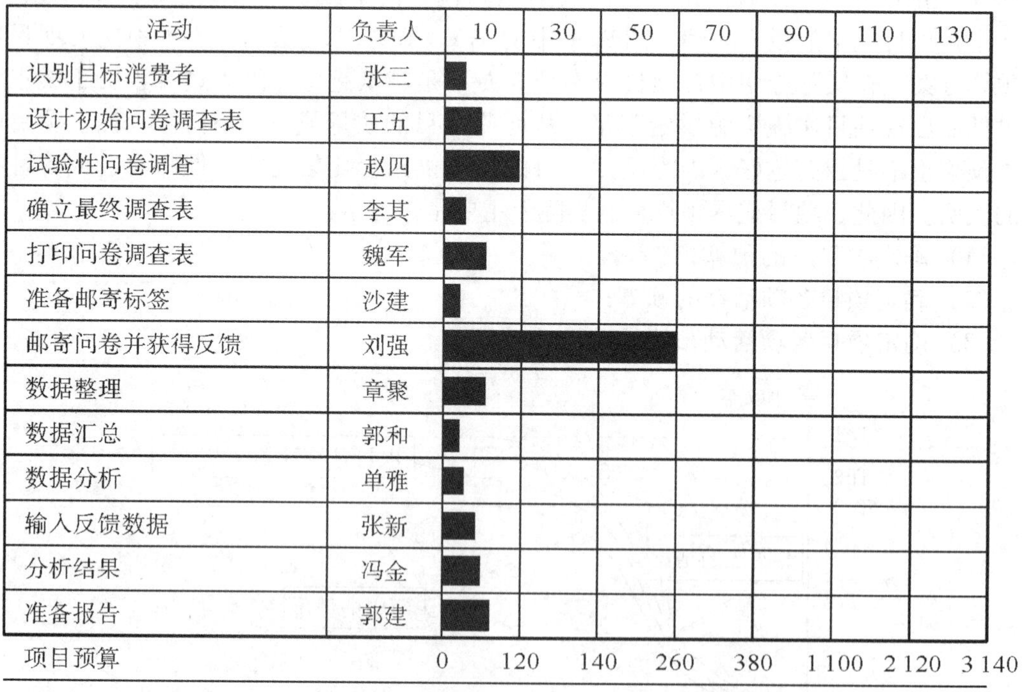

活动	负责人	10	30	50	70	90	110	130
识别目标消费者	张三							
设计初始问卷调查表	王五							
试验性问卷调查	赵四							
确立最终调查表	李其							
打印问卷调查表	魏军							
准备邮寄标签	沙建							
邮寄问卷并获得反馈	刘强							
数据整理	章聚							
数据汇总	郭和							
数据分析	单雅							
输入反馈数据	张新							
分析结果	冯金							
准备报告	郭建							
项目预算		0 120	140	260	380	1 100	2 120	3 140

图 9-2　消费者市场研究项目预算的甘特图

（2）影响项目成本预算计划编制方法选择的因素。

究竟应该采用哪一种编制项目成本预算计划方法，主要应考虑下列因素：

①项目规模大小。很显然，小项目应采用简单的成本预算方法，大项目需考虑选

用较复杂的成本预算方法。

②项目复杂程度。项目规模并不一定总是与项目复杂程度成正比。例如，修一条高速公路的项目规模虽然不小，但并不复杂，所以仍然可以用较简单的成本预算方法。

③项目紧急程度。在项目急需进行时，为了尽早开始工作，此时需要采用一种简易快速的项目成本预算方法。

④项目细节的掌握程度。项目细节的掌握程度不同，要求采用的项目成本预算方法就会不同。如果掌握的细节越多，就可以采用越精确的项目成本预算方法。

⑤有无相应的技术设备和人员。例如，若缺少掌握项目成本预算具体方法的合格管理人员，有些项目成本预算方法也无法采用。

此外，根据不同情况，还需考虑项目业主/客户、项目组织、承包商等方面的要求。一个项目到底采用哪一种方法来编制项目成本预算计划，需要全面考虑以上各个因素。

9.5 项目成本控制

9.5.1 项目成本控制的概念

项目成本控制工作是在项目实施过程中，通过开展项目成本管理，努力将项目的实际成本控制在项目预算范围内的一项管理工作。随着项目的开展，根据项目实际发生成本的情况，不断修正原先的成本估算，并对项目的最终成本进行预测等工作也都属于项目成本控制的范畴。

项目成本控制涉及对那些可能引起项目成本变化的影响因素的控制（事前控制），项目实施过程中的成本控制（事中控制）和项目实际成本发生以后的控制（事后控制）三个方面的工作。要实现对项目成本的全面控制，最根本的任务是要控制项目各方面的变动和变更，以及项目成本的事前、事中和事后控制。

项目成本控制的具体工作包括：监视项目的成本变动，发现项目成本控制中的偏差，采取各种纠偏措施防止项目成本超过预算，确保实际发生的项目成本和项目变更能够有据可查；防止不正当或未授权的项目变更所发生的费用被列入项目成本预算，以及采取相应的成本变动管理措施等。

有效控制项目成本的关键是要经常及时地分析项目成本的实际状况，尽早地发现项目成本出现的偏差和问题，以便在情况变坏之前能够及时采取纠正措施。项目成本一旦失控是很难挽回的，所以只要发现项目成本的偏差和问题就应该积极地着手去解决它，而不是寄希望于随着项目的展开一切都将会变好。项目成本控制问题越早发现和处理，对项目范围和项目进度的冲击会越小，项目越能够达到整体的目标要求。

9.5.2 项目成本控制的方法

项目成本控制的方法包括两类：一类是分析和预测项目各要素变动与项目成本发

展变化趋势的方法，另一类是通过控制各种要素的变动从而实现项目成本管理目标的方法。这两个方面的具体技术方法将构成一套项目成本管理的方法。这套方法的主要技术和工具有：

（1）项目变更控制体系。

项目变更控制体系是指从项目变更的请求，到变更请求批准，到最终变更项目成本预算的项目变更全过程的控制体系。项目变更是影响项目成败的重要因素。一般可以通过两个方面的工作去解决这个问题：

①规避。

在项目定义和设计阶段，相关人员可通过确保项目业主/客户和全体项目相关利益者的充分参与，真正了解项目的需求；在项目定义和设计结束后，相关人员可通过组织评审，倾听各方面的意见；同时，相关人员可保持与项目业主/客户沟通渠道的畅通，及时反馈，避免项目后期发生大的变更或返工，从而规避项目成本的变动。

②控制。

相关人员应建立严格的项目变更控制系统和流程，对项目变更请求不能简单地拒绝或同意，而是先通过一系列评估确定该变更会发生的成本和时间代价，再由项目业主/客户判断是否接受这个代价。简单说，就是项目可以变更的前提是项目业主/客户必须接受项目成本会发生变更的代价。在这里需要强调一点，有些项目变更是设计缺陷或人们不可预见的原因造成的，这样的项目变更有时是必需的。

（2）项目成本实效度量方法。

该方法是对项目实际成本完成情况进行度量的方法。在项目成本管理中，“挣值”的度量方法是非常有价值的一种项目控制方法。其基本思想就是通过引进一个中间变量即“挣值”（Earned Value），以帮助项目成本管理者分析项目的成本和工期变化，并给出相应的信息，从而能够使人们对项目成本的发展趋势做出科学的预测与判断。

（3）附加计划法。

很少有项目是按照原定计划完成的，所以可以采用附加计划法，即通过新增或修订原有计划对项目成本进行有效的控制。项目成本控制也需要使用附加计划法。如果没有附加计划法往往会出现：当遇到意外情况时，项目管理者缺少应付办法，可能因实际与计划不符而形成项目成本失控的局面。所以，附加计划法是未雨绸缪、防患于未然的项目成本控制方法之一。

（4）计算机软件工具。

目前，市场上有大量这方面的软件可供选择。利用项目成本控制软件，用户可以进行的工作有：生成任务一览表（包括各项目任务的预计工期），建立项目工作任务之间的相互依存关系，以不同的时间尺度测量项目工作（包括工时、工日等），处理某些特定的约束条件（如某项任务在某天之前不能开始等），跟踪项目团队成员的薪金和工作，统计公司的假日、假期等，处理工人的轮班工作时间，监控和预测项目成本的发展变化，发现项目成本管理中的矛盾和问题，根据不同要求生成不同用途的成本或绩效报告，以不同方式整理项目信息，联机工作和网络数据共享，对项目进度、预算或职员变动迅速做出反应。项目成本管理人员可通过实际成本与预算成本比较分析找出项目实施情况中存在的问题并能提供各种建议措施。

9.6 挣值分析方法

项目成本控制的关键是经常及时地分析项目成本状况，尽早地预测和发现项目成本差异与问题，努力在情况变坏之前采取纠偏措施。挣值分析与管理的方法是实现这一目标的重要方法。这一方法的基本思想是通过引进一个中间变量，即“挣值”，来帮助项目管理者分析项目成本的变动情况，并给出项目成本与工期相关变化的信息，以便对项目成本发展趋势做出科学预测与判断和正确的决策。

9.6.1 挣值的定义

挣值的定义有多种不同的表述。一般的表述为，挣值是一个表示“已完成作业量的计划价值”的变量，是一个使用“计划价格”或“预算成本”表示在给定时间内已完成实际作业量的一个变量。这一变量的计算公式如下：

EV=实际完成的作业量×已完成作业的预算成本（计划价格）

9.6.2 挣值分析方法的内涵

关于挣值分析方法，最需要掌握其中的三个关键中间变量、三个差异分析变量和两个指数变量。

（1）三个关键中间变量。

①项目计划作业的预算成本。

项目计划作业的预算成本（Budgeted Cost of Work Scheduled，BCWS）是按照“项目预算成本”（计划价格）乘上“项目计划工作量”而得到的项目成本中间变量。

②挣值。

挣值是项目已完成作业的预算成本（Budgeted Cost of Work Performed，BCWP），它是由“项目预算成本”乘上“项目实际完成工作量”而得到的一个项目成本的中间变量。

③项目实际完成作业的实际成本。

项目实际完成作业的实际成本（Actual Cost of Work Performed，ACWP）是由“项目实际成本”乘上“项目实际完成工作量”而得到的另一个项目成本的中间变量。

这些指标都是挣值分析方法中根据项目预算成本与实际成本和项目计划作业量和项目实际完成作业量等指标计算获得的中间变量指标。这些指标都是项目成本水平指标，反映了项目成本的计划和实际水平。

（2）三个差异分析变量。

①项目成本进度差异。

项目成本进度差异（Cost Schedule Variance，CSV）的计算公式是：

$CSV=BCWS-ACWP$

这一指标反映了：项目“计划作业”的“预算成本”与项目“实际完成作业”的“实际成本”之间的绝对差异，它给出了项目实际发生的成本与项目预算成本之间的差异。这种差异是项目成本从“预算成本”变化到“实际成本”和项目进度从“计划作业量”变化到“实际完成作业量”造成的。

②项目成本差异。

项目成本差异（Cost Variance，CV）的计算公式是：

$CV = BCWP - ACWP$

这一指标反映了：项目“实际完成作业”的“预算成本”与项目“实际完成作业”的“实际成本”之间的绝对差异。这一指标剔除了项目作业量变动的影响，独立地反映了项目“预算成本”和“实际成本”差异这一单个因素对项目成本变动造成的影响。

③项目进度差异。

项目进度差异（Schedule Variance，SV）的计算公式是：

$SV = BCWP - BCWS$

这一指标反映了：项目“计划作业”的“预算成本”与“挣值”之间的绝对差异。这一指标剔除了项目成本变动的影响，独立地反映了由于项目“计划作业”和“实际完成作业”差异这一单个因素对项目成本的影响（虽然指标名称是“项目进度差异”，但是反映的是成本变化）。

（3）两个指数变量。

①成本绩效指数。

成本绩效指数（Cost Performance Index，CPI）的计算公式如下：

$CPI = ACWP \div BCWP$

该指标的含义是：项目“实际完成作业”的“实际成本”与项目“实际完成作业”的“预算成本”的相对数。这一指标以排除项目作业量变化的影响为基础，度量了项目成本控制工作的绩效情况，它是前面给出的“项目成本差异”指标的相对数形态。

②计划完工指数。

计划完工指数（Schedule Completion Index，SCI）的计算公式如下：

$SCI = BCWP \div BCWS$

该指标的含义是：项目“挣值”与项目“计划作业”的“预算成本”的相对数。这一指标以排除项目成本变动因素的影响为基础，度量了项目进度变动对项目成本的相对影响程度，它是前面给出的“项目进度差异”指标的相对数形态。

9.6.3 挣值分析的图解说明

图 9-3 给出了有关挣值分析的图解说明。

图 9-3 给出了某项目在实施之前做出项目预算与项目计划安排：整个项目的计划工期是 4 年，项目总预算是 400 万元。在项目的实施过程中，通过对项目成本的核算和有关项目成本与进度的记录得知，在开工后第二年年末的实际情况是：项目工期已经

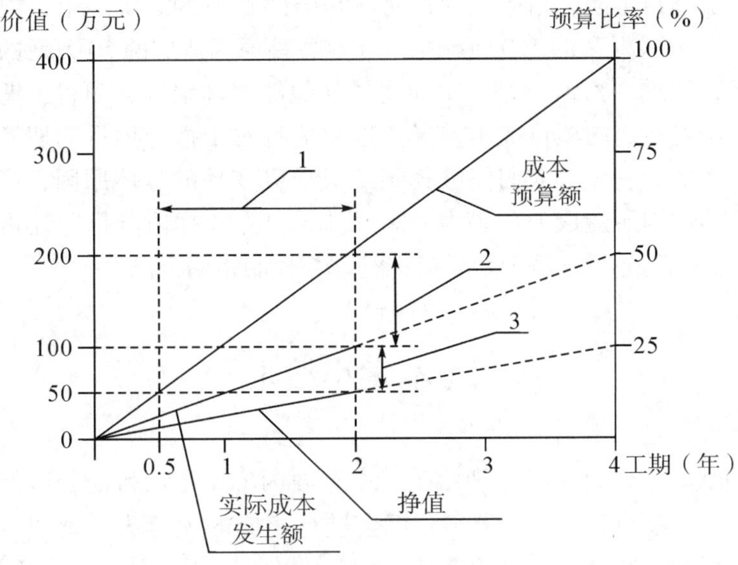

图 9-3 挣值分析示意图

过半（两年），而实际项目成本发生额是 100 万元。与项目预算相比较可知：当工期过半时，项目的计划成本发生额应该是 200 万元，而实际项目成本发生额只有 100 万元，比预算成本少 100 万元。看起来，项目似乎取得很好的业绩，但是这只是事情的一个侧面。那么，这里“减少”的 100 万元成本究竟是不是减少？是什么原因造成的呢？从图 9-3 中给出的信息可知：

①项目进行到第二年时：计划作业量的预算成本（BCWS）是 200 万元，实际完成作业量的实际成本（ACWP）是 100 万元，挣值（实际完成作业量的预算成本 BCWP）是 50 万元。

②项目成本差异（$CV=BCWP-ACWP$）为-50 万元（在图中由“2”号线段来表示），意味着项目实际成本比“挣值”多出-50 万元的绝对差异（多发生了 50 万元）。这是在项目实施过程中实际消耗和占用资源的价格变动造成的，这是一种与项目成本控制有关的成本差异。

③项目进度差异（$SV=BCWP-BCWS$）为 -150 万元（由图中标注“2”和“3”的两条线段之和来表示），即项目成本预算与项目“挣值”之间有高达-150 万元的绝对差异（多发生了 150 万元），这是一种与项目进度控制有关的成本差异。

④项目成本绩效指数（$CPI=ACWP \div BCWP$）为 2 或 200%，这意味着在项目完成作业量的过程中，实际花费的成本是预算成本的 2 倍。

⑤项目计划完工指数（$SCI=BCWP \div BCWS$）为 0. 25 或 25%，这意味着剔除项目成本变化的影响，项目价值进度计划只完成了 25%。由图 9-3 可以看出，在项目进行到第二年时，相对应的实际工期进度仅为 0. 5 年，与计划工期相比有 1. 5 年的拖期（在图中由标注有“1”的线段表示 ），这 1. 5 年的拖期是一种项目时间（工期）管理的问题。

从上述分析可知，这一项目成本减少的 100 万元从根本上说是项目工期拖后造成的，是没有完成项目工期计划造成的，而不是节约造成的。实际上，项目不但没有节约成本，而且在“减少”的100万元中，还有各种原因造成的50万元的额外开支。

综上所述，引进“挣值”这一中间变量就能够明确地区分项目工期管理不善和项目成本控制等问题造成的项目成本差异。这类信息对于指导项目工期管理和项目成本控制是非常重要的，它使得人们能够找到造成项目变动的具体原因，可以分别定量地去分析这些具体原因所造成的后果大小。另外，引入“挣值分析”还可以预测未来项目成本的发展变化趋势，这将为项目成本管理与控制指明方向。

【本章小结】

（1）项目成本控制是项目管理中的一个重要内容，是项目能否取得成功的关键因素之一。任何一个项目，不管其大小，都会进行相应的项目成本管理。这已成为项目管理中不可缺少的一部分。

（2）项目资源计划编制就是确定完成项目活动所需要的物质资源（人、设备、原材料）的种类，以及每种资源需求量，即在项目执行过程中，确定每一项工作需要什么样的资源、多少这样的资源以及资源投放的时间。同时，这个过程必须与成本估算的过程紧密联合起来考虑。

（3）项目成本估算，是对资源计划中涉及的活动的成本进行近似估计。项目成本估算是项目管理的核心内容，通过成本估算，确定估算成本，从而依此为基础进行项目成本预算以及项目成本控制等活动。

（4）项目成本预算是把估算的总成本分配到各个工作细目，建立基准成本，以衡量项目执行情况。项目成本预算是项目成本控制的基础，它是将项目的成本估算分配到项目的各项具体工作中，以确定项目各项工作和活动的成本定额，制定项目的控制标准，规定项目以外成本划分与使用规则的一项项目管理工作。

（5）项目成本控制是指项目组织为保证在变化的条件下实现其预算成本，按照事先拟订的计划和标准，通过各种方法，对项目实施过程中发生的各种实际成本和计划成本进行对比、检查、监督、引导和纠正，尽量使项目的实际成本控制在计划和预算范围内的管理过程。

本章思考题

一、填空题

1. 项目成本管理的程序是（　　）。

①成本预测　②成本核算　③成本分析　④成本控制　⑤成本考核　⑥成本计划

A. ①②③⑤④⑥　　B. ③①④②⑤⑥

C. ②①③⑥⑤④　　D. ①⑥④②③⑤

2. 成本管理就是要在保证工期和质量满足要求的情况下，利用组织措施、经济措施、技术措施、合同措施把成本控制在（　　）范围内，并进一步寻求最大程度的节约。

A. 成本核算　　B. 成本计划
C. 成本预测　　D. 成本考核

3. 项目成本决策与计划的依据是（　　）。

A. 成本计划　　B. 成本核算
C. 成本预测　　D. 成本控制

4. 以货币形式编制施工项目在计划期内的生产费用、成本水平、成本降低率以及为降低成本所采取的主要措施和规划的书面方案，称为（　　）。

A. 成本预测　　B. 成本计划
C. 成本核算　　D. 成本考核

5. 一个项目成本计划应包括（　　）所必需的成本，它是该项目降低成本的指导文件和设立目标成本的依据。

A. 从开工到竣工　　B. 从招标到定标
C. 从投标到竣工　　D. 从策划到投产

6. 在成本管理过程中，（　　）贯穿于项目从投标阶段开始直到项目竣工验收的全过程，是企业全面成本管理的重要环节。

A. 成本考核　　B. 成本分析
C. 成本控制　　D. 成本预测

二、问答题

1. 现代项目成本管理的主要内容有哪些？
2. 阐述项目资源计划编制的方法？
3. 项目成本估算的方法有哪些？
4. 挣值分析方法的含义是什么？

第九章习题参考答案

10　项目风险管理

【本章教学要点】

知识要点	掌握程度	相关知识
项目风险识别	掌握	系统分解法、流程图法
项目风险度量	掌握	项目风险概率、项目风险损失期望值
项目风险应对	掌握	项目风险管理计划、项目风险应急计划
项目风险控制	掌握	项目风险控制体制、项目风险控制方案

【关键词】

风险管理　项目风险识别　项目风险评估　项目风险应对　项目风险控制

导入案例

集成项目中的风险管理

Clearnet 公司是国外一家知名的 IP 电话设备厂商。它在国内拥有许多电信运营商客户。Clearnet 主要通过分销的方式发展中国的业务，由国内的合作伙伴和电信公司签约并提供具有增值内容的集成服务。2010 年，国内一家省级电信公司（H 公司）打算上某项目，经过发布 RFP（需求建议书）以及谈判和评估，最终选定 Clearent 公司为其提供 IP 电话设备。立达公司作为 Clearent 公司的代理商，成了该项目的系统集成商。立达公司是第一次参与此类工程。H 公司和立达公司签订了总金额近 1 000 万元的合同。刘先生是该项目的项目经理。该项目的施工周期是三个月。由 Clearnet 负责提供主要设备，立达公司负责全面的项目管理和系统集成工作，包括提供一些主机的附属设备和支持设备，并且负责项目的整个运作和管理。Clearnet 和立达公司之间的关系是外商通常采用的方式——一次性付账。这就意味着 Clearnet 不承担任何风险，而立达公司虽然有很大的利润，但是也承担了全部的风险。合同是固定总价的分期付款合同，按照电信业界惯例，10%的尾款要等到系统通过最终验收一年后才能支付。3 个月后，整套系统安装完成。但自系统试运行之日起，不断有问题暴露出来。H 公司要求立达公司负责解决，可其中很多问题涉及 Clearent 的设备问题。因而，立达公司要求 Clearent 公司予以配合。Clearent 也一直积极参与此项目的工作。然而，刘先生发现，立达对 H 公司的承诺和技术建议书远远超过了系统的实际技术指标，这与 Clearent 与立达的代理合同有不少出入。立达公司也承认，为了竞争的需要，做了一些额外的承诺。这是国内公司的常见做法，有的公司甚至干脆将尾款不考虑成利润，而收尾款也成了一种专职的公关工作。这种做法实质上增加了项目的额外成本，同时对整个的商业行为构成潜在的诚信危机。对于H公司来说，他们认为，按照RFP的要求，立达公司实施的项目没有达到合同的要求。因此直至2012年，H公司还拖欠立达公司10%的验收款和10%的尾款。立达公司多次召开项目会议，要求Clearent公司给予支持。但由于开发周期的原因，Clearent公司无法马上达到新的技术指标并满足新的功能。于是，项目持续延期。为完成此项目，立达公司只好不断将Clearenet公司的最新升级系统（软件升级）提供给H公司，甚至派人常驻在H公司（外地）。又经过了3个月，H公司终于通过了最初验收。在立达公司同意承担系统升级工作直到完全满足RFP的基础上，H公司支付了10%的验收款。然而，2012年年底，Clearent公司由于内部原因暂时中断了在中国的业务，其产品的支持力度大幅下降，结果致使该项目的收尾工作至今无法完成。据了解，立达公司在此项目上原本可以有250万元左右的毛利，可是考虑到增加的项目成本（差旅费、沟通费用、公关费用和贴现率）和尾款，实际上的毛利不到70万元。如果再考虑机会成本，实际利润可能是负值。项目失败或没有达到预期经济指标的因素有很多，其中风险管理是一个极为重要的因素。立达公司项目失败的原因究竟是什么，项目经理陷入深深的思索中。

资料来源：胡蓓姿. 信息化项目管理理论与实践［M］. 北京：中国科学技术出版社，2006：248-249.

10.1 项目风险和项目风险管理

项目的实现过程是一个存在着很大不确定性的过程，因为这一过程是一个复杂的、一次性的、创新性的，并涉及许多关系与变数的过程。项目的这些特性造成了在项目的实现过程中存在着各种各样的风险。如果不能很好地管理这些风险就会造成各种各样的损失，因此在项目管理中必须充分识别、度量和控制项目风险。确切地说，项目管理中最重要的任务就是对项目不确定性和风险的管理。因为确定性和常规性的管理工作都是程序化和结构化的管理问题，它们所需的管理力度是十分有限的。

一般风险管理的理论认为，风险是指由于当事者不能预见或控制某事物的一些影响因素，使得事物的最终结果与当事者的期望产生较大背离，从而使当事者蒙受损失的可能性。风险的主要原因是信息的不完备性，即当事者对事物有关影响因素与未来发展变化情况缺乏足够的、准确的信息。由于项目是一种一次性、独特性和不确定性较高的工作，所以存在着很大的风险，因此必须积极地开展项目风险管理。

10.1.1 项目风险的概念

项目风险所涉及的主要概念有如下几个方面：

（1）项目风险的定义。

一般认为，项目风险是指由于项目所处环境和条件本身的不确定性，项目业主/客户、项目组织或项目其他相关利益者主观上不能准确预见或控制的影响因素。项目风险使项目的最终结果与当事者的期望产生背离，从而给当事者带来损失的可能性。形成项目风险的根本原因是人们对项目未来发展与变化的认识和应对等方面出现了问题。

通常，人们对事物的认识可以划分成三种不同的状态，即拥有完备信息的状态、拥有不完备信息的状态和完全没有信息的状态。三种不同的认识状态决定了人们的决策和当事者的期望。这三种认识状态的具体说明如下：

①拥有完备信息的状态。

在这种状态下，人们知道某事物肯定会发生或者肯定不发生，而且人们还知道在该事物发生和不发生的情况下会带来的确切后果。一般人们将拥有这种特性的事物称为确定性事件。例如，某工程项目的露天混凝土浇灌作业，晴天每天可完成 10 万元工程量，下雨天则需要停工并发生窝工。天气预报报道第二天降水概率为 0，即肯定不降雨，那该项目明天开展施工作业并完成 10 万元工程量就是一个确定性事件（不考虑其他因素）。

②拥有不完备信息的状态。

在这种状态下，人们只知道某事物在一定条件下发生的概率（发生可能性），以及该事物发生后会出现的各种可能后果，但是并不确切地知道该事物究竟是否会发生和发生后事物的发展与变化结果。拥有这种特性的事物被称为不确定性事件或风险性事件。例如，上述从事露天混凝土浇灌作业的实例，如果天气预报报道第二天的降水概率为 60%，即第二天下雨的可能性是 60%，不下雨的可能性是 40%。若第二天开展施工作业，该项目就有 40%可能性会出现因下雨不但不能完成产值 10 万元，而且会损失工料费 7 万元的风险。在这种情况下，该工程队第二天开展作业并完成 10 万元就是一个不确定性事件或风险性事件。

③完全没有信息的状态。

在这种状态下，人们对某事物发生的条件和概率并不知道，而且对该事物发生后会造成的后果也不清楚，对于该事物的许多特性只有一些猜测。拥有这种特性的事物被称为完全不确定性事件。例如，仍然是某项目从事露天混凝土浇灌作业的实例，如果根本就没有天气预报，所以第二天是否下雨根本不清楚，那么该项目第二天是否能够开展施工作业，是能够完成 10 万元产值，还是会损失工料费 7 万元就难以预料。在这种情况下，该项目第二天完成 10 万元产值就是一个完全不确定性事件。

在项目的整个实现过程中，确定性、风险性和完全不确定性事件都会存在，随着项目复杂性的提高和人们对项目风险认识的能力不同，三种事件的比例会不同。一般情况下，在上述三种情况中，项目的风险性事件（或叫不确定性事件）所占比重是最大的，完全不确定性事件是极少的，而确定性的事件也不多。虽然在实际工作中，人们往往将风险性不大的事件简化成确定性事件，这样就显得有很多事物都是确定的，但是实际上这些只是在假设前提条件下的确定性事件。在上述三种不同的事件中，风险性事件和完全不确定性事件是项目风险的根源，是造成项目未来发展变化的根源。

（2）项目风险产生的原因。

项目风险主要是不确定性事件造成的，而不确定性事件又是信息不完备造成的，即人们无法充分认识一个项目未来的发展和变化造成的。从理论上说，项目的信息不完备情况能够通过人们的努力而降低，但是却无法完全消除。这主要是因为：

①人们的认识能力有限。

世界上的任何事物都有各自的属性，这些属性是由各种数据和信息加以描述的，项目也一样。人们只有通过项目的各种数据和信息去了解项目、认识项目并预见项目的未来发展和变化。但是由于人们认识事物的能力有限，所以人们在深度与广度两方面对世界上许多事物属性的认识仍然存在着很大的局限性。从信息科学的角度上说，人们对事物认识的这种局限性，从根本上是人们获取数据和信息的能力有限性和客观事物发展变化的无限性这一矛盾造成的，这使得人们无法获得事物的完备信息。人们对项目的认识同样存在这种认识能力的限制问题，人们尚不能确切地预见项目的未来发展变化，从而性形成了项目风险。

②信息本身的滞后性。

从信息科学的理论出发，信息的不完备性是绝对的，而信息的完备性是相对的。造成这一客观规律的根本原因是信息本身的滞后性。因为世上所有事物的属性都是由数据和信息加以描述的，但是人们只有在事物发生以后才能够获得有关该事物的真实数据，然后必须由人们对数据进行加工处理以后才能产生有用的信息。由于数据加工需要一定的时间，所以任一事物的信息总会比该事物本身滞后，从而就形成了信息本身的滞后性。从这个意义上说，完全确定性事件是不存在的，项目更是如此。但是任何事物随着本身的发展和数据的生成，人们对它的认识会不断深入，其信息的完备性程度会不断提高，直到事物完结，描述该事物的信息才有可能是完备的。这种信息的滞后性是信息不完备性的根本原因，也是项目风险的根本原因。

（3）项目风险的分类。

我们可以按照不同的标准对项目风险进行分类，并通过分类去进一步认识项目风险及其特性。

项目风险分类的主要方法有：按风险发生概率分类的方法、按风险引发原因分类的方法，按风险结果分类的方法，按风险关联程度分类的方法，按风险发生对象分类的方法等。我们分别使用这些项目风险分类方法可以更好地认识项目风险的特性。例如，按风险发生概率分类的方法可以使人们充分认识项目风险可能性的大小。通常，这些分类方法是按图 10-1 中箭头指出的方向，依次（或分层）进行分类的。另外，在一个项目的全过程中，我们需要随项目环境与条件的变化和事物进展多次进行分类分析，因为每次分类分析都会帮助我们更进一步地认识项目的风险。例如，某项目风险概率在前次分析中是 60%，在第二次分析有可能会变成 80%或 40%，这样对该风险的管理就可以根据第二次分析的信息进行改变。

10.1.2 项目风险管理的概念

项目风险管理是指通过项目风险识别、风险界定和风险度量等工作去认识项目的风险，并以此为基础，合理地使用各种风险应对措施和管理方法对项目风险实行有效的控制，妥善地处理项目风险事件所造成的不利结果，以最少的成本保证项目总体目

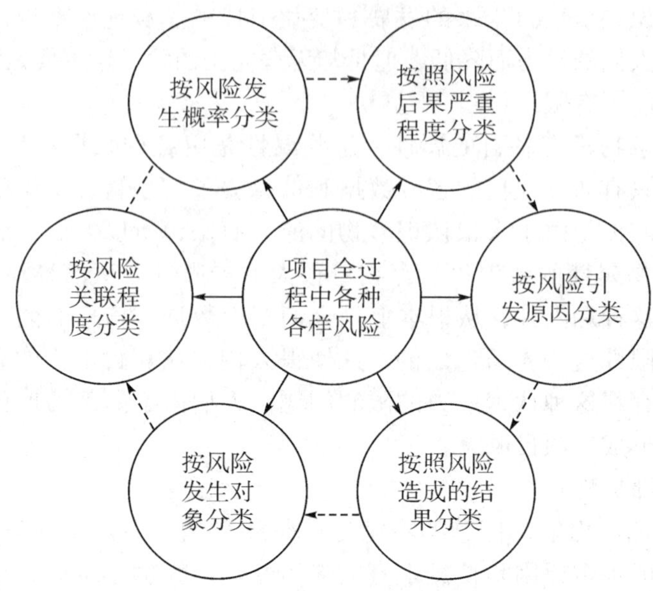

图 10-1 项目风险分类方法及其关系

标的实现的管理工作。项目风险管理的主体是项目经理和项目业主/客户，他们必须采取有效措施确保项目风险处于受控状态，从而保证项目目标最终能够实现。项目的一次性使项目的不确定性比日常运营活动大得多，而且项目风险一旦形成，也没有改进和补偿的机会，所以项目风险管理的要求通常要比日常运营管理的要求高得多。此外，项目风险管理更注重项目前期阶段的风险管理和预防工作，因为在这一时期，项目的不确定因素较多，项目风险高于后续阶段。

（1）项目风险管理理论。

按照项目风险有无预警信息，项目风险可以分成两种不同性质的风险，所以也有两种不同的项目风险管理理论。一种是针对无预警信息项目风险的管理方法和理论。由于这种风险很难提前识别和跟踪，所以难以进行事前控制，而只能在风险发生时采取类似“救火”式的方法去控制或消减这类项目风险的后果，所以无预警信息项目风险的管理控制主要有两种方法：一是消减项目风险后果的方法，二是项目风险转移的方法（即通过购买保险等方式转移风险）。项目风险管理的另一种理论和方法是针对有预警信息项目风险的（绝大多数项目风险都属于这一类）。对于这类风险，人们可以通过收集预警信息去识别和预测它，并通过跟踪其发生和发展变化而采取各种措施控制这类项目风险。

对于一个项目来说，究竟存在什么样的风险，一方面取决于项目本身的特性（即项目的内因），一方面是指项目所处的外部环境与条件（即项目的外因）。内因主要是指参加项目的团队成员情况，如他们对风险的认识能力以及团队成员之间的沟通等。不同的项目、不同的项目环境与条件、不同的团队成员与团队间的沟通会有不同的项目风险。外因主要是指项目风险的性质和影响因素的发展变化。不同的影响因素和不同的发展变化规律决定了不同的项目风险。

（2）项目风险管理的方法。

项目风险的渐进性给人们提供了识别和控制项目风险的可能性。因为在风险渐进的过程中，人们可以设法去分析、观察和预测它，并采取相应措施对风险及其后果进行管理和控制。如果有了正确的方法，人们就可以在项目进程中识别出存在的风险和认识这些风险发展进程的主要规律和可能后果。这样，人们就可以通过主观能动性的发挥，在项目风险渐进的过程中根据风险发展的客观规律，开展对项目风险的有效管理与控制了。项目风险的阶段性给人们提供了认识和控制风险的可行性，项目风险的阶段性使人们可以在项目风险不同阶段去对项目风险采取不同的管理与控制措施。针对项目风险潜在阶段、项目风险发生阶段和项目风险后果阶段的主要控制方法如下：

①项目风险潜在阶段的管理方法。

人们可以通过预先采取措施对项目风险的进程和后果进行适当的控制和管理。在项目风险潜在阶段，我们都可以使用这种预先控制的方法。这类方法通常被称为风险规避的方法。一般而言，最大的项目灾难后果是由于在项目风险潜在阶段，人们对项目风险的存在和发展一无所知。当人们在项目风险潜在阶段就能够识别各种潜在的项目风险及其后果，并采取各种规避风险的办法，就可以避免项目风险的发生。显而易见，如果能够通过项目风险规避措施使项目风险不进入发生阶段就不会有项目风险后果发生。例如，若已知某项目存在很大的技术风险（技术不成熟），就可以采取不使用该技术或不实施该项目的办法去规避这种风险。

②项目风险发生阶段的管理方法。

在这一阶段中，人们可以采用风险转化与化解的办法对项目风险及其后果进行控制和管理。这类方法通常被称为项目风险化解的方法。人们不可能预见所有的项目风险。如果人们没能尽早识别出项目风险，或者虽然在项目风险潜在阶段识别出了项目风险，但是所采用的规避风险措施无效，项目风险就会进入发生阶段。在风险的发生阶段，如果人们能立即发现问题，找到解决问题的科学方法并积极解决风险问题，多数情况下，可以降低风险、甚至防止风险后果的出现，减少项目风险后果所带来的损失。

③项目风险后果阶段的管理方法。

在这一阶段，人们可以采取消减风险后果的措施去降低项目风险的发生和发展所造成的损失。人们不仅很难在风险潜在阶段预见项目的全部风险，也不可能在项目风险发生阶段全面解决各种各样的项目风险问题，所以总是会有一些项目风险进入项目风险后果阶段。在这一阶段，人们仍可以采取各种各样的措施去消减项目风险的后果和损失，消除由于项目风险后果带来的影响等。如果人们采取的措施得当，就会将项目风险的损失减到最少，将风险影响降到最小。不过到这一阶段，人们能采用的风险管理措施就只有对项目风险后果的消减等被动方法了。

由此可以看出，人们对项目的不确定性，或者说项目的风险并不是无能为力的。人们可以通过主观能动性的发挥，运用正确的方法，去自觉地开展对项目风险的管理与控制活动，从而规避风险、化解风险，或者消减风险带来的后果。在项目风险的不同阶段，人们都是可以对风险有所作为的。正是由于项目风险的渐进性和阶段性，人们能够在项目风险的不同阶段采取不同的措施去实现对项目风险的控制和管理。

（3）项目风险管理主要工作和内容。

项目风险管理的主要工作和内容包括如下几个方面：

①项目风险的识别。

项目风险的识别是指识别和确定项目究竟存在哪些风险，这些风险可能影响项目的程度和可能带来的后果的一项项目风险管理工作。项目风险识别的主要任务是找出项目风险，识别引起项目风险的主要因素，并对项目风险后果做定性的估计。项目风险识别中最重要的原则是通过分析和因素分解，把比较复杂的事物分解成一系列要素，并找出这些要素对事物的影响。在识别项目风险时，我们需要将一个综合性的项目风险问题首先分解成许多具体的项目风险问题，再进一步分析找出形成项目风险的影响因素。在识别项目风险的影响因素时，需要使用分析和分解的原则；对项目风险后果的识别也需要使用分析和分解的原则。在这种分析和分解的过程中，各种树形分析方法，如故障树、风险树等方法，就成了常用风险识别方法。项目风险识别在很大程度上还取决于项目决策者与风险分析者的知识与经验，因此，像德尔菲法、专家会议法、情景分析法这样一些“软科学”的方法使用的较多。

②项目风险的度量。

项目风险的度量是指对项目风险和项目风险后果进行的评估和定量分析。项目风险度量的任务是对项目风险发生可能性大小和项目风险后果的严重程度等做出定量的估计或做出新情况的统计分布描述。项目风险是一种不确定性，即存在着会出现一定经济损失的可能性。人们之所以会冒一定风险去开展一个项目，就是因为项目风险可能发生，也可能不发生。因此，项目风险发生概率（P）是度量风险可能性的一个主要参数。项目风险的大小同其风险后果的严重程度有关，所以其项目风险后果严重程度（C，损失多少）也是度量项目风险大小的一个基本参数。因此，项目风险度量 R 就可看成项目发生概率 P 与项目风险后果严重程度 C 的函数，即：

$$R=F(P, C)$$

要估计项目风险可能性，就需要使用统计学的方法和一些主观估计的方法，因为有许多风险可能性的数据是要靠主观估计给定的。

③制定项目风险应对措施。

确定项目风险的应对措施也是项目风险管理中一项非常重要的工作。项目风险识别和度量的任务是确定项目风险大小及其后果。制定项目风险应对措施的任务是计划和安排对项目风险的控制活动方案。在制定项目风险应对措施的过程中，需要采用一系列的项目风险决策方法。在制定项目风险应对措施的工作中，通常运用项目风险成本与效益分析、效用分析、多因素分析和集成控制等方法。在制定项目风险应对措施时，必须充分考虑项目风险损失和代价的关系。这里所说的“代价”是指为应对项目风险而进行的信息收集、调查研究、分析计算、科学实验和采取措施等一系列活动所花的费用。因此，我们一方面要设计好项目风险应对的措施，尽量减少风险应对措施的代价。另一方面，我们在制定项目风险应对措施时，还必须考虑风险应对措施可能带来的收益，并根据收益的大小决定是否需要付出一定量的代价去应对项目风险，避免出现得不偿失的情况。

④项目风险的控制。

项目风险的控制是指根据项目风险识别、度量和制定的项目风险应对措施开展的，对整个项目全过程中各种风险的控制工作。项目风险控制工作的具体内容包括：根据项目发展与变化的情况，不断地重新识别和界定项目的风险，不断地更新项目风险应对措施，不断地决策和实施项目风险应对措施，以最终确保项目目标的成功实现。确切地说，项目风险控制工作是一个动态的工作过程。在这一过程中，项目风险管理的各项作业（包括项目风险识别、界定和项目风险应对措施的制定）是相互交叉和相互重叠的。通常，在项目各个阶段，都要开展项目风险控制。这种控制是一种周而复始地、全面地开展项目风险识别和界定，制定和实施应对措施（项目风险应对措施的实施就是项目风险控制的核心内容）的工作循环。

10.2 项目风险的识别

10.2.1 项目风险识别的概念

项目风险识别是一项贯穿项目实施全过程的项目风险管理工作。这项工作的目标是识别和确定出项目究竟有哪些风险，这些项目风险究竟有哪些基本特性，这些项目风险可能会影响项目哪些方面等。例如：一个项目究竟存在着项目工期风险、项目成本风险，还是项目质量风险；一项项目风险究竟是有预警信息风险，还是无预警信息风险；这一项目风险会给项目范围、工期、成本、质量等带来什么影响；等等。

项目风险识别还应该识别和确认项目风险是属于项目内部因素造成的风险，还是属于项目外部因素造成的风险。对于项目内部因素造成的风险，项目组织或项目团队可以较好地控制和管理。例如，项目团队通过项目团队成员安排和项目资源的合理调配可以克服许多项目拖期或项目质量方面的风险。但是，项目外部因素造成的风险是项目组织或团队难以控制和管理的。项目组织和项目团队对这种风险的控制和影响是很小的，所以只能采取一些规避或转移的方法去应对。例如，项目所需资源的市场价格波动，项目业主/客户或政府提出的项目变更等都属于项目外部因素，由此引发的项目风险很难通过项目组织或团队的努力去化解。

严格地说，项目风险不仅包括蒙受损失的可能性，还包括一些获得收益的可能性。因此在项目风险识别的过程中，必须识别项目风险可能带来的威胁和机遇两个方面。通常，项目风险带来的机遇是一种项目风险的正面影响，而项目风险带来的威胁是一种负面的影响。在项目风险识别中，我们在充分认识项目风险威胁的同时，也要识别项目风险可能带来各种机遇，并分析项目风险的威胁与机遇的相互转化条件和影响这种转化的关键因素，以便能够在制定项目风险应对措施和开展项目风险控制中，通过主观努力和正确应对，使项目风险带来的威胁得以消除，而使项目风险带来的机遇转化成组织的实际收益。

项目风险识别是项目风险管理中的首要工作，项目风险识别的主要工作内容包括如下几个方面：

（1）识别并确定项目有哪些潜在的风险。

这是项目风险识别的第一目标。因为只有首先确定项目可能会遇到哪些风险，我们才能够进一步分析这些风险的性质和后果。所以在项目风险识别工作中，我们首先要全面分析项目发展与变化中的各种可能性和风险，从而识别出项目潜在的各种风险并整理汇总成项目风险清单。

（2）识别引起这些风险的主要影响因素。

这是项目风险识别的第二项工作目标。因为只有识别清楚各个项目风险的主要影响因素，我们才能把握项目风险的发展变化规律，进一步才有可能对项目风险进行应对和控制。所以在项目风险识别活动中，我们首先要全面分析各个项目风险的主要影响因素和它们对项目风险的影响方式、影响方向，影响力度等；然后要运用各种方式将这些项目风险的主要影响因素同项目风险的相互关系描述清楚，图表的方式、文字说明或数学公式均可。

（3）识别项目风险可能引起的后果。

这是项目风险识别的第三项任务和目标。在识别出项目风险和项目风险主要影响因素以后，我们还必须全面分析项目风险可能带来的后果和后果严重程度。项目风险识别的根本目的就是缩小和消除项目风险带来的不利后果，同时争取扩大项目风险可能带来的有利后果。当然，在这一阶段，对项目风险的识别和分析主要是定性的分析，定量的项目风险分析将在项目风险度量中给出。

10.2.2 项目风险识别的方法

项目风险识别的方法有很多，既有结构化方法也有非结构化方法，既有经验性方法也有系统性方法，但是使用最多的是如下几种方法：

（1）系统分解法。

项目风险识别中最常用的一种方法是利用系统分解的原理将一个复杂的项目分解成比较简单和容易认识的子系统或系统元素，从而识别各子系统或系统要素造成的风险的方法。比如，在投资建造一个化肥厂项目时，项目分析评价人员可以首先根据项目本身的特性，将项目风险分解成为以下几个方面：市场风险、投资风险、经营风险、技术风险、资源及原材料供应风险、环境污染风险等。然后，项目分析评价人员还可以对这些项目风险再做进一步的分解，如项目的市场风险又可以分解成三个方面：竞争风险（市场竞争造成项目失败或亏损的风险）、替代风险（项目建成后，可能出现替代产品而使项目蒙受损失的风险）、需求风险（项目建成后，产品市场出现需求不足、需求下降和市场饱和，从而使项目蒙受损失的风险）。

（2）流程图法。

项目流程图是给出一个项目的工作流程，项目各部分之间的相互关系等信息的图表。它包括项目系统流程图、项目实施流程图、有项目作业流程图等各种形式的、有不同详细程度的项目流程图。流程图法就是使用这些流程图去全面分析和识别项目风险的一种方法。这种方法的结构化程度比较高，所以对于识别项目的系统风险和各种风险要素是非常有用的。流程图法通过使用项目流程图帮助项目风险识别人员分析和识别项目的风险、项目各个环节存在的风险，以及各个项目风险的起因和影响。运用这种方法得出的项目风险识别结果还可以为后面项目实施中的风险控制提供依据。

（3）头脑风暴法。

对于风险识别来说，头脑风暴法是一种运用创造性思维、发散性思维和专家经验，通过会议的形式去分析和识别项目风险的方法。项目风险识别人员在使用这种方法识别项目风险时，要允许各方面的专家和分析人员畅所欲言，搜寻和发现项目的各种风险。使用这种方法时，组织者要善于提问并能及时整理项目风险分析的结果，并促使与会者不断发现和识别项目的各种风险和风险影响因素。一般使用这种方法可以回答下列问题：如果进行这个项目会遇到哪些风险？风险的危害程度如何？风险的主要成因是什么？风险事件的征兆有哪些？风险有哪些基本特性？

（4）情景分析法。

情景分析法是通过对项目未来的某个状态或某种情况（情景）的详细描述并分析所描绘情景中的风险与风险要素，从而识别项目风险的一种方法。在项目风险分析与识别中，需要有这样一种能够识别各种引发风险的关键因素以及它们的影响程度等问题的方法。情景（对于项目未来某种状态或情况）的描述可以用图表或曲线给出，也可以用文字给出。对于涉及因素较多、分析计算比较复杂的项目风险识别，情景分析法可以借助于计算机完成。这种方法一般需要：先给出项目情景描述，然后变动项目某个要素再分析变动后项目情况变化和可能的风险与风险后果等。情景分析法对下列项目风险识别工作特别有用：

①分析和识别项目风险的后果。

通过情景描述与模拟，这种方法可以分析和识别项目风险发生后会出现的后果。这可用于提醒项目决策者注意采取风险控制措施，以防止可能出现的项目风险和风险后果。

②分析和识别项目风险波及的范围。

通过情景描述与模拟以及改变项目风险影响因素等方式，这种方法可以分析和识别项目风险发生会波及的项目范围并给出需要进行监视跟踪和控制的项目风险范围。

③检验项目风险识别的结果。

当各种项目风险识别的结果相互矛盾时，情景分析法可用于检验各种项目风险的可能性和发展方向与程度，并通过改变项目风险变量的情景模拟和分析，以检验项目风险识别的结果。例如，可以给出两个极端情况和一个中间情况的情景模拟并通过观察这些情景中风险的发生和发展变化去检验项目风险识别的结果。

④研究某些关键因素对项目风险影响。

情景分析法可以通过筛选、监测和诊断三项工作，研究某些关键因素对项目风险的影响。在“筛选”中，我们依据某种项目程序中对潜在的风险、风险因素进行分类选择排序，并筛选出项目风险。在“监测”中，我们通过对某些风险模拟情景进行监测并根据风险发展变化找出影响风险的关键因素。在“诊断”中，我们通过对项目风险和项目风险影响因素分析，诊断出风险起因、症状、后果以及风险与起因的关系，最终找出项目风险的起因。

图 10-2 是一个描述筛选、检测和诊断关系的项目风险识别元素图，它们由项目风险识别情景分析法中的三个过程，即疑因估计、仔细检查和征兆鉴别构成。在筛选、监测和诊断三项工作中，这三个过程的具体顺序如下：

筛选：仔细检查→征兆鉴别→疑因估计。

监测：疑因估计→仔细检查→征兆鉴别。

诊断：征兆鉴别→疑因估计→仔细检查。

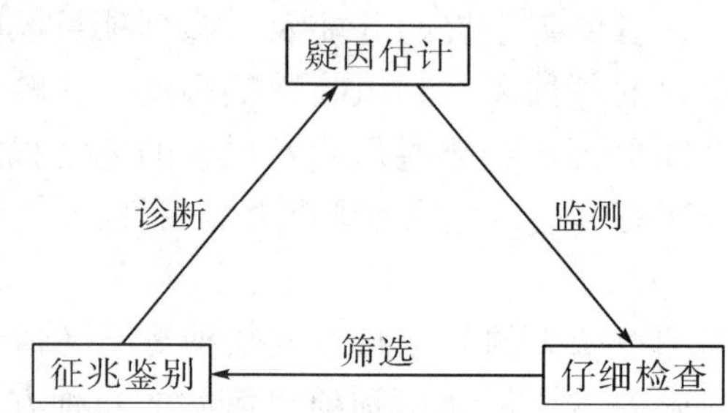

图 10-2　情景分析法项目风险识别工作示意图

10.3　项目风险度量

10.3.1　项目风险度量的内涵

项目风险度量是对项目风险的影响和后果进行的评价和估量。项目风险度量包括对项目风险发生可能性大小（概率大小）的评价和估量，对项目风险后果严重程度的评价和估量，对项目风险影响范围的评价和估量以及对项目风险发生时间的评价和估量等方面。项目风险度量的主要作用是根据这种度量去制定项目风险的应对措施以及开展项目风险的控制。项目风险度量的主要工作内容有：

（1）项目风险可能性的度量。

项目风险度量的首要任务是分析和估计项目风险发生的概率，即项目风险可能性的大小。这是项目风险度量中最为重要的一项工作，因为一个项目风险的发生概率越高，造成项目损失的可能性就越大，对它的控制就应该越严格，所以在项目风险度量中，首先要确定和分析项目风险可能性的大小。

（2）项目风险后果的度量。

项目风险度量的第二项任务是分析和估计项目风险后果，即项目风险可能带来的损失大小。这也是项目风险度量中的一项非常重要的工作，因为即使是一个项目风险的发生概率不大，但一旦发生则后果十分严重，那么对它的控制也需要十分严格，否则这种风险的发生会给整个项目成败造成严重的影响。

（3）项目风险影响范围的度量。

项目风险度量的第三项任务是分析和估计项目风险影响的范围，即项目风险可能影响到项目的哪些方面和工作。这也是项目风险度量中的一项十分重要的工作，因为即使是一个项目风险发生概率和后果严重程度都不大，但它一旦发生会影响到项目各个方面和许多工作，故也需要对它进行严格的控制，防止因这种风险发生而搅乱项目的整个工作和活动。

（4）项目风险发生时间的度量。

项目风险度量的第四项任务是分析和估计项目风险发生的时间，即项目风险可能在项目的哪个阶段和什么时间发生。这也同样项重要，因为对项目风险的控制和应对措施都是根据项目风险发生时间安排的，越先发生的项目风险就应该越优先控制，而对后发生的项目风险可以通过监视和观察它们的各种征兆，做进一步识别和度量。

在项目风险度量中，人们需要克服各种认识上的偏见，这包括：项目风险估计上的主观臆断（根据主观意志需要夸大或缩小风险，当人们渴望成功时就不愿看到项目的不利方面和项目风险）、项目风险估计的思想僵化（对原来的项目风险估计，人们不能或不愿意根据新获得的信息进行更新和修正，最初形成的风险度量会成为一种定势在脑子里驻留而不肯褪去）、缺少概率分析的能力和概念（因为概率分析本身就比较麻烦和复杂）等。

10.3.2 项目风险度量的常用方法

在项目风险度量过程中，常用的方法主要有：

（1）损失期望值法。

这种方法首先要分析和估计项目风险概率和项目风险可能带来的损失（或收益）大小，然后将二者相乘求出项目风险的损失（或收益）期望值，并使用项目损失期望值（或收益）去度量项目风险。我们在使用项目风险损失期望值去度量项目风险大小时，需要确定出的项目风险概率和项目风险损失大小。

①项目风险概率。

项目风险概率和概率分布是项目风险度量中最基本的内容，项目风险度量的首要工作就是确定项目风险事件的概率分布。一般说来，项目风险概率及其分布应该根据历史信息资料来确定。当项目管理者没有足够历史信息和资料来确定项目风险概率及其分布时，也可以利用理论概率分布确定项目风险概率。由于项目的一次性和独特性，不同项目的风险相差很远，所以在许多情况下，人们只能根据很少的历史数据样本对项目风险概率进行估计，甚至有时完全是主观判断。因此，项目管理者在很多情况下要使用自己的经验，要主观判断项目风险概率及其概率分布，这样得到的项目风险概率被称为主观判断概率。虽然主观判断概率是凭人们的经验和主观判断估算或预测出来的，但它也不是纯粹主观随意性的东西，因为项目管理者的主观判断是依照过去的经验做出的，所以它仍然具有一定的客观性。

②项目风险损失。

项目风险造成的损失或后果需要从三方面来衡量：一是项目风险损失的性质，二是项目风险损失的大小与影响，三是项目风险损失的时间与分布。项目风险损失的性质项目风险可能造成的损失是经济性的，还是技术性的，还是其他方面的。项目风险损失的大小和分布包括项目风险可能带来的损失严重程度和这些损失的变化幅度，它们需要分别用损失的数学期望和方差表示。项目风险影响是指项目风险会给哪些项目相关利益者造成损失，从而影响它们的利益。项目风险损失的时间分布是指项目风险是突发的，还是随时间的推移逐渐致损的；项目风险损失是在项目风险事件发生后马上就能感受到，还是需要随时间的推移而逐渐显露出来以及这些风险损失可能发生的时间等。

③项目风险损失期望值的计算。

项目风险损失期望值的计算一般是将上述项目风险概率与项目风险损失估计相乘得到的。有关这种期望的计算请参见相关的概率统计教材或著作。

（2）模拟仿真法。

模拟仿真法是用数学模拟或系统仿真模型分析和度量项目风险的方法。这种项目风险度量方法使用蒙特卡罗模拟或三角模拟等分析法。这种方法可用来度量各种能量化的项目风险，通过改变参数并多次模拟项目风险，能得到模拟仿真计算的统计分布结果，并可以此作为项目风险度量的结果。例如，项目工期风险和项目成本风险等的度量就可以使用这种方法。这种方法多数用在大项目或是复杂项目的风险度量上，小项目一般使用前面给出的损失期望值法。由于项目时间和成本的风险都是项目风险管理的重点，所以模拟仿真法在这些项目风险度量中的使用较为广泛。

（3）专家决策法。

专家决策法也是在项目风险度量中经常使用的方法，它可以代替或辅助上面所讲过的数学计算和模拟仿真的方法。例如，许多项目管理专家运用他们自己的专家经验做出的项目工期风险、项目成本风险、项目质量风险等的度量通常是很准确可靠的，甚至有时比数学计算与模拟仿真确定的项目风险度量还要准确和可靠，因为这些专家的经验通常是一种比较可靠的依据。另外，很多项目风险度量要求给出高、中、低三种项目风险概率和几种项目风险损失程度的数据，而且精确程度一般要求并不高，所以使用专家决策法做出的项目风险度量一般是足够准确和可靠的。专家决策法中用的专家经验可以从搞过类似项目的专家处获得，也可以通过查阅历史项目有关经验教训、原始资料等方法获得。

10.3.3 项目风险识别与风险度量的过程

项目风险识别与风险度量的具体步骤由图 10-3 给出。

图 10-3 中有关项目风险识别方法各个步骤的具体内容如下：

（1）项目风险管理信息系统的开发建立。

首先要根据项目风险管理的需要建立项目风险管理信息系统。这种系统既可以是以计算机为基础的信息系统，也可以是纯人工信息系统，当然也可以是整个项目管理信息系统的一个子系统。这一系统的主要功能是及时收集、处理和存储有关项目每个具体活动与过程的各种风险信息，以便为项目风险的识别、度量和控制服务。

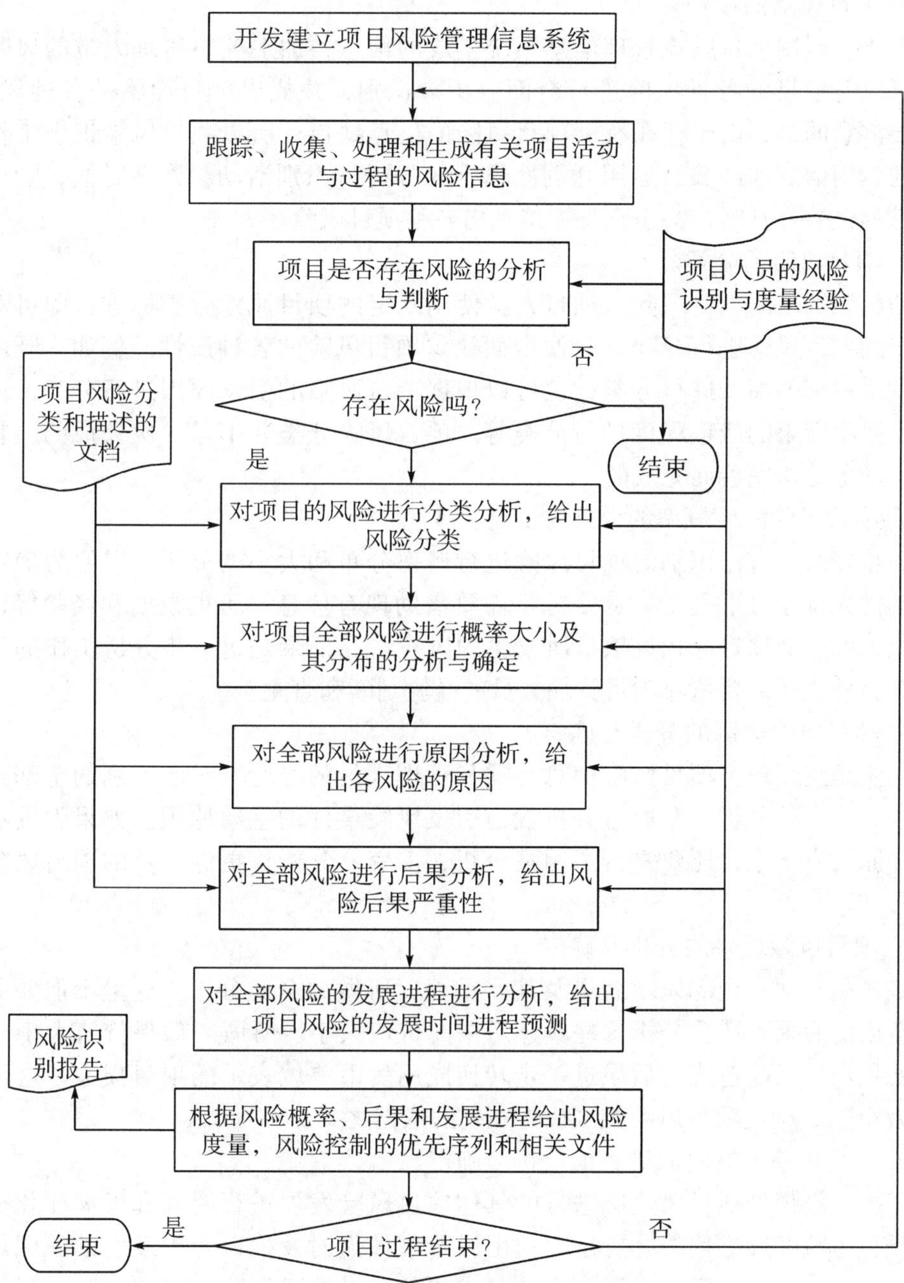

图 10-3　典型项目风险识别方法流程图

（2）项目风险信息的跟踪、收集、处理和生成。

这一步是使用项目风险管理信息系统去跟踪项目过程以及项目活动的发展，项目所处环境与条件的变化等信息，去收集、处理和生成有关项目全过程、项目具体活动与过程的风险信息。这是一个不断的信息收集与处理工作，是为不断开展的项目风险识别活动提供动态信息的工作。

(3) 项目风险的识别。

项目人员运用项目风险管理信息系统生成的信息，加上项目管理人员的风险管理经验就可以对项目的各种风险进行全面分析与识别，并找出项目面临的各种风险了。特别需要注意的是，由于存在有关项目风险的信息缺口，所以项目风险识别工作实际上是一项运用信息和经验，运用开创性思维的分析与识别活动。许多时候，管理者需运用自己的经验、判断、甚至直觉去识别出各种项目风险。

(4) 项目风险的分类。

根据已识别出的项目风险，项目人员使用既定的项目风险分类标志，即可对上一步识别出的项目风险进行分类，以便全面认识项目风险的各种属性。例如：既可以按照风险发生概率的高低进行分类，也可以根据项目风险的引发原因进行分类，还可以根据项目风险后果的严重程度进行分类等。项目风险分类并不是一次完成的，它是通过反复不断地分析完善而完成的。

(5) 项目风险发生概率的分析与确定。

这一步要对所有已识别的项目风险进行概率分布和大小的分析，以便为确定项目风险控制优先排序打下基础。这一分析需要借助现有信息、历史数据和经验等，尤其是以前做过的类似项目或相近项目所发生的风险情况记录是这一步分析工作的重要信息之一。另外，还需要依靠项目管理人员的经验判断和直觉。

(6) 项目风险原因的分析与确定。

这一步是运用现有项目风险信息与项目管理人员的经验，对已识别的全部项目风险进行风险原因的分析，并通过分析找出引发风险事件的主要原因。如果引发项目风险的主要原因有多个，还要进行主因素分析、多变量分析等更深一步的项目风险因素风险。

(7) 项目风险后果的分析与确定。

这一步是对项目全部风险后果及其严重程度所做的全面分析。这里不但要分析风险可能造成的后果，还要分析这些具体后果的价值大小。所谓“后果价值大小”的含义是指要把项目风险造成的后果进一步转换成用货币单位表示的项目损失。这种“后果价值大小”是确定项目风险控制优先序列的依据之一。

(8) 项目风险发展时间进程的分析与确定。

这是指对已识别项目风险所进行的具体项目风险发展进程时间和发展变化标志的分析。项目风险发展进程的分析是要找出风险事件何时发生以及引发它的原因何时会出现，诱发原因出现以后项目风险会如何发展等。对项目风险的发展时间进程的分析是制订项目风险控制计划的依据之一。

(9) 项目风险度量与风险控制优先序列的确定。

在完成上述分析与判断之后，还要综合各方面的分析结论，确定出项目风险的度量和项目风险控制的优先序列。因为在绝大多数情况下，一个项目会有许多种风险，而且这些风险可能会同时或在较短时间间隔内发生，这就需要根据项目风险的度量，确定出它们的优先序列安排。项目风险的发生概率、风险后果严重程度等度量都会影响对项目风险控制优先序列的安排。项目控制优先序列安排的基本原则是项目风险后果最严重、发生概率最高、发生时间最早的优先控制。对于已经识别出的项目全部风险，都应该按照这种原则确定出其优先序列。

（10）给出项目风险识别和度量报告。

每进行一次项目风险识别和度量都要在这一工作的最后给出一份项目风险识别和度量报告。该报告不但要包括项目现有风险清单，而且要有项目风险的分类、原因分析和说明，项目风险度量的表述和全部项目风险控制优先序列书等内容。

上述这套项目风险识别与度量的方法是识别一个项目各种风险，度量一个项目各种风险，以便为项目风险控制提供有关项目风险、风险后果严重程度、风险成因和风险时间进程等方面信息与决策依据的基本方法。

10.4 项目风险应对措施的制定

10.4.1 项目风险应对措施的概念

经过项目风险识别和度量确定出的项目风险一般会有两种情况：一是项目整体风险超出了项目组织或项目业主/客户能够接受的水平；二是项目整体风险在项目组织或项目业主/客户可接受的水平之内。对于这两种不同的情况，各自可以有一系列的项目风险应对措施。对于第一种情况，在项目整体风险超出项目组织或项目业主/客户能够接受的水平时，项目组织或项目业主/客户至少有两种基本的应对措施可以选择：一是当项目整体风险超出可接受水平很高时，由于无论如何努力也无法完全避免风险所带来的损失，所以应该立即停止项目或取消项目；二是当项目整体风险超出可接受水平不多时，由于通过主观努力和采取措施能够避免或消减项目风险损失，所以应该制定各种各样的项目风险应对措施，并通过开展项目风险控制落实这些措施，从而避免或消减项目风险所带来的损失。

10.4.2 项目风险应对的主要措施

一般的项目风险应对措施主要有如下几种：

（1）风险规避措施。

这是从根本上放弃使用有风险的项目资源、项目技术、项目设计方案等，从而避开项目风险的一类风险应对措施。例如，坚决不在项目实施中采用不成熟的技术就是一种项目风险规避的措施。

（2）风险遏制措施。

这是从遏制项目风险事件引发原因的角度出发，控制和应对项目风险的一种措施。例如，对可能出现的因项目财务状况恶化而造成的项目风险，项目人员采取注入新资金的措施就是一种典型的项目风险遏制措施。

（3）风险转移措施。

这类项目风险应对措施多数是用来对付那些概率小，但是损失大，或者项目组织很难控制的项目风险。例如，项目人员通过合同或购买保险等方法将项目风险转移给分包商或保险商的办法就属于风险转移措施。

（4）风险化解措施。

这类措施从化解项目风险产生的原因出发，去控制和应对项目具体风险。例如，对于可能出现的项目团队内部冲突风险，项目人员可以通过采取双向沟通、消除矛盾的方法去解决问题，这就是一种风险化解措施。

（5）风险消减措施。

这类措施是对付无预警信息项目风险的主要应对措施之一。例如，当出现雨天而无法进行室外施工时，管理者尽可能安排各种项目团队成员与设备从事室内作业就是一种项目风险消减的措施。

（6）风险应急措施。

这类项目风险应对措施也是对付无预警信息风险事件的一种主要的措施。例如，准备各种灭火器材以对付可能出现的火灾等属于风险应急的措施。

（7）风险容忍措施。

风险容忍措施多数是对那些发生概率小，而且项目风险造成的后果较轻的风险事件所采取的一种风险应对措施。这是一种经常使用的项目风险应对措施。

（8）风险分担措施。

这是指根据项目风险的大小和项目团队成员以及项目相关利益者不同的承担风险能力，由他们合理分担项目风险的一种应对措施。这也是一种经常使用的项目风险应对措施。

另外，还有许多项目风险的应对措施，但是在项目风险管理中，上述项目风险应对措施是最常使用的几种项目风险应对措施。

10.5　项目风险控制

10.5.1　项目风险控制的概念

项目风险控制是指在整个项目过程中根据项目风险管理计划和项目实际发生的风险与变化所开展的各种项目风险控制活动。项目风险控制是建立在项目风险的阶段性、渐进性和可控性基础之上的一种项目风险管理工作。对于一切事物来说，当人们认识了事物的存在、发生和发展的根本原因，以及风险发展的全部进程以后，这一事物就基本上是可控的了；而当人们认识了事物的主要原因及其发展进程的主要特性以后，那么它就是相对可控的了；只有当人们对事物一无所知时，人们对事物才会是无能为力的。对于项目的风险而言，通过项目风险的识别与度量，人们已识别出项目的绝大多数风险，这些风险多数是相对可控的。这些项目风险的可控程度取决于人们在项目风险识别和度量阶段给出的有关项目风险信息的多少。所以，只要人们能够通过项目风险识别和度量得到足够的有关项目风险的信息，就可以采取正确的项目风险应对措施从而实现对项目风险的有效控制了。

项目的风险是发展和变化的，在人们对其进行控制的过程中，这种发展与变化会随着人们的控制活动而改变。因为对项目风险的控制过程实际是一种人们发挥其主观能动性去改造客观世界（事物）的过程，而与此同时，在这一过程中所产生的信息也会进一步改变人对项目风险的认识和把握程度，使人们对项目风险的认识更为深入，对项目风险的控制更加符合客观规律。实际上，人们对项目风险的控制过程也是一个不断认识项目风险的特性，不断修正项目风险控制决策与行为的过程。这一过程是一个通过人们的活动使项目风险逐步从相对可控向绝对可控转化的过程。

项目风险控制的内容主要包括：持续开展项目风险的识别与度量、监控项目潜在风险的发展、追踪项目风险发生的征兆、采取各种风险防范措施、应对和处理发生的风险事件、消除和缩小项目风险事件的后果、管理和使用项目不可预见费、实施项目风险管理计划等。

10.5.2 项目风险控制方法的步骤与内容

项目风险控制方法的步骤与内容见图 10-4。

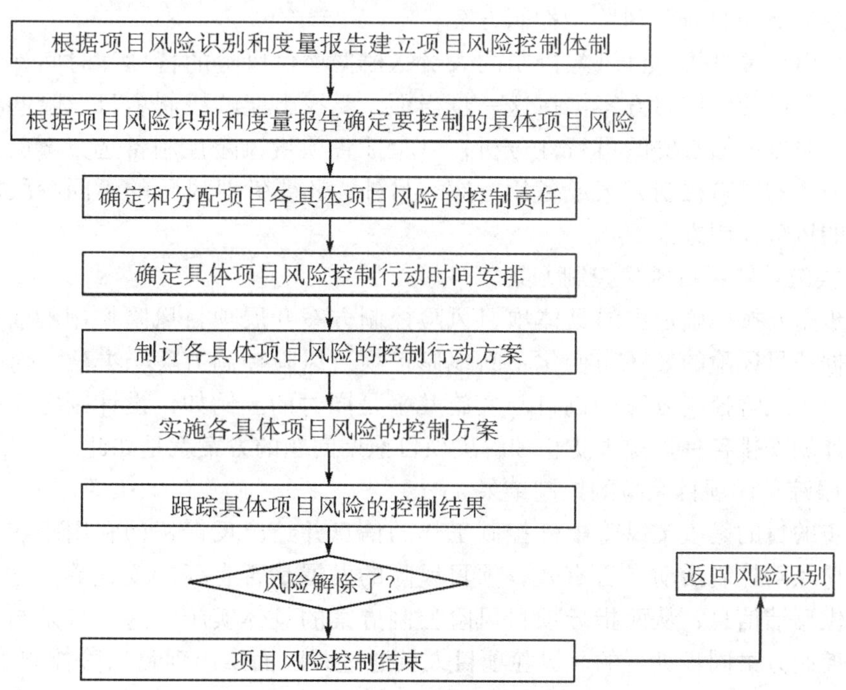

图 10-4 项目风险控制方法流程图

项目风险事件控制中各具体步骤的内容与做法分别说明如下：

（1）建立项目风险事件控制体制。

这是指在项目开始之前要根据项目风险识别和度量报告所给出的项目风险信息，制定出整个项目风险控制的大政方针、项目风险控制的程序以及项目风险控制的管理体制。这包括项目风险责任制、项目风险信息报告制、项目风险控制决策制、项目风险控制的沟通程序等。

（2）确定要控制的具体项目风险。

这一步是根据项目风险识别与度量报告所列出的各种具体项目风险确定出对哪些项目风险进行控制，而对哪些风险容忍并放弃对它们的控制。通常这要按照项目具体风险后果严重程度和风险发生概率以及项目组织的风险控制资源等情况确定。

（3）确定项目风险的控制责任。

这是分配和落实项目具体风险控制责任的工作。所有需要控制的项目风险都必须落实具体负责控制的人员，同时要规定他们所负的具体责任。项目风险控制工作必须要由专门人去负责，不能分担，也不能让不合适的人去担负风险事件控制的责任，因为这些都会造成大量的时间与资金的浪费。

（4）确定项目风险控制的行动时间。

这是指对项目风险的控制要制订相应的时间计划和安排，计划和规定出解决项目风险问题的时间表与时间限制。因为没有时间安排与限制，多数项目风险问题是不能有效地控制的。许多项目风险失控造成的损失都是因为错过了风险控制的时机，所以必须制订严格的项目风险控制时间计划。

（5）制订各具体项目风险的控制方案。

这一步由负责具体项目风险控制的人员，根据项目风险的特性和时间计划去制订出各具体项目风险的控制方案。在这一步当中，要找出能够控制项目风险的各种备选方案，然后对方案做必要的可行性分析，以验证各项目风险控制备选方案的效果，最终选定要采用的风险控制方案或备用方案。另外，还要针对风险的不同阶段制订不同阶段使用的风险控制方案。

（6）实施具体项目风险控制方案。

这一步是要按照确定出的具体项目风险控制方案开展项目风险控制的活动。这一步必须根据项目风险的发展与变化不断地修正项目风险控制方案与办法。对于某些项目风险而言，风险控制方案的制订与实施几乎是同时的。例如，设计制定一条新的关键路径并计划安排各种资源去防止和解决项目拖期问题的方案就是如此。

（7）跟踪具体项目风险的控制结果。

这一步的目的是收集风险事件控制工作的信息并给出反馈，即利用跟踪去确认所采取的项目风险控制活动是否有效，项目风险的发展是否有新的变化等。这样就可以不断地提供反馈信息，从而指导项目风险控制方案的具体实施。这一步是与实施具体项目风险控制方案同步进行的。风险项目人员通过跟踪而给出项目风险控制工作信息，再根据这些信息去改进具体项目风险控制方案及其实施工作，直到对风险事件的控制完结为止。

（8）判断项目风险是否已经消除。

如果认定某个项目风险已经解除，则该具体项目风险的控制作业就已经完成。若判断该项目风险仍未解除就需要重新进行项目风险识别。这需要重新使用项目风险识别的方法对项目具体活动的风险进行新一轮的识别，然后重新按本方法的全过程开展下一步的项目风险控制作业。

【本章小结】

（1）项目风险是影响项目目标实现的所有不确定因素的集合。项目风险管理是在项目过程中识别、评估各种风险因素，采取必要对策控制能够引起不希望的变化的潜在领域和事件。项目风险管理的目的就是把有利事件的积极结果尽量扩大，而把不利事件的后果降低到最低程度。

（2）项目风险管理包括的过程有识别、评估不确定的因素，并对这些因素采取应对措施。风险识别是考察形势，对潜在风险领域的确定和分类；风险评估是分析和确定事件发生的概率和后果，进而进行风险的处理，即考虑各种风险对策（控制、自留和转移）。

（3）目前，风险管理已成为项目管理的组成部分。通过风险管理，项目管理者能有效地保证目标控制的顺利进行，寻找项目实施的最大保障，最终使项目的总目标实现。

本章思考题

一、单选题

1. 对于项目管理而言，风险是指可能出现的影响项目目标实现的（　　）。

A. 确定因素　　B. 肯定因素

C. 不确定因素　　D. 确定事件

2. 在风险管理中，将不确定的损失程度和损失发生的概率统称为（　　）。

A. 风险程度　　B. 风险机会

C. 风险概率　　D. 风险量

3. 在事件风险量的区域图中，若某事件经过风险评估，处于风险区 A，则应采取措施降低其概率，可使它移位至（　　）。

A. 风险区 B　　B. 风险区 C

C. 风险区 D　　D. 风险区 E

4. 在事件风险量的区域图中，若某事件经过风险评估，处于风险区 C，则应采取措施，（　　），可使它移位至风险区 D。

A. 降低其损失量　　B. 降低其概率

C. 降低其影响程度　　D. 降低其累计值

5. 在事件风险量的区域图中，风险量最大和最小的区域分别是（　　）。

A. 风险区 A 和 B　　B. 风险区 A 和 C

C. 风险区 A 和 D　　D. 风险区 C 和 D

6. 对难以控制的风险进行投保是（　　）的主要工作内容。

A. 风险控制　　B. 风险分析
C. 风险转移　　D. 风险辨识

二、问答题

第十章习题参考答案

1. 项目风险管理主要工作和内容有哪些?
2. 项目风险的识别可以采用哪些方法?
3. 项目风险度量的主要工作内容有哪些?
4. 项目风险出现时，可以采用应对的主要措施有哪些?
5. 项目风险控制的步骤有哪些?

11 项目竣工验收

【本章教学要点】

知识要点	掌握程度	相关知识
标准、组织	掌握	竣工验收、依据、一般标准
程序、内容	掌握	验收报告、中间验收、单项工程
竣工决算	掌握	决算表、财产明细表
决算审计	掌握	目标、完整审计

【关键词】

竣工验收　竣工决算　决算审计

导入案例

综合网络应用系统的建设

某地区政府部门建设一个面向公众服务的综合性网络应用系统，对现有的零散管理系统和服务平台进行重组和整合，整个项目由政府的信息中心负责统一规划、分期建设。各共建单位的主要领导组成了领导小组，招标选择了监理公司全程监理建设过程。一期重点建设了社保、民政和交换中心三个应用系统。建设过程中由于机构改革、职能重新定位等原因，《需求规格说明书》始终找不到最终用户签字，在监理方和承建单位的一再努力下，只有一个共建单位的主管领导在该子系统的需求分析上签字确认。为了赶进度，承建单位决定先行设计和实施，监理方认为可以理解且就目前的实际情况而言，也只好默许。

工程竣工验收时，承建单位向监理单位提交了验收申请，并将竣工验收所需的全部资料报送监理单位，申请竣工验收。总监理工程师认为系统已经过初验和 3 个月的试运行，并且运行情况良好，随即对验收申请予以签字，并协助建设单位进行后续的验收工作。

资料来源：薛大龙. 2015 信息系统监理师案例分析历年真题详解 2005—2014 [M]. 北京：人民交通出版社，2015.

11.1 项目竣工验收的标准与组织

竣工验收是建设项目建设周期的最后一个阶段，它是全面考核建设工作，检查工程建设是否符合设计要求和工程质量的重要环节，也是保证工程质量的最后关口，对促进建设项目及时投产、发挥投资效果、总结建设经验起着重要作用。这样的情况需要相应的标准和组织来具体实施项目的竣工验收。

11.1.1 竣工验收的目的和作用

竣工验收是建设项目建设周期的最后一个阶段，它是全面考核建设工作，检查工程建设是否符合设计要求和工程质量的重要环节，也是保证工程质量的最后关口，对促进建设项目及时投产、发挥投资效果、总结建设经验起着重要作用。从施工企业来看，竣工验收也能全面、综合考察工程质量，保证建设项目施工符合设计要求、国家规范、质量标准，完成合同规定以及接受新的工程。

投资项目竣工验收的重要意义和作用，归纳起来主要是：

（1）竣工验收能考核投资建设成果，检验工程设计、设备制造和工程施工质量，及时发现和解决一些影响正常生产使用的问题，保证项目能按设计要求的技术经济指标正常投入生产、交付使用。

（2）促进投资项目建成后及时投入生产和交付使用，批准动用固定资产，及时发挥投资效益。

（3）参加投资和建设的有关部门和单位，可借此总结经验，提高项目决策和实施管理水平。

（4）可为投产企业的经营管理、生产技术和固定资产的保养和维修提供全面系统的技术经济文件、资料和图纸投资项目竣工验收。这既是项目建设的结束，又是生产的开始。大量的检验工作，需要投资建设单位与各方密切合作。涉及利益的矛盾，必须遵循有关规定，并按合同依法履约并妥善处理。竣工工程未经验收，不得投产或使用；工程不具备竣工条件，不得甩项竣工；已经具备了验收条件的工程，不得迟迟不收尾，不报验收，长期吃“基建饭”。

11.1.2 竣工验收的范围和依据

（1）竣工验收的范围。

所有列入固定资产投资计划的建设项目或单项工程，已按国家批准的设计文件，包括初步设计、技术设计以及施工图规定的内容全部建成，工业投资项目经负荷试车考核，试生产期间能够正常生产出合格产品，非工业投资项目符合设计要求，能够正常使用的，不论属于哪种建设性质，如新建或改建、扩建等工程，都应及时组织验收，办理固定资产移交手续。使用技术改造资金进行的基本建设性质的项目，或属于基本建设与技术改造项目，按现行投资规模和限额的规定，根据国家关于竣工验收的法规，办理竣工验收手续；有的工期较长、建设设备装置较多的大型工程，为了及时发挥其经济效益，对其能独立生产的单项工程，也可以根据建成时间的先后顺序，分期分批地组织竣工验收；对能生产中间产品的一些单项工程，不能提前投料试车，可在生产要求与生产最终产品的工程同步建成竣工后，再进行全部验收。

（2）竣工验收的依据。

投资项目竣工验收，要有一定的依据。国家规定，对已按设计文件规定的内容和施工图纸的要求全部建成需要验收的工程，其验收的依据主要有：

①经上级审批机关批准的可行性研究报告；

②初步设计、施工图和文字说明；

③设备技术说明；

④招标投标文件和工程承包合同；

⑤施工过程中设计修改签证；

⑥现行的施工技术验收标准及规范；

⑦上级主管部门有关审批、修改、调整的文件等。

建设项目的规模、工艺流程、工艺管线、建筑结构的形式、建筑面积、建筑标准、技术标准、土地使用面积、建筑物外形装饰、技术装备、环境保护、单项工程等都必须与多种批准文件内容及承包合同内容相一致。

施工过程中发生设计修改较大，如修改建筑物结构、扩大建筑面积、改变工艺流程等情况，则还需要有设计原批准机关的审批文件，才可作为竣工验收的依据。

从国外引进技术或成套设备项目，以及中外合资建设的项目，必须按照签订的合同和外国提供的设计文件等资料进行验收。国外引进项目的合同中没有规定标准的，可按设计时采用国内的有关规定执行；若国内也没有明确的标准，则按建设单位规定的技术要求执行。对于国外设计的土木、建筑、结构安装工程及验收标准，如果中外规范不一致时，可参照有关规定进行协商，研究提出可行的规范标准，加以执行。

11.1.3 竣工验收的标准和要求

（1）竣工验收的一般标准和要求。

由于建设项目所在行业不同，验收标准也不完全相同。进行建设项目验收，一般情况下必须符合以下要求：

①生产性项目的辅助性公用设施，已按设计要求完工，能满足生产使用。

②主要工艺设备配套设施经联动负荷试车合格，形成生产能力，能够生产出设计文件所规定的产品。

③必要的生活设施，已按设计要求建成。

④生产准备工作能适应投产的需要。

⑤环境保护设施、劳动安全卫生设施、消防设施已按设计要求与主体工程同时建成使用。

有的建设项目基本符合竣工验收标准，只是零星土建工程和少数非主要设备未按设计规定的内容全部建成，但不影响正常生产，亦应办理竣工手续。对剩余工程，应按设计留足投资，限期完成。有的项目投产初期一时不能达到设计能力所规定的产量，不应因此拖延办理验收和移交固定资产手续。有些建设项目或单项工程，已形成部分生产能力或实际上生产方面已经使用，近期不能按原设计规模续建，从实际情况出发，可缩小规模，报主管部门（公司）批准后，对已完的工程设备，尽快组织验收，移交固定资产。

国外引进设备项目，按合同规定完成负荷调试、设备考核合格后，进行竣工验收。其他项目在验收前是否要安排试生产阶段，按各个行业的规定执行。

（2）生产性投资项目土建、安装、管道等工程的验收标准。

生产性投资项目，如工业项目，一般包括土建工程、安装工程、人防工程、管道工程、通信工程等，这些工程的施工和竣工验收，必须按国家批准的《中华人民共和国国家标准××工程施工及验收规范》和主管批准的《中华人民共和国国家标准××工程施工及验收规范》执行。

对土木建筑工程、安装工程和大型管道工程的竣工验收标准如下：

①土建工程验收标准。生产性工程、辅助公用设施，均按照设计图纸、技术证明书和验收规范进行验收。工程质量应符合规定的各项要求，工程内容应按规定全部施工完毕，不留尾巴。室内工程全部做完，室外的明沟暗脚、踏步斜道也要全部完工；内外粉刷完毕；建筑物、构筑物周围 2 米以内场地平整，障碍物清除；道路、下水道、用电和通讯畅通；经验收组织按验收规范检验合格。

②安装工程验收标准。按照设计要求的施工项目内容、技术质量要求及验收规范的规定，多道工序均保质保量施工完毕，不留尾巴。即工艺、物料、热力等各种管道均已安装完毕，并已做好清洗、试压、吹扫、油漆、保温等工作；各项设备、电气、空调、仪表、通信等工程项目，全部安装结束，经过单机、联动无负荷及投料试车，全部符合安装技术的质量要求，具备形成设计能力的条件，经验收组织按验收规范进行验收合格。

③大型管道工程验收标准。大型管道工程，主要包括铸铁管、钢管、混凝土管和钢筋混凝土预应力管等和各种泵类电动机工程，已按设计内容、设计要求、施工规范、验收规范全部（或分段）按质按量建设完工，已达到质量要求；管道内部的垃圾和障碍物已清除干净；输油管道和自来水管道或热力管道等，还必须经过清洗和消毒；输气管道还要进行赶气、换气；所有这些管道均应经过泵验。在施工前，对管道的材质和防腐层（内壁与外壁），要根据质量标准的要求进行验收；对钢管要检查焊接的质量，并进行等级评定和验收；对设计选定的阀门产品的质量要进行慎重验收；地下管道在施工完毕后，管道上部复土，要按施工规范要求进行分层夯实，以确保管线上部的道路质量。大型管道工程全部完工，经验收组织验收合格后，才能办理竣工验收手续，交付使用。

11.2 项目竣工验收的程序和内容

项目全部完成，经过各单项工程的验收符合设计的要求，并具备竣工图表、竣工决算、工程总结等必要文件资料，由项目（工程）主管部门或建设单位向负责验收的单位提出竣工验收申请报告，按程序验收。

11.2.1 竣工验收的程序

项目（工程）全部完成，经过各单项工程的验收符合设计的要求，并具备竣工图表、竣工决算、工程总结等必要文件资料，由项目（工程）主管部门或建设单位向负责验收的单位提出竣工验收申请报告，按程序验收。其程序一般是：

（1）报送竣工验收报告。

（2）组织竣工验收机构（按项目规模和隶属关系组织验收委员会或验收组）。

（3）整理各种技术文件材料。

建设项目竣工验收前，各有关单位应将所有技术文件进行系统整理，由建设单位分类立卷；在竣工验收时，交生产单位统一保管，同时将与所在地区有关的文件交当地档案管理部门，以满足生产、维修的需要。

（4）绘制竣工图。

竣工图是真实地记录各种地下、地上建筑物、构筑物等情况的技术文件，是对工程进行交工验收、维护、改建、扩建的依据，是国家的重要技术档案。竣工图的绘制，根据谁施工谁绘制的原则，在建设项目签订承发包合同时要明确规定绘制、检验和交接问题。

（5）进行工程质量评定。

建筑工程，按设计要求和建筑安装工程施工的验收规范和质量标准进行质量评定验收。

设备安装工程，一般要进行单体无负荷试车、无负荷联动试车、负荷试车及负荷联动试车。

单体无负荷试车，是第一次启动设备，是对设备制造质量和安装质量的考核。无负荷联动试车在设备经过单体无负荷试车合格，并且具备合格证书后方可进行。无负荷联动试车主要是检查电气连锁功能。按规定联动、连锁程序正确无误，在要求的时间内未发生异常问题，即为无负荷联动试车合格，可签发无负荷联动试车合格证。

单体无负荷试车及无负荷联动试车由施工单位负责，建设单位、设计单位参加，无负荷试验合格后，施工单位向建设单位移交交工资料，办理交工手续，无负荷试车合格后，进行负荷试车。负荷试车由建设单位负责，施工单位参加。

验收委员会或验收组，在确认工程符合竣工标准和合同条款规定后，签发竣工验收合格证书。

（6）编好竣工决算。

建设项目办理竣工验收手续之前对所有财产和物资进行清理，编好竣工决算，分析概（预）算执行情况，考核投资效果，报上级主管部门（公司）审查。

（7）办理固定资产移交手续。

竣工验收交接后，要求及时办理固定资产移交手续，加强固定资产的管理。

（8）签署竣工验收鉴定书。

竣工验收鉴定书，是表示建设项目已经竣工并交付使用的重要文件，它是全部固定资产交付使用和建设项目正式动用的依据，也是承包商对建设项目消除法律责任的证件。竣工验收鉴定书一般应包括：工程名称、地点、验收委员会成员、工程总说明、工程据以修建的设计文件、竣工工程是否与设计相符合、全部工程质量鉴定、总的预算造价和实际造价、结论，以及验收委员会对工程动用时的意见和要求等主要内容。同时竣工验收鉴定书应附有下列文件：

①验收委员会进行检查性试车的记录；

②验收委员会认为可以允许的建筑安装工程和设备偏差一览表；

③建筑安装工程质量评定表；

④动用的固定资产一览表等。

验收委员会在进行正式全部验收工作后，应签发竣工验收鉴定书，并组织有关人员签名。

11.2.2 投资项目竣工验收的内容和步骤

竣工验收是关系投资项目能否按期建成投产、生产出合格产品、取得良好的投资效益的关键步骤。为了确保投资项目竣工验收的顺利进行，竣工验收必须按照建设总体规划的要求，有计划、有步骤地进行，投资项目竣工验收，一般按下列步骤完成竣工验收工作的内容：

（1）竣工验收的准备工作。

为保证竣工验收工作的顺利进行，竣工验收前主要应做好以下几项准备工作：

①做好项目施工的收尾工作。

建设安装工程到接近交工阶段，有时还不可避免会存在一些零星的未完项目，这就形成所谓收尾工程。收尾工程的特点是零星、分散、工程量小、分布面广，如果不及时完成，会直接影响工程的投产和使用。做好收尾工作，必须摸清收尾工程的项目。交工前的预检须作一次彻底清查，按生产工艺流程和图纸，逐一对照，找出漏项项目和需修补工作，制订作业计划，合理安排施工。

②竣工验收资料准备工作。

竣工验收资料和文件是建筑物的主要档案资料。它反映了建设项目的全面情况，对建设项目今后的使用与维护都是极其重要的。竣工验收也可通过对有关文件资料的研究而发现项目存在的问题，及时纠正。

竣工验收资料，主要包括以下各项：竣工工程项目一览表。包括：

a. 竣工工程名称、位置、结构、层次、面积、概（预）算、装修标准、功能、开工或竣工日期等。

b. 设备清单。其包括：设备名称、规格、数量、产地、主要性能、单价及附带的备品备件、随机工具等。如设备是建设单位分包给成套设备供应部门供应的，则应由建设单位负责编制设备清单。

c. 竣工图。

d. 材料、构件出厂合格证及试验检验记录。

e. 建设项目土建施工记录。

f. 设备安装调试记录，管道系统安装、试压、试漏检查记录，建筑设备（水、暖、电、卫、空调、通讯）检验、试验记录。

g. 建筑物、构筑物的沉降、变形、防震、防爆、绝缘、密闭、净化、隔音、隔热等指标的测试记录，重要钢结构的焊缝探伤检查记录。

h. 隐蔽工程验收记录。

i. 工程质量记录、事故的发生处理记录。

j. 图纸会审记录，设计变更通知和技术核定单。

k. 试运转记录、考核资料，如单机试运转记录、无负荷试运转记录、投料考核记录和考核结果表，以及“三废”治理的考核结果等。

l. 竣工决算。

③投资项目预验收工作。预验收是初步鉴定工程质量，避免竣工验收过程拖延，保证工程顺利移交。

（2）项目中间验收。

投资项目中间验收是在项目实施过程中，由业主、承包单位、建设监理单位，根据工程建设进度，适时在质量检查和隐蔽工程验收的基础上进行的一项工作。它是建设项目正式竣工验收的基础和前提。搞好中间验收，可以确保项目的分部、分项工程和单位工程的质量和进度，确保项目目标的实现。

项目中间验收是工程建设的国际惯例。菲迪克（FIDIC）合同条款的第37条和38条有较详细的规定。如第38条中规定：“未经工程师批准，工程的任何部分都不能封盖或掩盖，承包商应保证工程师有充分的机会对即将覆盖的或掩盖起来的任何一部分工程进行检查、检验，以及对任何部分将置于其上的工程基础进行检查。无论何时，当任何部分的工程或基础已经或即将为检验做好准备时，承包商应通知工程师，除非工程师认为检查无必要，并就此通知了承包商，否则工程师应参加对这部分工程的检查和检验，以及对基础的检验，并且不得无故拖延。”FIDIC条款的这一规定，就是为了促使建设工程能够正常进行，使工程质量得到切实可靠保证，使承包商必须无条件接受工程师对工程质量的检查。与此同时，为了防止工程师借故检查，对承包商进行无理刁难，确保承包商正常的工程施工，FIDIC合同条款对工程师的职权也做了合理的必要限制。FIDIC合同第37条规定：“承包商应同工程师商定对合同规定的任何材料和工程设备进行检查和检验的时间和地方。工程师应在24小时之前将准备进行检查或参加检验的打算通知承包商。若工程师或其授权代理人未能按商定的日期准时参加，除工程师另有指示外，承包商可继续进行检验，并可将该项检验视为是在工程师在场的情况下进行的。承包商应立即向工程师提交有适当证明的检验结果的副本。若工程师未参加检验，他应承认上述的检验结果为准确的结果。”

我国在投资项目建设中，也特别强调中间验收的必要性。改革开放以来，随着我国经济与世界经济的融合，项目建设与国际惯例接轨，中间验收更显重要。

（3）单项工程验收。

单项工程验收也称交工验收或初步验收，指投资项目全部验收前，承包商完成其承建的单项工程施工任务以后向建设单位（或业主）交工，接受建设单位验收的过程。这个过程的程序是，建设项目的某个单项工程已按设计要求建完，并且能满足生产要求或具备使用条件，施工单位就可以向建设单位发出交工通知。在发出通知的同时，施工单位按照国家规定，整理好文件、技术资料，作为验收依据交给建设单位。建设单位接到施工单位交工通知后，在做好验收准备的基础上，组织施工、设计及使用等有关单位共同进行交工验收。验收中，对设备应按试车规程进行单体试车、无负荷联动试车和负荷联动试车。验收合格，建设单位与施工单位应签订《交工验收证书》。

（4）建设项目竣工验收。

建设项目竣工验收简称竣工验收，指建设单位（项目业主）在建设项目按批准的设计文件规定的内容全部建成后，向国家交工并接受验收的过程。它是在第一阶段交工验收的基础上进行的全部建设项目的竣工验收。其验收程序是：整个建设项目（包括新建、扩建、改建的基本建设和技术改造项目）按设计要求全部建成，经过每一阶段的交工验收，符合设计要求，并在具备竣工图表、竣工决算、工程结算等必要的文件资料后，由建设项目主管部门或建设单位，向负责验收的单位提出竣工验收申请报告，按现行竣工验收组织规定，接受由银行、物资、环保、劳动、统计、消防及其他有关部门组成的验收委员会或验收组验收，并办理固定资产移交手续。验收有关单位的工作报告，审阅工程技术档案资料，实地查验建筑工程和设备安装情况，并对工程设计、施工和设备质量等方面做出全面的评价。

当建设项目规模较小、较简单时，可以把单项工程验收和建设项目竣工验收合二为一，进行一次全部项目的竣工验收。

（5）单项工程竣工验收与建设项目竣工验收的区别。

单项工程竣工验收与建设项目竣工验收的区别见表 11-1。

表 11-1 **单项工程与建设项目竣工验收区的别**

验收类别	验收对象	验收时间	验收主持单位	验收参加单位	验收目的
单项验收（交工验收）	单项工程	单项工程完工后	建设单位（业主）	建设单位（业主）、设计、施工单位	交工
建设项目竣工验收（竣工验收）	项目总体	项目全部建成后	项目主管部门或国家	验收委员会、建设单位	移交固定资产

11.3 项目竣工决算与技术档案管理

竣工决算是由建设单位编制的、所需的施工资料部分，由施工单位（项目经理部）提供。而投资项目技术档案管理的任务是：按照一定的原则和要求，系统地收集记述项目建设全过程中具有保存价值的技术文件资料，并按归档制度加以整理，以便竣工验收后完整地移交给有关技术档案管理部门。

11.3.1 竣工决算

（1）竣工决算的内容。

竣工决算是以实物数量和货币为计量单位，综合反映建设项目或单项工程的实际造价和投资效益、核定交付使用财产和固定资产价值的文件，是建设项目的财务总结。竣工决算是由建设单位编制的、所需的施工资料部分，由施工单位（项目经理部）提供。

竣工决算的内容，由文字说明和决算报表两部分组成。文字说明主要包括：工程概况、设计概算和基建计划的执行情况，各项技术经济指标的完成情况，各项拨款的使用情况，建设成本和投资效益分析，以及建设过程中的主要经验、存在问题和解决建议等。决算表格分大、中型项目和小型项目两种。大、中型项目竣工决算表包括：竣工工程概况表（见表 11-2）、竣工财务决算表（见表 11-3）、交付使用财产总表（见表 11-4）、交付使用财产明细表（见表 11-5）。小型项目竣工决算表按上述内容合并简化为：小型项目使用竣工决算表（见表 11-6）。竣工决算编制出来后，根据国家规定，由建设银行负责竣工决算的审查和签证工作。

（2）竣工决算表式及要求。

①大、中型和限额以上基本建设和技术改造项目竣工工程概况表（见表 11-2）主要是考核分析投资效果。表中“初步设计和概算批准机关日期、文号”按最后一次填列。“收尾工程”系指全部验收投产以后还遗留极少量尾工。未完工程实际成本可根据具体情况进行估算，并作说明，完工以后不再编制竣工决算。“主要技术经济指标”可根据概算或主管部门（总公司）规定的内容分别计算或按实际填列。对未经批准就任意增加建设内容、扩大建设规模、提高建筑标准等的，要进行检查说明。

表 11-2　　大、中型建设项目竣工工程概况表

<table>
<tr><td colspan="6">建设项目名称</td><td rowspan="7">建设
成本</td><td colspan="2" rowspan="3">项目</td><td rowspan="3">概算</td><td rowspan="3">实际</td><td rowspan="3">主要
事项
说明</td></tr>
<tr><td colspan="2" rowspan="2">建设地址</td><td colspan="2">设计</td><td colspan="2">实际</td></tr>
<tr><td colspan="2"></td><td colspan="2"></td></tr>
<tr><td colspan="2" rowspan="2">新增
生产能力</td><td colspan="2">能力名称</td><td>设计</td><td>实际</td><td colspan="2" rowspan="4">建安工程、设备工具、其他基本建设</td><td rowspan="4"></td><td rowspan="4"></td><td rowspan="11"></td></tr>
<tr><td colspan="2"></td><td></td><td></td></tr>
<tr><td colspan="2" rowspan="2">建设时间</td><td>计划</td><td colspan="3">从××年××月开工，××年××月竣工</td></tr>
<tr><td>实际</td><td colspan="3">从××年××月开工，××年××月竣工</td></tr>
<tr><td colspan="3">初步设计和概算批准机关、日期、文号</td><td colspan="3"></td><td rowspan="6">主要
材料
消耗</td><td rowspan="3">名称</td><td rowspan="3">单位</td><td rowspan="3">概算</td><td rowspan="3">实际</td></tr>
<tr><td>完成主要
工程量</td><td colspan="2">名称</td><td>单位</td><td colspan="2">数量</td></tr>
<tr><td rowspan="2"></td><td colspan="2" rowspan="2">建筑面积、设备</td><td rowspan="2">平方米、吨、台</td><td>设计</td><td>实际</td></tr>
<tr><td></td><td></td><td rowspan="3">钢材、木材、水泥</td><td rowspan="3">平方米、吨</td><td rowspan="3"></td><td rowspan="3"></td></tr>
<tr><td rowspan="3">收尾工程</td><td colspan="2" rowspan="2">工程内容</td><td>投资额</td><td>负责
收尾
单位</td><td>完成
时间</td></tr>
<tr><td></td><td></td><td></td></tr>
<tr><td colspan="2"></td><td></td><td colspan="7">主要技术经济指标</td></tr>
</table>

②大、中型和限额以上基本建设和技术改造项目竣工财务决算表（见表 11-3），反映全部竣工项目的资金来源和运用情况。表中“交付使用财产”“应核销投资支出”“应核销其他支出”“经营（预算内）基金投资”“银行贷款”等，应填列开始建设至竣工的累计数。“器材”应附设备、材料清单和处理意见。“施工机具设备”系指因自行施工购置的设备，应列出清单上报主管部门（总公司）处理，如作为固定资产管理的设备，可另列有关科目。

表 11-3　　大、中型建设项目竣工财务决算表

建设项目名称：

资金来源	金额（元）	资金运用	金额（元）
一、经营（预算内）基金投资 二、银行贷款 三、利用外资 四、专项基金 五、自筹		一、交付使用财产 二、在建工程 三、应核销投资支出 四、应核销其他支出 五、器材 六、施工机具设备 七、专用基金财产 八、应收款 九、银行存款及现金	
	合计		合计

③大、中型和限额以上基本建设和技术改造项目交付使用财产总表（见表 11-4），反映竣工项目新增固定资产和流动资产的全部情况，可作为财产交接依据。

表 11-4　　大、中型建设项目交付使用财产总表　　单位：元

工程项目名称	总计	固定资产				流动资产
		合计	建安工程	设备	其他费用	

交付单位　　　　　　　　　　接收单位

盖章：＿＿＿＿　××年××月××日　　盖章：＿＿＿＿　××年××月××日

补充资料：由其他单位无偿拨入的房屋价值：＿＿＿＿，设备价值：＿＿＿＿

④交付使用财产明细表（见表 11-5）反映竣工交付使用固定资产和流动资产的详细内容，适用于大、中、小型基本建设和技术改造项目。固定资产部分，要逐项盘点填列。其中“建筑结构”指砖木结构、混合结构、钢筋混凝土框架结构、金属结构等。“工具、器具和家具”等低值易耗品，可分类填报。固定资产和低值易耗品的划分标准，按主要部门（总公司）和地区规定办理。

表 11-5　　大、中、小型建设项目交付使用财产明细表

工程项目名称	建筑工程			设备、工具、器具、家具					
	结构	面积（平方米）	价值（元）	名称	规格、型号	单位	数量	价值（元）	设备安装费用（元）
合计								合计	

交付单位　　　　　　　　　　接收单位

盖章：＿＿＿＿　××年××月××日　　盖章：＿＿＿＿　××年××月××日

⑤小型和限额以下基本建设和技术改造项目竣工决算总表（见表 11-6），应反映

该类竣工项目的全部工程和财务情况。

表 11-6　　　　　　　　　　　　小型建设项目竣工决算总表

<table>
<tr><td colspan="4">建设项目名称</td><td rowspan="3"></td><td rowspan="3">项目</td><td rowspan="3">金额（元）</td><td rowspan="3">主要事项说明</td></tr>
<tr><td rowspan="2">建设地址</td><td>设计</td><td colspan="2">实际</td></tr>
<tr><td></td><td colspan="2"></td></tr>
<tr><td rowspan="2">新增生产能力</td><td>能力名称</td><td>设计</td><td>实际</td><td rowspan="4">资金来源</td><td rowspan="4">基建预算拨款、基建其他拨款、应付款</td><td rowspan="4"></td><td rowspan="4"></td></tr>
<tr><td></td><td></td><td></td></tr>
<tr><td rowspan="4">建设时间</td><td>计划</td><td colspan="2">从××年××月开工，××年××月竣工</td></tr>
<tr><td>实际</td><td colspan="2">从××年××月开工，××年××月竣工</td></tr>
<tr><td></td><td colspan="2"></td><td></td><td></td><td></td><td></td></tr>
<tr><td></td><td colspan="2"></td><td></td><td></td><td></td><td></td></tr>
<tr><td rowspan="2"></td><td></td><td colspan="3"></td><td></td><td></td><td></td></tr>
<tr><td></td><td colspan="3"></td><td></td><td></td><td></td></tr>
<tr><td rowspan="2"></td><td></td><td colspan="3"></td><td></td><td></td><td></td></tr>
<tr><td></td><td colspan="3"></td><td></td><td></td><td></td></tr>
<tr><td rowspan="2">建设成本</td><td>项目</td><td>概算（元）</td><td>实际（元）</td><td rowspan="2">资金运用</td><td rowspan="2">交付使用固定资产、交付使用流动资产、应核销投资支出等</td><td rowspan="2"></td><td rowspan="2"></td></tr>
<tr><td>建筑安装工程、设备、工具、器具、其他基本建设</td><td></td><td></td></tr>
</table>

11.3.2　投资项目竣工图的绘制

（1）竣工图的作用和绘制程序。

业主在组织竣工验收之前，要认真组织好竣工图的绘制。竣工图是项目实施的实际情况的反映，要求准确、完整、真实地纪录投资项目地下和地上建筑物、构筑物等的详细情况。它是项目竣工验收、维护、扩建、技术改造的重要依据，是建设单位竣工验收办理固定资产移交的重要材料，须作为技术档案长期保存。

根据现行规定，竣工图作为竣工验收的必备条件之一，要求准确且绘制完整，符合归档要求。有了合乎要求的竣工图，方能进行竣工验收。

绘制竣工图的职责和具体要求是：

①投资项目建设按施工图设计没有变动的，由施工单位在原施工图上加盖“竣工图”标志后，即可作为竣工图。

②在施工过程中，虽有一般性的设计变更，但能在原施工图上修改、补充作为竣工图的，可以不再重新绘制，由施工单位在原施工图上绘制修改、补充部分，同时附

上设计变更通知单和施工说明，加盖“竣工图”标志后，即可作为竣工图。

③结构形式、工艺技术、平面布置乃至项目的改变以及不宜在施工图上修改、补充的，应该重新绘制改变后的竣工图。新的竣工图的绘制单位确定原则是，谁造成项目变动的由谁来负责，例如，由于设计原因造成施工的变动由设计单位绘制竣工图，并承担其费用；对于施工原因造成的变动，应由施工单位重新绘制，所需费用由施工单位承担；由其他原因造成的变动，则需建设单位自行绘制，或由其委托设计单位负责绘制，并由施工单位负责在新图上加盖“竣工图”标志，并附以有关记录和说明，其所需费用，由建设单位在项目投资中解决。

④一切土建工程，特别是基础、地下建筑物、构筑物、管线、结构、隧道、井巷、大坝、港口及设备安装等隐蔽部位，都得仔细绘制竣工图。竣工图的绘制，在施工过程中就应着手准备，由现场施工人员负责，尤其要重视及时做好隐蔽工程的检验记录，整理好设计变更文件以确保竣工图的质量。

⑤竣工图一定要如实反映投资项目的实际情况，确保图纸量。要求做到规格统一、字迹清楚、图面整洁，不得用易褪色的书写材料书写和绘制。竣工图要经过承担施工的技术负责人审核签字。

大、中型项目的竣工图不能少于两套，其中一套移交生产单位保管，一套交有关主管部门或技术档案部门永久保存。关系国计民生的特别重大项目，还要增加一套给国家档案馆保存。小型投资项目，至少要具备一整套竣工图，移交生产使用单位保管。

11.3.3 投资项目技术档案的整理和归档管理

（1）投资项目技术档案管理的任务。

投资项目技术档案是将记述和反映投资项目的设计施工、技术、科研、管理等具有保存价值的各种文件资料，按照一定的归档制度，作为真实的历史记录而集中保管起来的资料。这些资料包括建筑设计图纸、说明书、计算书、施工组织设计、照片、图表、竣工图以及总结和交工验收等材料。归档后形成的工程技术档案是该项目建设活动的产物，又是对该项目工程进行管理、维修、鉴定、改扩建、恢复等工作必不可少的依据。因此，在收集和整理后技术与管理资料必须与建设对象的实物保持一致。

投资项目技术档案管理的任务是：按照一定的原则和要求，系统地收集记述项目建设全过程中具有保存价值的技术文件资料，并按归档制度加以整理，以便竣工验收后完整地移交给有关技术档案管理部门。

（2）技术档案的收集与整理。

①收集。技术档案资料的收集就是根据归档范围，收集项目在实施过程中形成的具有保存和利用价值的原始记录、图纸、数据、照片、技术文件、成果报告等方面的资料，为及时整理分类、归档集中保管打好基础。工程技术档案资料是在项目建设中自然形成的，而不是由人们随意编制的，因此，技术档案的收集工作就成为投资项目档案管理工作中的首要环节。同时，技术档案资料是随着项目的进展而不断产生和积累的，因此，在项目申请立项时，就应着手开始进行各类资料的收集、积累、整理和审查工作。在项目实施的全过程中，施工单位要收集各个实施阶段的各项工作中形成

的文字资料、图纸、图表、计算材料、声像资料等形式的文件、材料。在项目竣工验收时，又要及时做好技术档案的归档、移交和保存工作。由此可见，技术档案的收集工作将贯穿项目建设的全过程，只有充分、认真、细致地收集技术档案，才能满足各项要求。对于投资项目来说，主要形成与归档的科技文件材料有：与上级主管机关的往来文件、审批文件，与建设单位、设计单位及有关的协作、供应单位的协议、合同文件，计划任务书，施工组织设计文件，施工过程中形成的主要文件，竣工验收文件，与建设单位移交的文件。

②整理就是将收集到的各种资料，遵循其自然形成的规律，保持各类文件材料之间的有机联系，以及便于保管和利用的原则，对项目技术档案资料进行系统整理和编目工作。由于在一个投资项目中形成的各类档案数量大、种类多、内容复杂，只有认真加以整理才能体现各类材料之间的有机联系，以便于保管和利用。对技术档案资料的整理，可以确保收集归档的文件材料完整、准确，便于有计划、有目的地进行收集和补充，有利于不断改进收集归档工作，使技术档案的内容更加充实完整。

技术档案资料的整理，要按照技术档案形成的固有次序，自然地进行分类和排列，而不能人为地、任意地把自然形成的成套档案分散和打乱，或者没有任何根据地把一堆互无关联的档案任意拼凑起来。

项目技术档案资料的整理，还要从技术档案多种多样的制成材料及其不同特点的要求出发。比如底图、蓝图、胶片、录音带、记录纸等，应分别加以整理，有的还得专门保管。这对于保管和利用档案都是十分重要的。

总之，档案的整理工作是投资项目档案管理工作的中心环节，是一项基础性的工作。

③分类即按照投资项目形成的内在联系和系统性，为使档案资料反映项目形成过程的真实面貌，便于保管和利用，而将技术档案按一定的方式进行分类的过程。技术档案的分类是技术档案系统整理的第一步工作，正确地分类是保证系统整理的质量和进行科学编目的基础。首先，分类应符合技术档案本身自然形成的规律，只有在此基础上选择适当的分类方法才能实现分类的科学性。其次，分类采用的标准应一致。只有标准一致，技术档案划分的类或属类才层次清楚、条理明晰，有利于编目工作的进行，也便于保存和利用。最后，分类层次要简明，不宜过多、过繁。划分类、属类等二至三层，就可以做到眉目清楚，条理明晰，比较适宜；否则，层次过多过繁，易破坏技术档案的自然形成规律，割裂技术文件固有的内在联系，不便于保管和利用。

各类技术档案分类后，就可以对其编制目录。应通过一定形式，按照一定要求，总结整理成果，显示技术档案的内容和它们之间的联系，便于检索。

（3）投资项目资料的归档。

①技术档案的特点。工程技术档案来源于技术资料但不同于技术资料。因此，在收集技术资料和对其归档时首先要将两者区别开来。技术档案与技术资料的差别主要表现在：

a. 技术资料是项目建设中，为参考目的而收集和复制的技术文件资料（包括图纸、照片、报表、文字材料等），它不是本项目在建设活动中自然形成的。而技术档案则是本项目在工程建设中直接产生和自然形成的。

b. 技术资料主要是通过交流、接受赠送、购买等方式收集或复制的，它对建设项目不具有工作依据和必须遵照执行的性质，只是作为一种参考资料。技术档案则是本项目在实施过程中自然形成的技术文件材料，对投资项目实施起着指导和依据的作用，是本项目建设的直接成果。

做好技术档案的收集和整理工作，还应区分工程技术档案和文书档案。技术档案和文书档案是国家全部档案的有机组成部分，在一个单位内，它们共同记录和反映着本企业工作活动的全貌，但是两者是有区别的。在内容上，技术档案是投资项目技术活动的记录；文书档案则记录和反映的是企业党政领导活动和行政管理活动。

②投资项目技术档案的内容。投资项目技术档案的内容应包括：

a. 竣工图和竣工工程项目一览表（竣工工程名称、位置、结构、层次、面积或规格、附有的设备、工具、装置等）；

b. 图纸会审记录、设计变更和技术核定单；

c. 材料、构件和设备的质量合格证明；

d. 隐蔽工程验收记录；

e. 工程质量检查评定和质量事故处理记录；

f. 设备和管线调试、试压、试运转等记录；

g. 永久性水准点的坐标位置，建筑物、构筑物在施工过程中的测量定位记录，沉陷观测及变形观测记录；

h. 主体结构和重要部位的试件、试块、焊接、材料试验、检查记录；

i. 施工单位和设计单位提出的建筑物、构筑物、设备使用注意事项方面的文件；

j. 其他有关该项工程的技术决定。

11.4 项目竣工决算审计

竣工决算审计是投资项目审计的重要环节，加强竣工验收审计监督，对提高竣工决算的质量，正确评价投资效益，总结建设经验，改善投资项目管理具有重大意义。

11.4.1 施工决算审计的目标和内容

竣工决算是竣工验收报告的重要组成部分。而竣工决算审计是投资项目审计的重要环节，主要从目标、内容方面阐述。

(1) 竣工决算审计的目标。

竣工决算是竣工验收报告的重要组成部分。竣工决算审计是投资项目审计的重要环节，加强竣工验收审计监督，对提高竣工决算的质量，正确评价投资效益，总结建设经验，改善投资项目管理具有重大意义。

竣工决算审计的目标，归纳起来主要有四个方面：

①证明工程竣工决算形式的完整性；

②证明竣工决算内容的真实性和可靠性；

③证明竣工决算内容的合规性；

④分析和评价项目的建设效益和效果。

以上四个目标是互相联系、互相制约的整体。完整性是真实性和可靠性的前提，如果竣工决算形式上残缺不全，审计就无从下手，根本就谈不上真实性和可靠性。真实性可靠性又是合规性的前提，竣工决算如果不真实可靠，那么内容就不可能符合法规；而建设效益和效果是竣工决算审计的最高目标，如果没有完整性、真实性、可靠性和合规性，得出的结论肯定是不正确的。

（2）竣工决算审计的内容。

根据审计署、国家计委颁发的审基发〔1991〕430号关于下发《基本建设项目竣工决算审计试行办法》的通知规定，竣工决算审计主要内容包括：

①竣工决算依据。审查决算编制工作有无专门组织，各项清理工作是否全面、彻底，编制依据是否符合国家有关规定，资料是否齐全，手续是否完备，对遗留问题的处理是否合规。

②项目建设及概算执行情况。审查项目建设是否按批准的初步设计进行，各单位工程建设是否严格按批准的概算内容执行，有无概算外的项目和提高建设标准、扩大建设规模的问题，有无重大质量事故和经济损失。

③交付使用财产和在建工程。审查交付使用财产是否真实、完整，是否符合交付条件，移交手续是否齐全、合规；成本核算是否正确，有无挤占成本、提高造价、转移投资问题；核实在建工程投资完成额，查明未能全部建成、及时交付使用的原因。

④转出投资、应核销投资及应核销其他支出。审查其列出的支出依据是否充分，手续是否完备，内容是否真实，核算是否合规，有无虚列投资问题。

⑤尾工工程。根据修正总概算和工程形象进度，核实尾工工程的未完工程量，留足投资。防止将新增项目列作尾工项目、增加新的工程内容和自行消化投资包干结余。

⑥结余资金。核实结余资金，重点是库存物资，防止隐瞒、转移、挪用或压低库存物资单价，虚列往来欠款，隐匿结余资金等现象的出现。查明器材积压、债权债务未能及时清理的原因，揭示建设管理中存在的问题。

⑦基建收入。基建收入的核算是否真实、完整，有无隐瞒、转移收入问题；是否按国家规定计算成本，足额上交或归还贷款；留成是否按规定交纳“两金”及分配使用。

⑧投资包干结余。根据项目总承包合同核实包干指标，落实包干结余，防止将未完工程的投资作为包干结余参与分配；审查包干结余分配是否合规。

⑨竣工决算报表。审查报表的真实性、完整性、合规性。

⑩投资效益评价。从物资使用、工期、工程质量、新增生产能力、预测投资回收期等方面评价项目效益。

⑪其他专项审计，可视项目特点确定。

11.4.2 竣工决算完整审计

（1）竣工决算编制依据的完整性。

竣工决算编制依据包括：

①批准的可行性研究报告、初步设计、投资概算、初步设计所附的设备清单；

②各年下达的固定资产投资计划及其调整计划；

③各年建设银行批复的年度财务决算；

④已办理竣工验收的单项工程的竣工验收资料；

⑤多种具有法律效力的设备合同、材料合同和施工合同以及其他合同；

⑥其他经过认定可以作为竣工决算编制依据的文件、材料和数据。

（2）大、中型投资项目竣工工程概算表的完整性。

竣工工程概算表即竣工决算报表（见表11-2），项目要求填写完整、正确，不能故意遗漏项目。

（3）大、中型投资项目竣工财务决算表的完整性。

竣工财务决算表（见表11-3）用以反映竣工项目财务状况，其数据来源于历年的年度财务决算与总账有关科目，并且报表口径与年度财务决算报表的口径一致，可以直接汇总填列。

（4）大、中型项目交付使用财产总表的完整性。

交付使用财产有两种表：大、中型建设项目交付使用财产总表（见表11-4）和大、中、小型项目交付使用财产明细表（见表11-5）。

11.4.3 竣工决算报表真实性审计

竣工决算报表的真实性审计主要包括两个方面：

（1）竣工工程概况表的真实性审查包括：

①复核占地面积；

②复核建设时间；

③复核主要完成工作量；

④复核收尾工程工作量；

⑤复核建设成本；

⑥复核主要材料消耗。

（2）竣工财务决算的真实性审查包括：

①交付使用财产真实性审核；

②库存器材的真实性审核；

③应收应付款审核；

④基建收入审核；

⑤拨借款累计支出审核；

⑥应核销投资支出与应核销其他支出审核。

11.4.4 竣工财务决算合规性审计

在对竣工财务决算的真实性进行审查时，会涉及许多合规性审查问题，而实际操作时往往不加区分而一并进行。下面就几个前面未涉及的常见问题加以分析。

（1）审查计划外投资的问题。

审查发现有计划外投资，应要求建设单位调整竣工决算的交付使用财产成本，如未交纳投资方向调节税，应补交税款，并处以一定数额的罚款。为了调整竣工决算，审计人员应编制计划外工程表。

计算出计划外工程的建筑安装工程投资和设备投资后，审计人员就可以计算计划外工程应分摊的其他费用。建筑安装投资和设备投资加上其他费用即为计划外投资总数。审计人员应要求建设单位将已纳入交付使用财产的计划外工程费用，调出交付使用财产成本。

（2）审查超概算工程和费用。

审计人员应列表（见表 11-7）对照概算和实际发生支出。

表 11-7 超概算工程和费用分析表

序号	单项工程费用名称	概算	修正概算	增减额（元）	增减比率（%）	实际	增减额（元）	增减比率（%）	原因分析

列表后，审计人员应把分析原因归纳起来，总结说明超概算原因，如勘察设计方面原因、工程管理原因、施工单位原因、外部环境原因（如涨价、摊派、投资未到位、供货不及时等）。

【本章小结】

（1）竣工验收是建设项目建设周期的最后一个阶段，它是全面考核建设工作，检查工程建设是否符合设计要求和工程质量的重要环节，也是保证工程质量的最后关口，对促进建设项目及时投产，发挥投资效果，总结建设经验起着重要作用。在这样的情况下，就需要相应的标准和组织来具体实施项目的竣工验收。

（2）项目全部完成，经过各单项工程的验收符合设计的要求，并具备竣工图表、竣工决算、工程总结等必要文件资料，由项目（工程）主管部门或建设单位向负责验收的单位提出竣工验收申请报告，按程序验收。

（3）竣工决算审计是投资项目审计的重要环节，加强竣工验收审计监督，对提高竣工决算的质量，正确评价投资效益，总结建设经验，改善投资项目管理具有重大意义。

【习题】

一、填空题

1. 项目竣工结算的内容包括（　　）、（　　）、（　　）、（　　）四个方面。

2. 项目管理消耗分析指标主要有（　　）、（　　）、（　　）、（　　）。

3. 项目单项分析的内容主要有（　　）、（　　）、（　　）。

4. 项目工程回访的主要种类有（　　）、（　　）、（　　）三种。

5. 项目管理总结的主要内容有（　　）、（　　）、（　　）。

6. 投资项目技术档案管理的任务是，按照一定的原则和要求，系统地收集记述项目建设全过程中具有保存价值的技术文件资料，按归档制度加以整理，（　　）。

二、问答题

第十一章习题参考答案

1. 项目竣工验收的目的和作用有哪些？
2. 项目竣工验收的范围包含哪些？
3. 项目竣工验收的依据是什么？
4. 项目竣工决算的内容有哪些？
5. 项目竣工图的作用和绘制程序有哪些？

12 项目后评价

【本章教学要点】

知识要点	掌握程度	相关知识
项目后评价	了解	含义、特性、作用与意义
项目后评价	理解	组织与管理、操作流程
项目后评价	掌握	内容、方法

【关键词】

后评价　建设过程　财务效益　国民经济

导入案例

土地整理项目后评价（略）[①]

12.1 概述

项目后评价是项目管理的一项重要内容，也是出资人对投资活动进行监管的重要手段。项目后评价反馈的信息可以反映项目决策与实施过程中的问题与不足，从而吸取经验教训，提高项目决策与建设管理水平。

12.1.1 投资项目后评价的含义

目前，对项目后评价还没有一个统一、规范的定义。根据世界银行、亚洲开发银行和主要发达国家进行的项目后评价，以及国内开展项目后评价的时间，项目后评价含义可表述为：它是对已经完成的项目或正在实施的项目，就规划目的、执行过程、效益、作用和影响所进行的系统的、客观的分析。对投资活动实践的检查总结，可以确定投资预期目标是否达到，项目或规划是否合理有效，项目主要效益指标是否实现；

① 内容详见：http：//www. docin. com/p-1688155137. html。

通过分析评价找出成败的原因，总结经验教训；并通过及时有效的信息反馈，为未来项目的决策和实施运营中出现的问题提出改进建议。

狭义的项目后评价是指项目投资完成之后所进行的评价。把对项目实施过程、结果及其影响进行的调查研究和全面系统回顾，与项目决策时确定的目标以及技术、经济、环境、社会指标进行对比，找出差别和变化，分析原因，总结经验，吸取教训，得到启示，提出对策建议；通过信息反馈，改善新一轮投资管理和决策，达到提高投资效益的目的。

广义的项目后评价还包括项目中间评价，或称中间跟踪评价、中期评价。它是指从项目开工到竣工验收前所进行的阶段性评价，即在项目实施过程中的某一时间节点，对建设项目实际状况进行的评价。其一般在规模较大、情况较复杂、工期较长的项目，以及主客观条件发生较大变化的情况下采用。中间评价除了总结经验教训以指导下阶段工作外，还应以项目实施过程中出现重大变化因素为着眼点，并以变化因素对项目实施和项目预期目标的影响进行重点评价。

12.1.2 投资项目后评价的基本特性

与建设项目可行性研究和项目前评价相比，项目后评价具有以下基本特征：

（1）项目后评价内容的全面性。

项目后评价既要总结、分析和评价投资决策与实施过程，又要总结分析和评价项目的经营状况；不仅要总结分析和评价项目的经济效益、社会效益，而且要总结、分析和评价经营管理状况，发掘项目的潜力。

（2）项目后评价的动态性。

项目后评价主要是项目竣工投产1~2年后的全面系统评价，也包括项目建设中某些中期阶段的事中评价或中间跟踪评价，具有明显的动态性。把建设项目评价纳入项目管理过程，成为管理的组成部分，对建设项目进行阶段性评价，有利于及时了解、改正项目建设过程中出现的问题，减少项目建设后期的麻烦，提高投资效益。

（3）项目后评价方法的对比性。

只有对比才能找出差异，才能判断决策、实施的正确与否，才能分析和评价成功或失误的程度。对比是将实际结果与原定目标做对比，以及作同口径对比。将已经实施完成的结果或某阶段性结果，与建设项目原批准的可行性报告设定的各项预期指标进行详细对比，找出差异，分析原因，总结经验教训。项目后评价有强烈的对比性。

（4）项目后评价依据的现实性。

项目后评价是对项目已经完成的现实结果进行分析研究，所依据的数据资料是项目实际发生的真实数据或根据实际情况重新预测的数据。因此，项目后评价依据的有关资料，数据的采集、提供、取舍都要坚持实事求是的原则，否则将违反项目后评价的客观性，导致错误的结论。

（5）项目后评价结论的反馈性。

项目可行性研究和项目前评价的目的在于为计划部门投资决策提供依据，而项目后评价的目的是为有关部门反馈信息，为今后改进和完善项目管理提供建议。要达到这个目的，只有将项目后评价的成果和结论进行有效的反馈才能实现。也就是说，没有反馈机制，项目后评价的目的就无法实现，作用无法发挥，项目后评价工作本身也就失去了存在的意义。

12.1.3 投资项目后评价的作用与意义

（1）投资项目后评价的作用。

①总结项目管理的经验教训，提高项目管理的水平。项目管理是一项极其复杂的活动，它涉及银行、计划、主管部门等，项目能否顺利完成在于这些部门之间的配合与协调工作。项目后评价反馈的信息有利于及时发现和暴露决策过程中存在的问题，吸取经验教训，提高项目决策水平。

②为国家投资计划、政策的制定提供依据。项目后评价能够发现宏观投资管理中的不足，从而为国家及时修正不适合经济发展的技术经济政策，修订已经过时的指标参数提供借鉴，合理确定投资规模和投资流向。

③为银行部门及时调整信贷政策提供依据。开展项目后评价有助于及时发现项目建设资金使用中存在的问题，分析研究贷款项目成功或失败的原因，从而为银行部门调整信贷政策、完善信贷管理制度和风险控制措施提供依据。

④对企业经营管理进行“诊断”，促使项目运营状态的正常化。项目后评价是在项目运营阶段进行，因而可以分析和研究项目投产初期和达产时期的实际情况，比较实际情况与预测情况的偏离程度，探索产生偏差的原因，提出切实可行的措施，从而促使项目运营状态正常化，提高项目的经济效益和社会效益。

（2）项目后评价的意义。

①确定项目预期目标是否达到，主要效益指标是否实现；查找项目成败的原因，总结经验教训，及时有效反馈信息，提高未来新项目的管理水平。

②为项目投入运营中出现的问题提出改进意见和建议，达到提高投资效益的目的。

③后评价具有透明性和公开性，能客观、公正地评价项目活动成绩和失误的主客观原因，比较公正地、客观地确定项目决策者、管理者和建设者的工作业绩和存在的问题，从而进一步提高他们的责任心和工作水平。

12.2 项目后评价的内容

项目后评价一般包括项目目标评价、项目过程评价、项目效益评价、项目影响评价、项目持续性评价。

（1）项目目标评价。

项目目标评价的任务在于评价项目实施中或实施后是否达到项目前期决策中预定的目标和达到预定目标的程度，把项目实际产生的一些经济、技术指标与项目决策时确定的目标进行比较，分析产生偏差的主客观原因，确定其合理性、明确性和可操作性，提出调整或修改目标和目的的意义和建议。

（2）项目过程评价。

项目过程评价是根据项目的结果和作用，对项目的各个环节进行回顾和检查，对项目的实施效率做出评价。过程评价的内容包括项目前期决策、项目准备、项目实施、项目投产运营等。

①项目前期决策。回顾与评价的重点是项目策划、立项与决策的正确性；评价项目建设的必要性、可行性、合理性；分析项目目标实现的程度、产生差异或失败的原因。合理性和效率是项目前期决策阶段评价衡量的重要标尺。

②项目准备。此阶段评价的重点是各阶段准备工作是否充分，开工前的各项报批手续是否齐全。效率是项目建设准备阶段评价衡量的重要标尺。项目准备包括勘察设计、融资方案、采购招标、合同签订、开工准备。

③项目实施。项目实施评价的重点是项目实施活动的合理性和成功度，项目业主的组织能力与管理水平。此阶段项目执行的效率和效益是评价衡量的重要标尺。

④项目投产运营。评价的重点是项目由建设实施到交付生产运营转换的稳定、顺畅。项目效益和可持续性是评价衡量的重要标尺。

（3）项目效益评价。

项目效益评价是从项目投资者的角度，根据项目后评估时各年实际发生的投入产出数据，以及这些数据重新预测得出的项目计算期内未来各年将要发生的数据，综合考察项目实际或更接近于实际的财务盈利能力状况，据此判断项目在财务意义上成功与否，并与项目前评估相比较，找出产生重大变化的原因，总结经验教训。项目效益评价包括技术效果评价、财务和经济效益评价、管理效果评价。

（4）项目影响评价。

项目影响评价包括经济影响评价、环境影响评价和社会影响评价，是对项目建成投产后对国家、项目所在地区的经济、社会和环境所产生的实际影响进行的评估。据此判断项目决策宗旨是否实现。

（5）项目持续性评价。

项目可持续性评价是对项目在未来运营中实现既定目标以及持续发挥效益的可能性进行预测分析。项目可持续能力受市场、资源、财务、技术、环保、管理、政策等多方面因素的影响。项目持续性评价在要素分析的基础上，分析项目可持续性发展的主要条件，评价项目可持续能力，提出合理的建议和要求。

12.3 项目后评价的方法与评价指标

（1）项目后评价的方法。

项目后评价方法的基础理论是现代系统工程与反馈控制的管理理论。常用方法有逻辑框架法、对比法、调查法、专家打分法等。评价时应注意定量分析与定性分析相结合、静态分析与动态分析相结合、宏观投资效果与微观投资效果分析相结合，对比分析与预测分析相结合。

①逻辑框架法。逻辑框架法是通过投入、产出、具体目标、宏观目标四个层面对项目进行分析和总结的综合评价方法。它用一张简单的框架表（见表 12-1）清晰地分析一个复杂项目的内涵和关系，将几个内容相关且必须同步考虑的动态因素组合起来，按层次分析其内涵，得出项目目标和达到目标所需手段之间的因果逻辑关系，用以明确工作范围和任务，是指导、管理和评价一项活动的工作方法。

表 12-1　　逻辑框架模式

水平逻辑 / 垂直逻辑	预期指标	验证实现指标	验证方法	外部条件
宏观目标	目标与影响	目标指标	监测和监督手段及方法	实现目标的主要条件
具体目标	目的与作用	目的指标	监测和监督手段及方法	实现目的主要条件
产出	产出与结果	产出物定量指标	监测和监督手段及方法	实现产出的主要条件
投入	投入与措施	投入物定量指标	监测和监督手段及方法	落实投入的主要条件

a. 宏观目标。项目的宏观目标即宏观计划、规划、政策和方针等所指向的目标，一般超越了项目的范畴，是指国家、地区、部门或投资组织的整体目标，包括对国民经济发展、产业结构调整、经济增长方式转变、改善基础设施、环境保护、资源合理利用、节能降耗减排、技术进步、人力资源开发等的作用与影响。宏观目标的确定和指标的选择一般由国家或行业部门选定，与国家发展目标相联系，并符合国家产业政策、行业规划等的要求。

b. 具体目标。具体目标也叫直接目标，是指项目的直接效果，是项目立项的重要依据，一般应考虑项目为受益目标群体带来的效果，主要包括财务和国民经济效益，环境和社会效益，对行业、地区的作用与影响，对当地人民群众物质文化生活质量的作用与影响。这个层次的目标由项目实施机构和独立的评价机构来确定，目标的实现由项目本身的因素来确定。

c. 产出。产出是指项目的建设内容或投入的产出物，一般要提供可计量的直接结果，包括形成的固定资产实体、产出物（功能）及其生产规模，或改善机构制度、政策法规等。在分析中应注意，在产出中项目可能会提供的一些服务和就业机会，往往不是产出而是项目的目的或目标。

d. 投入和活动。投入和活动是指项目的实施过程及内容，主要包括资源和时间等的投入。

上述四个层次即为垂直逻辑的四要素，自下而上由三个逻辑关系相连接，相邻的低一级层次和高一级层次之间均构成因果关系。同时在逻辑框架中还存在水平逻辑关系。水平逻辑分析的目的是通过主要验证指标和验证方法来衡量一个项目的资源和成果。与垂直逻辑中的每个层次目标对应，水平逻辑对各层次的结果加以具体说明，由预期指标、验证指标、验证方法和外部条件所构成。

逻辑框架分析方法不仅仅是一个分析程序，更重要的是一种帮助思维的模式，通过明确的总体思维，把与项目运作相关的重要关系集中起来加以分析，以确定“谁”在为“谁”干“什么”，“什么时间”，“为什么”，以及“怎么干”。编制逻辑框架虽然是一件比较困难和费时的工作，但是对于项目决策者、管理者和评价者来讲，可以事先明确项目应该达到的具体目标和实现的宏观目标，以及可以用来鉴别其成果的手段，对项目的成功计划和实施奠定基础。

②对比法。对比法是项目后评价的常用方法，是将项目已经实现的各项指标，与项目决策时所确定的相应指标进行同口径对比，找出差异、分析原因，得出结论和经验教训，提出对策和建议。对比法不仅包括“前后”对比、“有无”对比，还可以与其他项目进行对比，可以与同行业对比、同规模对比、同地区对比等，由此扩展出“横向”对比。

a.“前后”对比。“前后”对比是指将项目实施之前与项目完成之后的相关指标加以对比，以确定项目效益的一种方法。在项目后评价中，将项目前期的可行性研究和评估预测结论一级初步设计确定的技术经济指标，与项目的实施结果一级在评价时所做的新的预测指标相对比。这种对比用于揭示计划、决策和实施的质量，是项目目标评价的常用方法。采用“前后”对比法要注意数据口径一致，数据才有可比性，结论才具有可信度。

b.“有无”对比。“有无”对比是将“有”项目时发生的情况与“无”项目时发生的情况进行对比，用以度量“有”项目本身的真实效益、作用及影响，区分项目本身因素的作用和影响与项目以外因素的作用和影响，是项目投资效益评价和影响评价的常用方法，适用于项目实施后的效果与影响含有项目以外因素的效果与影响的项目。

“有无”对比的关键是要求投入的代价与产出的效果口径一致。也就是说，所度量的效果要真正归因于项目，要分清建设项目的作用和影响与建设项目以外因素的作用和影响。但是很多项目，特别是大型社会经济项目，实施后的效果不仅仅是项目本身的效果和作用，还有项目以外多种因素的影响，简单的对比不能得出真正的项目效果的评价结论。此类项目在进行效益评价时，重点是要剔除非项目因素，对归因于项目的效果加以正确的定义和度量。由于无项目时可能发生的情况往往无法准确地描述，评价时，理想的做法是在该受益地区之外，找一个类似项目区的“对照区”进行比较。

c.“横向”对比。横向对比是将项目实施后实现的结果与同一行业内的类似项目相关指标进行对比，分析项目建设对调整产业结构和行业发展的作用，是评价项目社会竞争力和可持续性评价的常用方法。

③调查法。调查法是项目后评价常用的方法，也是比较实用、比较有效的项目后评价方法。调查法分为资料查阅、问卷调查、专家研讨、访谈调查和现场调研法等。

a. 资料查阅法。资料查阅法又称文献调查法，主要通过查阅有关文献资料获取项目信息。资料查阅法一般和其他调查法配合使用，以达到相互佐证的目的。

b. 问卷调查法。问卷调查法是一种以书面提问的方式获取信息的方法，要求所有被调查者按统一的格式回答同样的问题。问卷调查法所获得的信息易于定量、便于对比。问卷一般以表格的形式，在项目后评价时发送给项目单位相关人员填写。问卷应说明调查的目的和对被调查者的要求、问卷填写的方式，问卷中的问题可以采取开放、封闭和半开放半封闭的形式。

c. 专家研讨法。项目后评价是对项目建设全过程、多方面的评价，涉及技术、经济与管理等各方面的专业知识，需要多位相关专业的专家参与，最终形成综合性的评价意见。

d. 访谈调查法。访谈调查法又称访问调查法，就是调查人员与被调查者之间以口头交谈的方式了解项目信息的方法。访谈法可分为个别访谈法和集体访谈法。个别访谈法通常又分为非正式的会话式访谈调查、重点问题访谈调查和标准化访谈调查。集体访谈调查法是一种更省时、更高效的访谈法，通过召集被调查者开会讨论和交流，收集相关信息，但一些涉及保密性的问题不宜使用该方法在集体访谈中进行调查。

e. 现场调研法。现场调研法也称实地调研法，通过调查者深入现场获取所需信息。该法直观性、可靠性强，但获取的信息带有一定的偶然性和表面性，许多信息不能或不宜进行现场参观和考察。所以在实际调查中，现场调研法和文献调查法、问卷调查法等结合使用。

④专家打分法，是指为了将定性的结论定量化，可以设计评价指标体系，由专家对项目在各评价指标的表现进行打分，进行综合评定。这种方法的优点在于依靠专家在专业领域的能力，能够在缺乏足够统计数据和原始资料的情况下做出定量估计。专家评价的准确程度取决于专家的阅历、经验以及知识的广度和深度，也取决于专家在打分前对项目的了解和认知程度。因此，为减少专家打分偏差，应慎重编制专家的打分表格，谨慎选择评价专家。

（2）项目后评价指标体系。

项目后评价指标与可行性研究指标基本相同，构建项目后评价的指标体系，应按项目逻辑框架构建，从项目的投入、产出、具体目标和宏观目标四个层面出发，将各层次的目标进行分解，落实到各项具体指标中。

①技术评价指标，如设计能力，技术或工艺的合理性、可靠性、先进性、适用性，设备性能，工期、进度、质量等。

②财务和经济评价指标。

a. 项目投资指标：项目总投资、建设投资、预备费、财务费用、资本金比例等；

b. 运营期财务指标：单位产出成本与价格、财务内部收益率、借款偿还期、资产负债率等。

c. 项目经济评价指标：内部收益率、经济净现值等。

③生态与环境评价指标。其主要包括物种、植被、水土保持等生态指标，环境容量、环境控制、环境治理与环保投资以及资源合理利用和节能减排指标等。

④社会效益评价指标。其主要包括利益相关群体、移民和拆迁、项目区贫困人口、最低生活保障线等。

⑤管理效能评价指标。其主要包括前期工作相关程序、采购招标、施工组织与管理、合同管理、组织机构与规章制度等。

⑥项目目标和可持续性评价指标。

a. 项目目标评价指标：项目投入、项目产出、项目直接目的、项目宏观影响。

b. 项目可持续性评价指标：财务可持续性指标、环境保护可持续性指标、项目技术科持续性指标、管理可持续性指标、需要的外部政策支持环境和条件。

12.4 项目后评价的组织与管理

虽然项目后评价工作已在我国发展了三十余年，但在各部门、各行业、各不同类型的企业中，发展还很不均衡，项目后评价的组织与管理方式也略有差异。

12.4.1 项目后评价工作的组织与管理

（1）中央政府投资项目后评价的组织与管理。

根据国家发改委印发的《中央政府投资项目后评价管理办法》，项目后评价是指在项目竣工验收并投入使用或运营一定时间后，运用规范、科学、系统的评价方法与指标，将项目建成后所达到的实际效果与项目的可行性研究报告、初步设计（含概算）文件及其审批文件的主要内容进行对比分析，找出差距及原因，总结经验教训，提出相应对策建议并反馈给项目参与各方，形成良性项目决策机制。其组织与管理如下：

①接受和审查项目自我总结评价报告。

《中央政府投资项目后评价管理办法》要求，项目单位应在项目竣工验收并投入使用或运营一年后两年内，将自我总结评价报告报送国家发改委。其中，中央本级项目通过项目行业主管部门报送，同时抄送项目所在地省级发展改革部门；其他项目通过省级发展改革部门报送，同时抄送项目行业主管部门。

项目单位可委托具有相应资质的工程咨询机构编写自我总结评价报告，项目单位对自我总结评价报告及相关附件的真实性负责。

项目单位在提交自我总结评价报告时，应同时提供开展项目后评价所需要的文件及相关资料。包括：项目审批文件，如项目建议书、可行性研究报告、初步设计和概算、特殊情况下的开工报告、规划选址和土地预审报告、环境影响评价报告、安全预评价报告等相关资料以及相关批复文件；项目实施文件，如项目招投标文件、主要合同文本、年度投资计划、概算调整报告、施工图设计会审及变更资料、监理报告、竣工验收报告等相关资料，以及相关的批复文件；其他资料，如项目结算和竣工财务决算报告及资料，项目运行和生产经营情况，财务报表以及其他相关资料，与项目有关的审计报告、稽查报告和统计资料等。

国家发改委督促项目单位按时提交项目自我总结评价报告并进行审查。

②制订项目后评价年度计划。

国家发改委结合项目单位自我总结评价情况，确定需要开展项目后评价工作的项目，制订项目后评价年度计划，印送给有关项目行业主管部门、省级发展改革部门和项目单位。列入项目后评价年度计划的项目主要从以下项目中选择：

a. 对行业和地区发展、产业结构调整有重大指导和示范意义的项目；

b. 对节约资源、保护生态环境、促进社会发展、维护国家安全有重大影响的项目；

c. 对优化资源配置、调整投资方向、优化重大布局有重要借鉴作用的项目；

d. 采用新技术、新工艺、新设备、新材料、新型投融资和运营模式，以及其他具有特殊示范意义的项目；

e. 跨地区、跨流域、工期长、投资大、建设条件复杂，以及项目建设过程中发生重大方案调整的项目；

f. 征地拆迁、移民安置规模较大，可能对贫困地区、贫困人口及其他弱势群体影响较大的项目，特别是在项目实施过程中发生过社会稳定事件的项目；

g. 使用中央预算内投资数额较大且比例较高的项目；

h. 重大社会民生项目；

i. 社会舆论普遍关注的项目。

③委托项目后评价任务。

国家发改委根据项目后评价年度计划，委托具有相应资质的工程咨询机构承担项目后评价任务。

④指导和督促项目后评价工作。

国家发改委制定项目后评价编制大纲，指导和规范项目后评价报告的编制工作。委托任务下达后，指导和督促有关方面保障项目后评价工作顺利开展和解决项目后评价中发现的问题。

项目行业主管部门负责加强对项目单位的指导、协调、监督，支持承担项目后评价任务的工程咨询机构做好相关工作。

项目所在地的省级发展改革部门负责组织协调本地区有关单位配合承担项目后评价任务的工程咨询机构做好相关工作。

项目单位做好自我总结评价，并配合承担项目后评价任务的工程咨询机构开展相关工作。

承担项目后评价任务的工程咨询机构在接受委托后，应组建满足专业评价要求的工作组，在现场调查、资料收集和社会访谈的基础上，结合项目自我总结评价报告，对照项目的可行性研究报告、初步设计（概算）文件及其审批文件的相关内容，对项目进行全面系统地分析评价。

⑤建立项目后评价成果反馈与应用机制。

国家发展改革委建立项目后评价信息管理系统和项目后评价成果反馈机制，推广通过项目后评价总结的成功经验和做法。

国家发改委应及时将项目后评价成果提供给相关部门、省级发展改革部门和有关机构参考，加强信息沟通。对于通过项目后评价发现的问题，有关部门、地方和项目单位应认真分析原因，提出改进意见，并报送国家发改委。项目后评价成果应作为规划制定、项目审批、资金安排、项目管理的重要参考依据。

国家发改委会同有关部门，定期以适当方式汇编项目后评价成果，大力推广通过项目后评价总结出来的成功经验和做法，不断提高投资决策水平和政府投资效益。

⑥加强项目后评价执业管理。

承担项目后评价任务的工程咨询机构，应当按照国家发改委的委托要求和投资管理相关规定，根据业内应遵循的评价方法、工作流程、质量保证要求和执业行为规范，独立开展项目后评价工作，在规定时限内完成项目后评价任务，提出合格的项目后评价报告。

国家发改委委托中国工程咨询协会，定期对有关工程咨询机构和人员承担项目后评价任务的情况进行执业检查，并将检查结果作为工程咨询资质管理及工程咨询成果质量评定的重要依据。

⑦明确项目后评价经费来源。

国家发改委委托的项目后评价所需经费，由国家发改委支付，付费标准按照《建设项目前期工作咨询收费暂行规定》（计价格〔1999〕1283号）关于编制可行性研究报告的有关规定执行。承担项目后评价任务的工程咨询机构及其人员，不得收取项目单位的任何费用。

项目单位编制自我总结评价报告的费用在投资项目不可预见费中列支。

（2）中央企业投资项目后评价的组织与管理。

根据国资委印发的《中央企业固定资产投资项目后评价工作指南》，项目后评价既包括项目事后评价，也包括项目中间评价。项目后评价实行分级管理。中央企业作为投资主体，负责本企业项目后评价的组织和管理；项目业主作为项目法人，负责项目竣工验收后进行项目自我总结评价并配合企业具体实施项目后评价。中央企业对项目的自评报告进行评价并得出评价结论，在此基础上选择典型项目，组织开展企业内项目后评价。

①中央企业投资项目后评价的主要工作。

制定本企业项目后评价实施细则；对企业投资的重要项目的自我总结评价报告进行分析评价；筛选后评价项目；制订项目后评价计划；安排相对独立的项目后评价；总结投资效果和经验教训，配合完成国资委安排的项目后评价工作等。

②项目业主后评价的主要工作。

完成项目自我总结评价报告；在项目内及时反馈评价信息；向项目后评价承担机构提供必要的信息资料；配合项目后评价现场调查以及其他相关事宜。

企业重要项目的业主在项目完工投产后6~18个月内必须向主管中央企业上报《项目自我总结评价报告》。

（3）地方政府投资项目后评价的组织与管理。

省（市）地方政府投资主管部门依据《国务院关于投资体制改革的决定》，结合本地政府投资项目的实际情况，分别制定了投资项目后评价管理办法，对后评价项目的投资规模、项目自我评价总结报告完成时间做出了规定，并明确由省（市）发改委负责项目后评价的组织与管理。

12.4.2 项目后评价工作的操作流程

项目后评价应由相应资质的工程咨询机构承担，其实施操作的基本流程如下：

（1）签订委托合同，收集相关资料。

项目评价单位通过投标或接受委托，承揽评价任务后，要与招标方或项目主管单位签订合同或协议，明确双方权利与义务；同时，项目主管单位应将评价要求事项通知被评价项目单位，要求配合现场调查，提供被评价项目的相关文件资料等。

（2）明确项目经理，组织后评价组。

评价单位应及时确定执行该任务的“项目经理”，即落实评价报告执笔人，并具体负责评价工作的组织与联络；根据项目性质和复杂程度确定参评人员，筹建项目后评价组，并按专业分为若干小组。

（3）制订工作计划，涉及调查方案。

根据项目后评价合同或协议，制订项目后评价工作计划，确定工作时间进度、质量要求、经费预算、专家名单等。涉及调查方案，拟定调查内容、调查对象、调查方式等，用以说明所评价项目的目标、效益和影响；要设计好调查问卷、专家意见与打分表。

（4）聘请相关专家，明确任务分工。

根据项目专业性质与技术特点，聘请部分专家；聘请的专家应是没有参加过被评价项目前期工作、设计工作和建设管理的人员。召开预备会、明确各小组、各专家应完成的具体任务，做到分工明确、责任落实到人。

（5）查阅项目资料，熟悉“自评报告”。

项目后评价人员阅读项目的相关文件资料，包括项目前期文件、实施文件、经营管理资料等；重点阅读“自评报告”。根据已有资料文件，各小组拟定现场座谈提纲及需要重点了解的问题，提出需现场补充、核实的文件资料，并进一步收集国家和行业有关的规定与政策等。

（6）开展现场调查，听取各方反映。

察看现场，了解项目在国民经济发展中的地位和作用等宏观情况；了解项目建设、设备运行、生产管理、项目效益、可持续发展条件、对周围地区经济发展与生态环境的作用和影响等微观情况，以及项目资料文件中没有记载的“活”情况等。项目后评价人员听取业主对工程项目的全面介绍，设计、施工与监理等单位的工作汇报；分组进行专业性座谈；查证、核实有关资料档案；对于有重大社会和环境影响的项目，要进行广泛的社会调查，听取项目所在地区人们对项目的反应。

（7）进行目标对比，提出专家意见。

将项目现实结果与项目决策时确定的目标做比较，并结合现场调查情况找出差距、发现问题、分析原因；在此基础上，各专家可从项目、企业、行业和宏观层面，总结归纳项目建设的成绩与不足，提出自己的评价意见，并在评价组内进行交流。

（8）交流沟通观点，听取业主意见。

为使评价意见尽量符合项目实际情况，体现客观求实、公正合理的原则，防止产生重大失误，可在现场与项目业主进行一次交流，各评价小组专家从不同专业角度提出个人见解，并听取项目业主意见。

（9）综合分析汇总，形成报告初稿。

在查阅文件和现场调查、获取大量信息资料基础上，依据专家组意见，分析、汇总、提炼所获得的信息资料，形成后评价报告草稿；将报告草稿反馈给项目业主征求意见，修改后形成报告初稿。

（10）完善报告初稿，提交评价报告。

评价报告初稿形成后，向委托单位简要通报其主要内容，就报告初稿提出的某些重大问题进行讨论，经修改后定稿，并按项目后评价协议或合同，分别报送相关单位。

【本章小结】

（1）通过项目后评价可以及时反馈信息，调整相关政策、计划、进度、改进或完善在建项目；可以增强项目实施的社会透明度和管理部门的责任心，提高投资管理水平；可以通过经验教训的反馈，修订和完善投资政策和发展规划，提高决策水平，改进未来的投资计划和项目的管理，提高投资效益。

（2）项目后评价的内容，包括项目建设过程评价、效果效益和影响评价、项目目标和可持续性评价。

（3）项目后评价常用方法有逻辑框架法、对比法、调查法、专家打分法等。在评价时应动态分析与静态分析、综合分析与单项分析、宏观分析与微观分析、定量分析与定性分析相结合。

【习题】

第十二章习题参考答案

1. 投资项目后评价的含义与特性是什么？
2. 投资项目后评价的主要内容有哪些？
3. 投资项目后评价的方法和评价指标有哪些？
4. 中央政府对投资项目后评价是如何进行组织和管理的？
5. 投资项目后评价实施操作流程是什么？

案例

案例1　×××区城市棚户区改造×××安置点可行性研究报告

1　总论

1.1　项目名称及承办单位

1.1.1　项目名称

×××区城市棚户区改造×××安置点一期工程

1.1.2　项目建设地点

×××市×××区×××

1.1.3　项目建设性质

新建

1.1.4　项目承办单位

单位名称：×××市×××区土地征收协调办公室、×××区移民办公室。

单位概况：×××市×××区土地征收协调办公室、×××区移民办公室是×××区政府派出机构，机构规格为正科级，总编制9名，下设×××区征地服务中心和×××区移民服务中心。

1.2　可行性研究报告编制依据

（1）关于编制项目可行性研究报告的委托书。

（2）×××省国民经济和社会发展“十一五”规划。

（3）×××市国民经济和社会发展“十一五”规划。

（4）×××市土地利用总体规划。

（5）×××市城市总体规划。

（6）×××省棚户区改造工程实施方案。

（7）×××市棚户区改造工程实施方案。

（8）×××市×××区城市棚户区改造工程实施方案。

（9）国家计委、建设部联合颁发的《建设项目经济评价方法与参数》（第三版）。

（10）国家计委颁发的《投资项目可行性研究指南》。

（11）项目单位提供的与本项目有关的资料、数据。

(12) 国家其他有关规范、标准等。

1.3 研究范围与工作概况

1.3.1 研究范围

本项目可行性研究范围包括：项目建设的背景及必要性、项目选址及建设条件、建设规模及方案、节能、环保、消防与安全、项目管理、投资估算、效益评价等。

1.3.2 工作概况

受×××市×××区土地征收协调办公室与×××区移民办公室的委托，我公司依据国家和地方有关棚户区项目建设的法规和政策对项目单位实际情况进行了查证，并组织有关专家现场踏勘，查阅资料，根据工程项目建设条件及有关技术规范要求，对工程建设地点、建设规模、技术标准、工程投资、技术经济等方面进行了系统分析和论证，在此基础上完成了本项目可行性研究报告的编制工作。

1.4 主要技术经济指标

项目用地面积20 000平方米，总建筑面积32 000平方米，总投资4 610万元，总工期18个月（2014年10月—2016年3月），建设内容包括：住宅、停车场、道路、绿化等。主要经济技术指标见表1。

表1　　主要经济技术指标表

序号	名称	单位	指标	备注
1	用地面积	平方米	20 000	
2	建筑面积	平方米	32 000	
3	容积率		1.6	
4	绿地率	%	36	
5	建筑密度	%	24.8	
6	居住户数	户	406	
7	居住人数	人	1 274	
8	单位造价	元/平方米	1 440.63	
9	总投资	万元	4 610	
10	工期	月	18	

1.5 结论与建议

1.5.1 结论

(1) 本项目符合国家住房政策，选址符合城市总体规划要求，建设场地具有交通、生活便利的优越性，项目具备良好的建设环境。

(2) 根据需求调查表明，本项目建设将在很大程度上改善现有棚户区居民的居住条件，因此本项目的建设是必要的。

(3) 本项目的建设内容主要包括住宅、道路、停车场、绿化等，目前国内对此的设计和施工技术都十分成熟，结合选址点较好的地质地形条件，本项目的建设是可行的。

（4）本项目符合×××市总体规划要求，基本建设条件较好，项目的建设具有较好的社会、政治、环境效益，建议尽快组织实施。

1.5.2　建议

（1）资金是否到位是制约本项目能否顺利实施的关键因素，项目单位应根据拟建规模尽快组织落实资金，建议各方面从资金上给予大力支持。

（2）抓紧时间按有关程序办妥相关手续，加大筹资力度，确保项目顺利实施。

（3）加强工程项目管理，在项目建设中引进竞争机制，通过招投标形式择优选择施工企业、监理单位等，以保证工程项目质量、进度，使投资按预期计划得到控制，并满足调研报告中预期的目标。

（4）做好建设期间拆建户的妥善安置，保证拆除房屋的原住户在项目建设期间的基本生活条件。同时协调各方面的利益，做到和谐拆建。

（5）项目单位抓紧时间进行场地的“三通一平”工作，为项目的建设提供良好的建设条件。

（6）对项目诸多方面的研究表明，该项目的投资开发切实可行，建议有关部门给予大力支持，并从政策上加以扶持，以促进项目的顺利实施。

2　项目背景及必要性

2.1　项目建设背景

2.1.1　项目区基本情况

×××市是与中国西南川滇交界相毗邻的区域性中心城市，它是×××省重要的能源、原材料基地，也是我国西部具有南亚热带风光、以资源综合开发利用为主的现代工业城市。×××市辖三区、两县，即×××区、×××区、×××区、×××县、×××县，其中，×××区位于市区西部，东与×××区为邻，南北与×××区接壤，西与云南华坪县交界，面积153.6平方千米，下辖1个镇，6个街道办事处，34个居委会。全区有28个少数民族，约1.1万人，其中彝族是×××区主要的少数民族。全区年平均气温28.9℃，属于典型的亚热带立体气候。区内蕴藏有丰富的矿产资源，已探明煤炭资源4.8亿吨，水泥石近6亿吨，溶剂石灰岩3亿吨，汉白玉100余万立方米，同时还蕴藏着铁、铝、锌等矿产资源。

×××区作为×××市传统的能源、建材产业基地，辖区内有攀煤集团等煤炭及化工工业企业，有4个火力发电厂，1个中型水泥企业及其他众多的建材企业。这些企业在×××区经济发展中长期处于支配地位，是×××区的经济支柱。

×××镇位于×××市西端，与云南省华坪县大兴乡接壤。其地处金沙江北岸，因境内有一块方圆1.5平方千米的大坝子——×××而得名。20世纪80年代，其因经济繁荣、文化生活丰富而被誉为×××的“小香港”。1994年划归×××区管辖，是×××区独一的乡镇。全镇辖区面积117.4平方千米，辖10个行政村、57个农业合作社、12个居委会、

84 个居民小组，全镇 24 000 余人，其中农业人口 10 800 余人，全镇共有 14 个少数民族，属多民族聚居区域。全镇气候宜人，冬暖夏凉，降雨充沛，年平均气温 28.9℃，极端最高气温41℃，最低气温0℃，属典型的亚热带气候；主产水稻、小麦、玉米，盛产豌豆、胡豆等早市蔬菜，出产石榴、芒果、葡萄、酸枣、桃、梨等优质水果。全镇交通便利，四通八达，成昆铁路×××支线终点位于镇区内。宁华路纵贯区中心地段，是川滇南来北往人员和攀西地区的一处重要的物资集散地。1996 年经省人民政府批准，×××被列为个体经济示范区，同时又被列为×××省 301 家试点小城镇建设镇，市、区出台了一系列招商引资的优惠政策。

2.1.2　项目建设背景

党中央、国务院高度重视棚户区改造问题，《国务院关于解决城市低收入家庭住房困难的若干意见》专门提出要加快集中成片棚户区的改造，使困难住户的住房问题得到妥善解决。文件指出，对集中成片的棚户区，城市人民政府要制订改造计划，因地制宜进行改造。棚户区改造要符合以下要求：困难住户的住房得到妥善解决，住房质量、小区环境、配套设施明显改善，困难家庭的负担控制在合理水平。

根据《国务院关于解决城市低收入家庭住房困难的若干意见》，按照×××省委、省政府启动实施棚户区改造工程的决策部署，为切实做好棚户区改造工作，着力改善棚户区人民群众的居住条件，×××省人民政府通过了《×××省棚户区改造工程实施方案》。该方案强调，棚户区改造要与城市发展、产业结构调整、社会事业发展及生态环境保护统筹推进，要充分发挥政府的组织协调作用，在政策和资金上给予必要的支持，棚户区改造要符合城市建设总体规划、住房保障计划、矿区发展规划等，使改造后的区域内居民的生活环境得到明显改善，配套设施相对完善，能够满足居民入住使用的基本要求。

根据《×××省人民政府办公厅关于印发×××省棚户区改造工程实施方案的通知》，×××市结合实际情况，制定了《×××市棚户区改造工程实施方案》，根据实际摸底排查，确定整个×××市棚户区总户数为 26 104 户，涉及人口 79 909 人，其中城市棚户区7 760户。该实施方案强调要以棚户区广大群众的利益为重，妥善解决棚户区住户的住房问题，对改造工程给予政策倾斜和合理照顾，把城市棚户区改造与旧城改造、基础设施建设和社会事业发展相结合，界定改造范围，分期分批进行。在资金来源上，棚户区改造工程建设资金由国家、省、市、区、企业及棚户区改造居民共同出资，其中以政府投资的保障性住房方式实施的棚户区改造项目，主要通过中央、省、市、区政府性资金支持、政策性贷款等方式解决。

根据×××区棚户区住房实际情况以及财政、居民的经济状况，×××区政府制定了《×××市×××区城市棚户区改造工程实施方案》，决定从 2014 年起，用三年时间，按照年度完成 30%、40%、30%的改造任务要求，力争在 2016 年年底前，全面完成×××区的棚户区改造任务。本项目为×××区城市棚户区改造工程×××安置点一期工程。

2.2　项目建设必要性

拟建项目的建设必要性主要体现在以下几个方面：

（1）拟建项目体现了“以人为本”执政理念的迫切需求，是×××城镇发展的必然结果。

改善居民生活条件，妥善解决棚户区居民的住房问题是每级政府的一项重要职责。衣、食、住、行是人民生活的四大基本需求，住房问题已经成为影响老百姓生活质量的突出问题。改善人们的生活条件，提高居住水平，既是民生工程、民心工程，更是×××发展的必然结果。安置工程是集中体现“以人为本”执政理念的迫切需求。

（2）拟建项目是维护×××社会安定和谐的重要举措。

改革开放以来，我国经济社会发生了翻天覆地的变化，棚户区安置工程的建设是让居住状态不佳的广大人民群众特别是弱势群体共享改革开放成果的一次实实在在的活动，“温暖弱势群体”既是构建和谐社会的必要条件又是构建和谐社会的必然结果。

（3）拟建项目是节约用地，保增长扩内需的一个重要举措。

启动拟建项目建设，能盘活存量土地，提升了容积率，实现土地的节约集约利用。同时，该区域土地开发可刺激以服务业为主的第三产业发展，有利于培育新的经济增长点。在全球经济危机的影响下，这无疑也是保增长扩内需的一项重要举措。

（4）拟建项目有利于完善×××的配套设施，改善场镇景观面貌，增强自身聚集效应，为新项目的建设提供必要的建设场地。

近年来，×××市的发展日新月异，直接带动×××区及各乡镇的城镇建设。其作为×××区核心经济区的重要组成部分，通过安置小区的建设，能进一步增强其自身的吸纳能力，增强对人口、对资金的聚集效应，营造良好的外部环境，为符合政策规定的项目提供必要的建设场地，促进整个×××区经济的发展。

3　项目选址及建设条件

3.1　项目选址

项目建址位于×××市×××区×××，周边自然环境优美，交通便利，地理位置优越，周围资源设施条件完善。

该地块现状为规划居住用地，土地使用年限 70 年，总用地面积 20 000 平方米。

该项目所在地有约 50 户农房，现拆除工作正在进行，所有住户基本上已签署拆迁协议，拆迁工作由政府组织。

3.2　建设条件

3.2.1　建设地自然条件

（1）气象条件。

项目所在地属于亚热带立体气候，根据气象资料并结合各海拔高度区的植被群落结构和类型分析，区内有准热带、南亚热带、中亚热带、北亚热带、南温带 5 个气候垂直带谱，与水平气候带不衔接。四季不分明，干湿季节明显。气温日变化大，年际变化小，垂直差异大，小气候复杂多样，年平均气温 20℃。年日照充足，长达 2 361~2 749 小时；辐射强，热量丰富，干燥炎热。年降雨量 776. 3~990 毫米，集中在6~8月份，最短 71 天，最长 153 天，平均 119. 9 天；雨季 4 个月平均年降水量 660. 6 毫米，占全年降水的86%。干季最长278天，最短217天，平均245.3天。多夜雨，年降夜雨542.5毫米，占总降雨量70%，降夜雨77.2天，平均每夜降雨7毫米；白天降雨总量232.8毫米，降雨62.3天，平均日降雨3.7毫米。蒸发量大，除8月降水量大于蒸发量外，年蒸发量是降水量的3.2倍，2月蒸发量是降水量的148.1倍。年平均风速不大，谷地年平均风速为每秒1.9米，秋季风速最小为每秒0.6米。风向受地形控制，多东南风，稍偏南北，频率8%；大风日多在春季，静风日多在夏季。年无霜期长达300天以上，随海拔升高，霜日增多，寒冻强度增大。

（2）水文特征。

项目所在地水资源丰富，水质达到国家II级标准。界河金沙江平均流速为每秒3 683立方米，平均径流量554.25亿立方米。水质属重碳酸钙镁型，偏碱，低碳化度。过境入江的巴关河，平均流速为每秒2.3立方米，平均径流量0.73亿立方米，干季断流。

江岸坡面有季节性流水沟9条，二级支沟10条，其中岔河流长9.5千米，流域面积51.3平方千米，日径流量10 541吨。

3.2.2　交通运输条件

×××区距×××机场32千米，成昆铁路×××支线、省道310线纵贯全境。随着苏铁中路、法拉大桥、格萨拉大道、石华路等道路交通设施的新建和改造完毕，该区已形成方便快捷的城市交通网络。

3.2.3　地质构造与地震效应

×××区地质主要由水层岩构成。水层岩因地壳的不稳定性、不等量升降和历史上几大构造运动而形成，区内地层有7个构造层：10亿年前沉积的震旦系上统观音岩组（Zbg），总厚度961~1 350米，从巴关河由东北向西北边境分布，组成中低山地；古生界泥盆系中泥盆统（D2），总厚度445米，出露在西北角边境，组成中低山地；古生界二叠系下统凉山组（P1V），总厚度56.4~184.3米，主要分布在长坪子以上，水泥厂至龙坪子以北的两块长2.3~3千米，宽300~600米地段，组成低山地；中生界三叠系上统炳南组（T3b），总厚度956.3~2 940.3米，主要分布在金沙江北岸中东部，组成低山岗丘陵地貌；中生界侏罗系下统冯家河组（Jf），总厚度3 739米，出露在该区南侧，组成低山丘陵区；新生界第三系上新统昔格达组（N2），厚10~180米，主要分布在乌龟井至新庄台地；新生界第四系更新统（Q2），总厚度53~62米，主要分布在河门口公园与河门口水厂以北，水泥厂至河门口和庄上村沿河地段。

依据《建筑抗震设计规范》（GB50011-2001）的规定，场地土层等效剪切波速>140m/s，覆盖层厚度<15米，本场地为Ⅱ类建筑场地，其地震基本烈度为7度，建议工程按照7度进行抗震设防。设计基本地震加速度0.1g，设计特征周期值0.35s。

本项目详细地质情况需要专业勘察设计单位对项目的建设条件做进一步的勘察。

3.2.4　社会经济条件

×××区区委区政府全面贯彻科学发展观，大力实施“工业强区”战略，积极推进新农村建设，全面开展惠民行动，地方经济继续保持了良好的发展势头。促进了社会经济的又好又快发展，2012年×××区经济总量强势增长，经济效益全面提升，经济结构显著优化，社会事业协调发展。2012 年×××区地区生产总值完成 85.67 亿元，现价同比增长 11.3%。其中，第一产业实现增加值 7 930 万元，增长 0.31%；第二产业实现增加值 72.54 亿元，增长 87.35%；第三产业实现增加值 12.34 亿元，增长 12.34%。其实现人均地区生产总值 19 371 元，实现地方财政收入 2.884 亿元，同比 2011 年增长 2.9%。×××区经济社会进入了“全面提速，加快发展”的新阶段，由此可见×××区城市棚户区×××安置点一期工程的社会经济条件都已具备。

3.2.5 施工条件

项目所在地的交通运输条件比较便捷，施工材料运输方便；劳动力资源充足，具有能够满足施工需要的劳务人员、技术水平及施工能力，同时项目所在地的工业状况较好，项目地附近有与施工相配套的混凝土构件厂、木制构件厂、金属加工厂等，这些厂的生产能力、产品质量、供货服务水平能够满足本工程施工的需求。建筑工程当地的建材如砖、瓦、灰、砂、石等地方材料供应可靠；施工场地地下无古墓文物、管线设施等，施工道路比较平坦，运输车辆、施工机械设备进出方便。

4 拟建规模及方案

4.1 项目方案设想

4.1.1 基本要求

（1）规划布局力求具有整体性、经济性、时代性、超前性，该方案作为安置点一期工程的方案，充分考虑整个安置点的布局要求以及与周边环境的协调统一。

（2）坚持“以人为本”的规划设计原则，着重于对环境的打造，创造一个方便、安全、舒适、和谐的居住环境。

（3）住宅建筑设计力求达到居室方便、舒适、安全，居住生活空间布局合理，设施齐全的要求。

（4）总图布置满足规划要求。根据×××市城市建设总体规划的要求、周边环境以及整个安置点布局要求，因地制宜灵活布置各住宅。

4.1.2 道路系统与交通组织规划

一期工程的临时出入口设计为：新建一条道路通往平江西路。

规划区内道路系统规划以加强内部功能组织和便利内外交通联系为首要原则。规划将道路线型、断面设计与城市设计相结合，以优先步行交通为前提，满足通达性和景观性并存的要求，充分考虑停车场的设置，对于不同交通方式进行适当分流，同时确保各类交通方式的便捷到达性。

设置环行车道来实现人车分流，停车场布置主要采取地面停车方式，满足十户一个停车位的要求。

主要道路宽 8 米，最小转弯半径 6 米，最大纵坡不超过 8.0%；内部形成人车分流体系，保障人行系统的安全、完整。人行系统的设计要做到保证人行安全、注重人性化、强化景观效果。

4.1.3　空间组织和景观特色

（1）规划设计理念。

规划通过建筑的围合与半围合形成半公共庭院空间，通过步行道路将各个空间形成相互而紧密的联系。

规划通过设置文化活动广场来为人们提供一个公共活动、休闲、交流场所，为人们创造一个人性化的公共活动空间。

（2）开放空间系统。

规划中形成休闲广场开放空间、公共绿地开放空间两个层面，在沿街通过丰富的建筑界面给予界定。使空间变化丰富多彩，同时在公共绿地开放空间体系中，形成串珠式的景观节点体系，使整个开放空间系统形成点、线、面有机组成的网络系统。

（3）景观设计特色。

景观轴线由两条不同特色轴线组成，串联起不同层次的景观节点。庭院内的主要景观轴线，以树、花、草、架和座椅为主要景观要素组成；道路两旁的乔木、灌木、草坪相结合形成景观空间的通行道。

4.1.4　绿地规划

（1）居住组团绿化。

组团绿化主要体现在建筑围合内所形成的中庭空间，组团绿化遵循了小而精的设计思路，种植花卉和观赏性乔灌木，局部可结合市民健身运动布置健身器械或儿童活动器械。

（2）道路绿化。

道路绿化主要以行道树的形式体现，主干道两侧控制 3 米绿化带，次干道两侧控制 2.5 米绿化，支路两侧控制 2 米的绿化，主要通行道路两侧控制 2 米绿化，布置以乔木为主，并与宅间路的绿化和组团内的集中绿化相结合。

地面停车位也采用植草砖铺砌，使整个基地内绿意盎然。

（3）挡土墙和护坡。

挡土墙作为构成空间界面的重要要素来设计，并且为重要的环境要素，结合整体绿化系统，进行深入的绿化和景观设计。

4.2　拟建规模

依据《住宅设计规范》《城市用地分类与规划建筑用地标准》《城市居住区规划设计规范》《民用设计通则》，针对地域气候特征和文化传统，以及不同的服务对象和消费群体，该规划将创造出市场能够接受的舒适居住环境，体现以人为本的原则。注重住宅的套型结构，合理的空间尺度，明确的功能分区，使人们既有一个活动、散步、休闲的地方，又有一个好的居住环境。精心的立面设计，使住宅充分体现美感。

主要技术指标如下：

（1）项目占地面积：20 000 平方米。

（2）总建筑面积：32 000 平方米。

（3）容积率：1.6。

（4）绿地率：36%。

（5）建筑密度：24.8%。

（6）安置规模：居住户数为406户，居住人数1 274人。在户型比例上，根据市场需求，科学确定各种户型的比例，分别为60平方米154户、75平方米112户、90平方米112户、120平方米28户。

4.3 基础及结构

4.3.1 工程概况

本项目场地地质条件较好，可选择浅基础形式，主体结构采用砖混结构。抗震设防具体根据《中国地震动参数区划图》（GB18306-2001）以及相关地质勘查报告，按照×××市地震行政主管部门确定的抗震设防要求按照7度进行抗震设防。

4.3.2 设计依据

（1）本工程设计依据建筑、给排水、电气等专业提供的有关图纸及资料进行设计。

（2）有关规范规程。

①《建筑结构荷载规范》（GB50009-2001）；

②《混凝土结构设计规范》（GB50010-2002）；

③《建筑地基基础设计规范》（GB50007-2001）；

④《建筑抗震设计规范》（GB50011-2001）；

⑤《砌体结构设计规范》（GB50003-2001）；

⑥《建筑地基处理技术规范》（JGJ79-91）；

⑦《设置钢筋混凝土构造柱多层砖房抗震技术规程》（JGJ/T13-94）。

（3）荷载取值。

a. 恒荷载标准值。恒荷载标准值均按实际计算值取。楼面装修及粉刷取 $1.5kN/m^2$。

b. 活荷载标准值。

住宅 $2.0kN/m^2$

卫生间 $2.5kN/m^2$

挑出阳台及走廊 $2.5kN/m^2$

上人屋面 $2.0kN/m^2$

不上人屋面 $0.5kN/m^2$

c. 风荷载基本风压值 $W_0=0.40kN/m^2$。

d. 基本雪压值 $S_0=0.55kN/m^2$。

4.3.3 结构选型

本工程为砖混结构体系。

4.3.4 基础设计

本工程暂定采用墙下条形基础。为保证基础设计的准确合理性，工程要求建设方在设计方进行施工图设计之前，提供施工图设计阶段的工程地质勘查报告。

4.4 公用辅助工程

4.4.1 给排水

（1）编制依据。

《室外给水设计规范》（GBJ13-86）（1997年版）；

《室外排水设计规范》（GBJ14-87）（1997年版）；

《建筑给排水设计规范》（GBJ15-88）（2001年版）；

《建筑设计防火规范》（GBJ16-87）（2001年版）；

《污水综合排放标准》（GB8978-1996）；

《建筑灭火器配置设计规范》（GBJ140-90）。

（2）编制范围。

本项目室外、室内给排水及消防。

（3）给水（生活给水及消防用水）。

①水源：本项目的生活用水、消防用水及其他用水均由市政供水管网供给，其水量、水质均可满足本项目的要求。

②用水量：用水量预测是根据总体规划，远期人均综合用水量220升/人·日，供水普及率100%，规划人口为1 274人，则总用水量为1.274×0.22=0.28（万立方米/日）。

管网布置与消防：小区供水干管布置采用环状布置，分别由该区干道的入口引入，以保证供水安全，干管管径DN150。

消防用水与生活用水使用同一供水系统，消防栓为地上式，在主要路口及沿街布置，每两个消防栓的间距不大于120米。

给水管的管位设在人行道下，管顶覆土不小于0.7米。

（4）排水。

排水体制：为了保护水环境，根据总体规划规定，排水体制采用雨、污分流制。

①污水规划。污水量按用水量的75%计算，为（0.28+0.14）×0.75=0.32（万立方米）。污水管布置根据小区地形特点，沿小区道路布置干管，收集小区的生活污水，管径200~500mm，根据集镇的总体规划，生活污水纳入污水厂统一处理。污水管坡向与道路一致，流速以不淤流为宜，最小坡度>7‰，污水管管径不小于0.70m。

②雨水规划。根据就近分散和直捷的原则，密切结合地形，以最短路线，较小管径，将雨水就近排入水体。

暴雨公式采用×××市降雨公式：

q=1 272.8（1+0.63lgP）/（t+6.64）0.56

其中：重现期P取1，由于地形坡度较大，地面集水时间短，因此地面集水时间取7min，综合径流系数取0.6，绿地取0.15。

雨水管网规划与布置：结合小区地形，充分利用区内自然冲沟设置雨水暗沟；雨水干管沿小区道路一侧布置，坡向与道路一致；建筑组团内的雨水排除，结合建筑散水、道路及挡墙边沟，汇集雨水就近排入雨水干管或雨水暗沟。

雨水管管径300~500mm，雨水沟断面视汇水面积、径流系数和暴雨强度来确定，雨水管埋深不小于 0. 70m。

4. 4. 2　供配电

（1）依据。

国家有关电气设计相关规范、规定。

项目单位对本工程的有关要求。

（2）变、配电系统。

①本小区内的负荷性质均为三类负荷，普通住宅每户按 6kW 设计。整个片区内共有住宅 406 户，加上部分公建，总设备容量为 3 155kW，总计算负荷为 1 301kW。整个片区分开安装两台 1 000kVA 箱变供电。

②本工程的 10kV 高压电源从变电站引来，进线用交联绝缘电缆穿碳素纤维管埋地敷设，高压线先进入 1#箱式变电站，再由 1#箱变引至 2#箱变。整个高压部分的供电形式为树杆式供电。

③整个小区的计费采用箱式变压器低压侧计量，到每一户再单独计量。

④小区的功率因数补偿采用在箱式变压器低压侧补偿，补偿后的功率因数不小于 0. 9。

（3）电缆敷设。

低压配电系统采用 220/380V 放射式与树干式相结合的方式。低压电力电缆一般穿碳素纤维管暗埋于地下 0. 8 米，施工完毕后在地面做好下有电缆敷设的标记。电缆与水管、煤气管道的平行敷设间距大于 1 米，交叉间距大于 0. 5 米，电缆与通讯线缆间距大于 0. 5 米，电缆与公路平行间距大于 1. 5 米，交叉间距大于 1 米。电缆穿过道路，穿 GG 厚型钢管保护，深埋于地下 1. 1 米。

（4）照明系统。

照明灯具主要采用节能灯为主，室内部分由甲方二装自定，室外灯具主要采用庭院灯，灯具的控制采用时控方式，电源由小区内的箱式变电站引来。

（5）防雷及接地。

①箱变整体独立接地，接地电阻小于 4Ω。

②小区内每幢建筑物接地型式为 TN-C-S，入户电缆做重复接地，该接地与弱电接地和防雷接地系统共用。接地电阻小于 1Ω。

4. 4. 3　弱电

有线电视系统。信号干线为拓扑星形结构，小区电视前端箱设在小区绿地内。电视信号采用 GYSTA-53-12 光缆将电视信号发送到各栋建筑物。户内电缆采用 SYWV-75-5 同轴电缆。每户按两个电视插座设计。

电话系统。电话交换机设于小区绿地内，再从交换机引 HYV 型电缆至各单体内的电话分线箱，各户按两个电话插座设计。

宽带多媒体网络系统。宽带数据的接入（包括接入方式和中心交换机位置）由甲方与因特网服务商协商完成，从小区的中心交换机到各单体的线缆采用多模光纤，每栋楼内采用非屏蔽双绞线，每户设一个信息插座。

整个弱电系统均采用两级星型拓扑结构。进入小区后，三箱（防水）落地安装

（高出地坪 20 厘米）。

4.4.4　消防工程

消防水源：规划区以给水管网作为主要消防水源。

消防水量：片区消防用水量与整个安置小区总体规划统一考虑，清水池常备水量作为消防水量。

消防设施规划：消防给水管网采用乡镇供水管网，布置成环状，在乡镇供水管网上设置室外消火栓，管道最小管径不小于 100 毫米，最不利点的市政消火栓压力不小于 0.1MP，流量不小于 10L/S~15L/S，确保消防压力要求。

室外消火栓沿道路设置，间距不大于 120 米，并靠近交叉路口。

应保证消防通道畅通，保证消防车的进入和停放。

建设先进的有线、无线火灾报警和消防通信指挥系统，设置专线通信，保证报警、灭火、救援工作。

4.4.5　管线综合

各类管线均以埋地敷设为主，布置在道路下部空间。

埋地电力电缆、通信导管以及配水、配气管安排在人行道或非机动车道下；雨、污水管原则上布置在非机动车道下，当非机动车道下空间有限时，可布置在车行道下。

离建筑物的水平排序，由近及远宜为，电力管线或电信管线、燃气管、热力管、给水管、雨水管、污水管；各类管线的垂直排序，由浅入深宜为，电信管线、热力管、小于 10kV 电力电缆、大于 10kV 电力电缆、燃气管、给水管、雨水管、污水管。

当地下管线交叉敷设时，遵循管线综合避让原则，压力管让重力管，可弯曲管让不可弯曲管，支管让干管，小管径让大管径。

地下管线水平和垂直距离应满足《城市居住区规划设计规范》（GB50180-93）（2002 版）中管线综合部分的要求。

4.5　住宅设计

4.5.1　单元设计

本项目为城市棚户区改造工程，安置户数 406 户，分别为 60 平方米 154 户、75 平方米 112 户、90 平方米 112 户、120 平方米 28 户。

4.5.2　单体设计

体现居住性、舒适性、安全性、耐久性和经济性，并注意单体局部和整体效果，采取不同的处理手法，使单位建筑美观雅致，在考虑经济适用特点的同时，注重内在质量和外在美学。

5　节能、环保、消防与安全

5.1　节能节水措施

5.1.1　节能

（1）节能设计依据。

①《公共建筑节能标准》（GB50189-2005）；

②《绿色建筑评价标准》（GB/T50378-2006）。

（2）节能措施。

项目建成后，用电范围主要是照明、商业办公设备、空调等，为了减少能耗，采取以下措施：

①供电设计按就近原则合理配置，以减少线路损耗，供电设备采用节能、安全器件，线路采用铜芯电线、电缆供电。

②采取低压电容器补偿，减少无功损耗。

③在电器设备的选型及建筑物内、外照明灯具选用上，采用新型节能设备、高效灯具，减少用电负荷。如采用节能型筒灯，日光灯采用电子启动器，公共场所不使用白炽灯等。

④加强用电管理，降低能耗。

⑤本项目建筑物的设计，充分考虑利用自然通风和采光，以减少不必要的电能消耗，同时也有利于居民、商业营业人员、宾客和场内其他人员的身心健康。

5.1.2　节水

（1）采取节水型设备设施，降低水资源消耗。

（2）加强用水管理，搞好供水系统的防渗、防漏。

5.2　环境保护

5.2.1　依据

（1）《污水综合排放标准》（GB8978-1996）；

（2）《城市区域环境噪声标准》（GB3096-93）；

（3）《大气污染物综合排放标准》（GB16297-90）；

（4）《建筑施工场界噪声限值》（GB12523-93）；

（5）《地下水环境质量标准》（GB/T14848-93）；

（6）《地表水环境质量标准》（GB3838-2002）。

5.2.2　污染源与污染物

目前无大的污染源，适合本项目的建设。

本项目建设主要污染源与污染物是施工过程中运输车辆将带来不同程度的粉尘、噪音以及项目运营时产生的生活垃圾、生活污水、场地冲洗废水等，拟建项目无工业污染和化学污染。项目的建设不会对原有生态环境状况造成负面影响，在对相关污染物进行处理后基本没有污染。

5.2.3　环保措施

（1）粉尘。

本项目粉尘的形成是在工程建设期间。按环保标准和规定，洒水降尘等措施可把粉尘控制在每立方米空气含量不超过10毫克，控制粉尘对周围环境的污染。

（2）噪音。

建设期内机械及运输车辆产生的噪音，通过建筑机械设备选用和避免深夜作业（一般不超过晚上十点）来进行控制。

（3）废水。

生活废水采取雨污分流和污水、废水经相应处理后实施达标排放。

（4）其他废弃物。

区域内设置垃圾站，生活垃圾和一般包装废弃物由专职人员清扫并送至垃圾站，再由环卫清洁车每天运往垃圾处理场实行垃圾无害化、资源化、减量化的“三化”处理。

（5）项目建成后，积极搞好区域绿化，创造良好的卫生环境，减少噪声和粉尘污染。

5.3 消防

5.3.1 设计依据和原则

（1）依据。

a.《建筑设计防火规范》（GBJ16-87）（2001年修订本）。

b.《建筑灭火器配置设计规范》（GB50140-2005）。

（2）原则。

a. 消防必须贯彻“预防为主，防消结合”的方针。

b. 本项目在同一时间内按一处着火点考虑。

5.3.2 消防措施

（1）区域内设置消防栓和灭火器，消防栓、灭火器数量与间距按照当地消防部门的要求布防。

（2）平面布置上，要考虑设置消防通道、消防龙头。

（3）室内装修及走廊采用非燃烧材料或难燃烧材料，夹板等装饰材料要用防火涂料浸泡涂刷，地毯、帘布尽量采用阻燃材料制成的。

（4）电器、电线的布置与装饰物要有一段安全距离。

（5）设计时留出消防通道出口。

（6）施工时，施工单位要严格按照设计要求施工，不得擅自更改施工图。

（7）项目建成后，要建立安全巡视制度，制定安全规章，设置安全警示，对区域内居民和全体工作人员进行安全教育。

（8）注意火警预防，将本项目平面布置图交予×××市消防支队，图中标明每一处消防箱和消防龙头的位置，定期请消防支队到街区来进行灭火示范。

5.4 安全卫生

（1）为了严防火灾发生，除采取消防措施外，必须加强消防安全教育。

（2）为确保人身安全，各住户对所有配电设备、用电设备和金属外壳及管线支架等金属件采用接零保护，并设置必要的工作接地系统。

（3）加强设备选型，合理布置噪声源，努力降低噪声对环境的影响。

（4）合理安排功能分区和安全疏散通道，满足防护安全距离要求，从规划上防止各类事故。

（5）充分利用空坪隙地进行场地绿化，创造一个优美舒适的环境。

（6）按规定搞好抗震设防和防雷减灾设计。

6 项目管理

6.1 项目实施进度

本项目自2014年6月完成可行性研究及相关审批后，计划2014年9月完成施工图设计、施工前准备（场地平整、招投标、材料采购等）；本工程施工工期计划为18个月（不含前期工作），即2014年10月开工到2016年4月竣工验收。具体实施计划详见表2。

表2　　项目实施进度计划

日期 内容	2014年								2015年												2016年			
	5	6	7	8	9	10	11	12	1	2	3	4	5	6	7	8	9	10	11	12	1	2	3	4
前期	═	═																						
施工图设计			═																					
施工前准备				═																				
施工						═	═	═	═	═	═	═	═	═	═	═	═	═	═	═	═	═	═	
竣工验收																								═

6.2 机构设置与劳动定员

本项目的建设按照现代企业制度的要求，本着精简、高效的原则设置职能部门和进行劳动定员。

工程建设按照现代企业管理制度，实行项目法人责任制，机构按照统一领导、分层管理、人员精简的原则设置。设立工程部，劳动定员7人，其中合约部2人，协助项目前期手续的报批以及工程建设招投标、工程建设各方组织协调、合同管理等工作；财务部2人，负责工程项目财务计划、材料采购管理等工作；工程预算部1人，负责工程项目建设的预结算、工期控制、成本控制等工作；工程技术部1人，负责工程项目建设的质量控制、安全管理等工作；项目经理1人，负责职权内本项目的协调管理工作。

本项目建设管理组织机构如图1所示。

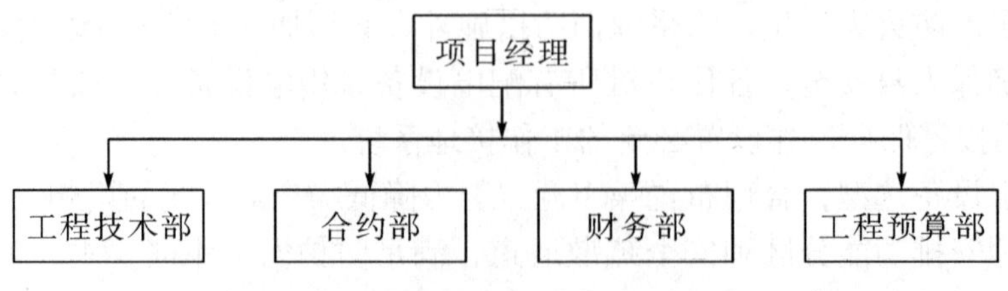

图1　项目建设管理组织机构图

6.3 招投标与合同管理

按照公开公平的市场竞争原则，采取招标的方式选择有资质、资信好、有实力、经验丰富的勘察设计单位、监理单位、施工单位及大宗材料设备供应商等签订工程承包合同。严格履行合同，加强合同管理，确保工程质量，控制项目投资和工程实施进度。

（1）招标范围。

本项目勘察、设计、施工、监理以及水泥、钢材等大宗设备材料的采购均为招标的范围。

（2）招标组织形式。

对项目勘察、设计、施工、监理以及水泥、钢材等大宗设备材料的采购采取委托招标的组织形式。

（3）招标方式。

根据不同的标的物，按国家有关规定和要求拟分别采用公开招标方式或邀请招标方式。

（4）招标公告发布。

根据国家招投标法及×××省实施的《中华人民共和国招投标法》办法，拟在省、市级媒体或其他公开刊物上公开招标信息。

（5）合同管理。

本项目实施过程中，建设方应根据《中华人民共和国合同法》及国际通用的FIDIC条款同项目参与各方签订工程承包合同，安排专人从事工程合同管理，严格把关工程质量、确保工程实施进度、加强工程投资控制，并注重索赔与反索赔管理 。

6.4 施工项目管理

工程在施工建设时，必须采取整体规划，分项施工的方针。在管理制度上制定筹建工作条例，实行岗位责任制，对工程质量、实施进度、合同、资金、施工现场等进行管理协调和成本控制。在工程的改造建设中要注意管理工作中的以下问题。

（1）质量管理。

从建筑材料、施工质量等方面加强质量控制，坚持质量高标准，质量控制规范化，建立和健全质量保证体系，使质量管理工作制度化。招标选择有相应资质的监理机构，督促承包单位设专职质量科及质检员，形成质检网络。

（2）进度管理。

要求承包单位针对工程特点制订施工方案，合理安排工程进度，采用先进的网络控制技术，按工程各工序间的先后逻辑顺序组织施工，在严格遵守安全规范的情况下，组织平行流水，交叉作业，充分利用工作面，以提高效率，控制各工序施工进程，以确保工程总进度计划的落实。

（3）合同管理。

合同管理贯穿于合同谈判签订、履行、合同期满直至归档全过程。本工程要体现合同公平、程序公开、公平竞争和机会均等性。实行全过程合同管理，使得每个分项工程都处于有效的控制之下，以确保整个工程的顺利完成。

（4）资金管理。

本项目在建设过程中要加强工程款的预结算管理，严格控制工程量变更，对项目资金实行分阶段验收报账管理，对不达进度、不合质量标准的工程坚决不予验收和拨付资金。

（5）现场管理。

工程施工期间，要确保施工现场有条不紊、文明施工；要以系统、合理、可行为原则，加强现场管理，组织科学文明施工。结合施工现场周边的具体情况，严格控制施工噪声、施工灰尘对周边环境的影响，对出入施工现场的人员要制定相应的管理制度作为其基本行为准则，以保证施工现场人员的管理得到有效的控制。

7 投资估算与资金筹措

7.1 编制范围及依据

7.1.1 编制范围

×××区城市棚户区改造×××安置点一期工程投资估算范围包括：住宅、停车场、道路、绿化等。

7.1.2 编制依据

本次投资估算依据×××市类似工程近期造价水平估算，并参照：

（1）×××省定额管理站的有关文件；

（2）有关建筑安装指标；

（3）现行市场有关材料调查价格；

（4）《×××省建筑工程概算定额》；

（5）《×××省其他费用定额》。

7.2 投资估算

本项目总投资估算为 4 610 万元，具体内容详见表 3。

表 3 投资估算表

序号	名称	费率（除注明外元/m^2）	计算基础	计算结果（万元）	占总成本（%）
1	土地费用			598.00	12.97
1.1	土地出让金	约 300	用地面积约 19 933.33m^2	598.00	12.97
2	勘察设计及前期工程费（除规费）			484.12	10.50
2.1	策划费用			8.20	0.18
2.1.1	项目建议书			4.00	0.09

表3(续)

序号	名称	费率（除注明外元/m^2）	计算基础	计算结果（万元）	占总成本（%）
2.1.2	可行性研究			3.00	0.07
2.1.3	环境影响评价			1.20	0.03
2.2	规划设计费			57.60	1.25
2.2.1	规划	3	建筑面积 32 000m^2	9.60	0.21
2.2.2	工程设计费	15	建筑面积 32 000m^2	48.00	1.04
2.3	地质勘查费			32.00	0.69
2.3.1	工程勘察费	10	建筑面积 32 000m^2	32.00	0.69
2.4	三通一平	150	土地面积 20 000m^2	300.00	6.51
2.5	施工图审查费	0.14% 0.11%	建筑面积 32 000m^2	5.65	0.12
2.6	监理费	2.5% 2% 1.4%	建筑面积 32 000m^2	80.67	1.75
3	建安工程费	800	建筑面积 32 000m^2	2 560.00	55.53
4	基础设施建设费用			554.24	12.02
4.1	小区道路工程费	15	建筑面积 32 000m^2	48.00	1.04
4.2	小区供电工程费		建筑面积 32 000m^2	273.44	5.93
4.3	小区供水工程费	10	建筑面积 32 000m^2	32.00	0.69
4.4	小区室外地下管网建设费	20	建筑面积 32 000m^2	64.00	1.39
4.5	小区绿化工程费	17	建筑面积 32 000m^2	54.40	1.18
4.6	小区通信工程费	10	土地面积 20 000m^2	20.00	0.43
4.7	小区消防建设费	3	建筑面积 32 000m^2	9.60	0.21
4.8	小区连至平江西路道路建设费	8 000 000	66m	52.80	1.15
4.9	排污费			10.00	0.22
5	代建费			63.00	1.37
6	规费			38.64	0.84
6.1	建委系统收费			11.26	0.24
6.1.1	建设工程质量监督费	0.20%	建安工程费 2 560 万元	5.12	0.11
6.1.2	建设工程交易所服务费	0.06%	建安工程费 2 560 万元	1.54	0.03

表3(续)

序号	名称	费率(除注明外元/m^2)	计算基础	计算结果(万元)	占总成本(%)
6.1.3	招标管理费	0.04%	建安工程费2 560万元	1.02	0.02
6.1.4	定额测定费	0.14%	建安工程费2 560万元	3.58	0.08
6.2	超标噪声排污费	4	建筑面积32 000m^2	12.80	0.28
6.3	国土房管系统规费			11.85	0.26
6.3.1	初始登记费	0.10%	建安工程费2 560万元	2.50	0.05
6.3.2	房产测绘费	0.3	建筑面积32 000m^2	0.96	0.02
6.3.3	地质灾害评估收费	0.2	建筑面积32 000m^2	0.64	0.01
6.3.4	建设项目用地勘测费	0.1	建筑面积32 000m^2	0.32	0.01
6.3.5	地籍房产图成果资料费	65元/幅	10幅	0.07	0.00
6.3.6	白蚁防治费	2.3	建筑面积32 000m^2	7.36	0.16
6.4	防雷相关费用			2.73	0.06
6.4.1	防雷工程设计审核收费	0.3‰ 0.2‰ 0.01%	建安工程费2 560万元	0.41	0.01
6.4.2	防雷装置安全检测收费	45元/套	406万元	1.83	0.04
6.4.3	防雷工程施工监审收费	500元/次	10万元	0.50	0.01
7	不可预见费			312.00	6.77
8	合计			4 610.00	

7.3 资金筹措

本项目总投资4 610万元，其中土地费用598万元，占项目总投资的12.97%；勘察设计及前期工程费484.12万元，占项目总投资的10.50%；建安工程费2 560万元，占项目总投资的55.53%；基础设施建设费用554.24万元，占项目总投资的12.02%；代建费63万元，占项目总投资的1.37%；规费38.64万元，占项目总投资的0.84%；不可预见费312万元，占项目总投资的6.77%。

拟通过银行贷款、地方政府自筹及争取省上专项资金等方式解决资金筹措问题。

8 社会效益评价

（1）拟建项目的建设能有力地拉动经济增长，扩大就业范围。拟建项目的建设不仅直接促进当地建筑业、建材业发展，也带动了运输业、金融业、服务业等30多个相关产业发展。项目建设投资大、周期长、需大量的钢材、水泥、木材、沥青、砂卵石等材料。在拉动相关行业的同时，也为从事建筑施工、物业管理、社区服务等方面的人员提供就业机会，扩大就业范围。对解决下岗职工再就业和农村剩余劳动力等问题和增加农民收入都具有重要的作用。

（2）拟建项目的建设解决了群众的现实困难，显著提高了他们的生活质量，充分体现了以人为本的科学发展观的要求。

（3）拟建项目的建设使规划更趋合理，不仅改善了城市面貌，更使城市土地实现了集约高效利用，为未来城市发展提供了空间。

（4）拟建项目的建设，可完善城市基础设施，拉动投资，城镇的综合承载能力和辐射带动作用进一步增强；为吸引外来投资，扩大招商引资规模，加快×××区发展创造了良好的环境。

（5）拟建项目有利于城镇经济规模的进一步调整，区域经济结构得到进一步优化，对区域经济和社会发展将起到极大的推动作用。

9 结论与建议

9.1 结论

（1）×××区城市棚户区×××安置点一期工程符合国家产业政策和×××区建设总体规划。

（2）项目的实施能加快城市建设，完善基础设施建设，提升城镇风貌，改善投资环境，促进×××区经济的快速发展。

（3）项目的实施利于改善居民居住水平和人居环境，加快×××区的城市化进程，具有较好的社会效益。

（4）项目选址合理，设计标准合理、技术方案设计科学。

9.2 建议

（1）资金是否到位是制约本项目能否顺利实施的关键因素，项目单位应根据拟建规模尽快组织落实资金，建议各方面从资金上给予大力支持。

（2）抓紧按有关程序办妥相关手续，加大筹资力度，确保项目顺利实施。

（3）加强工程项目管理，在项目建设中引进竞争机制，通过招投标形式择优选择施工企业、监理单位等，以保证工程项目质量、进度，使投资按预期计划得到控制，并满足报告中预期的目标。

（4）做好建设期间拆建户的妥善安置，保证拆除房屋的原住户在项目建设期间的基本生活条件，同时协调各方面的利益做到和谐拆建。

（5）项目单位抓紧时间进行场地的“三通一平”工作，为项目的建设提供较好的建设条件。

（6）对项目诸多方面的研究表明：该项目的投资开发切实可行。建议有关部门给予大力支持，并从政策上加以扶持，以利于项目的顺利实施。

案例 2 国家电网四川×××××县供电公司生产配套用房可行性研究报告

1 工程项目概述

1.1 项目概况

1.1.1 项目名称

国家电网四川×××××县供电公司生产配套用房。

1.1.2 建设性质

新建。

1.1.3 项目建设单位、法人代表

项目建设单位：国网四川×××××县供电公司。

法人代表：王某。

1.1.4 项目拟建地点

×××市盐边县。

1.1.5 承担可行性研究的单位及法人代表

承担可行性研究的单位：×××展宏电力勘测设计有限公司。

法人代表：李某。

1.1.6 可行性研究报告编制的依据

（1）关于编制项目可行性研究报告的委托书；

（2）国家电网公司《国家电网公司小型基建项目可行性研究报告内容》；

（3）国家电网公司《国家电网公司项目可研经济性与财务合规性评价指导意见》；

（4）国家电网公司《国家电网公司小型基建项目建设标准》；

（5）国家计委、建设部联合颁发的《建设项目经济评价方法与参数》（第三版）；

（6）国家计委颁发的《投资项目可行性研究指南》；

（7）项目单位提供的与本项目有关的资料、数据；

（8）现场勘查所得的资料和数据；

（9）国家其他有关规范、标准等。

1.1.7 可行性研究报告编制范围

本项目可行性研究范围包括：项目建设的背景及必要性、建设规模、场址选择、建设方案、节能节水措施、环境影响评价、组织机构与人力资源配置、项目实施进度、投资估算与资金筹措、项目招标内容、社会评价、风险分析、结论与建议等。

1.1.8 可行性研究报告编制原则

（1）坚持“可持续发展”策略；

（2）认真贯彻落实“全面规划、合理布局、综合利用、保护环境、安全节能、技术先进、造福民众”的基本方针；

（3）坚持以人为本和生态环境保护相结合的原则；

（4）按照“政府推动、政策支持、企业运营、市场机制、科学管理、社会服务”的原则，建设本项目；

（5）坚持“基础设施配套、土地集约使用、人力资源充分发挥、经济效益、环境效益和社会效益统筹协调”的设计理念，搞好项目建设；

（6）严格执行国家和地方制定的现行法规、标准和规定。

1.1.9 可行性研究报告编制工作概况

（1）项目建设的必要性。

项目建成后，将解决现有食堂存在的诸多问题。

①按未来可能有就餐需求的职工人数确定建设规模，能够有效满足职工要求，给职工提供一个干净、整洁、规范的就餐环境和放心的就餐质量。职工们在辛苦的工作后，能够在食堂供应时间迅速获得美味干净的食物，有利于职工的身心健康。

②食堂建设完成后，将成为盐边县供电公司的标准配置，按规模和就餐人数配置食堂工作人员，避免工作人员过度劳累而导致食物、服务质量跟不上，从而有利于保障食堂的正常运行。

③就餐职工的车辆可以就近放在公司的专用停车位上，既保证了车辆安全，又不会妨碍交通。

④舒适的食堂环境为职工提供了一个安心的有保障的就餐和交流场所，有利于营造家的氛围。项目投入使用后，将更好地增强职工凝聚力，更有利于发挥职工的主观能动性，为×××市电力事业发展做出更大贡献。

（2）项目发展及可行性研究工作概况。

从本项目的可行性研究来看，本项目用地范围内主要为空地，在空地仅有临时搭建的车棚和简易库房，无其他永久性建筑物。存量空地面积为 4 382 平方米，无外部影响因素，国土手续已办理取得使用证书，证书号“盐国用〔2014〕023 号”，项目选址条件可行。项目所在地交通便捷，盐边县城紧靠成昆铁路和 108 国道，距金江火车站和×××飞机场仅 30 千米，距×××市中心 32 千米，项目交通条件具备。盐边县政府和相关职能部门对该项目的建设非常重视，在建设用地、行政手续简化等方面给予大量政策支持，项目社会环境条件具备。项目所在地在盐边供电公司用地范围内，公共配套设施较为完善，且无须征地拆迁工作，能够满足项目建设及建成后的需要，项目公共设施条件具备。项目所在地的交通运输条件比较便捷，施工材料组织方便；劳动力资源饱满，具有能够满足施工需要的劳务人员、技术水平及施工能力，项目所在地项目施工条件具备。

1.2 可行性研究报告结论

1.2.1 项目建设规模

本项目建设内容为生产配套用房建筑安装工程及装修、室外工程（给排水、雨水、污水、电力、室外道路及场地硬质工程、绿化、化粪池等）等。整个项目在现盐边县供电公司内部建设，建设用地面积约 1 555.27 平方米，新建建筑总建筑面积为 515 平方米（根据国家电网公司《国家电网公司小型基建项目建设标准》6.6.3.c 进行计算得出），建筑占地面积 515 平方米，建筑密度 32.57%，容积率 0.33。

1.2.2 项目建设地址

×××市盐边县，供电公司内，无新征用地。

1.2.3 项目工程技术方案

整个食堂楼较为规整，长 30.24 米，宽 16.34 米，西南侧局部凹陷，为一层建筑物，建筑面积为 515 平方米，层高 5.10 米，耐火等级为二级，上人屋面。食堂结构为轻型门式钢架结构，抗震设防烈度为 7 度。本项目设有餐厅、厨房操作区、蔬菜清洗区、肉类清洗区、冷藏室、食库、卫生间等。基础拟采用独立基础，上部结构为轻钢结构。在内装修上，卫生间满贴瓷砖，瓷砖面层采用嵌入平贴，以免突出部位积灰影响美观。其余均为混合砂浆乳胶漆墙面。厨房、卫生间的楼地面为防滑地砖，其余均为地砖地面。外墙窗为塑钢型窗，门为钢木复合门。

1.2.4 项目建成后的使用方式

项目建成后作为食堂使用。

1.2.5 项目建设进度

项目建设期 13 个月。项目建设进度如下：

2015 年 12 月 1 日至 2016 年 3 月 30 日完成前期相关工作；

2016 年 5 月 1 日至 2016 年 5 月 30 日完成施工图设计工作；

2016 年 6 月 1 日至 2016 年 11 月 25 日完成招标及施工准备工作；

2016 年 12 月 26 日至 2017 年 12 月 31 日完成施工及竣工验收工作。

1.2.6 投资估算和资金筹措

经过对本项目的分析测算，本项目所需投资为 183 万元，其中建筑安装工程费用为 136.79 万元，占项目总投资的比例为 75.75%；室外配套工程费 14.3 万元，占项目总投资的比例为 7.81%。工程建设其他费用投资 26.27 万元，占建设投资的比例为 14.34%，不可预见费 5.64 万元，占建设投资的比例为 3.2%。资金来源为企业自筹。

1.2.7 项目建成后原有用房的处置

现有食堂用房为租赁用房，出租人为盐边县味正鲜餐厅。根据租赁合同，租赁期限为 1 年，从 2015 年 12 月 1 日至 2016 年 12 月 1 日。本项目建成投入使用时，租赁合同已经到期。因此，不存在现有用房需进行处置的问题。

1.2.8 项目综合评价结论

（1）本项目符合国家政策，选址符合综合服务用房建设要求，建设场地满足项目实际需要，项目具备良好的建设环境。

（2）本项目建设标准适当，建设规模和功能与需求相符合。

（3）本项目建成后，能够为公司员工提供一个良好的就餐环境，解决目前租用食堂影响周边居民的问题。

因此本项目是必要的，也是可行的，建议有关部门批准该项目建设。

1.3 存在问题及建议

（1）严格按照国家有关政府投资项目管理的规定，按照国家基本建设程序，完善各项手续，认真做好各项目前期准备工作。建设中要严格加强项目资金、质量、安全管理工作。

（2）充分考虑项目建设资金到位时间与建设进度一致性的问题，拟订切实可行的资金需求与使用计划，确保资金量满足实际需要。

（3）抓紧工程地质勘查工作，为设计提供必要的设计依据。

（4）建设方案进行设计时，应符合规划建设主管部门的相关要求，项目建设的配套设施尽可能与周边现有的市政基础设施衔接，充分利用现有的基础设施来满足项目的需求。

（5）通过招投标择优选定承包商，做好合同管理及协调工作，在项目实施过程中注意对质量、工期、建设成本进行全过程的动态控制。

（6）设计单位应严格按国家强制性标准规范的要求设计，尽量减少设计变更，如果对设计进行变更，必须按照国家的规定和合同约定的程序进行，并考虑其对建设成本及工期的影响。建议采用组织措施、经济措施、技术措施和合同措施，按照经济性原则、全面与全过程原则、责权利相结合原则、政策性原则，各类人员共同配合，实现由分项工程、分部工程、单位工程、整体工程整体纠正和控制工程造价的偏差，确保工程质量，使建设工程按时按质完成并投入使用，防止实际投资超投资估算。

2 工程建设依据

2.1 工程建设背景

2.1.1 建设单位供电生产及人员情况

国家电网四川盐边县供电有限责任公司成立于2011年12月24日，由原盐边县电力公司改制而成。目前公司采用领导层、职能部室二级管理模式，设职能部室15个，变电站、供电营业所等21个；全公司在册职工总人数410人；截至2014年年底，公司供电面积3 326平方千米、供电人口20万人、售电量7.16亿kWh、供电可靠率99.4%、110kV及以下线损率2.1%、10kV及以下线损率6.515%、综合电压合格率94%、一户一表率92.5%。公司实行董事会领导下的总经理负责制。经营管理层设总经理1名、党委书记1名、副总经理3名、工会主席1名、总工程师1名、总经理助理1名、财务总监1名，下设7个职能部门（办公室、发展建设部、财务部、人力资源部、党群工作部、安全监察质量部、乡镇供电所管理部）3个专业支撑部门（电力调度控制分中心、运维检修部、营销部），6个供电所（桐子林供电所、渔门供电所、新九供电所、国胜供电所、箐河供电所，共和供电所，负责供区内配网维护，电费抄收等工作），5个110kV变电站（新城变电站、新九变电站、城南变电站、桑园变电站、箐河变电站），6个35kV变电站（蚂蝗沟变电站、安宁变电站、国胜变电站、高梁坪变电站、龙蟒变电站、广川变电站）。

2.1.2 建设单位现有生产用房情况

公司现有各类生产办公用房总建筑面积17 218.44平方米。按项目类别分为生产管理用房11 299.13平方米，营销服务用房2 044.93平方米，其他用房3 874.38平方米。

按建设年代分为20世纪90年代房屋8栋，建筑面积3 959.26平方米；2000年至今，房屋39栋，建筑面积13 259.18平方米。

2.1.3 建设用地情况

本项目位于现有盐边公司办公楼以南，土地权属为盐边供电公司所有，用地范围内主要为空地及临时搭建的车棚和简易库房，无其他永久性建筑物。具体如图1所示。

图1 国家电网四川×××××县供电公司生产配套用房项目用地位置图

2.1.4 项目建成后，现有生产用房的用途

现有食堂用房为租赁用房，出租人为盐边县味正鲜餐厅。根据租赁合同，租赁期限为1年，从2015年12月1日至2016年12月1日。本项目建成投入使用时，租赁合同已经到期。因此，不存在现有用房需进行处置的问题。

2.2 工程建设的必要性

供电公司代管前为地方企业，一直无职工食堂。控股后为解决职工就餐问题，公司决定成立职工食堂，并于2012年12月12日在盐边县东环北路（距离公司办公楼2千米）临时租用街边铺面成立职工食堂，如图2、图3所示。

自食堂开办以来，职工解决了工作期间的就餐困扰，反映较好，但同时也出现了几个问题。第一，由于食堂位置临街，就餐时间人员较多（就餐人数200人，其中职能部门46人、生产班组96人、桐子林供电所22人、网源盐边分公司36人），对周边居民造成了较大的交通拥堵、噪声等负面影响，不利于公司“四风”建设。第二，由于食堂所在地为租住的房屋，无法长期使用，目前出租户也有意向将其收回另作他用，届时食堂将面临关闭。第三，租用的食堂无法完全按照标准进行装修，难以满足食堂标准化操作，且面积较小，就餐时间食堂内极为拥堵。第四，为保障员工的正常就餐，食堂工作人员不得不加班加点，工作十分辛苦，但由于硬件上的缺陷，食堂在场地和设备方面的不足，造成就餐员工排队时间过长，不仅延长了就餐时间，而且在点餐时没有齐全的菜品供其选择，员工对此颇有微词。基于以上四点，为着力解决公司员工

图 2　租用食堂卫星图

图 3　租用食堂实景图

的就餐问题，结合打造“大后勤”及群众路线教育的要求，提升后勤保障水平，盐边县供电公司拟自建食堂。从目前公司内部地块来看，现有办公楼后面有一块 4 382 多平方米的空置土地，可将其中一部分用作修建食堂。修建公司职工健康食堂后将能完全满足现有就餐中存在的各种问题，且缩短了职工就餐的交通距离，为职工上班期间就餐休息提供了更多便利条件。因此，本项目的建设是迫切的、急需的。

针对食堂现状，盐边县供电公司拟新建职工食堂，根据需求，拟将整个食堂设置为近似长方形，长 30. 24 米，宽 16. 34 米，西南侧局部凹陷，为一层建筑物，建筑面积为 515 平方米，层高 5. 10 米，耐火等级为二级，上人屋面。食堂结构为轻型门式钢架结构，抗震设防烈度为 7 度。本项目设有餐厅（面积为 249 平方米。每人 1. 1 平方米，加上成品食材区组成）、厨房操作区（34 平方米）、蔬菜清洗区（10 平方米）、肉类清洗区（10 平方米）、冷藏室（15 平方米）、食库（15 平方米）、卫生间（34 平方米）等，严格按照国家电网公司要求的大后勤安全食堂标准及《饮食建筑设计规范》（JGJ 64-89）进行设计。

项目建成后，将解决现有食堂存在的诸多问题：

（1）项目按未来可能有就餐需求的职工人数确定建设规模，能够有效满足职工要求，给职工提供一个干净、整洁、规范的就餐环境和放心的就餐质量。职工们在辛苦的工作后，能够在食堂供应时间迅速获得美味干净的食物，有利于职工的身心健康。

（2）食堂建设完成后，将成为盐边县供电公司的标准配置，按规模和就餐人数配置食堂工作人员，避免工作人员过度劳累而导致食物、服务质量跟不上，从而有利于保障食堂的正常运行。

（3）就餐职工的车辆可以就近放在公司的专用停车位上，既保证了车辆安全，又不会妨碍交通。

（4）舒适的食堂环境为职工提供了一个安心的有保障的就餐和交流场所，有利于营造家的氛围。项目投入使用后，将更好地增强职工凝聚力，更有利于发挥职工的主观能动性，为×××市电力事业发展做出更大贡献。

盐边县供电公司目前在盐边县东环北路租用了当地民房作为食堂，租用面积不足 200 平方米。从租用场所的现状来看，该房屋面积较小，厨房操作间面积狭小，就餐空间也严重不足。面积狭小引发了诸多卫生、管理上的问题，如在卫生上，虽然食堂工作人员尽可能严格按照食堂管理制度执行，但狭小的面积导致食堂设施及原材料无法按规定摆放，通风情况不良导致食物新鲜度较难达到要求，大量餐具的消毒存放也是一个难点。管理上，200 人拥挤在 300 平方米左右的空间内同时就餐，带来了管理上的难题，因此，当人数无法容纳时，常会占用室外空间，带来的交通不便、噪声问题早已引起了周边居民的不满。现有食堂不仅要满足办公楼职能部门和生产班组员工的需要，同时辐射桐子林供电所和网源盐边分公司员工，就餐时，员工们的交通工具无处停放，只有放置在街边，也给交通带来了一定的问题。本项目的建设将完全遵守食堂建设的相关要求，建成后食堂内设施设备齐全，操作间实行封闭管理，生熟区分，成品与半成品隔离，食品与杂物隔离，就餐间清洁明亮，能够满足所有职工的就餐需求。从交通来看，本项目位处办公楼后面，职工们下楼后步行即可到达，桐子林供电所和网源盐边分公司员工到此距离也很近，如要乘坐交通工具，办公楼前的停车位和楼后的车棚可以方便停车，既不会对公司外居民造成影响，也不会在公司内部造成拥堵。可见，本项目的建设能够为盐边县供电公司员工提供一个更加舒适、卫生、可靠的就餐环境，解决目前食堂存在的一系列问题，保证员工队伍的稳定，从而对当地用电户提供更全面到位的服务。

2.3 工程进展情况

2.3.1 已完成工作

可行性研究报告申报前，项目的背景和必要性研究已经完成，包括项目选址研究、建设方案研究、环境影响评价研究、项目管理研究、投资估算及资金来源分析、项目中存在的风险分析等内容。有关工程重要问题的决策由建设单位确定，可行性研究报告编制单位充分履行咨询单位职责，协助建设单位工作，为建设单位决策提供必要的参考。

2.3.2 可行性研究的重点和问题

可行性研究的重点在于项目的必要性分析、项目选址、项目规模的确定、所需资金的构成等方面。在本可行性研究报告编制过程中，项目拟选场址尚未进行详细地质勘查，以现场初步勘测及周边新建建筑物地质状况为依据开展工作，下一步需尽快开展地质勘查工作，确定项目地下状况。

3 方案设计说明

3.1 设计依据

(1)《中华人民共和国城乡规划法》;

(2)《×××市城市总体规划（2007—2025年）》;

(3)《×××市城市规划管理技术规定》;

(4)《钢结构设计规范》(GB50017-2014);

(5)《公共建筑节能设计标准》(GB50189-2005);

(6)《建筑设计防火规范》(GB50016-2011);

(7)《建筑照明设计标准》(GB50034-2004);

(8)《城市道路和建筑物无障碍设计规范》(JGJ50-2001);

(9)《建筑结构荷载规范》(GB50009-2006);

(10)《建筑抗震设计规范》(GB50011-2010);

(11)《建筑地基基础设计规范》(GB50007-2011);

(12)《建筑物防雷设计规范》(GB50057-94)(2000年版);

(13)《城市用地竖向规划规范》(CJJ83-99);

(14)《建筑结构可靠设计统一标准》(GB50068-2001);

(15)《建筑抗震设防分类标准》(GB50223-2008);

(16)《工程建设标准强制性条文》(房屋建筑部分，2009);

(17) 其他国家及地方相关的法律和法规。

3.2 工程的自然条件

本项目位于现有盐边公司办公楼以南，土地权属为盐边供电公司，用地范围内主要为空地及临时搭建的车棚和简易库房，无其他永久性建筑物。具体如图4所示。

(1) 地理位置。

盐边县地处×××市北部，地理坐标介于北纬26°25′~27°21′和东经101°08′~102°04′。东邻米易县、凉山彝族自治州会理县，南接市郊仁和区，西与云南省华坪县、宁蒗彝族自治县接壤，北与凉山彝族自治州盐源县毗邻。县政府驻桐子林镇，距×××市28千米，距桐子林火车站3千米，距×××机场44千米、西攀高速公路18千米。境内矿产资

图 4　国家电网四川×××××县供电公司生产配套用房项目用地位置图

源富集，光热资源丰富，旅游资源独特。盐边县辖区面积 3 269.453 平方千米，下辖 4 个镇、12 个乡、164 个村、826 个村民小组、7 个居民委员会，共居住有 25 个民族，其中汉族人口最多，其余人口较多的依次为彝族、傈僳族、苗族、回族、纳西族、傣族等。

（2）地形地貌。

盐边县境内地形以四周高山峡谷，中部丘陵盆地为总特征。一般海拔在 2 300 米至 2 800米，最高海拔 4 393 米，最低海拔 1 200 米。

（3）水文气象。

盐边县属于南亚热带为基带的立体气候，垂直差异显著，下半年受热带大陆气团控制，天气晴朗干燥，上半年受热带季风影响，雨量充沛。气温年差异较小，日差异较大，全年只分干、雨两季，6~10 月为雨季，11 月至次年的 5 月为干季。90%以上的降水集中在雨季。日照充足，太阳辐射强，蒸发量大，小气候复杂多样。年平均气温 20.9℃，最高气温 41℃，最低气温-1℃。年日照时数为 2 640 小时左右，年平均晴天约 240 天，雨天约 60 天，阴天约 65 天。气候干燥，年降雨量在 800 毫米左右，年蒸发量为 2 400 毫米，年平均相对湿度为 59%。全年主导风向为夏季和冬季均为东南风。年最大风速 18.3 米/秒，年平均大风日数为 12.2 天，年静风频率为 46%。年无霜期在 300 天以上，海拔 1 400 米以下基本无冬季，夏季长达半年左右。

（4）地质构造与水文地质。

×××地区位于康滇南北向构造带中段西侧，出露的地层较全，以元古界、古生界和中生界最早发育，新生界分布少且零散。总厚度为 36 010~47 870 米，出露地层约占全市面积的一半，其中以巨厚的中生界地层占主要部分。

元古界的前震旦系变质岩主要分布在盐边新坪、渔门、桔子坪一带及米易北部的普威和市区中部的仁和；震旦系为砂页岩、白云岩沉积，分布在雅砻江与鱼敢鱼河汇合口附近及盐边西部和市区西北的老鹰岩至竹林坡一线。古生界的滨海-浅海相沉积，地层仅在盐边西北部的择木龙至大坪子成片出露，只有上二叠系的火山喷发岩-峨眉山玄武岩大片露出于米易东部的龙肘山、雅砻江的二滩一带及盐边北部，市区大黑山至格里坪也有分布。中生界的沉积岩主要是三叠系砂、砾岩夹煤和侏罗系的砂岩夹泥岩等陆相沉积地层，分布范围较广，包括米易马颈子至盐边红坭、仁和区务本、宝鼎山和保安营等大片地区，其中上三叠系是主要产煤地层。新生界的沉积以第三系昔格达组粉砂质泥页岩为主，分布在市区东部红格一带及安宁河、金沙江河谷阶地上；第四系现代堆积仅零星分布剥蚀面、河流阶地上和河谷之中，为河流、湖泊相沉积，面积较昔格达组较小。×××市辖区内岩浆岩分布面积约占全市面积一半。岩浆活动种类复杂，形式多样，分布不均并具多期性。岩体出露严格受南北向为主的构造控制。各类岩体集中分布在金河-箐河断裂东南的南北向构造带内，形成南北向延展的“杂岩带”；金河-箐河断裂西北除玄武岩有大片分布外，其他岩类出露很少。

青藏和川滇构造及其活动，对×××市的构造成生及活动均有影响。川滇南北向断裂构造带的中段经×××市东侧，是影响×××市构造和地震的主要断裂带。盐边县断裂构造主要有：

昔格达断裂指川滇南北断裂带中的磨盘山-绿汁江断裂中段，于九道沟（新九）以北分为东西两支，向南经昔格达、红格至拉鲊以南，区内长 150 千米，是市区规模最大、地震活动最强的断裂；总体走向呈南北走向，倾向时东时西，倾角一般 60~70 度，局部地段达 85 度，为压性断裂。该断裂切割了前震旦纪至中生代地层，局部地段在昔格达组和全新世地层中有迹象。破碎带宽度一般在 1~5 米，局部达 30~80 米。

桐子林断裂位于李明久断裂东侧，主要展布于桐子林之南，经老台子梁岗、大平地、棉花地、石门坟至叭喇河桥一带，长 20 千米，总体走向呈北北西向，与李明久断裂南段近于平行展布，断层面倾向东，倾角 50~60 度。

金河-箐河断裂北起里庄，向南经金河后，逐渐向西偏转，经盐边县的箐河进入云南省，与永胜—宾川断裂相接。该断裂在市区一段的走向为北 40~45 度东，倾向北西，倾角 60~70 度，长 85 千米，破碎带宽 50~70 米，最宽达 250 米，属压扭性。

本项目详细地质情况需要专业勘察设计单位对项目的建设条件做进一步的勘察。

（5）交通条件。

项目所在地交通便捷，盐边县城紧靠成昆铁路和 108 国道，距金江火车站和×××飞机场仅 30 千米，距×××市中心 32 千米。

（6）社会环境条件。

2014 年，面对增长速度换挡、结构调整阵痛、前期刺激政策消化“三期”叠加和倒逼机制等严峻复杂的宏观形势，在县委、县政府的正确领导下，在县人大、县政协的监督支持下，全县牢牢把握“转方式调结构、育产业夯基础、抓改革激活力、惠民生促和谐”的工作基调，围绕县人大第十七届四次会议确定的经济社会发展目标，坚定不移推进南北发展战略，克服各种困难，统筹做好稳增长、促改革、调结构、惠民生等工作，全县国民经济和各项社会事业保持稳中有进的发展态势。2014 年，全县实现县域生产总值 108.89 亿元，同比增长 6%（2010 年不变价），完成调整计划的 100.8%。县属生产总值（不含二滩）完成 91.2 亿元，同比增长 11%。县域生产总值中，第一产业完成增加值 8.52 亿元，同比增长 4.5%，完成调整计划的 101.4%；第二产业完成增加值 83.03 亿元，同比增长 5.7%，完成调整计划的 100.9%（工业增加值 76.98 亿元，同比增长 6.6%，完成调整计划的 101.3%。其中规模以上工业增加值增速 5.8%；建筑业增加值 6.05 亿元，下降 7%，完成调整计划的 96.03%）；第三产业完成增加值 17.34 亿元，增长 8.3%，完成计划的 100.43%。非公有制经济增加值达 50.38 亿元，同比增长 9.4%，完成调整计划的 109.5%。农业总产值完成 16.16 亿元，同比增长 4.7%，完成调整计划的 101%。工业产值完成 176 亿元，同比增长 4.76%，完成调整计划的 100%，其中规模以上工业产值完成 161 亿元，增长 11.2%（县属规模以上工业产值 133.3 亿元，增长 18.8%；二滩 27.7 亿元，下降 15%；县属规模以上工业增加值增长 15.3%，二滩下降 13%），完成调整计划的 100%。地方财政收入 7.3 亿元，下降 2.65%，完成调整计划的 100.3%，其中公共财政收入 7.07 亿元，增长 22.02%，完成调整计划的 100.23%。招商引资到位资金 80.39 亿元，增长 6.35%，完成年初计划的 103.1%。固定资产投资 81.09 亿元，增长 14.9%，完成年初计划的 114.21%。实现社会消费品零售总额 12.96 亿元，增长 12.1%，完成年初计划的 100.04%。农民人均纯收入达 10 055 元，增长 11.4%，完成年初计划的 99.54%。城镇居民人均可支配收入达 23 999 元，增长 9.6%，完成年初计划的 99.63%。2015 年上半年，全县实现地区生产总值 52.51 亿元，增长 12.8%（在全市五个区县中排第一位，比第二位的米易县高 0.1 个百分点），占年度计划的 44.5%，欠进度 5.5 个百分点。其中第一、二、三产业增加值分别为 3.15 亿元、40.53 亿元、8.83 亿元，增速分别为 3.5%、14.9%、6%。

县政府和相关职能部门对该项目的建设非常重视，在建设用地、行政手续简化等方面给予大量支持政策。良好的外部环境条件为项目建设提供了有力的保障。

（7）公共设施条件。

项目所在地在盐边供电公司用地范围内，公共配套设施较为完善，且无须征地拆迁工作，能够满足项目建设及建成后的需要。

（8）施工条件。

×××市是钢铁和水泥生产基地，项目所在地的交通运输条件比较便捷，施工材料组织方便；劳动力资源丰富，具有能够满足施工需要的劳务人员、技术水平及施工能力；同时项目所在地的工业状况较好，离项目地不远有与施工相配套的混凝土构件厂、木制构件厂、金属加工厂等，这些厂的生产能力、产品质量、供货服务水平能够满足本工程施工的需求；建筑工程当地的建材如砖、瓦、灰、砂、石等地方材料供应可靠；施工道路比较平坦，运输车辆、施工机械设备进出较为方便。可见，本项目的施工条件具备。

3.3 工程规模

本项目建设内容为生产配套用房建筑安装工程及装修、室外工程（给排水、雨水、污水、电力、室外道路及场地硬质工程、绿化、化粪池等）等。整个项目在现盐边县供电公司内部建设，建设用地面积约 1 555.27 平方米，新建建筑总建筑面积为 515 平方米（根据国家电网公司《国家电网公司小型基建项目建设标准》6.6.3.c 进行计算得出），建筑占地面积 515 平方米，建筑密度 32.57%，容积率 0.33。

3.4 总体规划及总布置

本项目位于现有盐边公司办公楼以南，土地权属为盐边供电公司，用地范围内主要为空地及临时搭建的车棚和简易库房，无其他永久性建筑物。项目建设过程中，只考虑本栋食堂楼的建设，项目场地较为平整，外部交通已经形成。本项目建设过程中，将注重对周边环境的保护，不破坏植被。项目拟选场址的场地以空地为主，无植被，建设完成后将增加约170平方米的绿化。因此本项目的建设不会对环境造成破坏，反而对环境有美化作用。

项目在建设过程中，遵循以下原则：

（1）执行国家有关工程建设的法律、法规，执行国家及地方现行有关标准和规范的要求。

（2）安全牢固原则。严格执行工程建设标准，将安全放在首位，确保项目建设质量。

（3）功能合理原则。在满足办公生活和合理交通路线的前提下，结合场地特点做到功能分区明晰，布局合理，管理方便，并符合国家和地方政府有关城镇规划、环境保护、安全卫生、消防、节能、绿化等方面的规范和要求。强调布局合理，人流、车流合理分开，公用线路和交通短捷、顺畅。

（4）防震减灾原则。建筑和环境应综合采取抗震、防火、防洪、抗风雪和防雷击等防灾安全措施，确保人民安全，并能结合城市防灾总体规划需要进行建设。

（5）以人为本原则。注重环境设计，创造一个舒适宜人的生产、生活空间，并使整个项目建筑与周围环境融合协调，形成景观与绿色构筑的区域，充分展示现代化企业形象和企业的文化理念。

（6）因地制宜原则。充分利用现有地形地貌特点进行设计，尊重自然，注重保护地域环境和地形地貌的多样性。

（7）可持续发展原则。统一考虑，为未来生产发展考虑拓展的可能性。

3.5 建筑

整个食堂楼较为规整，长30.24米，宽16.34米，西南侧局部凹陷，为一层建筑物，建筑面积为515平方米，层高5.10米，耐火等级为二级，上人屋面。食堂结构为轻型门式钢架结构，抗震设防烈度为7度。本项目设有餐厅、厨房操作区、蔬菜清洗区、肉类清洗区、冷藏室、食库、卫生间等。

本项目在建筑物立面设计上，主要遵循外观大方、内涵丰富、细部考究的设计思路，设计过程中仔细推敲建筑各部位体块比例，并对各部位的开口及用材认真思考，采用不同的材料进行穿插。整体的建筑构思，力图把建筑与环境、形式与功能、意境与手段尽可能完美地融合在一起。屋面上采用构架的形式以丰富建筑轮廓的天际线，立面上采用横向通长的水平线条，配合竖向立柱线条，再佐以建筑体量的凹凸变化，在视觉上给人以舒展的韵律感。

在内部装修上，卫生间满贴瓷砖，瓷砖面层采用嵌入平贴，以免突出部位积灰影响美观。其余均为混合砂浆乳胶漆墙面。厨房、卫生间的楼地面为防滑地砖，其余均为地砖地面。外墙窗为塑钢型窗，门为钢木复合门。

3.6　结构设计

3.6.1　结构设计原则

（1）结构设计应充分考虑×××地区建筑物应抗震设防的特点，选择对抗震有利的结构体系，力求受力合理、安全可靠、环保、节能、美观、经济耐用。

（2）在结构设计中，结构构件在所规定的使用年限和安全等级要求下的承载能力极限状态及正常使用极限状态的设计均应满足《建筑结构可靠度设计统一标准》（GB50068-2001）、《钢结构设计规范》（GB50017-2014）及其他相应结构规范的设计要求。

（3）结构基础设计应根据《建筑地基基础设计规范》（GB50007-2002）及其他有关的地基及基础规范的要求进行，达到安全可靠、经济合理的效果。

（4）结构设计中还应考虑其所涉及的间接问题，如地基变形、混凝土收缩、焊接变形、温度变化等。

3.6.2　荷载取值

（1）风荷载：该工程基本风压取值为0.40kN/m^2。

（2）结构抗风设计应符合《建筑结构荷载规范》（GB50009-2001）及相应各类结构规范的要求。

（3）活荷载：

①不上人屋面0.5（kN/m^2）；

②上人屋面2.0（kN/m^2）；

③屋顶花园3.0（kN/m^2）；

④停车道、汽车道（室内）4.0（kN/m^2）；

⑤库房8.0（kN/m^2）；

⑥楼梯、走道、前室3.5（kN/m^2）；

⑦阳台（人群可能密集时）2.5（3.5）（kN/m^2）。

附注：楼面、地面如有大型设备集中荷载时，按实际荷载设计。

3.6.3　建筑分类等级

（1）建筑结构安全等级为二级。

（2）抗震设防烈度为七度（0.10g），设计地震分组为第三组，设计特征周期取值Tg=0.45秒，建筑抗震设防类别为丙类抗震。

（3）基础设计等级为乙级。

（4）设计使用年限为50年。

（5）耐火等级为二级。

3.6.4　上部结构

轻钢结构。

3.6.5　基础选型

本工程基础拟采用独立基础。

3.7 建筑电气

3.7.1 编制依据

（1）《民用建筑电气设计规范》（JGJ16-2008）；

（2）《建筑设计防火规范》（GB50016-2006）；

（3）《建筑照明设计标准》（GB50034-2004）；

（4）《建筑物防雷设计规范》（GB50057-94）；

（5）《火灾自动报警系统设计规范》（GB50116-98）。

3.7.2 变配电系统

（1）供电电源：本工程用电拟就近从县电网直接引入。

（2）供电方式：本工程采用放射式与树干式相结合的供电方式；消防负荷采用放射式供电，双电源末端切换。

3.7.3 照明系统

（1）光源：视装修要求定。主要通道、电梯前室及楼梯间为节能灯。灯管均选用节能型，cosΦ≥0.90。

（2）照明、插座均由不同的支路供电；除空调插座（H=2m）外，所有插座回路均设漏电保护器。

（3）应急照明：在建筑的主要通道及楼梯间设应急照明，在主要通道设安全出口指示及疏散方向指示，并在主要通道的地面设置保持视觉连续的光致发光辅助疏散方向指示。出口标志灯在门上方安装时，底边距门框0.2m；若门上无法安装时，在门旁墙上安装，顶距吊顶50mm；疏散指示灯暗装，底边距地小于0.7m。

3.7.4 建筑物防雷、接地与安全措施

（1）建筑物防雷。

①本工程的防雷等级为三类。

②接闪器。在屋顶采用Φ10热镀锌圆钢作避雷带，屋顶避雷带连接线网格不大于10m×10m或12m×8m。

③引下线。利用两根Φ16以上钢筋焊接作为引下线，引下线间距不大于18m。所有外墙引下线在室外地面下1m处引出一根40×4热镀锌扁钢，扁钢伸出室外，距外墙皮的距离不小于1m。

④接地极。接地极为建筑物基础底梁上的上下两层钢筋中的两根通长焊接形成的基础接地网。

⑤引下线上端与避雷带焊接，下端与接地极焊接。建筑物四角的外墙引下线在室外地面上0.5m处设测试卡子。

⑥凡突出屋面的所有金属构件、金属通风管、金属屋面、金属屋架等均与避雷带可靠焊接。

（2）接地及安全措施。

①本工程的防雷接地、电器设备的保护接地及弱电设备的接地共用统一接地极，要求接地电阻不大于1Ω，实测不满足要求时，增设人工接地极。

②凡正常不带电，而当绝缘破坏有可能呈现电压的一切电气设备金属外壳均应可靠接地。

③过电压保护。在电源总配电箱、各弱电系统总箱及屋顶配电箱内设电涌保护器（SPD）。

3.7.5　有线电视、电话、网络系统

本工程有线电视信号进线采用 GYSTA-53-12 光纤电缆，埋地引至室内，再分别引至各楼层控制箱，电视插座安装高度为 0.3 米，用户电缆采用 SYWV-75-5 同轴电缆。用户的接收电平满足 69±6dB。

本工程电话信号由电信网络引来，进线电缆采用 HYV 型电缆，在单体的一层设电话分线箱，由分线箱再引 RVS 电话软线至各用户插座，电话插座安装高度为 0.3m。

本工程宽带网络由电信宽带网引来，用户插座安装高度为 0.3m。

3.8　给排水工程

3.8.1　编制依据

《室外给水设计规范》（GB50013-2006）；

《室外排水设计规范》（GB50014-2006）；

《城市给水工程规划规范》（GB50282-98）；

《城市排水工程规划规范》（GB50318-2000）；

《城市工程管线综合规划规范设计规范》（GB50289-98）；

《建筑设计防火规范》（GBJ16-87）。

3.8.2　给水系统

本工程拟从周边市政给水管网引入两路 DN100 的引入管，在红线内连接成环状供水。

3.8.3　排水系统

（1）概述。

①雨水与生活污水严格分流排放。

②屋面雨水、场地雨水由室内外雨水管道收集后，可用作冲洗和绿化浇灌之用，多余部分排至市政雨水管。

③卫生间污水、冲洗地面水由室内外污水管收集，经由化粪池处理合格后，排至市政污水管。

（2）污废水排水系统。

污水排入室外污水管，经由化粪池处理合格后，排至市政污水管。

（3）雨水系统。

①屋面采用重力流排至室外雨水管网。

②雨水重现期。雨水排水设计重现期按 10 年设计，屋面雨水排水工程和溢流设施的总排水能力按 50 年设计。雨水室外场地和道路雨水重现期取 2 年。

③×××市暴雨强度公式参照×××强度公式：

q = 2495（1+0.49lpP）/（t+10）^0.84；

P = 1aq5 = 192.26 升/秒. 公顷；

P = 2aq5 = 227.01 升/秒. 公顷；

P = 5aq5 = 265.08 升/秒. 公顷；

P = 10aq5 = 287.82 升/秒. 公顷。

3.8.4　消防系统

（1）本项目拟从周边市政给水管网上，引两路 DN100 引入管，在红线内连成环状供水；环上设置室外消火栓，其间距按不大于 120 米并结合水泵结合器的位置合理设置。

（2）室内消防系统由消防水泵供水。

（3）室内消火栓系统。

消火栓系统增压泵选型：DL100×3，Q = 20L/s，H = 60m，N = 15kW，一用一备。

（4）自喷系统。

喷淋系统增压泵选型：DL150×3，Q = 30L/s，H = 60m，N = 22kW，一用一备。

（4）灭火器设置。

本项目灭火器的配备原则为：按 A 类火灾，中危险等级，每处灭火器配置点安装 MF/ABC5 手提式灭火器两具，其配置点最大保护距离不大于 20 米。

3.8.5　节能

（1）充分利用市政水压力，在市政给水压力范围内的用水点采用市政压力直供。

（2）采用节水卫生间设备，包括单/双冲水大便器，自动感应冲水小便器，自动感应盥洗龙头等。卫生器具和配件应符合现行行业标准《节水型生活用水器具》（CJ164）的有关要求。

（3）根据不同功能在建筑物引入管设置水表，并在卫生间等用水集中的地方均设水表计量，做到用水有量。

3.9　采暖通风与空气调节

本项目拟采购品牌中央空调，各种参数及设计标准将由供应商根据本项目特点及使用人数予以确定。

3.10　节能、环保、消防

3.10.1　节能措施

根据建筑功能要求和当地的气候参数，在总体规划和单体设计中，科学合理地确定建筑朝向、平面形状、空间布局、外观体型、间距、层高，选用节能型建筑材料，保证建筑外维护结构的保温隔热等热工特性及对建筑周围环境进行绿化设计，设计要便于施工和维护，全面应用节能技术，最大限度减少建筑物能耗量，获得理想的节能效果。

（1）建筑朝向和平面形状。

同样形状的建筑物，南北朝向比东西朝向的冷负荷小，因此建筑物应尽量采用南北向。如对一个长宽比为 4 : 1 的建筑物，经测试表明：东西向比南北向的冷负荷约增加 70%。在建筑物内布置空调房间时，尽量避免布置在东西朝向的房间及东西墙上有窗户的房间以及平屋顶的顶层房间。因此，选择合理的建筑物朝向是一项重要的节能措施。本项目沿南北方向布置，避免了东西朝向的房间，在建筑朝向上能够达到节能效果。建筑的平面形状，应在体积一定的情况下，采用外维护结构表面积小的建筑。因为外表面积越小，冷负荷越小，能耗越小。

（2）合理规划空间布局及控制体型系数。

如果是依靠自然通风降温的建筑，空间布局应比较开敞，开较大的窗口以利用自然通风。而设有空调系统的建筑，其空间布局应十分紧凑，尽量减少建筑物外表面积和窗洞面积，这样可以减少空调负荷。

（3）绿化对节能建筑的影响。

绿化对气候条件起着十分重要的作用，它能调节改善气温，调节碳氧平衡，减弱温室效应，减轻城市的大气污染，减低噪声，遮阳隔热，是改善居住区微小气候，改善建筑室内环境，节约建筑能耗的有效措施。本项目可充分利用攀附植物对建筑物进行隔热处理，如种植爬山虎等植物以遮阳隔热。

（4）增强建筑维护结构的保温隔热性能。

改善建筑的保温隔热性能可以直接有效地减少建筑物的冷热负荷。据有关资料介绍，围护结构的传热系数每增大 1W/㎡. k，在其他工况不变条件下，空调系统设计计算负荷增加近 30%，所以改善建筑外围护结构的保温性能是建筑设计上的首要节能措施。我国《采暖通风和空气调节设计规范》（GBJ42）对空调建筑外维护的传热系数做了规定，对舒适性空调的最大传热系数规定为 0.9～1.3，可采用玻璃棉、聚苯乙烯板、加气混凝土等保温材料，也可采用双玻璃、顶层架空隔热层等空气间层起隔热作用。

①外墙的节能措施。使用环保、节能型建筑材料，可有效减少围护结构的传热，从而减少各主要设备的容量，达到显著的节能效果。采用新型墙体材料与复合墙体围护结构。在进行经济性、可行性分析的前提下，采用外墙外保温形式，通过保温砂浆实现外墙保温性能。屋面无透明部分保温材料用 30mm 厚 EPS 保温板。

②门窗的节能技术措施。提高门窗的气密性：有资料表明，当室内外温差很大时，建筑门窗的气密性能对空调负荷和室温的稳定有显著影响，当居室的空气换气次数由每小时 0.5 次增至 1.5 次时，设计日冷负荷大约增加 41%，运行负荷增加 27%。因此设计中应采用密闭性良好的门窗。改进门窗产品结构（如加装密封条）来提高门窗气密性，防止空气对流传热。加设密闭条是提高门窗气密性的重要手段之一。门窗的气密性不低于 4 级。

尽量使用新型保温节能门窗，采用热阻大、能耗低的节能材料制造的新型保温节能门窗（塑钢门窗）可大大提高热工性能。同时还要特别注意玻璃的选材。玻璃窗的主要用途是采光，但由于玻璃窗的耗冷量占制冷机最大负荷的 20%～30%，冬季单层玻璃窗的耗热量占锅炉负荷的 10%～20%，因而控制窗墙比在 30%～50%时，窗玻璃尽量选特性玻璃，如吸热玻璃、反射玻璃、隔热遮光薄膜。采用可见光的透射比不小于 0.4 的玻璃。

（5）电气节能措施。

各照明开关控制灯的数量不要太多，以利于管理及节能。对大面积照明，采用分区控制方式，增加灵活性，利于节能；室外照明采用光敏控制器，以利节能；在窗边及人不经常去的地方单独设置面板开关，以利节电。

照明供电干线采用三相四线制供电，减少电压损失，三相照明负荷尽量均衡，减少对光源发光效率的影响；使用高功率因数镇流器，减少线路损失；合理布置照明配电箱，使照明电压保持在允许的电压偏移之内。

采用高效光源，主要采用高效荧光灯及紧凑型荧光灯。

根据规范要求，选择高效灯具，采用非对称光分布灯具，选用变质速度较慢的材料制成的灯具。

3.10.2　节水措施

建筑节水是一个系统工程，除制定有关节水的法律法规、加强日常管理和宣传教育、利用价格杠杆促进节水工作外，项目主要是通过采取有效的技术措施，以保证建筑节水工作全面深入地开展。

（1）在做给水系统设计时，要设计最短距离将水输送到用水点，减少输送过程中的压力损失。

（2）卫生洁具及阀门、水龙头均采用节能、节水型产品，满足《节水型生活用水器具标准》（CJ164-2002）的要求，设计以瓷芯节水龙头和充气水龙头代替普通水龙头，在水压相同的条件下，节水龙头比普通水龙头有着更好的节水效果，节水量为3%~50%，大部分为20%~30%。

（3）冷热水管均采用节能的化学管材。在设备选购时参照当前国家鼓励发展的节水设备（产品）目录的设备使用优质管材、阀门。采用新型管材如PP-R管、PE管、PVC-U管等，从一定程度上解决水资源浪费问题。

（4）水箱长时间溢流排水。采用延时自闭式水龙头和光电控制式水龙头的小便器，在出水一定时间后自动关闭，可避免长流水现象。

（5）所有供、用水装置、计量装置都必须定期进行检测、校验和维修，使其处于完好状态。

（6）利用项目排水及消防水池设施，设置沉砂及隔油池，建立雨水收集系统，用于冲洗和花木灌溉。

3.10.3　消防

（1）设计依据。

①《建筑设计防火规范》（GBJ16-87）（2001年修订本）。

②《建筑灭火器配置设计规范》（GB50140-2005）。

（2）设计原则。

①消防必须贯彻“预防为主、防消结合”的方针。

②本项目在同一时间内按一处着火点考虑。

（3）消防措施。

①区域内设置消防栓和灭火器，消防栓、灭火器数量与间距按照当地消防部门的要求布防。

②平面布置上，要考虑设置消防通道、消防龙头。

③室内装修及走廊采用非燃烧材料或难燃烧材料，夹板等装饰材料要用防火涂料

浸泡涂刷，地毯、帘布尽量采用阻燃材料制成的。

④电器、电线的布置与装饰物要有一段安全距离。

⑤设计时留出消防通道出口。

⑥施工时，施工单位要严格按照设计要求施工，不得擅自更改施工图。

⑦项目建成后，要建立安全巡视制度，制定安全规章，设置安全警示，对区域内居民和全体工作人员进行安全教育。

⑧注意火警预防，将本项目平面布置图交予消防管理部门，图中标明每一消防箱和消防龙头的位置，定期请消防管理部门进行灭火示范。

3.10.4 安全

影响劳动安全的因素：

（1）施工过程中材料产生的有害物质对健康的影响。

（2）施工中加工设备产生噪音对人体的影响。

①设备在安装时未采取减震及减噪措施。

②作业人员未戴个体护耳用具。

③护耳用具失效。

④操作人员本身有职业禁忌症，不适合高噪音岗位。

⑤机械设备在运行时产生高于 85dB 噪音。

（3）施工及使用过程中电气设备对人体可能造成的触电影响。

①设备漏电。

②室内线路安全距离不够。

③绝缘损坏、老化。

④保护接地、接零不当。

⑤手持电动工具类别选择不当，疏于管理。

⑥建筑结构未做到“五防一通”（防火、防水、防漏、防风雪、防小动物和通风良好）。

⑦手及其他部位、手持导电物体触及带电体。

⑧使用的电气设备漏电、绝缘老化损坏。

⑨在潮湿环境、夏季出汗情况下不使用 12V 以上手持电动工具。

⑩电工违章作业，非电工违章（无特殊工种作业证者）进行电气作业。

（4）施工过程中登高、检查、维修等操作可能造成的高空坠落。

①高处作业场所临边无护栏，不小心造成坠落。

②无脚手架板，造成高处坠落。

③梯子无防滑措施或强度不够，人字梯无拉绳等造成坠落。

④屋顶、管线架桥及护栏等锈蚀严重或强度不够造成坠落。

⑤系安全带或安全带挂结不可靠。

⑥安全带、安全网损坏或不合格。

⑦违反“十不登高”。

⑧未穿防滑鞋及紧身工作服。

⑨违章指挥，违章作业、违反劳动纪律。

⑩未穿防滑鞋或防护用品穿戴不当，造成滑跌坠落。

（5）施工过程中高空物体可能导致的物体打击。

①未戴安全帽。

②高处作业区域行进或停留。

③高处有浮物或设施不牢固将要倒塌的地方行进或停留。

④堆垛不稳倒塌。

安全防护措施：

（1）为了严防火灾发生，除采取消防措施外，必须加强消防安全教育。

（2）对于噪音可能对施工设备操作人员造成的听力损失，可采取一些安全防护措施。

①将发声物体与周围环境隔离开，如加工机械，特别是传动部分可采用密闭消声罩等。

②应用吸声材料和吸声结构。

③对噪声环境作业人员的防护主要是佩戴护耳器，如耳塞、耳罩、防声头盔等。

（3）电气设备可能造成的触电风险可采取相应安全措施。

①配电建筑结构、配电装置及线路要严格执行有关电气规程，同时做好“五防一通”工作。

②电气设备、线路采用与电压相符、与使用环境和运行条件相适应的绝缘，并定期检查、维修，保持完好状态。

③采用遮栏、护罩（盖）、箱闸等防护装置以及确保安全距离，将带电体与外界隔开，防止人体接触到带电体。

④室内线路、配电设备、用电设备、检修作业，应按规定要有一定安全距离。

⑤根据要求对用电设备做好保护接地或保护接零。

⑥在潮湿环境中进行检修等作业时，应采用12V电气设备，并要有现场监护。

⑦根据作业场所正确选择Ⅰ、Ⅱ、Ⅲ类手持电动工具，Ⅰ类手持电动工具安装漏电保护器并根据有关要求正确作业，做到安全可靠。

⑧建立和健全电气安全规章制度和安全操作规程，并严格执行。

⑨对职工做好安全用电知识教育，掌握触电急救方法。

⑩定期进行安全检查，杜绝“三违”。

⑪对静电接地、防雷装置定期进行检查，检测、保持完好状态，使之有可靠的保护作用。

⑫做好配电室、电气线路和单相电气设备、手持电动工具、临时用电的安全作业和维护保养。

⑬严禁非电工进行电气作业。

（4）防止高空坠落风险的安全措施。

①高处作业人员必须严格执行“十不登高”。

②高处作业人员必须戴好安全帽，系好安全带，穿好防滑鞋及紧身工作服。

③事先搭设脚手架等安全措施。

④临边、洞口要做到“有洞必有盖”“有台必有栏”，以防坠落。

⑤上、下层同时进行立体交叉作业时，中间必须搭设严密牢固的中间搁板、罩棚等隔离设施。

⑥对平台、栏杆、护墙及安全带、安全网等要定期检查，确保完好。

⑦六级以上大风、暴雨、雷电、下雪、大雾等恶劣天气应停止高处作业。

⑧可以在平地做的作业，尽量不要拿到高处做，即“高处作业平地做”。

⑨加强对高处作业人员的安全教育、培训、考核工作；

⑩杜绝违章作业、违章指挥、违反劳动纪律。

（5）预防高空物体打击可能造成风险的安全防范措施。

①不在高处作业、高处有浮物或设施不牢固处行进或停留。

②高处需要的物件应摆放固定好。

③将要倒塌的设施及时修复或拆除。

④作业人员要穿、戴好劳动防护用品。

⑤加强防止物体打击的检查和安全管理工作。

⑥加强对职工的安全教育，杜绝违章作业、违章指挥、违反劳动纪律。

（6）合理安排功能分区和安全疏散通道，满足防护安全距离要求，从规划上防止各类事故。

（7）鉴于国家大力推广使用绿色环保材料，所以，施工单位在施工过程中须尽量使用绿色环保材料，以减少对人体的损害。

3.11 环境影响评价

3.11.1 编制依据及执行标准

（1）《污水综合排放标准》（GB8978-1996）；

（2）《城市区域环境噪声标准》（GB3096-93）；

（3）《大气污染物综合排放标准》（GB16297-90）；

（4）《建筑施工场界噪声限值》（GB12523-93）；

（5）《地下水环境质量标准》（GB/T14848-93）；

（6）《地表水环境质量标准》（GB3838-2002）。

3.11.2 项目场址环境状况

项目建设选址位于×××市盐边县，根据×××环境保护局《2014年环境状况公告》，2014年，×××市水环境质量达到功能区划要求，环境空气质量达标率92.6%，声环境质量保持稳定。

（1）地表水质量。

地表水每月监测一次，监测指标28项；监测断面为龙洞、倮果、二滩、雅砻江、金江5个断面。2014年地表水监测结果按照《地表水环境质量评价办法（试行）》评价（水温、总氮、粪大肠菌群不参与评价）：5个断面参与评价的监测项目全部达到或优于国家《地表水环境质量标准》（GB3838-2002）中Ⅱ类水质标准，其中石油类、挥发酚、汞、硒、砷、六价铬、氰化物、阴离子表面活性剂等指标全年在所有断面均未检出。金沙江、雅砻江×××段河流水质类别除金江断面为Ⅱ类水质外，其余断面水质均为Ⅰ类水质。

（2）饮用水源地水质。

按全省统一部署，2014 年我市每月对国控集中式饮用水三个断面开展了 63 项指标监测；按季对县（区）城镇集中式饮用水源地开展 63 项指标监测；每半年对全市乡镇集中式饮用水源地开展监测，地表水水源地监测 30 项指标，地下水水源地监测 24 项指标。2014 年 7 月对全部水源地开展了水质全分析监测。饮用水源地水质监测结果如下：

①城区集中式饮用水源地水质监测结果。本年度每月对金沙江上徐家渡、水文站、金江水厂三个饮用水水源断面实施 63 项指标监测，监测结果按《地表水环境质量评价方法（试行）》要求进行评价。其中水温、叶绿素 a 和总氮不做评价，粪大肠菌群作为参考指标，单独评价。全年饮用水源地水质状况为：所有指标均达到《地表水环境质量标准》（GB3838-2002）标准限值。

②县（区）城镇集中式饮用水水源地水质监测结果。对县（区）城镇集中式饮用水水源地——盐边县水厂、米易县晃桥水库、仁和区胜利水库开展了 63 个项目的监测。监测结果按《地表水环境质量标准》（GB3838-2002）Ⅲ类水域水质标准评价：盐边水厂水源地除粪大肠菌群超Ⅲ类水质标准外，其余指标全部达标；米易县晃桥水库水质监测指标均达Ⅱ类水域水质标准，水库水质营养状态为中营养；仁和区胜利水库水质监测指标均达到Ⅱ类水域水质标准，水库水质营养状态为中营养。本年度饮用水源地水质全分析监测结果除盐边县水厂粪大肠菌群超标外，其余水源地水质监测指标全部达标。

③乡镇集中式饮用水水源地水质监测结果。对全市 15 个乡镇集中式饮用水水源地开展监测。地表水水源地水质监测 30 项指标，监测结果按《地表水环境质量标准》（GB3838-2002）Ⅲ类水域水质标准评价：益民乡红格提灌站、渔门镇渔门水厂、同德集镇供水站水质中粪大肠菌群超标，其余水源地水质均达标准要求。地下水水源地水质监测 24 项指标，监测结果按《地下水质量标准》（GB/T14848-93）Ⅲ类地下水质量标准评价：全部地下水源地水质均达到标准要求。

（3）环境空气质量。

主城区空气质量状况为，2014 年，×××市中心城区环境空气质量对二氧化硫、二氧化氮、可吸入颗粒物、细颗粒物、臭氧、一氧化碳 6 因子开展自动监测，总监测天数为 365 天。空气质量达Ⅰ级天数 50 天，达Ⅱ级天数 288 天，Ⅲ级天数 27 天，全年空气质量达标率达为 92.6%，与 2013 年相比，全市达Ⅰ级天数增加，Ⅱ级天数减少，Ⅲ级天数持平，首要污染物为可吸入颗粒物（PM10）。二氧化硫（SO_2）年均浓度为 0.051mg/Nm^3，2014 年与 2013 年 SO_2 年均值 0.064mg/Nm^3 相比，下降 0.013mg/Nm^3，下降百分比为 20.3%；二氧化氮（NO_2）年均浓度为 0.032mg/Nm^3，与 2013 年 NO_2 年均值 0.037mg/Nm^3 相比，下降 0.005mg/Nm^3，下降百分比为 13.5%；可吸入颗粒物（PM10）年均浓度为 0.083mg/Nm^3，与 2013 年 PM10 年均值 0.094mg/Nm^3 相比，下降

0.011mg/Nm^3，下降百分比为11.7%；细颗粒物（PM2.5）年均浓度为0.040mg/Nm^3，臭氧（O_3）年均浓度为0.100mg/Nm^3，一氧化碳（CO）年均浓度为3.229mg/Nm^3。

两县空气质量状况为，米易县城空气质量采用自动监测，监测项目为二氧化硫（SO_2）、二氧化氮（NO_2）和可吸入颗粒物（PM10）。2014年环境空气质量达标率（Ⅰ、Ⅱ级）为98.9%，二氧化硫（SO_2）年均浓度为0.049mg/Nm^3，二氧化氮（NO_2）年均浓度为0.029mg/Nm^3，可吸入颗粒物（PM10）年均浓度为0.055mg/Nm^3。与2013年相比，2014年二氧化硫、可吸入颗粒物浓度下降，二氧化氮浓度上升。

盐边县空气质量采用自动监测，监测项目为二氧化硫（SO_2）、二氧化氮（NO_2）和可吸入颗粒物（PM10）。2014年环境空气质量达标率（Ⅰ、Ⅱ级）为99.7%。二氧化硫（SO_2）年均浓度为0.034mg/Nm^3，二氧化氮（NO_2）年均浓度为0.013mg/Nm^3，可吸入颗粒物（PM10）年均浓度为0.045mg/Nm^3。与2013年相比，2014年二氧化硫、二氧化氮、可吸入颗粒物浓度均下降。

（4）声环境质量。

①城市区域环境噪声。2014年×××市城市区域环境噪声均值为51.6dB（A），达到城市环境综合整治定量考核中城市区域环境噪声<60分贝的规定，与2013年持平。

②功能区环境噪声。2014年功能区昼间、夜间噪声测量值均低于2013年。全市功能区噪声2014年昼间测量值比2013年低1.7分贝，夜间测量值比2013年低4.3分贝。

③道路交通干线噪声。全市道路交通干线噪声平均等效声级值67.8分贝，未超过国家推荐的交通噪声控制值（70分贝），比2013年（67.9分贝）下降0.1分贝。全市道路干线中超过70分贝的干线长度为19.5千米，较2013增加了11.5千米。

（5）周围环境质量分析。

本项目位于盐边县供电公司内部，对周围居民的影响主要在于材料运输过程中可能存在的扬尘、建设过程中的噪音影响。但本项目规模较小，且为轻钢结构，实施过程中的扬尘和噪音较小，这些影响并不大，并可以采取一定的措施加以控制，如通过调整作业时间，将对周边居民的影响降至最低。

从上述水环境、空气环境和声环境质量现状可见，目前项目场址及其附近区域能够满足本项目建设的需要。

3.11.3 项目建设与运营对环境的影响

本项目建设在施工期会产生一定的噪声污染和扬尘，同时会排放一定的废水、废气和建筑垃圾等。项目建成后产生的污染主要为生活污水、生活垃圾等。

3.11.4 环境保护措施

（1）施工期间环境保护措施。

①施工期废气污染控制措施。施工期间的料堆、土堆等应采取防起尘的措施，挖出的土壤等固体废弃物应及时清运，运输车辆要采用防止散落和尘土飞扬的措施；工地周围用围墙或防护板围护，减少工地扬尘对环境的影响；保持出入口的路面清洁、湿润，以减少汽车车轮滚动引起的扬尘，并尽量减缓行驶速度；加强施工人员的环保教育，提高其环保素质，提倡文明施工。

②施工期噪声污染控制措施。执行《建筑施工场界噪声限值》（GB12523-2011）对各施工阶段噪声限值的要求。合理安排作业时间，高噪声施工尽可能安排在昼间时段，如需夜间施工，须提前向环境保护部门提出申请，或批准后方可在指定日期内进行；将施工现场的固定噪声源，如搅拌机（车）、临时加工车间、建筑料场等相对集中，并尽可能布置于远离周边声敏感点处；工地周围设立围护；规定运输车辆出入路线，尽量避开居民区。

③施工废水、建筑垃圾污染控制措施。施工期工地废弃物应指定地点堆放并及时组织清运，以避免大雨时被地面径流冲入下水道，流入水体；施工现场要严格规定排水去向，或安排简易排水管道，严禁污水遍地横流；严禁将施工泥浆排入下水道，以免引起排水不畅而导致周围地区积水内涝。

④施工期清洁生产与综合污染防治对策。用先进的施工技术；加强施工管理；采用预制装配施工方案；采用先进的施工机械设备；采用优质、环保型的工程材料。

在施工时，积极采用这5种对策，可将施工造成的影响减少并限定到较小范围内。

（2）项目建成投入使用后的环境保护措施。

项目建成后产生的污染主要为生活污水、生活垃圾。生活污水不直接排放，经治理后（进入化粪池及沼气化处理）排入市政管网；对生活垃圾，采取先行收集、通过市政管理及时转运的方式，同时项目区域内设置环保的分类垃圾桶（可回收和不可回收），保证项目区域内空气清新及卫生文明环境。

3.11.5 环境影响评价

（1）在项目施工期通过精心组织、合理安排施工，使用化粪池处理生活污水；采用沉淀池处理工程用水；合理安排作业时间，设置临时噪音屏障等控制施工噪声；增加防扬尘、防雨淋、防渗漏设施，减少粉尘向空气中扩散；对固体废物统一收集、集中处理。

（2）项目建成后产生的污染主要为生活污水、生活垃圾。通过市政管网排除污水和垃圾的收集转运方式，污水和生活垃圾不会对环境造成多大影响。

如上所述，经过对产生环境污染的各因素的分析可见，上述有效的环境保护措施可保证项目的建设及建成后不会对环境造成较大影响。因此，从环境保护角度考察，该项目的实施是可行的。

4 方案设计图纸（略）

5 投资估算

5.1 编制依据

本次投资估算依据×××市类似工程近期造价水平估算，并参照：

（1）四川省定额管理总站的有关文件；

（2）有关建筑安装指标；

（3）现行市场有关材料调查价格；

（4）初步设计方案；

（5）《四川省建筑工程概算定额》；

（6）《四川省其他费用定额》；

（7）国家计委和建设部联合颁发《建设项目经济评价方法与参数》（第三版）。

5.2 投资估算

本项目建设内容主要包括：

（1）工程费用。

建筑物土建、给排水、动力、电气等公用管线系统参考当地定额及材料价格水平按单位面积造价指标估算。

工程费用177.33万元，占建设投资的比例为96.8%。

其中，建安工程费136.79万元，占建设投资的比例为75.75%。室外配套工程费14.3万元，占建设投资的比例为7.81%。

（2）其他费用。

建设单位管理费：按财建〔2002〕394号文估算。

工程勘察费：根据《工程勘察设计收费标准2002版》估算。

前期咨询费：根据川价字费〔2000〕35号文估算。

工程设计费：根据《工程勘察设计收费标准》（2002年）估算。

工程监理费：根据发改委、建设部发改价格〔2007〕670号文估算。

工程量清单及控制价编制费、建设工程造价咨询费、工程结算审核费：依据川价发〔2008〕141号文估算。

行政事业型收费：依据×××市一站式收费标准估算。

其他费用26.27万元，占建设投资的比例为14.34%。

（3）预备费。

按工程费用和其他费用的3.2%计算。

预备费5.64万元，占建设投资的比例为3.2%。

（4）工程总投资。

本项目工程总投资为183万元。

详见表1~表3。

表1　国家电网四川×××××县供电公司生产配套用房项目总估算表

序号	分部分项工程名称	费用金额（万元）	建筑面积（m^2）	单位造价（元/m^2）	备注
一	建筑、安装工程费	136.79			
1	主体结构	85.60	515	1 662	
2	室内外装修	35.10	515	682	
3	给排水	1.52	515	30	

表5-1（续）

序号	分部分项工程名称	费用金额（万元）	建筑面积（m^2）	单位造价（元/m^2）	备注
4	电气	3.09	515	60	
5	弱电	1.03	515	20	
6	采暖、通风与空调	8.9			
7	消防	1.55	515	30	
8	电梯				
二	室外配套工程费	14.30			
三	其他费用	26.27			
四	不可预见费	5.64			（一+二+三）×3.2%
五	建设用地费用				
	估算总投资	183.00			

表 2　　室外配套工程估算表　　金额单位：元

序号	分部分项工程名称	单位	工程量	单价	总计
1	综合管线				
2	给水	米	120	50	6000
3	污水	米	5	80	400
4	雨水	米	110	50	5 500
5	电力	米	90	570	51 300
6	通信				
7	道路、场地硬质工程	平方米	420	130	5 460
8	地基处理				
9	挡土墙				
10	绿化工程	平方米	170	120	20 400
11	化粪池	立方米	8	600	4 800
	合计				143 000

表 3　　其他费用估算表

编号	费用名称	计费基数（元）	计费费率	金额（元）	备注
1	三通一平			0	
2	建设单位管理费	1 500 000	0.30%	4 500	财建〔2002〕394 号文
3	工程量清单及控制价编制费	1 500 000	1.0%	15 000	川价发〔2008〕141 号文
4	建设工程监理费	1 500 000	2.0%	30 000	发改价格〔2007〕670 号文
5	工程结算审核费	1 500 000	0.34%	5 100	川价发〔2008〕141 号文
6	建设项目前期工作费			0	
7	可研报告编制费			65 000	川价字费〔2000〕35 号文
8	施工图审查费			3 200	
9	地灾评估				
10	矿产压覆评估				
11	地震评估				
12	文物调查				
13	环境影响咨询费				
14	工程勘察费			0	工程勘察设计收费标准 2002 版
15	工程设计费	1 500 000		89 000	工程勘察设计收费标准 2002 版
16	项目行政事业性收费	515	60	30 900	×××市一站式收费标准
17	工程保险费	1 500 000	1%	15 000	
18	工程测绘定位费			5 000	
19	合计			262 700	

5.3　资金筹措

资金来源为企业自筹。

6　社会效益分析

（1）国家电网四川×××××县供电公司生产配套用房项目的实施有利于为员工提供一个更加整洁、卫生、舒适的就餐环境，保证员工队伍的稳定，提升员工工作热情，从而为用电户提供更加全面周到的服务。

（2）本项目的实施在一定程度上能有力地拉动经济增长，扩大就业范围。项目的建设不仅直接拉动当地建筑业、建材业的发展，也带动了相关产业发展。项目建设所需的相关装饰材料能直接带来材料行业的发展。同时本项目的建设提供可一定的就业机会，对解决下岗职工再就业和农村剩余劳动力，增加农民收入都具有重要的作用。

（3）本项目的实施无须在项目所在地进行拆迁和移民，不存在因拆迁和移民工作造成经济损失的问题。

本项目的建设得到×××市盐边县县委县政府以及各相关部门的全力支持，符合×××市盐边县相关规划，与盐边县快速稳定的社会和经济发展水平相适应。项目是必要的、可行的。

7 风险分析

经研究，本项目可能存在的风险主要有技术风险、管理风险、资金风险、人员风险等。

7.1 技术风险

本项目技术方面存在的风险可能主要是设计、施工方面存在的风险，造成项目不能顺利施工或施工质量差，使项目不能如期交工，影响项目的正常经营。

经研究，该项目所有建（构）筑物均是常规的民用建筑物，设计、施工技术难度不高；在项目设计、施工方面，仅×××市内就有众多具有承担此类项目设计、施工资质的专业设计和施工单位；项目建设管理单位可通过招投标方式择优选择，只要设计单位按国家有关设计规范精心设计，施工单位按照设计图纸和施工要求规范细致施工，监理单位恪守职责，严格按工作程序进行监理，严把材料质量关、施工进度控制关和投资控制关，做好合同管理和信息管理，协调好项目业主、施工单位、设计单位、材料供应商之间的关系，项目的施工质量就可得到保障。

因此，本项目的技术风险属于一般性风险，通过采取适当防范措施，是可以避免的，即使发生了，也能够采取得力措施，及时进行补救。

7.2 管理和人员风险

本项目在管理方面存在的风险主要表现在项目建设过程中，由于项目管理单位缺乏管理经验而给项目建设带来的风险。

本项目将由盐边县供电公司负责运作。盐边县供电公司设有专门的基建部门，该部门中包括了合同管理、技术管理、预算等多个科室，完全能够胜任对本项目的监督管理工作。同时，×××市内有众多的项目管理公司和代建公司，也可以通过聘请专业的管理公司来实施对项目的管理。

因此，本项目在管理和人员方面存在的风险从风险性质来看，属于一般性风险，通过采取适当防范措施是可以避免的，即使发生了，也能够采取得力措施，及时进行补救。

7.3 资金风险

本项目存在的资金风险主要在于建设资金未能及时落实和到位，致使项目无法按期实施。

经研究分析，建设资金不能及时落实和到位是本项目存在的较大风险。本项目资金需求量有将近两百万，一旦项目开工建设，建设资金不能及时投入，将影响工期，致使项目不能及时投入运行。

通过对各类风险的分析可见，本项目在建设资金方面存在的风险从风险性质来看，属于较大性风险，需要给予足够的重视，应积极与上级管理部门申请协商，制订周密细致、具有可操作性的资金到位计划，确保随着项目的进展资金能够及时到位，以保证项目建设的顺利实施。

8 结论与建议

8.1 结论

（1）本项目符合国家政策，选址符合综合服务用房建设要求，建设场地满足项目实际需要，项目具备良好的建设环境。

（2）本项目建设标准适当，建设规模和功能与需求相符合。

（3）本项目建成后，能够为公司员工提供一个良好的就餐环境，解决目前租用食堂影响周边居民的问题。

因此本项目是必要的，也是可行的，建议有关部门批准该项目建设。

8.2 建议

（1）严格按照国家有关政府投资项目管理的规定，按照国家基本建设程序，完善各项手续，认真做好各项目前期准备工作。建设中要严格加强项目资金、质量、安全管理工作。

（2）充分考虑项目建设资金到位时间与建设进度一致性的问题，拟订切实可行的资金需求与使用计划，确保资金量满足实际需要。

（3）抓紧工程地质勘查工作，为设计提供必要的设计依据。

（4）设计建设方案时，应符合规划建设主管部门的相关要求，项目建设的配套设施尽可能与周边现有的市政基础设施衔接，充分利用现有的基础设施来满足项目的需求。

（5）项目通过招投标择优选定承包商，做好合同管理及协调工作，在项目实施过程中注意对质量、工期、建设成本进行全过程的动态控制。

（6）设计单位应严格按国家强制性标准规范的要求设计，尽量减少设计变更，如果对设计进行变更，必须按照国家的规定和合同约定的程序进行，并考虑其对建设成本及工期的影响。建议采用组织措施、经济措施、技术措施和合同措施，按照经济性原则、全面与全过程原则、责权利相结合原则、政策性原则，各类人员共同配合，实现由分项工程、分部工程、单位工程、整体工程整体纠正和控制工程造价的偏差，确保工程质量，使建设工程按时按质完成并投入使用，防止实际投资超投资估算。

案例 3　×××市社区生活电子商务可行性研究报告

1　总论

1.1　项目概况

1.1.1　项目名称

×××市励展科技有限责任公司社区生活电子商务项目

1.1.2　建设性质

新建。

1.1.3　拟建地点

×××市×××区×××民政局负一楼。

1.1.4　项目业主

项目承办单位：×××市励展科技有限责任公司。

地址：×××市×××区×××民政局负一楼。

项目负责人：张某。

单位简介：×××市励展科技有限责任公司成立于2009年11月17日，以响应四川省“十二五”电子商务发展规划，属于国家鼓励发展类行业，涉及新型电子商务、平台软件自主开发、社区综合服务，技术含量高，后期发展空间巨大，能够带动地区第三产业发展和就业增长，是一项便民利民的民生工程。

公司坐落于×××市×××市民政局临街一楼，中心机房及呼叫中心位于邮政大楼10楼，原始注册资金300万元，是一家集电子商务、公共服务、家政服务网络平台运营和通信网络增值业务运营于一体的信息化综合服务公司。为了规范服务和提升×××第三产业发展，创建一个强有力的服务型电子商务平台，×××市励展科技有限责任公司拟建设×××市社区电子商务综合服务平台项目，项目建立的目标是整合×××市公共服务和社区服务资源以及社会资源，采用网络平台（门户网站）、电话（呼叫中心96519）、短信（信息发布回馈）、社区服务中心（管理和服务及前端仓储实体）、物流（末端配送体系）等多种服务渠道，为行政事业单位、社区居民、辖区企业等提供全方位的供需信息服务，包括社区家政服务、社区网络商城、社区电子政务、社区文化与宣传、人才与就业等。该平台的运营带动商务、物流、支付、营销、公共服务、社会服务等产业链的运转，以服务支撑消费，以消费带动服务，形成产、供、销、物流、末端配送、个性化服务一体的一条龙综合服务型电子商务模式。这样的模式将带来新的消费模式、增加就业、孵化新的经营模式，促进第三产业发展和电子政务与电子商务的发展，推进城市信息化发展的进程。

1.1.5　建设内容及规模

整个项目分三期建设，预计总投资5 000万元。一期完成网络平台和网银系统、呼叫中心建设以及20个社区店的建设工作，预计投资1 200万元；二期完善网络平台扩容呼叫中心，继续建设社区点预计完成 80 个，预计投资 2 800 万元；三期完成 50 个社区点建设，同时启动生活物资物流配送体系、中心物流中心管理系统的建设和基础设施的设计建设工作，预计投资 1 000 万元。

1.1.6　投资规模

本项目投资规模为 5 004.48 万元。

1.1.7　建设期

项目建设期 3 年，项目建设进度为：

2013 年 12 月完成一期相关工作；

2014 年 12 月完成二期相关工作；

2015 年 12 月完成三期相关工作。

1.1.8　资金方式与筹措渠道

本项目拟采用自有资金与银行贷款相结合的方式，其中申请银行贷款 2 000 万元，其余资金由企业自筹。

1.2　可行性研究报告编制的依据

（1）关于编制项目可行性研究报告的委托书；

（2）城乡社区服务体系建设十二五规划；

（3）×××市商业网点规划；

（4）国家计委、建设部联合颁发的《建设项目经济评价方法与参数》（第三版）；

（5）国家计委颁发的《投资项目可行性研究指南》；

（6）项目单位提供的与本项目有关的资料、数据；

（7）现场勘查所得的资料和数据；

（8）国家其他有关规范、标准等。

1.3　研究范围与工作概况

1.3.1　研究范围

本项目可行性研究范围包括：项目建设的背景及必要性、项目市需求分析、实施方案、项目管理、投资估算、资金筹措、项目的财务评价、社会评价等方面，并对项目进行全面分析论证，提出项目可行性研究的结论意见和建议。

1.3.2　工作概况

受×××市励展科技有限公司委托，负责方依据国家和地方有关法规和政策对项目实际情况进行了查证，并组织有关专家现场踏勘，查阅资料。根据项目实施条件及有关技术规范要求，对项目需求、投资、技术经济等方面进行了系统分析和论证，在此基础上完成了本项目可行性研究报告的编制工作。

1.4　项目开发主要经济指标

项目开发主要经济指标如表 1 所示。

表 1　　项目主要经济指标表

序号	项目	单位	数值	备注
一	基本数据			
1	营业收入（含税）	万元	3 188.81	达产年
2	建设投资	万元	4 460.00	
3	建设投资借款	万元	2 000.00	
4	资本金	万元	3 000.00	
5	流动资金	万元	300.00	
6	项目总投资	万元	5 004.48	
二	评价指标			
1	每元建设投资投入产出比		0.64	
2	项目投资内部收益率（税前）	%	15.95	
3	项目投资内部收益率（税后）	%	12.06	
4	项目投资回收期（税前）	年	7.86	
5	项目投资回收期（税后）	年	8.66	
6	项目投资财务净现值（税前）	万元	1 449.04	
7	项目投资财务净现值（税后）	万元	445.50	
8	资本金内部收益率（税后）	%	13.05	
9	资本金财务净现值（税后）	万元	512.73	

项目的盈利水平较高，符合一般投资者期望。但从具体指标来看，盈利能力不是非常强，如果国家能够给予项目一定的政策扶持和资金支持，将对投资者具有更大的吸引力。

1.5　结论与建议

1.5.1　结论

（1）本项目符合国家经济社会发展规划、产业政策。

《中华人民共和国国民经济和社会发展第十二个五年规划纲要》中提出要“推动研发设计、生产流通、企业管理等环节信息化改造升级，推进先进质量管理，促进企业管理创新”。在“第十章培育发展战略性新兴产业”中提出：“新一代信息技术产业重点发展新一代移动通信、下一代互联网、三网融合、物联网、云计算、集成电路、新型显示、高端软件、高端服务区和信息服务。”本项目属于《产业结构调整指导目录》(2005 年）鼓励类第三十一项“科技服务业”中的第 3 条“行业（企业）管理和信息化解决方案开发、基于网络的软件服务平台、软件开发和测试服务、信息系统集成、咨询、运营维护和数据挖掘等服务业务”的建设项目。

（2）本项目符合电子信息产业调整和振兴规划。

《电子信息产业调整和振兴规划》（2009—2011）在“三、产业调整和振兴的主要任务”中提出：在通信设备、信息服务、信息技术应用等领域培育新的增长点。

加速信息基础设施建设，大力推动业务创新和服务模式创新，强化信息技术在经济社会领域的运用，积极采用信息技术改造传统产业，以新应用带动新增长。

加快培育信息服务新模式新业态。把握软件服务的发展趋势，促进信息服务业务和模式创新，综合利用公共信息资源，进一步开发适应我国经济社会发展需求的信息服务业务。提高信息服务业支撑服务的能力，初步形成功能完善、布局合理、结构优化、满足产业国际化发展要求的公共服务体系。加强信息技术融合应用，以研发设计、流程控制、企业管理、市场营销等关键环节为突破口，推进信息技术与传统工业相结合，提高工业自动化、智能化和管理现代化水平。支持信息技术企业与传统工业企业开展多层次的合作，进一步促进信息化与工业化融合。提高信息技术服务“三农”的水平，加速推进农业和农村信息化，发展壮大涉农电子产品和信息服务产业。

（3）本项目具有较好的经济效益。

由财务分析的结果可见，本项目总投资为 5 004.48 万元，税前投资内部收益率为 15.95%，税后投资内部收益率为 12.06%，符合一般投资者期望，具有较好的经济效益。

（4）本项目具有较好的社会效益。

本项目可以创造许多的就业岗位，项目中门店所需员工，基本都来自门店所在社区，能够在一定程度上缓解社区就业压力。项目能够改善社区生活环境，使交通和较偏远的社区居民能就近享受购物、医疗保健、新闻等服务，通过平台开展各种健康活动和有益的活动，有利于居家养老，提高社区居民的生活品质。传输积极上进的精神食粮，形成良好的社区文化氛围，平台可以开展服务技能培训、远程教育、社区论坛，提高居民学习和社区自治的参与度。提高对各项社区服务的管理能力，平台的使用可以将社区传统的工作信息化，加快社区信息化进程，提高社区工作效率和数据处理能力。

综上所述，本项目符合国家相关政策规划，具有较好的经济效益和社会效益，因此本项目是可行的。

1.5.2　建议

（1）本项目能否顺利实施，关键在于资金能否及时到位，应抓紧时间进行前期相关工作，保证资金及时到位。

（2）本项目具有较大的社会效益，但从经济效益来看，对投资者能够形成一定吸引力，但吸引力不是非常显著。根据国家相关政策，对此类项目可以给予一定的扶持，包括技术、经济和政策的扶持。项目开展过程中，建议投资者积极关注相关政策，充分合理地加以运用。

（3）项目的销售收入对项目可行性造成较大影响，建议投资者进行门店选址时，进行深入的调查研究，确保门店选址合理，辐射范围大，实现预期销售收入。

2 项目建设背景及其必要性

2.1 项目建设背景

实现全面建设小康社会的目标离不开社区服务，满足城乡居民过上美好生活的新期待离不开社区服务，维护社会的和谐稳定离不开社区服务。随着工业化、信息化、城镇化、市场化、国际化的进程逐步加快，我国城乡基层社会正在发生着深刻变化，对社区服务体系建设提出了新的要求。为了适应城镇化和老龄化快速发展的现状，有效满足社区居民个性化、多元化的服务需求，需要加快社区服务体系建设。

2011 年，民政部发布了《城乡社区服务体系建设“十二五”规划》，其中明确提出，要大力发展便民利民服务。鼓励和支持各类组织、企业和个人兴办居民服务业，重点发展社区居民购物、餐饮、维修、美容美发、洗衣、家庭服务、物流配送和废旧资源回收等服务，培育新型服务业态和服务品牌，鼓励有实力的企业运用连锁经营的方式到社区设立超市、便利店、标准化菜店等便民利民网点，鼓励邮政、金融、电信、供销、燃气、自来水、电力等公用事业单位在社区设点服务，满足居民多样化生活需求。优化社区商业结构布局，完善社区便民利民服务网络，继续实施 以“便利消费进社区、便民服务进家庭”的社区商业“双进工程 ”“万村千乡市场工程”和“新农村现代流通服务网络工程”，初步建立规划合理、结构均衡、竞争有序的社区商业体系。优化配置社区资源，积极推动驻区单位后勤服务社会化。大力推行物业管理服务，建立社区管理和物业管理联动机制，提高物业服务质量。建立政府扶持、企业和居民主办、社区组织帮助的社区便民利民服务新格局。研究制定社区服务税收、公用事业收费、用工保险、工商和社会组织登记等优惠政策，鼓励发展社区服务业。

四川省和×××市“十二五”社区服务体系建设发展规划提出了完善社区功能的内容，包括困有所助、难有所帮、业有所就、病有所医、学有所教、老有所养、物有所购、安有所保及居有所适，其中实现物有所购，是配套完善社区服务的一项重要内容。积极发展便民利民服务，不断满足城乡居民多元化、主体化、个性化的日常生活生产需求。鼓励引导购物、餐饮、家政服务、农资等与居民生活密切相关的经销商，以连锁经营方式进入社区，为群众提供质优价廉的服务，逐步形成方便快捷的社区生活生产服务圈。农村社区要强化生产服务，以农村社区服务站为平台，围绕农业生产的产前、产中、产后，加快构建和完善以生产销售服务、科技服务、信息服务和金融服务为主体的农村社会化服务体系。整合社区服务资源，提高资源利用率，构建社区“51015”生活圈，即居民出家门步行 5 分钟以内可以到达便利店，10 分钟以内到达超市和餐饮店，15 分钟以内到达社区“一站式”服务大厅或服务中心。

在当今信息迅速发展的时代，网络的全球化特性使网络和企业很自然地走到了一起，形成了风靡全球的电子商务。电子商务是指应用电子信息技术和现代网络技术在客户、厂商及其他交易主体之间进行的、以信息为依托的商务活动，如产品和服务的网上推销、销售、购买，以便提高交易速度、提升服务品质、降低成本，更好地为企业服务。近年来，随着全球信息网应用的快速发展，越来越多人想使用其无国界、无时间限制的便利环境来经营与拓展商务。因此电子商务（Electronic Commerce，EC）越来越流行，越来越多的企业开始使用该方法与技术进行商业上的交易以降低成本，并通过电子商务平台设计的不断发展和进步，充分利用其优势，发挥电子商务的最大功能。在此大背景下，国家提出了“以信息化带动工业化，以工业化促进信息化”的发展纲要，并在国家信息化领导小组第五次会议审议并原则通过《2006—2020年国家信息化发展战略》。温家宝指出，信息化是当今世界发展的大趋势，是推动经济社会发展和变革的重要力量。制定和实施国家信息化发展战略，是顺应世界信息化发展潮流的重要部署，是实现经济和社会发展新阶段任务的重要举措。要按照全面贯彻科学发展观的要求，站在现代化建设全局的高度，大力推进国民经济和社会信息化，不断把我国信息化提高到新水平。他同时指出，实施我国信息化发展战略，要坚持以邓小平理论和“三个代表”重要思想为指导，贯彻落实科学发展观，坚持以信息化带动工业化、以工业化促进信息化，坚持以改革开放和科技创新为动力，大力推进信息化建设，充分发挥信息化在促进经济、政治、文化、社会和军事等领域发展的重要作用，不断提高国家信息化水平，走中国特色的信息化道路，促进我国经济社会又好又快发展。电子商务与企业信息化有着极为密切的关系。作为我国信息化战略的重要组成部分，电子商务一直得到了国家的大力支持和行业的积极推动。企业信息化是电子商务的基础，电子商务是企业信息化的历史产物。企业信息化进程孕育了电子商务，推动了电子商务的发展；而电子商务的发展又促进了企业信息化的深入进行和深层次开发。没有企业信息化，社会对电子商务不可能有强烈的追求意愿，置身于电子商务中，人们才能感受到企业信息化的重大意义。在网络和信息化社会中，电子商务以其显著的信息优势为企业奠定了在激烈竞争中的生存之源和立足之本。这些信息优势主要取决于企业的信息化程度，信息化程度决定着电子商务信息优势的创造与发挥。因此，现代企业的自动化、信息化与电子商务活动必须融合在一起。

总体来看，就×××市目前的信息化水平还相对落后，信息化建设与发展相对缓慢，已成为制约经济、社会可持续发展的瓶颈。为了响应国家鼓励电子商务发展的相关文件精神，加快我市的信息化服务建设的步伐。我们通过学习和了解其他先进地区的城市信息化建设的经验，同时结合本市的特点认为：发展社区电子商务，将有效地改变×××市现有的消费架构，刺激整个城市经济的发展，提升城市的整体形象。社区电子商务服务平台体系的引导可以改变市民传统的消费习惯，从而形成一个新兴的省心、省力、省钱、省时的新型消费模式。

积极推进×××市社区电子商务综合服务平台建设，是在国家“十二五”规划大力推广电子商务发展的契机下，结合我公司原有家政服务网络平台的优势孕育而生的，目标是整合×××市社会资源和公共服务资源，通过网站、呼叫中心、社区服务中心等多种服务渠道，为社区居民、企业提供全方位的供需信息服务和配送服务，包括社区家政服务、网络商城、社区电子政务、社区文化与宣传、社区人才与就业等。

×××市社区电子商务综合服务平台的开发，旨在打造一个实用、便捷、功能性强的服务平台，在“服务至上”思想的指导下，在“便民利民、全心服务”的服务精神主导下，凭借其先进的技术平台和良好的用户体验设计，以快捷的服务响应速度、便利的网络服务体系、人性化的交易服务和不断优化的交易安全机制为交易双方提供每周 7 ×24 小时全天候的社区电子商务网络服务。

信息产业是国家“十二五”规划鼓励发展的产业，电子商务进社区更是各级政府主导的与城乡居民生活息息相关的民生大事，是让人们享受科技发展成果的最佳选择，在“×××市社区电子商务综合服务平台”项目实施、建设、发展过程中将得到各级政府及居民委员会的大力支持，为平台的发展提供了良好的软环境。

×××作为一座新兴的工业城市，城市化水平较高，工作、生活节奏较快。同时由于地理特性的限制，人们工作、生活消费常常因为路途、交通、时间等因素受到局限。加之城市人口的老龄化，传统的消费、生活方式给人们带来了诸多不便。近年来，随着一、二、三产业的协调发展，城市居民的收入逐年增加，富裕程度位居西南区域性城市之首。人们对物质、文化、生活的要求越来越高，传统的工作、消费习惯正在淡出人们的生活。这需要有一种新的模式来替代传统的模式，以满足人们在新时期物质文化生活的需要。×××市社区电子商务综合服务平台的功能正好填补了人们的需求空白，为人们享受方便快捷、省时、省力、省钱、省心的美好生活创造了条件，先进的科技成果转化成了可行的现实。×××社区电子商务综合服务平台采取的是一站式服务模式，给客户带来货真价实、物美价廉、服务规范、方便快捷的生活。缩减渠道成本、时间成本、宣传成本等综合购物和服务成本，可以让更多的人享受网络平台为其带去的优质的服务和产品，让更多的人获得更高的生活品质。公司借助网络信息平台提供销售、营销、支付、技术、物流等全套服务，帮助更多的企业开拓市场、建立品牌，实现产业升级，帮助更多的居民实现消费和就业同行，实现新型经济生活模式。

而政府支持信息化社区服务平台建设，将更加有利于各部门通过平台获取有效信息，提高社区服务工作的透明度；有利于建设和谐社会，极大地丰富社区服务资源，对于推进社会信息化进程具有十分重大而深远的意义。在×××市政府和各区政府的支持下，×××市励展科技公司建立和铺设了“×××市社区电子商务综合服务平台”，同时为政府、各级机关与街道社区之间搭起了网络通信的桥梁和为市民与商户之间搭建了一个交易的平台。

政府与企业、市民之间需要通过网络、语音服务、物流服务提高互动性和回应性，沟通需要充分利用先进的信息化手段，为社区经济、文化、生活质量的提高，和谐社区的建设发展插上飞翔的翅膀。×××市辖三区两县，有 360 个社区，每个街道和社区内都设有管理机构。各机构之间都有各自的特点且社区的条件不一样，而且许多社区还以传统的方式进行管理和服务。如今传统街道、居委会模式的服务能力已经不能适应现代社会居民的需求，现代物业管理服务由于居民分散、收入差距较大、服务成本高不能广泛地拓展，社会失业人员增多，缺乏创业、再就业辅导和孵化环境，现有社区服务内容不健全、缺乏监管机制、无法保证服务质量。为了推动社区信息化服务的进程，建设高效的社区网络体系、语音服务体系、现代物流体系，我公司根据×××社区的具体情况，制订了社区信息化服务平台建设方案。社区信息化服务平台建设包括网络平台、语音平台、基于 GIS 应用的现代物流体系、社区终端服务销售体系的建设。网络平台是指利用城域光纤网络无线网络构建统一的社区服务网络接入平台，建立专门的服务平台网站开展网上购物和网上支付等。语音平台是指建立一个综合服务呼叫中心，并利用已建成的网络形成分布式座席系统提供各种语音服务，包括语音订购、语音咨询、语音支付等。基于 GIS 应用的现代物流体系是指运用城市地理信息系统和 GPS 技术建立一套通过呼叫中心、社区服务中心、物流人员三位一体的集管理、指挥、调度一体的体系。社区终端服务销售体系是指以基于社区服务中心和社区服务店为基础的直接为居民提供面对面服务的体系。

2.2 项目建设的必要性

（1）推进社区便民服务，创新商业模式。

为了进一步方便社区居民生活、发展便民商业，承接×××市打造“15 分钟社区服务圈”的规划，实业公司以社区作为平台，通过社区电子商务平台，做大产业链，提高服务的附加值，围绕都市社区居民和客户的需求，发展相关便民业务。选择社区便利店作为率先进入的行业，结合电子商务网络平台和语音平台实现线上交易店面服务模式（B2C 结合 O2O 模式），平时店面线下以便利店的模式经营同时增加各种代收费、快递接件等增值业务，以及社区 15 分钟经济圈的配送服务。

（2）加快社区信息化进程，发展社区电子商务。

目前社区电子商务利润大、竞争小，进入门槛低，而且电子商务市场正趋向于个人消费为主，企业间电子商务交易为辅的主流态势。社区居民作为销售终端，市场潜力巨大，而社区电子商务作为直接针对社区用户的门户，其市场潜力巨大。

另外，像苏宁、国美等连锁家电企业，他们对社区方面投入的广告量每年达两百多万元。即便如此，他们仍在寻找直接面对社区家庭的机会，纷纷通过入驻社区的促销或展销活动等的方式来寻找机会。如果能将电子商务引入社区项目中，通过建立电子商务平台，给了他们又一次直接面对社区家庭居民的机会，不仅方便社区居民的信息获取，更能大力提高整体项目的盈利水平。因此，本项目无论在门店的选址还是在无店铺配送中心的建设上，都必然要与社区电子商务相互衔接，建立与电子商务聚集区相配套的设施，采用现代信息开展服务，方便居民、提高收益。

（3）安置社区闲置劳动力。

本项目每年可以通过平台形成家政和其他服务岗位 2 000 个以上，这些服务岗位基本可从社区闲置人员中选拔，同时可通过平台扶植居民自主创业。

3 需求分析

21 世纪是信息的时代、网络的时代、电子商务的时代。电脑网络的建立与普及将彻底地改变人类生存及生活的模式，而控制与掌握网络的人将拥有更多的发展机会和更大的发展空间。据中国互联网络信息中心第 20 次发布，“中国互联网络发展状况统计调查，截至 2007 年 6 月，中国网民人数已经达到 1.62 亿，仅次于美国 2.11 亿 的网民规模，位居世界第二。2010 年电子商务的交易额约 1 万亿美元，电子商务是 21 世纪经济增长的引擎”。

在我国，随着家庭结构的演变和社会经济的发展，事业型、困难型（家有老人、孩子、病人需要照顾）、富裕型家庭大量出现，希望从烦琐的家务劳动中解脱出来，以便有更多的时间从事生产、学习和娱乐的人越来越多。据统计，有约70%的城市居民对社区电子商务综合服务有需求。另外，作为第三产业的社区电子商务综合服务，有巨大的市场潜力，有利于扩大就业，为各级政府所支持。因此，社区电子商务综合服务这一朝阳产业的发展前景和市场前景是极其广阔的。

从×××市现有社区及城镇居民收入支出水平来看：

（1）×××市共有360个社区，覆盖城市整体范围。社区是人们工作之余的主要生活、消费区域，也是政府服务功能延伸的终端。调查显示，全市共有社区人口72.97万人，占人口总量的60.1%。社区平均基本消费水平为2 484.2万元/社区/年，全年居民总消费额为894 320.32万元。

（2）2012年，全市城镇居民人均可支配收入22 808元，增长15.6%，其中工资性收入16 283元，增长16.4%；财产性收入336元，增长38.9%；转移性收入7 114元，增长6.2%。城镇居民人均消费支出15 286元，增长7.8%。其中，食品支出6 500元，增长6.4%，恩格尔系数为42.5%；衣着支出1 326元，增长1.0%；居住支出1 308元，下降2.4%；家庭设备用品及服务支出下降12.9%；交通和通信支出增长24.0%；医疗保健支出下降2.5%；教育文化娱乐服务支出增长37.4%。

根据以上调查数据资料，社区居民消费主要为对食品购买的需求，其次由于居民在家庭设备用品和服务、交通和通信、医疗保健方面的支出在一定的程度上的增加，说明居民更加注重其生活的舒适性和对高质量生活的需求越来越高。而×××市社区电子商务综合服务平台能够更好地为居民提供食品、日常生活用品及设备、家庭服务、医疗服务、交通和通信类服务。所以×××市居民生活消费的特点为×××市社区电子商务综合服务平台提供了广阔的市场空间。

随着互联网的迅猛发展，社区服务业开始走电子商务之路。这是因为在传统商务市场，往往需要花费大量的人力、物力、财力资源，使得运营成本增加，从而提供给消费者的商品和服务价格偏高，并且因为自身运营成本的限制，使得其可操作性比较低。而电子商务的发展，就是立足于取消中间环节，增大可操作空间而来的，近年来随着电子商务行业的快速发展，其已经成了很多传统行业的额外延伸部分，用于增加企业的收入，增大产品的可操作空间。其主要优势体现在以下几点：

（1）降低了企业活动的成本；

（2）降低了企业获得信息的成本；

（3）推动了产品的创新；

（4）提高了管理水平，改善管理环境；

（5）扩大企业影响力，构成企业未来的竞争优势。

目前发展比较好的社区电子服务如“53wang. com网上家政”“妈妈在线”这类全国性的服务平台，采用的是B2C运作模式，直接为消费者提供家政公司的业务信息，同时在全国各大城市诚招运营商加盟。消费者通过网站选择自己满意的“产品和服务”，特别是“网上服务”率先实行网上对话产品的网上客服，使消费者和家政公司可以直接取得联系，进行及时沟通，充分发挥了网上服务的便捷性和实效性。

另一类，像“中国家政网”“浙江家政网”属下的地区性网站，均在地方开展业务，它们采取的是C2C模式，客户和家政服务人员直接交流，实现双向沟通。消费者可以上网查询各公司的服务项目、收费标准，以及服务员的详细资料；服务员也可以随时查看雇主信息，选择适合自己的家庭服务。这些家政网站的成功运营告诉我们，在×××市推行社区电子商务综合服务业是非常必要和可行的。

随着电子商务行业的不断发展，各类电子商务网站风靡全球。电子商务行业也因此进入了一个快速发展和不断更新的时期。就中国内地而言，比较出名的阿里巴巴采用的B2B商务模式，后来崛起的京东商城采用的B2C的商务模式。这些传统电子商务模式虽然在各领域都取得了一定的成绩，但是在运营过程中都相继遇到了一些不能突破的瓶颈。淘宝由于其商户的零散性管理，使得其一直为其商户销售的产品质量而苦恼；京东商城虽然解决了淘宝商城上产品质量的问题，但是又因其大量的仓储和物流投资让其叫苦不迭。虽然社区服务业逐步开始走电子商务之路，并且已经将服务通过电子商务的形式进行运营和管理，但是在运营过程中提供的产品或者服务相对比较单一。

×××市社区电子商务综合信息平台，结合上述各种比较流行的商务模式，通过不断地发展和创新，在传统电子商务的基础上，首次将服务和产品进行了一个融合，主要体现在以下几个方面：

（1）将传统的商品买卖服务体系与服务订购体系相结合，建立起了一套全新的一站式全方位服务体系，从而解决居民不能一站式完成自己购买需求及服务的问题。

（2）把传统的B2B、B2C、C2C商务模式进行了一个完美的融合，孵生出了新的电子商务模式B2B2C，从而为商家、客户提供了一个更广阔的商务服务平台，能够对供应商进行严格的控制和管理，以此来解决淘宝所面临的产品质量和服务质量得不到保证的问题。

（3）结合本地物流体系架构、本市地理情况和居民情况，以×××市社区电子商务综合信息平台为核心，结合社区物流资源（社区零散配送车辆和社区下岗、失业人员）形成一套完整的物流配送体系，实现“零库存”的物流体系架构，从而解决因为仓储和物流投资过大的问题。

（4）传统电子商务市场，大多只使用了单一的网络平台订购体系，由于人群的差异性，使得其所能服务的人群范围比较狭窄。而×××市社区电子商务综合信息平台，跨越了以上障碍，在传统网站订购的基础之上，增加了呼叫中心订购和社区服务中心订购的模块。以此，平台通过呼叫中心对整个平台需求的调度和管理，实现全民化的服务，解决传统电子商务在人群服务对象上的瓶颈。

（5）延伸建立社区服务中心，即在×××市超过2 000户的居民聚居区设立一个服务中心，以200户为基础设立一个社区服务点的理念。将服务和产品直接带到社区居民的生活中，与居民实现面对面的交流，从而突破传统电子商务模式中只能在网上交流而不能面对面服务的问题。同时，可以通过以上社区服务中心（点）来逐步的改变居民的消费习惯，从而形成一种新兴的消费习惯。

（6）×××市社区电子商务综合服务平台结合电子政务发展部分，在发展商业电子商务的同时，将公共服务融入其中，通过与政府单位、社区各级管理机构的完美结合，将公共服务直接带到居民的生活中，方便居民的查询和公共事务的办理工作。同时，加快政府各单位办公自动化体系的建设，提高整体工作效率。

（7）×××市社区电子商务综合服务平台的同时融入了人才培训及管理模块，通过吸纳社区下岗失业人员，并与×××市的高校——×××学院的合作进行再就业培训，从而形成人力资源库。

4　实施方案（略）

5　项目管理

5.1　项目实施进度

项目建设期三年。项目建设进度：

2013年12月完成一期相关工作；

2014年12月完成二期相关工作；

2015年12月完成三期相关工作。

5.2　研发中心组建和运行方案

（1）研发中心领导体制：研发中心实行总经理负责制，在总经理的领导下，以专家为核心，以创新团队为基础，以科技部、各部室、片区、社区、加盟商、加盟店为依托。

（2）组织机构与职责：×××市励展科技有限责任公司总经理领导下的研发中心领导负责制，以技术开发为主，兼具技术管理、人才培训等职能，采用矩阵式管理结构，按照产品线和功能模块进行划分，规划组织各条产品线的具体事务；在项目开发方面，采用项目负责制，提高了企业对项目的反应速度，也有利于项目对市场的适应能力。

项目主要负责人的情况如表2所示。

表2　　主要负责人概况表

姓名	学历	职称	从事行业
××	本科	工程师	软件开发与管理
××	本科	高级工程师	软件开发
××	本科	工程师	软件开发
×××	本科	技术员	硬件维护
××	本科	技术员	网络维护
×××	本科	技术员	网络维护

（3）研发中心职责。

①参与制订、执行企业技术发展战略和技术创新、技术改造、技术引进、技术开发规划与计划。

②根据企业的发展规划，制定公司技术创新规划及公司高级技术人才培训、选拔的基本原则和目标，并负责公司重大技术创新、技术发行、合作交流、新产品开发项目实施方案的审定。

③负责科研设施建设方案、关键设备、贵重仪器选购方案的审定及科研经费预算和审定。

④推广应用新技术、新设备。

⑤创造有利条件，建立人才激励机制，吸纳高级人才。

⑥负责与高等院校、研究院所的合作和对外技术交流。

⑦负责技术情报资料的收集与整理。

⑧组织企业科技人才的培训、人才队伍建设。

（4）项目实施各口子管理关系。各部门实行部门负责人制，部门成员直接受部门负责人的管理和调遣。各部门负责人除了要监督其成员每日保质保量完成工作计划、安排以外，还要于每日工作完成后向自己所管辖部门负责人汇报当日工作进展情况。社区建设推进小组各组员要将所管辖口子和自己责任范围内的工作在每天对各任务小组进行工作汇报并归类后报送推进组组长（总经理）处。

各部门职责：

市场部负责平台内产品资源的整合和社区建设管理以及运营工作。

综合部负责平台内各部门的协调、后勤管理以及人事管理工作。

科技部负责平台技术支撑和业务管理系统的开发、维护和管理工作。

呼叫中心负责平台需求和服务的处理以及投诉、回访工作。

财务部负责平台资金的支撑和账务的处理工作。

业务发展部负责平台内各种成熟产品的运营、销售和拓展工作。

相关部门负责人的组织架构如图 1 所示。

（5）定期召开课题或项目研讨会。研发中心每周星期六定期举行课题研讨会，除专职研发人员必须参加外，还邀请兼职专家，对项目提供的课题进行逐一论证，以项目负责制的形式分发给相应的实验室着手研发。

5.3 项目招标

（1）编制依据：《建设项目可行性研究报告增加招标内容以及核准招标事项暂行规定》（国家发展计划委员会 2001 年第 9 号令）。

（2）招标内容。

①项目招标范围：勘察、设计、施工、监理。

②招标组织形式：委托招标。

③招标方式：比选或公开招标。

④项目招标基本情况汇总表（如表 3 所示）。

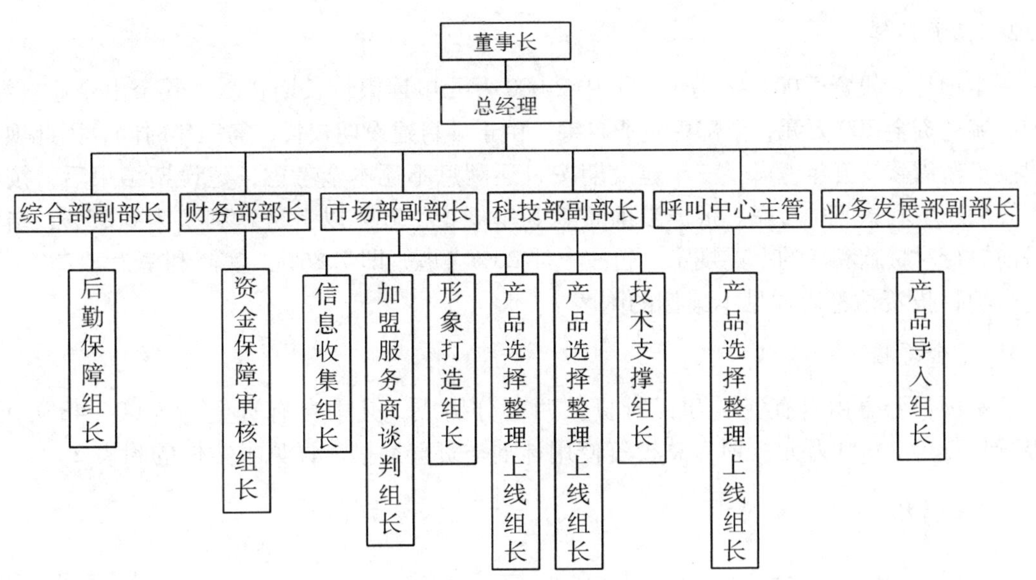

图 1 项目组织机构图

表 3 招标基本情况表

项目	招标范围		招标组织形式		招标方式		不采用招标方式
	全部招标	部分招标	自行招标	委托招标	公开招标	邀请招标	
招标代理	√		√			√	
项目监理	√		√			√	
装修改造	√			√	√		
软硬件采购	√			√	√		
其他							

5.4 项目管理措施（略）

6 节能、环保、安全与消防（略）

7 投资估算与资金筹措

7.1 投资估算依据

本次投资估算依据×××市类似项目近期造价水平进行估算，并参照：

（1）四川省建设工程造价管理总站的有关文件。

（2）现行市场有关材料调查价格。

（3）初步实施方案。

（4）国家计委和建设部联合颁发《建设项目经济评价方法与参数》（第三版）。

7.2 投资估算

本项目总投资 5 004.48 万元，其中 2 000 万元申请银行长期贷款，其余由企业自筹。铺底流动资金 300 万元，全部由企业自筹。由于项目建设期较长，需三年时间，因此项目建设贷款借款按五年考虑，三年建设期按只还利息不还本金考虑，建设期结束后，按四年等额还本利息照付考虑。根据当前贷款利率规定，五年以上贷款利率为 6.55%，结合目前银行对贷款利率的上浮规定，暂按上浮 20%考虑，即 7.86%，实际利率为 8.15%。

项目投资估算表详见本案例的附表 1。

7.3 资金筹措

本项目资金由自有资金和银行贷款两部分构成，其中自有资金为 3 004.48 万元，银行贷款为 2 000 万元。项目总投资使用计划与资金筹措表详见本案例的附表 2。

8 财务分析

8.1 财务评价依据

本项目的取费标准按照企业财务制度和国家税收政策规定执行。根据项目的市场开拓周期，本项目计算依据如下：

（1）国家计委和建设部联合颁发《建设项目经济评价方法与参数》（第三版）。

（2）各种原料及产品按现行市场价格。

（3）各生产部门的原料、辅料、包装材料消耗量按工艺提供的单位产品消耗定额测算。

（4）收费标准：增值税 17%，城市维护建设费 7%，教育附加费 3%。

（5）税收政策：所得税按 25%计取。

（6）项目计算期：暂按 13 年考虑（其中建设期三年，运营期十年）。

8.2 收入支出预测

8.2.1 收入估算

本项目收入主要来自社区门店，门店主要是为社区提供便利，销售各种日常用品及社区居民所需的其他便利服务。门店包括自营部分和摊位出租，摊位出租主要是租给与门店合作的农户及农村专业合作社，从目前已有门店的运行及周边其他超市中生鲜的收入情况来看，出租部分的收入与成本基本持平，在本项目中可不予考虑。门店自营部分现收入情况大致为每个门店 1 万元/月，现已建成投入使用的有 6 个。一期拟完成社区门店建设 20 个，二期拟完成社区门店建设 80 个，三期拟完成社区门店建设 50 个。一期将于 2013 年全部完成，即从 2014 年开始，有 20 个门店可投入使用，2015 年，有 100 个门店可投入使用，2016 年，有 150 个门店可投入使用。随着门店运营进入正轨及物价上涨，假定投入的门店收入年增长 10%。

8.2.2 成本估算

本项目运行过程中的主要成本包括人工、货品流动资金、水电、房租、通信网络费用、税金、物流费用等。门店分为形象店、标准店和紧凑店。其中形象店人员在 8

人，包括1名店长、2名收银员兼其他增值业务受理、4名营业员、1名配送人员；标准店6人，其中1名店长、2名收银员兼其他增值业务受理、3名营业员兼配送人员；紧凑型店4人，店长1名，3名业务人员。形象店面积约为400平方米，标准店面积约为200平方米，紧凑店在100平方米以内。目前以已建成使用的6个门店包含了这三种门店，拟建成的150个门店的三种形式所占比例大致为1∶2∶3。以已建成门店的成本数据为基础，大致项目的经营成本为销售收入的50%。

8.3 财务盈利能力分析

项目投资财务内部收益率（所得税前）FIRR=15.95%

项目投资财务内部收益率（所得税后）FIRR=12.06%

项目投资财务净现值（所得税前）FNPV=1 449.04万元

项目投资财务净现值（所得税后）FNPV=445.50万元

项目投资投资回收期（所得税前）=7.86年

项目投资投资回收期（所得税后）=8.66年

项目资本金财务内部收益率（所得税后）FIRR=13.05%

项目资本金财务净现值（所得税后）FNPV=512.73万元

可见，项目的盈利水平较高，符合一般投资者期望。但从具体指标来看，盈利能力不是非常强，如果国家能够给予项目一定的政策扶持和资金支持，将对投资者具有更大的吸引力。

详见本案例附表3项目投资现金流量表、本案例附表4资本金现金流量表。

8.4 项目偿债能力分析

利息备付率=6.93~71.14

偿债备付率=2.32~3.75

可见，项目的利息备付率及偿债备付率均大于2，项目具备偿债能力。

详见本案例附表5借款还本付息表。

8.5 不确定性分析

本项目的财务不确定性分析主要考虑敏感性分析。

以项目投资内部收益率FIRR（所得税后）为指标对销售收入、经营成本、建设投资三项不确定因素作敏感性分析如表4所示。

表4 敏感性分析表

序号	项目名称	增加10%		基本值	减少10%		敏感度系数
		计算值	影响率	12.06%	计算值	影响率	
1	销售收入	17.58%	-45.81%	12.06%	5.64%	53.22%	4.95
2	经营成本	8.99%	25.43%	12.06%	14.90%	-23.59%	-2.45
3	建设投资	10.32%	14.40%	12.06%	14.06%	-16.62%	-1.55

注：以全部投资税后内部收益率为基本值。

由上表可以看出销售收入是最敏感因素，价格下降10%时的FIRR为5.64%；上升10%时的FIRR为17.58%。

产品销售量及建设投资的变化在一定程度上也影响内部收益率指标，但相对来说影响程度较弱。

可见，本项目财务风险的主要来源来自销售收入，在项目选址阶段一定要对市场给予深入的调查，确保门店能够产生足够的销售收入以维持运营。

8.6 财务评价主要数据和指标

本项目的财务评价的主要数据和指标如表5所示。

表5 财务评价主要数据和指标

序号	项目	单位	数值	备注
一	基本数据			
1	营业收入（含税）	万元	3 188.81	达产年
2	建设投资	万元	4 460.00	
3	建设投资借款	万元	2 000.00	
4	资本金	万元	3 000.00	
5	流动资金	万元	300.00	
6	项目总投资	万元	5 004.48	
二	评价指标			
1	每元建设投资投入产出比		0.64	
2	项目投资内部收益率（税前）	%	15.95	
3	项目投资内部收益率（税后）	%	12.06	
4	项目投资回收期（税前）	年	7.86	
5	项目投资回收期（税后）	年	8.66	
6	项目投资财务净现值（税前）	万元	1 449.04	
7	项目投资财务净现值（税后）	万元	445.50	
8	资本金内部收益率（税后）	%	13.05	
9	资本金财务净现值（税后）	万元	512.73	

9 社会效益分析（略）

10 项目风险分析（略）

11 结论和建议

11.1 结论

（1）本项目符合国家经济社会发展规划、产业政策。

《中华人民共和国国民经济和社会发展第十二个五年规划纲要》中提出了："推动研发设计、生产流通、企业管理等环节信息化改造升级，推进先进质量管理，促进企业管理创新。"在"第十章培育发展战略性新兴产业"中提出："新一代信息技术产业重点发展新一代移动通信、下一代互联网、三网融合、物联网、云计算、集成电路、新型显示、高端软件、高端服务区和信息服务。"本项目属于《产业结构调整指导目录》（2005 年）鼓励类第三十一项"科技服务业"中的第 3 条"行业（企业）管理和信息化解决方案开发、基于网络的软件服务平台、软件开发和测试服务、信息系统集成、咨询、运营维护和数据挖掘等服务业务"的建设项目。

（2）本项目符合电子信息产业调整和振兴规划。

《电子信息产业调整和振兴规划》在"三、产业调整和振兴的主要任务"中提出：在通信设备、信息服务、信息技术应用等领域培育新的增长点。

加速信息技术基础设施建设，大力推动业务创新和服务模式创新，强化信息技术在经济社会领域的运用，积极采用信息技术改造传统产业，以新应用带动新增长。

加快培育信息服务新模式新业态，把握软件服务的发展趋势，促进信息服务的业务和模式创新，综合利用公共信息资源，进一步开发适应我国经济社会发展需求的信息服务业务。提高信息服务业支撑服务的能力，初步形成功能完善、布局合理、结构优化、满足产业国际化发展要求的公共服务体系。加强信息技术融合应用，以研发设计、流程控制、企业管理、市场营销等关键环节为突破口，推进信息技术与传统工业相结合，提高工业自动化、智能化和管理现代化水平。支持信息技术企业与传统工业企业开展多层次的合作，进一步促进信息化与工业化融合。提高信息技术服务"三农"的水平，加速推进农业和农村信息化，发展壮大涉农电子产品和信息服务产业。

（3）本项目具有较好的经济效益。

由财务分析的结果可见，本项目总投资为 5 004.48 万元，税前投资内部收益率为 15.95%，税后投资内部收益率为 12.06%，符合一般投资者期望，具有较好的经济效益。

（4）本项目具有较好的社会效益。

本项目可以创造许多的就业岗位，项目中门店所需员工，基本都来自于门店所在社区，能够在一定程度上缓解社区就业压力。项目能够改善社区生活环境，使交通和较偏远的社区居民能就近享受购物、医疗保健、新闻等服务，平台开展各种健康活动和有益的活动，有利于居家养老，提高社区居民的生活品质。传输积极上进的精神食粮，形成良好的社区文化氛围，平台可以开展服务技能培训、远程教育、社区论坛，提高居民学习和社区自治的参与度。提高对各项社区服务的管理能力，平台的使用可以将社区传统的工作信息化，加快社区信息化进程提高社区工作效率和数据处理能力。

综上所述，本项目符合国家相关政策规划，具有较好的经济效益和社会效益，因此本项目是可行的。

11.2　建议

（1）本项目能否顺利实施，关键在于资金能否及时到位，应抓紧时间进行前期相关工作，保证资金及时到位。

（2）本项目具有较大的社会效益，但从经济效益来看，对投资者能够形成一定吸引力，但吸引力不是非常显著。根据国家相关政策，对此类项目可以给予一定的扶持，包括技术、经济和政策的扶持。项目开展过程中，建议投资者积极关注相关政策，充分合理地加以运用。

（3）项目的销售收入对项目可行性造成较大影响，建议投资者进行门店选址时，进行深入的调查研究，确保门店选址合理，辐射范围大，实现预期销售收入。

附表：

附表 1　　项目投资估算表

序号	名称	数量（个/件）	单价（万元）	金额（万元）	备注
1	整体方案设计	1	30	30	
2	应用系统设计与开发			570	
2.1	企业信息门户建设	1	80	80	
2.2	企业分销资源管理系统	1	120	120	
2.3	供应链管理系统	1	100	100	
2.4	商业智能系统	1	120	120	
2.5	企业客户关系管理系统	1	70	70	
2.6	企业进销存	1	50	50	
2.7	办公自动化系统	1	30	30	
3	物流中心仓储、配送基础设施建设			500	
3.1	物流中心仓储	1	300	300	
3.2	配送基础设施建设	1	200	200	
4	计算机网络中心建设			950	
4.1	WEB 服务器	1	100	100	
4.2	应用服务器	1	100	100	
4.3	认证服务器	1	100	100	
4.4	磁盘阵列系统	1	100	100	
4.5	CA 认证系统	1	90	90	
4.6	单点登录系统	1	60	60	
4.7	VPN 系统	1	100	100	

附表1(续)

序号	名称	数量（个/件）	单价（万元）	金额（万元）	备注
4.8	计算机设备（含系统软件及数据库）	15	10	150	
4.9	计算机安全系统	1	150	150	
5	信息中心建设	1	110	110	
6	企业内部网络完善	1	150	150	
7	系统集成费	1	300	300	
8	开办费			100	
9	人员培训			50	
10	前期及项目管理费用			200	
11	门店装修费用	150	10	1500	
12	流动资金			300	
13	建设期利息			244.48	借款 2 000 万元，分三年借入
				5 004.48	

附表 2　项目总投资使用计划与资金筹措表　单位：万元

序号	项目	建设期			计算期										合计
		1	2	3	1	2	3	4	5	6	7	8	9	10	
1	总投资	1 200.37	2 531.49	1 172.62	100.00										5 004.48
1.1	建设投资	1 180.00	2 400.00	880.00											4 460.00
1.2	建设期利息	20.37	81.49	142.62											244.48
1.3	流动资金		50.00	150.00	100.00										300.00
2	资金筹措														
2.1	项目资本金	700.37	1 531.49	672.62	100.00										3 004.48
2.1.1	用于建设投资	680.00	1 400.00	380.00											2 460.00
	企业自筹	680.00	1 400.00	380.00											2 460.00
2.1.2	用于流动资金		50.00	150.00	100.00										300.00
	企业自筹		50.00	150.00	100.00										300.00
2.1.3	用于建设期利息	20.37	81.49	142.62											244.48
	企业自筹	20.37	81.49	142.62											244.48
2.2	债务资金	500.00	1 000.00	500.00											2 000.00
2.2.1	用于建设投资	500.00	1 000.00	500.00											2 000.00
	长期借款	500.00	1 000.00	500.00											2 000.00
2.2.2	用于建设期利息														
2.2.3	用于流动资金														0.00
	流动资金短期借款														0.00
2.3	其他资金														

附表 3

项目投资现金流量表

单位：万元

序号	项目	建设期			计算期									
		1	2	3	1	2	3	4	5	6	7	8	9	10
1	现金流入		240.00	1 320.00	2 178.00	2 395.80	2 635.38	2 898.92	3 188.81	3 507.69	3 858.46	4 244.31	4 668.74	5 435.61
1.1	营业收入		240.00	1 320.00	2 178.00	2 395.80	2 635.38	2 898.92	3 188.81	3 507.69	3 858.46	4 244.31	4 668.74	5 135.61
1.2	补贴收入													
1.3	回收固定资产余值													
1.4	回收无形资产余值													
1.5	回收流动资金													300.00
2	现金流出	1 180.00	2 610.80	1 914.40	1 559.26	1 605.19	1 765.70	1 942.28	2 136.50	2 350.15	2 585.17	2 843.68	3 128.05	3 440.86
2.1	建设投资	1 180.00	2 400.00	880.00	0.00	0.00	0.00	0.00	0.00	0.00	0.00	0.00	0.00	0.00
2.2	流动资金	0.00	50.00	150.00	100.00	0.00	0.00	0.00	0.00	0.00	0.00	0.00	0.00	0.00
2.3	经营成本		120.00	660.00	1 089.00	1 197.90	1 317.69	1 449.46	1 594.40	1 753.85	1 929.23	2 122.15	2 334.37	2 567.81
2.4	税金及附加		40.80	224.40	370.26	407.29	448.01	492.82	542.10	596.31	655.94	721.53	793.69	873.05
2.5	维持运营投资													
3	所得税前净现金流量	−1 180.00	−2 370.80	−594.40	618.74	790.61	869.68	956.64	1 052.31	1 157.54	1 273.29	1 400.62	1 540.68	1 994.75
4	累计所得税前净现金流量	−1 180.00	−3 550.80	−4 145.20	−3 526.46	−2 735.85	−1 866.17	−909.53	142.78	1 300.32	2 573.61	3 974.23	5 514.91	7 509.66
5	调整后所得税						217.42	239.16	263.08	289.38	318.32	350.16	385.17	498.69
6	所得税后净现金流量	−1 180.00	−2 370.80	−594.40	618.74	790.61	652.26	717.48	789.23	868.15	954.97	1 050.47	1 155.51	1 496.06
7	累计所得税后净现金流量	−1 180.00	−3 550.80	−4 145.20	−3 526.46	−2 735.85	−2 083.59	−1 366.11	−576.88	291.28	1 246.25	2 296.71	3 452.22	4 948.29
		所得税前			所得税后									
项目投资财务内部收益率			15.95%		12.06%									
项目投资财务净现值（ic＝10%）			1 449.04		445.50									
投资回收期（从建设期开始）			7.86		8.66									

附表 4

项目资本金现金流量表

单位：万元

序号	项目	建设期			计算期									
		1	2	3	1	2	3	4	5	6	7	8	9	10
1	现金流入	0.00	240.00	1 320.00	2 178.00	2 395.80	2 635.38	2 898.92	3 188.81	3 507.69	3 858.46	4 244.31	4 668.74	5 435.61
1.1	营业收入	0.00	240.00	1 320.00	2 178.00	2 395.80	2 635.38	2 898.92	3 188.81	3 507.69	3 858.46	4 244.31	4 668.74	5 135.61
1.2	补贴收入													0.00
1.3	回收固定资产余值													
1.4	回收无形资产余值													
1.5	回收流动资金													300.00
2	现金流出	700.37	1 692.29	1 557.02	2 201.88	2 207.05	2 544.24	2 701.81	2 399.58	2 639.54	2 903.49	3 193.84	3 513.22	3 939.55
2.1	项目资本金	680.00	1 450.00	530.00	100.00									
2.2	借款本金偿还				500.00	500.00	500.00	500.00	0.00	0.00	0.00	0.00	0.00	0.00
	建设投资借款本金偿还				500.00	500.00	500.00	500.00	0.00	0.00	0.00	0.00	0.00	0.00
	流动资金借款本金偿还													
	短期借款本金偿还													
2.3	借款利息支付	20.37	81.49	142.62	142.62	101.87	61.12	20.37	0.00	0.00	0.00	0.00	0.00	0.00
	建设投资借款利息支付	20.37	81.49	142.62	142.62	101.87	61.12	20.37	0.00	0.00	0.00	0.00	0.00	0.00
	流动资金借款利息支付													0.00
	短期借款利息支付													
2.4	经营成本	0.00	120.00	660.00	1 089.00	1 197.90	1 317.69	1 449.46	1 594.40	1 753.85	1 929.23	2 122.15	2 334.37	2 567.81
2.5	营业税金与附加	0.00	40.80	224.40	370.26	407.29	448.01	492.82	542.10	596.31	655.94	721.53	793.69	873.05
2.6	所得税	0.00	0.00	0.00	0.00	0.00	217.42	239.16	263.08	289.38	318.32	350.16	385.17	498.69
2.7	维持运营投资													
3	净现金流量	−700.37	−1 452.29	−237.02	−23.88	188.75	91.14	197.11	789.23	868.15	954.97	1 050.47	1 155.51	1 496.06
4	累计净现金流量	−700.37	−2 152.67	−2 389.68	−2 413.56	−2 224.81	−2 133.68	−1 936.57	−1 147.34	−279.18	675.79	1 726.25	2 881.76	4 377.83
	项目资本金财务内部收益率（税后）	13.05%				项目资本金财务净现值（i=10%）				512.73				

附表 5　　借款还本付息表　　单位：万元

序号	项目	建设期			计算期				
		1	2	3	1	2	3	4	5
1	借款 1（长期借款）								
1. 1	期初借款余额	500. 00	1 500. 00	2 000. 00	2 000. 00	1 500. 00	1 000. 00	-687. 17	
1. 2	当期还本付息				642. 62	601. 87	561. 12	520. 37	
	其中：还本				500. 00	500. 00	500. 00	500. 00	
	付息	20. 37	81. 49	142. 62	142. 62	101. 87	61. 12	20. 37	
1. 3	期末借款余额	500. 00	1 500. 00	2 000. 00	1 500. 00	1 000. 00	500. 00	0. 00	
2	借款 2（流动资金）								
2. 1	期初借款余额								
2. 2	当期还本付息								
	其中：还本								
	付息								
2. 3	期末借款余额								
3	借款 3（短期借款）								
3. 1	期初借款余额								
3. 2	当期还本付息								
	其中：还本								
	付息								
3. 3	期末借款余额								
4	借款总计								
4. 1	期初借款余额	500. 00	1 500. 00	2 000. 00	2 000. 00	1 500. 00	1 000. 00	500. 00	
4. 2	当期还本付息				642. 62	601. 87	561. 12	520. 37	
4. 2. 1	其中：还本				500. 00	500. 00	500. 00	500. 00	
4. 2. 2	付息				142. 62	101. 87	61. 12	20. 37	
4. 3	期末借款余额	500. 00	1 500. 00	2 000. 00	1 500. 00	1 000. 00	500. 00	0. 00	
5	息税前利润				989. 00	1 197. 90	1 317. 69	1 449. 46	
6	息税折旧摊销前利润				1 489. 00	1 697. 90	1 817. 69	1 949. 46	
计算指标	利息备付率				6. 93	11. 76	21. 56	71. 14	
	偿债备付率				2. 32	2. 82	3. 24	3. 75	

附录　中央政府投资项目后评价报告编制大纲（试行）

第一部分　项目概况

（一）项目基本情况。对项目建设地点、项目业主、项目性质、特点（或功能定位）、项目开工和竣工、投入运营（行）时间进行概要描述。

（二）项目决策理由与目标。概述项目决策的依据、背景、理由和预期目标（宏观目标和实施目标）。

（三）项目建设内容及规模。项目经批准的建设内容、建设规模（或生产能力），实际建成的建设规模（或生产能力）；项目主要实施过程，并简要说明变化内容及原因；项目经批准的建设周期和实际建设周期。

（四）项目投资情况。项目经批准的投资估算、初步设计概算及调整概算、竣工决算。

（五）项目资金到位情况。项目经批准的资金来源，资金到位情况，竣工决算资金来源及不同来源资金所占比重。

（六）项目运营（行）及效益现状。项目运营（行）现状，生产能力（或系统功能）实现现状，项目财务及经济效益现状，社会效益现状。

（七）项目自我总结评价报告情况及主要结论。

（八）项目后评价依据、主要内容和基础资料。

第二部分　项目全过程总结与评价

第一章　项目前期决策总结与评价

一、项目建议书主要内容及批复意见

二、可行性研究报告主要内容及批复意见

（一）可行性研究报告主要内容，主要包括项目建设必要性、建设条件、建设规模、主要技术标准和技术方案、建设工期、总投资及资金筹措，以及环境影响评价、经济评价、社会稳定风险评估等专项评价主要结论等内容。

（二）可行性研究报告批复意见，包括项目建设必要性、建设规模及主要建设内容、建设工期、总投资及资金筹措等内容。

（三）可行性研究报告和项目建议书主要变化。对可行性研究报告和项目建议书主要内容进行对比，并对主要变化原因进行简要分析。

三、项目初步设计（含概算）主要内容及批复意见（大型项目应在初步设计前增加总体设计阶段）

主要包括：工程特点、工程规模、主要技术标准、主要技术方案、初步设计批复意见。

四、项目前期决策评价

主要包括项目审批依据是否充分，是否依法履行了审批程序，是否依法附具了土地、环评、规划等相关手续。

第二章　项目建设准备、实施总结与评价

一、项目实施准备

（一）项目实施准备组织管理及其评价。组织形式及机构设置，管理制度的建立，勘察设计、咨询、强审等建设参与方的引入方式及程序，各参与方资质及工作职责情况。

（二）项目施工图设计情况。施工图设计的主要内容，以及施工图设计审查意见执行情况。

（三）各阶段与可行性研究报告相比主要变化及原因分析。根据项目设计完成情况，可以选取包括初步设计（大型项目应在初步设计前增加总体设计阶段）、施工图设计等各设计阶段与可行性研究报告相比的主要变化，并进行主要原因分析。

对比的内容主要包括：工程规模、主要技术标准、主要技术方案及运营管理方案、工程投资、建设工期。

（四）项目勘察设计工作评价，主要包括：勘察设计单位及工作内容，勘察设计单位的资质等级是否符合国家有关规定的评价，勘察设计工作成果内容、深度全面性及合理性评价，以及相关审批程序符合国家及地方有关规定的评价。

（五）征地拆迁工作情况及评价。

（六）项目招投标工作情况及评价。

（七）项目资金落实情况及其评价。

（八）项目开工程序执行情况。主要包括开工手续落实情况，实际开工时间，存在问题及其评价。

二、项目实施组织与管理

（一）项目管理组织机构（项目法人、指挥部）。

（二）项目的管理模式（法人直管、总承包、代建、BOT 等）。

（三）参与单位的名称及组织机构（设计、施工、监理、其他）。

（四）管理制度的制定及运行情况（管理制度的细目、重要的管理活动、管理活动的绩效）。

（五）对项目组织与管理的评价（针对项目的特点分别对管理主体及组织机构的适宜性、管理有效性、管理模式合理性、管理制度的完备性以及管理效率进行评价）。

三、合同执行与管理

（一）项目合同清单（包括正式合同及其附件并进行合同的分类、分级）。

（二）主要合同的执行情况。

（三）合同重大变更、违约情况及原因。

（四）合同管理的评价。

四、信息管理

（一）信息管理的机制。

（二）信息管理的制度。

（三）信息管理系统的运行情况。

（四）信息管理的评价。

五、控制管理

（一）进度控制管理。

（二）质量控制管理。

（三）投资控制管理。

（四）安全、卫生、环保管理。

六、重大变更设计情况

七、资金使用管理

八、工程监理情况

九、新技术、新工艺、新材料、新设备的运用情况

十、竣工验收情况

十一、项目试运营（行）情况

（一）生产准备情况。

（二）试运营（行）情况。

十二、工程档案管理情况

第三章　项目运营（行）总结与评价

一、项目运营（行）概况

（一）运营（行）期限。项目运营（行）考核期的时间跨度和起始时刻的界定。

（二）运营（行）效果。项目投产（或运营）后，产品的产量、种类和质量（或服务的规模和服务水平）情况及其增长规律。

（三）运营（行）水平。项目投产（或运营）后，各分项目、子系统的运转是否达到预期的设计标准；各子系统、分项目、生产（或服务）各环节间的合作、配合是否和谐、正常。

（四）技术及管理水平。项目在运营（行）期间的表现，反映出项目主体处于什么技术水平和管理水平（世界、国内、行业内）。

（五）产品营销及占有市场情况。描述产品投产后，销售现状、市场认可度及占有市场份额情况。

（六）运营（行）中存在的问题

（1）生产项目的总平面布置、工艺流程及主要生产设施（服务类项目的总体规模、

主要子系统的选择、设计和建设）是否存在问题，属什么性质的问题。

（2）项目的配套工程及辅助设施的建设是否必要和适宜。配套工程及辅助设施的建设有无延误，原因是什么，产生什么副作用。

二、项目运营（行）状况评价

（一）项目能力评价。项目是否具备预期功能，达到预定的产量、质量（服务规模、服务水平）。如未达到，差距多大。

（二）运营（行）现状评价。项目投产（或运营）后，产品的产量、种类和质量（或服务的规模和服务水平）与预期存在的差异，产生上述差异的原因分析。

（三）达到预期目标可能性分析。项目投产（或运营）后，产品的产量、种类和质量（或服务的规模和服务水平）增长规律总结，项目可达到预期目标的可能性分析。

第三部分　项目效果和效益评价

第一章　项目技术水平评价

一、项目技术效果评价

（一）技术水平。项目的技术前瞻性，是否达到了国内（国际）先进水平。

（二）产业政策是否符合国家产业政策。

（三）节能环保。节能环保措施是否落实，相关指标是否达标，是否达到国内（国际）先进水平。

（四）设计能力是否达到了设计能力，运营（行）后是否达到了预期效果。

（五）设备、工艺、功能及辅助配套水平是否满足运营（行）、生产需要。

（六）设计方案、设备选择是否符合我国国情（包括技术发展方向、技术水平和管理水平）

二、项目技术标准评价

（一）采用的技术标准是否满足国家或行业标准的要求。

（二）采用的技术标准是否与可研批复的标准吻合。

（三）工艺技术、设备参数是否先进、合理、适用，符合国情。

（四）对采用的新技术、新工艺、新材料的先进性、经济性、安全性和可靠性进行评价。

（五）工艺流程、运营（行）管理模式等是否满足实际要求。

（六）项目采取的技术措施在本工程的适应性。

三、项目技术方案评价

（一）设计指导思想是否先进，是否进行多方案比选后选择了最优方案。

（二）是否符合各阶段批复意见。

（三）技术方案是否经济合理、可操作性强。

（四）设备配备、工艺、功能布局等是否满足运营、生产需求。

（五）辅助配套设施是否齐全。

（六）运营（行）主要技术指标对比。

四、技术创新评价

（一）项目的科研、获奖情况。

（二）本项目的技术创新产生的社会经济效益评价。

（三）技术创新在国内、国际的领先水平评价。

（四）分析技术创新的适应性及对工程质量、投资、进度等产生的影响等。

（五）对新技术是否在同行业等相关领域具有可推广性进行评价。

（六）新技术、新工艺、新材料、新设备的使用效果，以及对技术进步的影响。

（七）项目取得的知识产权情况。

（八）项目团队建设及人才培养情况。

五、设备国产化评价（主要适用于轨道交通等国家特定要求项目）

（一）所选用的设备国产化率评价，进口设备是否可采用国产设备。

（二）设备采购对工程带来的利弊评价。

（三）国产化设备与国外同类产品的技术经济对比分析。

（四）国产设备对运营、维修保养的影响评价。

第二章　项目财务及经济效益评价

（一）竣工决算与可研报告的投资对比分析评价，主要包括：分年度工程建设投资，建设期贷款利息等其他投资。

（二）资金筹措与可研报告对比分析评价，主要包括：资本金比例、资本金筹措、贷款资金筹措等。

（三）运营（行）收入与可研报告对比分析评价，主要包括：分年度实际收入、以后年度预测收入。

（四）项目成本与可研报告对比分析评价，主要包括：分年度运营（行）支出、以后年度预测成本。

（五）财务评价与可研报告对比分析评价，主要包括：财务评价参数、评价指标。

（六）国民经济评价与可研报告对比分析评价，主要包括：国民经济评价参数、评价指标。

（七）其他财务、效益相关分析评价，比如项目单位财务状况分析与评价。

第三章　项目经营管理评价

（一）经营管理机构设置与可研报告对比分析评价。

（二）人员配备与可研报告对比分析评价。

（三）经营管理目标。

（四）运营（行）管理评价。

第四章　项目资源环境效益评价

（一）项目环境保护合规性。

（二）环保设施设置情况。项目环境保护设施落实环境影响报告书及前期设计情况、差异原因。

（三）项目环境保护效果、影响及评价。

（四）公众参与调查与评价。

（五）项目环境保护措施建议。

（六）环境影响评价结论。

（七）节能效果评价。项目落实节能评估报告及能评批复意见情况、差异原因，以及项目实际能源利用效率。

第五章　项目社会效益评价

一、利益相关者分析

（一）识别利益相关者，可以分为直接利益相关者和间接利益相关者。

（二）分析利益相关者利益构成。

（三）分析利益相关者的影响力。

（四）项目实际利益相关者与可行性研究对比的差异。

二、社会影响分析

（一）项目对所在地居民收入的影响。

（二）项目对所在地区居民生活水平的生活质量的影响。

（三）项目对所在地区居民就业的影响。

（四）项目对所在地区不同利益相关者的影响。

（五）项目对所在地区弱势群体利益的影响。

（六）项目对所在地区文化、教育、卫生的影响。

（七）项目对当地基础设施、社会服务容量和城市化进程的影响。

（八）项目对所在地区少数民族风俗习惯和宗教的影响。

（九）社会影响后评价结论。

对上述第（一）至（八）部分，分别分析影响范围、影响程度、已经出现的后果与可行性研究对比的差异等。

三、互适应性分析

（一）不同利益相关者的态度。

（二）当地社会组织的态度。

（三）当地社会环境条件。

（四）互适应性后评价结论。

对上述第（一）至（三）部分，分别分析其与项目的适应程度、出现的问题、可行性研究中提出的措施是否发挥作用等。

四、社会稳定风险分析

（一）移民安置问题。

（二）民族矛盾、宗教问题。

（三）弱势群体支持问题。

（四）受损补偿问题。

（五）社会风险后评价结论。

对上述第（一）至（四）部分，分别分析风险的持续时间、已经出现的后果、可行性研究中提出的措施是否发挥作用等。

第四部分　项目目标和可持续性评价

第一章　项目目标评价

（一）项目的工程建设目标。

（二）总体及分系统技术目标。

（三）总体功能及分系统功能目标。

（四）投资控制目标。

（五）经济目标。对经济分析及财务分析主要指标、运营成本、投资效益等是否达到决策目标的评价。

（六）项目影响目标。项目实现的社会经济影响、项目对自然资源综合利用和生态环境的影响以及对相关利益群体的影响等是否达到决策目标。

第二章　项目可持续性评价

（一）项目的经济效益，主要包括：项目全生命周期的经济效益、项目的间接经济效益。

（二）项目资源利用情况。

（1）项目建设期资源利用情况。

（2）项目运营（行）期资源利用情况，主要包括：项目运营（行）所需资源，项目运营（行）产生的废弃物处理和利用情况，项目报废后资源的再利用情况。

（3）项目的可改造性，主要包括：改造的经济可能性和技术可能性。

（4）项目环境影响，主要包括：对自然环境的影响，对社会环境的影响，对生态环境的影响。

（5）项目科技进步性，主要包括：项目设计的先进性，技术的先进性。

（6）项目的可维护性。

第五部分　项目后评价结论和主要经验教训

一、后评价主要内容和结论

（一）过程总结与评价。根据对项目决策、实施、运营阶段的回顾分析，归纳总结评价结论。

（二）效果、目标总结与评价。根据对项目经济效益、外部影响、持续性的回顾分析，归纳总结评价结论。

（三）综合评价。

二、主要经验和教训

按照决策和管理部门所关心问题的重要程度，主要从决策和前期工作评价、建设目标评价、建设实施评价、征地拆迁评价、经济评价、环境影响评价、社会评价、可持续性评价等方面进行评述。

（一）主要经验。

（二）主要教训。

第六部分　对策建议

（一）宏观建议，即对国家、行业及地方政府的建议。

（二）微观建议，即对企业及项目的建议。

附表　逻辑框架表和项目成功度评价表

附表 1　　　　后评价项目逻辑框架表

项目描述	实施效果（可客观验证的指标）			原因分析		项目可持续能力
	原定指标	实现指标	变化情况	内部原因	外部条件	
项目宏观目标						
项目直接目标						
产出/建设内容						
投入/活动						

附表 2　　　　后评价项目成功度评价表

评定项目指标	项目相关重要性	评定等级
宏观目标和产业政策		
决策及其程序		
布局与规模		
项目目标及市场		
设计与技术装备水平		
资源和建设条件		
资金来源和融资		
项目进度及其控制		
项目质量及其控制		
项目投资及其控制		
项目运营		
机构和管理		
项目财务效益		
项目经济效益和影响		
社会和环境影响		
项目可持续性		
项目总评		

注：1. 项目相关重要性分为：重要、次重要、不重要。

2. 评定等级分为：A——成功、B——基本成功、C——部分成功、D——不成功、E——失败。

参考文献

[1] 戚安邦. 项目管理学 [M]. 天津：南开大学出版社，2003.

[2] 陈建西，刘纯龙. 项目管理学 [M]. 成都：西南财经大学出版社，2005.

[3] 张少杰，李北伟. 项目评估 [M]. 北京：高等教育出版社，2006.

[4] 周惠珍. 投资项目评估 [M]. 大连：东北财经大学出版社，1999.

[5] 李世蓉，邓铁军. 工程建设项目管理 [M]. 武汉：武汉理工大学出版社，2005.

[6] 刘伊生. 建设项目管理 [M]. 北京：清华大学出版社，2004.

[7] 石海兵. 投资项目策划与可行性研究实务 [M]. 北京：中国财政经济出版社，2002.

[8] 简德三. 项目评估与可行性研究 [M]. 上海：上海财经大学出版社，2009.

[9] 苏益. 投资项目评估 [M]. 北京：清华大学出版社，2007.

[10] 王立国. 项目评估理论与实务 [M]. 北京：首都经济贸易大学出版社，2007.

[11] 吴大军. 项目评估 [M]. 大连：东北财经大学出版社，2002.

[12] 路君平，等. 项目评估与管理 [M]. 北京：中国人民大学出版社，2009.

[13] 宋维佳，等. 可行性研究与项目评估 [M]. 大连：东北财经大学出版社，2007.

[14] 王国玉，等. 投资项目评估学 [M]. 武汉：武汉大学出版社，2000.

[15] 陆书玉. 环境影响评价 [M]. 北京：高等教育出版社，2004.

[16] 蔡艳荣. 环境影响评价 [M]. 北京：中国环境科学出版社，2004.

[17] 钱瑜. 环境影响评价 [M]. 南京：南京大学出版社，2009.

[18] 马太玲. 环境影响评价 [M]. 武汉：华中科技大学出版社，2009.

[19] 中国工程项目管理知识体系编委会. 中国工程项目管理知识体系 [M]. 北京：中国建筑工业出版社，2003.

[20] 任宏. 建设项目成本计划与控制 [M]. 北京：高等教育出版社，2004.

[21] 何俊德. 项目评估——理论与方法 [M]. 武汉：华中科技大学出版社，2007.

[22] 殷焕武. 项目管理导论 [M]. 北京：机械工业出版社，2008.

[23] 项目管理协会，王勇. 项目管理知识体系指南 [M]. 张斌，译. 北京：电子工业出版社，2009.

[24] 牟文，徐玖平. 项目成本管理 [M]. 北京：经济管理出版社，2008.

［25］纪建悦，许军多．现代项目成本管理［M］．北京：机械工业出版社，2008.

［26］戚安邦．项目成本管理［M］．天津：南开大学出版社，2006.

［27］杨青．项目质量管理［M］．北京：机械工业出版社，2008.

［28］程元军．项目质量管理［M］．北京：机械工业出版社，2007.

［29］王祖和．项目质量管理［M］．北京：机械工业出版社，2009.

［30］霍亚楼，等．项目质量管理与ISO9001标准［M］．北京：对外经济贸易大学出版社，2006.

［31］李金海．项目质量管理［M］．天津：南开大学出版社，2006.

［32］李建平．现代项目进度管理［M］．北京：机械工业出版社，2008.

［33］赖一飞．项目计划与进度管理［M］．武汉：武汉大学出版社，2007.

［34］马国丰，等．项目进度的制约因素管理［M］．北京：清华大学出版社，2007.

［35］周鹏．项目验收与后评价［M］．北京：机械工业出版社，2007.

［36］陈文晖．工程项目后评价［M］．北京：中国经济出版社，2009.

［37］王长峰．现代项目风险管理［M］．北京：机械工业出版社，2008.

［38］王有志．现代工程项目风险管理理论与实践［M］．北京：中国水利水电出版社，2009.

［39］郭波，等．项目风险管理［M］．北京：电子工业出版社，2008.

［40］詹丽，等．项目风险评价决策：方法与实证［M］．成都：西南交通大学出版社，2009.

［41］刘晓红，等．项目风险管理［M］．北京：经济科学出版社，2008.

［42］沈建明．项目风险管理［M］．北京：机械工业出版社，2003.

［43］中国石油天然气股份有限公司．油气田开发建设项目后评价［M］．北京：石油工业出版社，2005.

［44］张文洁，等．水利建设项目后评价［M］．北京：中国水利水电出版社，2008.

［45］刘思峰，等．路桥项目后评价理论与方法［M］．北京：科学出版社，2009.

［46］姚光业．投资项目后评价机制研究［M］．北京：经济科学出版社，2002.

［47］王建军，等．公路建设项目后评价理论与方法研究［M］．北京：人民交通出版社，2005.

［48］全国招标师职业资格考试辅导教材指导委员会．招标采购项目管理［M］．北京：中国计划出版社，2015.

［49］任宏．建设工程管理概论［M］．武汉：武汉理工大学出版社，2008.

［50］全国咨询工程师（投资）职业资格考试参考教材编写委员会．工程项目组织与管理［M］．北京：中国计划出版社，2017.

［51］全国咨询工程师（投资）职业资格考试参考教材编写委员会．项目决策分析与评价［M］．北京：中国计划出版社，2017.

［52］成其谦．投资项目评价．［M］．4版．北京：中国人民大学出版社，2016.

[53] 全国一级建造师执业资格考试用书编写委员会. 建设工程项目管理［M］. 北京：中国建筑工业出版社，2017.

[54] 全国咨询工程师（投资）职业资格考试参考教材编写委员会. 宏观经济政策与发展规划［M］. 北京：中国计划出版社，2017.

[55] 卢锐，佟金萍. 项目管理［M］. 成都：西南交通大学出版社，2016